변증법적 상상력

윌리엄 블레이크의 작품세계

건지학술총서

01

Dialectical Imagination

변증법적 상상력

윌리엄 블레이크의 작품세계

이종민

전북대학교출판문화원

그가 내게로 왔다!

“때론 우연에 기댈 때도 있다.”(황동규) 윌리엄 블레이크(William Blake)와의 만남이 그랬다. 1978년 가을 어느 날 그가 우연히 ‘내게로 왔다!’ 그 우연이 필연이 되고 운명이 되어 내 깊은 곳에 똬리를 틀었다.

한참 석사학위논문 대상으로 키츠(John Keats)와 블레이크 사이에서 왔다 갔다 하던 때 일이다. 그때만 해도 아직 블레이크가 우리나라에 잘 소개되지 않았었다. 대학선배인 김종철 현 『녹색평론』 대표가 그에 관한 논문을 쓰고 얇은 책 한 권을 냈을 뿐 대학 강의시간에도 거의 취급하지 않았다. 낭만주의 영시는 흔히 워즈워스(William Wordsworth)로 시작하여 키츠에서 끝났다. 당시 서울대학교 인문대학 영문학과 낭만영시강의는 키츠의 작품 몇 편 읽는 것으로 한 학기가 마무리되곤 했다. 걸핏하면 휴교령이 내려지던 때라 많은 시간이 주어지지도 않았다.

그나마 그 수업 덕에 키츠를 좋아하게 되었지만 쉽게 결심을 하지는 못하고 있었다. 시대상황이 좀 더 사회성이 강한 작품을 요구했기 때문일 것이다. 그러다가 우연히 블레이크 작품 몇몇을 읽게 되었고 김종철 선생님의 글도 접하게 되었다. 키츠보다는 강한 울림이 분명 있었다. 그러나 관련 자료도 거의 없고 주요 시인이 아니라는 (적어도 당시의 세평을 그랬다!) 점도 마음에 걸렸다. 그렇게 주저하기를 몇 달, 우연히 종로서점 2층에 들렀다가 케인즈(Geoffrey Keynes)가 편집한 『블레이크 전집』(*The Complete Writings of William Blake*, 1966)을 만나게 된 것이다!

외국 서적을 구하기가 쉽지 않았던 시절, 전집과의 만남은 운명적이라 할 수 있다. 낙엽 떨어지는 모습을 보고 "아!" 깨달음을 얻은 선사(禪師)처럼. 그렇게 절실했던 것이다. 군대문제가 해결되지 않은 상태라 정해진 기간 안에 논문을 완성해야 했다. 그래야 해군사관학교 교관으로 갈 수 있다. 빨리 결심하고 자료를 모아야 한다. 그만큼 절박하고 초조한데 전집이 턱 기다리고 있었다. '블레이크로 해라!' 계시가 주어진 것이다.

그렇게 그와의 교우가 시작되었다. 〈람베스 서〉(Lambeth Books)로 석사논문을 쓰고 교수가 되어 『순수와 경험의 노래』(*Songs of Innocence & of Experience*), 『천국과 지옥의 결혼』(*The Marriage of Heaven & Hell*), 『유리즌 서』(*The Book of Urizen*), 『밀턴』(*Milton*) 등에 관한 논문을 준비하면서 그와의 만남은 밀도를 더해갔다. 단순한 연구대상이 아니라 존경과 숭배의 대상이 되어가고 있었다. 결국 그의 최후 대표작 『에루살렘』(*Jerusalem*)을 중심으로 박사 논문을 준비하면서 주목한 용서와 상상력 주제는 내 인생의 가장 중요한 화두가 되고 말았다.

그렇게 연구대상을 좋아하고 존경하게 된 행운을 누렸음에도 그에 대한 연구는 일천하기 이를 데 없다. 게으름과 능력부족 때문이다. 외국문학연구의 의미가 절실하게 다가오지 않으면서 문화 일반으로, 전통

문화로, 음악으로 관심이 분산된 탓도 있다. 집중해도 모자랄 능력으로 한눈까지 팔았으니 연구자로서 부끄러운 이력은 필연적인 것이라 할 것이다.

이 책은 더 이상 그 부끄러움 안고 갈 수 없어 그간의 연구물들을 모아 가까스로 엮은 것이다. 정년을 얼마 남기지 않아 더 이상 미룰 수도 없다. 참담한 마음으로 시작했지만 결과가 꼭 그런 것은 아니다. 엮고 보니 나름의 흐름도 있고 줄가리도 있어 보인다.

크게 보아 박사학위논문의 틀을 유지하고 있는 이 책의 글들은 일정한 기획 아래 쓰인 것들이 아니라 이미 발표한 논문들을 모아 기획 편집한 것이다. 30여년에 걸친 것들이라 많은 수정을 거쳤지만 문체가 고르지 못할 수밖에 없다. 특히 석사학위논문을 보완 수정한 '혁명의 계시적 의미' 부분이 그렇다. 거칠지만 젊은 날의 열정이 담긴 것이라 버리고 싶지 않았다. 1부 첫 장인 '부정의 윤리학'도 『순수와 경험의 노래』에 관한 논문 두 개를 모은 것이라 틀거리가 조금 어색해 보일 수 있다. 『네 개의 조아들』(*The Four Zoas*)과 『밀턴』에 관한 것도 좀 더 체계적이고 밀도 있는 본격적 연구로 승화되지 못한 점이 아쉽고 많이 부끄럽다. 이후의 과제로 삼으면 될 일이겠지만 잘 할 수 있을지 두려움이 앞선다.

부족하지만 이 경지에 이르기까지 지도해주신 강대건, 황동규 선생님께 감사드린다. 곁에서 이끌어주신 백낙청, 이성원, 신정현, 장경렬, 유명숙 선배교수님들께도 고마운 말씀 전한다.

게으름이 행운으로 돌아오기도 한다? 전북대학교 학술총서 첫 번째 책으로 출판되는 행운은 게으름으로 책 출판이 계속 미루어져 가능하게 된 것이다. 바람이 있다면 계속 이어질 학술총서에 누가 되지 않았으면 하는 것이다. 이런 행운을 선사한 출판문화원장 황갑연 교수, 깔끔한

책으로 편집해준 송덕호실장님과 관계자 여러분께도 고맙다는 말씀 전한다.

인생의 스승으로 항상 곁에서 격려해주시는 한승헌변호사님, 서정인 선생님, 일지스님, 김기현선생님께도 고마운 말씀 전한다. 묵묵히 기다려주신 어머님과 아내, 같은 연구자 길을 가고 있는 딸 혜인, 아들 현수, 그리고 학문의 길로 이끌어주신 돌아가신 아버님, 할아버님과 할머님께 감사의 마음으로 이 책을 바친다.

2015. 8. 15. 유연당에서

목차

약호(Abbreviations)

AI	"Auguries of Innocence"
Ann Bac	Annotations to Bacom
AnnBerk	Annotations to Berkeley's Siris
AnnBoyd	Annotations to Boyd's Historical Notes on Dante
AnnLav	Annotations to Lavater's *Aphorism on Man*
AnnRey	Annotations to The Works of Sir Joshua Reynolds
AnnSwed	Annotations to Swedenborg's Writings
AnnThorn	Annotations to Thornton's The Lord Prayer
AnnWat	Annotations to *An Apology for the Bible* by R. Watson
BR	*Blake Records*. G.E. Bentley, Jr. Oxford: The Clarendon P, 1969.
BU	*The Book of Urizen*
DC	A Descriptive Catalogue
E	*The Complete Poetry and Prose of William Blake*. Ed. David V. Erdman. Newly Revised Edition. New York: Doubleday, 1988.
EG	*The Everlasting Gospel*
FZ	*The Four Zoas*
IB	*The Illuminated Blake: William Blake's Complete Illuminated Works with a Plate-by-Plate Commentary*. Ed. David V. Erdman New York: Dover Publishers, Inc., 1974.
IJ	*Jerusalem: The Emanation of the Giant Albion*. Blake's Illuminated Books, Vol. 1. Ed. Morton D. Paley. .Princeton: Princeton UP, 1991.
J	*Jerusalem*
M	*Milton*

MHH	The Marriage of Heaven and Hell
PA	Public Address
S	*The Poems of William Blake*. Ed. W.H. Stevenson. New York: Longman, 1980.
SE	Songs of Experience
SI	Songs of Innocence
ToButts	Letter to Thomas Butts
ToCum	Letter to George Cumberland
ToFlax	Letter to John Flaxman
ToHayley	Letter to William Hayley
To James	Letter to James Blake
VDA	*Visions of the Daughters of Albion*
VLJ	*A Vision of the Last Judgment*

서문

블레이크의 시작품에 대한 논의에서 가장 중요한 쟁점중의 하나는 '내적 일관성'의 유무에 관한 것이라 할 수 있다. 『순수와 경험의 노래』등의 초기시와 후기 예언시들은 언뜻 보기에도 외형적으로 판이한 형태를 취하고 있다. 또한 블레이크 스스로 펠팜(Felpham) 시기(1800-1803)를 "삼 년간의 수면"(Three Years' Slumber: ToButts, April 25, 1803; E728)이라 규정하는 것도 이 시기를 전후하여 중요한 변화가 있었음을 짐작케 한다.

당대의 평가도 이러한 변화를 전제로 하여 진행되고 있는 듯하다. 그를 미치광이로 매도한 헌트(Robert Hunt)나 사우디(Robert Southey)는 물론 커닝햄(Allan Cunningham) 조차도 그 비판의 화살을 주로 후기 작품에 한정하고 있다. 그를 "불행한 광인"(an unfortunate lunatic)이라 평한 헌트의 비판과 이에 대한 블레이크 자신의 분노 및 단죄는 용서라는 주제 발전에 중요한 계기를 마련해준다. 그를 "결정적인 미치광이"라 칭한 사우디는 이런 평가의 연장선상에서 『예루살렘』을 "완전히 미친 시"(a perfectly mad poem)라 매도하였으며, 커닝햄은 변화의 시기를『아메리카』(*America: A Prophecy*) 발표 전후로 상정하여 『순수와 경험의 노래』에서 확인할 수 있었던 시인의 탁월한 천재성이 이후 그의 정신세계를 지배하는 "환상"(fancy)으로 인해 쇠퇴하고 있음을 안타까워하고 있다(O'Neill 12-3).

블레이크의 후기 예언시에 대하여 비교적 우호적이었던 길크리스트(Alexander Gilchrist)나 스윈번(Algernon C. Swinburne)도 이러한 변화를 전제하고 있기는 마찬가지이다. 길크리스트는 블레이크의 광기를 변호하면서도 후기시를 그의 "기율 없는, 혹은 균형 잡히지 못한"(undisciplined, or ill-balanced) 천재성의 산물로 간주했으며(Vol. I, 372), 스윈번은 특히 『천국과 지옥의 결혼』을 높이 평가하면서 후기시에는 신비적이고 사적인 것이 혼재되어 있어 어디부터 손을 대야 할지 모르겠다고 술회하고 있다(204-5).

블레이크의 시세계가 하나의 거대한 신화체계를 이루고 있음을 증명한 대몬(S. F. Damon)이나 프라이(Northrop Frye)의 획기적인 연구업적에도 불구하고 내적 일관성에 관한 논의는 결코 수그러지지 않고 있다. 시 작품의 역사 사회적 배경을 천착한 어드만(David V. Erdman)의 치밀한 연구는 오히려 또 다른 의미의 변화 혹은 중심이동에 주목함으로써 논의에 관한 새로운 불씨를 제공해주고 있다.

물론 이때의 논의는 헌트나 사우디의 그것과는 차원을 달리하는 것이다. 후기시에서도 블레이크가 예술적 통제력을 잃지 않고 있다는 것이, 적어도 이들 논의에는 전제되어 있기 때문이다.

이들이 주목하는 주요 변화는 블레이크가 제시하는 인간해방의 내용에 관한 것이다. 변화의 시기 역시 커닝햄 등과는 달리 펠팜시대로 잡고 있다. 『천국과 지옥의 결혼』은 물론 〈람베스 서〉나 『네개의 조아들』에 이르기까지는 혁명 등을 통한 사회 구조의 변화에 비중을 두었던 시인이 『밀턴』이나 『예루살렘』 등의 후기시에서는 이런 '거시적'인 변화보다 개인적이고 내적인 거듭남을 더 강조하게 되었다는 것이다. "정치적 정적주의"(political quietism)와 같은 보수적 경향을 띠게 되었다는 지적도 이와 연관된다(Damrosch 341).

그런데 이러한 개인 구원의 비전에서 중심을 이루는 것이 바로 용서의 윤리이다. 따라서 이 용서의 주제를 해명하는 것이야 말로 예언적 선지자로서 블레이크가 제시하는 인간의 거듭남에 관한 궁극적 비전이 무엇인가를 이해하는 데 핵심적인 일이며, '내적 일관성'에 관한 논의에서도 중요한 사항이 될 것이다. 용서의 윤리에 포함된 내용이 무엇이냐에 따라 획기적인 변화여부를 판가름할 수 있을 것이기 때문이다.

이것이 블레이크가 공언한대로 "실 뭉치로 감기만"(Only wind it into a ball) 하면 "천국의 대문으로"(at Heavens gate) 이끌 "황금줄의 실마리"(the end of a golden string)는 아닐지라도 그의 시세계를 이해하는데 중요한 단서를 제공해주리라 전제하는 것은 이러한 근거에서이다(J77; E231).

그런데 여기서 간과할 수 없는 중요한 사실은 이 용서의 주제가 블레이크의 상상력에 대한 사유와 깊은 관련을 가진 채 제시된다는 점이다. '내적 일관성'을 부인하든 인정하든지 간에 후기시의 중심인물이 블레이크 자신을 대변하는 로스(Los)라는 사실을 부정하지는 못할 터인데, 『예루살렘』에서 극명하게 드러나듯 '용서'를 모범적으로 실천하는 인물이 바로 상상력을 절실히 필요로 하는 예언자 시인 로스인 것이다.

이 책의 목적은, 이러한 입장에서 변증법적 상상력을 블레이크 작품 이해의 핵심 개념으로 보고 그의 주요 작품들이 담고 있는 포괄적 비전의 의미를 규명하려는 데 있다. 근대 자본주의 태동이래 가장 중심적인 과제라 할 수 있는 인간생존에 관한 블레이크의 근본적 성찰과 그가 전 생애에 걸쳐 끊임없이 관심을 기울여 왔던 인간해방에의 실천적 열정이 "백과사전적 작품"(an encyclopaedic work)으로 불리는 『예루살렘』을 정점으로 그의 시작품에 어떻게 구현되고 있는가를 해명하려는 것이다 (Paley 1983, 1).

이를 위해 그가 새로운 '복음'으로 제시하고 있는 용서의 주제와 이를 가능케 해주는 변증법적 상상력을 중심축으로 삼을 것이다. 이 용서와 상상력의 문제를 단순히 종교적 차원의 개인 구원이나 미학의 문제로만 보지 않고 사회 역사적인 상황과 연관지어 그 의미를 해명하려는 것이다. 이를 통해서만 그가 폭군, 혁명, 자유, 노예, 해방 등 외부적 현실에 대한 관심에서 인간 내면 즉 영혼의 문제로 관심의 축을 이동했다는 이분법적 가설이 극복될 수 있으리라는 기대에서이다.

왜 혁명의 묵시록적 함의에 열광했던 시인이 후기에 이르러 개인 윤리의 덕목으로 치부될 수 있는 용서를 집요하게 강조하게 되었는가? 몇몇 비평가들이 지적하는 것처럼, 정치 사회적 변혁을 통한 거듭남에 대한 기대를 포기하고 개인적 차원의 종교적 구원의 세계로 물러난 것인가? 혹 그렇다 하더라도 그것이 지니는 정치적 의미는 분명 있을 것이다. 블레이크에게 정치와 종교는 불가분의 관계에 놓여 있기 때문이다.[1] 그렇다면 그 중층적 의미는 무엇인가? 또한 이 용서의 주제가 상상력을 중심축으로 하는 그의 예술 및 예술가에 대한 사유와는 어떤 관계를 갖

1 "종교와 정치는 동일한 것이 아닌가? 형제애가 바로 종교이다"(Are not Religion & Politics the Same Thing? Brotherhood is Religion. J57:10; E207).

는가? 등이 이 연구의 핵심적 문제제기라 할 수 있다.

블레이크는 결코 관념의 세계를 좇아 역사의 현장을 떠난 몽상가가 아니다. 적어도 그가 그리는 시세계에서 인간 내면은 그가 처한 정치적 경제적 상황과 무관하지 않다. 이 책에서는 여기에 주안점을 두고 그의 대표적인 작품들을 살필 것이다. 특히 "자기죽임"(self-annihilation), 상상력, 용서 등이 지니는 인식론적, 존재론적 의미 및 이와 불가분의 관계를 갖고 함축되는 정치적 역사적 의미를 밝힘으로써 그가 제시하는 거듭남의 진정한 뜻이 무엇인지를 규명하려는 것이다.

흔히 말하듯 블레이크는 '혁명적' 시인이다. 이는 그가 미국독립전쟁(혁명), 프랑스 대혁명 등 혁명의 시대에 살며 그것에 동조했다고 해서 하는 이야기가 아니다. 그의 혁명성은 우선 인습적 시 양식에 만족하지 않고 끊임없이 형식 실험을 시도하며 새로운 도안 및 도판인쇄술을 개발한 그의 장인정신에서도 확인할 수 있다. 그러나 이 또한 미학적 형식 실험가로서의 혁신성만을 강조하기 위한 것은 아니다. 그것은 격변의 사회적 상황이 야기하게 마련인 개인적, 심리적, 정치적, 경제적, 종교적, 철학적 제문제들에 대한 나름의 예언적 비전을 담아낼 적합한 그릇을 찾기 위한 노력의 결과이지 실험을 위한 실험은 아니기 때문이다. 결국 그의 혁명성은 자신의 독특한 비전의 내용 자체와 이를 총괄적으로 제시하기 위해 지칠 줄 모르고 예술창작에 몰두했던 예언자-시인의 면모에서 확인할 수 있다 하겠다.

그의 이러한 특징은 인습에 얽매이기를 싫어하는 그의 독특한—창조적 혹은 해체적—글읽기와 연관된다. 그가 스웨덴보리(Emanuel Swedenborg)나 왓슨(R. Watson), 베이컨(Francis Bacon), 레이놀즈(Sir Joshua Reynolds), 버어클리(George Berkeley) 등의 글에 가한 주석이 이러한 창조적 글읽기의 단적인 예라 할 수 있다. 그의 『순수와 경험의 노래』가 아이작 왓쯔(Isaac Watts)의 『어린이를 위한 성스러운 노래』(*Divine Songs for Children*) 등 당시 널리 유행하던 어린이에 관한 노래(시)의 창조적 모방이라면 『천국과 지옥의 결혼』 및 여기에 나오는 「기억할 만한 환상」(A Memorable Fancy)은 스웨덴보리(Emanuel Swedenborg)의 『천국과 지옥』(*Heaven and Hell*) 및 「기억할 만한 이야기」(Memorable Relation)의 '해체적' 모방의 산물이라 할 수 있다.

이러한 특성은 여러 가지 잡다한 자료들을 취사선택하는("eclectic") 독학(獨學)자들의 공통적인 경향과 궤를 같이 한다(Mee 1992, 8-9). 따라서 블레이크의 예술적 노력은 전통에 대한 반발과 계승을 동시에 내포하고 있다 할 수 있다.[2] 프라이가 지적하고 있는 것처럼, 그의 시세계는 "과거의 것과 유기적으로 연관되어 있으면서 동시에 새로운 것을 포함하며 그 이후에 전개될 흐름의 징후들"도 담고 있는 것이다(201).

이런 의미에서 볼 때, 블레이크 작품세계에 대한 규명작업의 상당 부분이 전통의 계승 문제와 연관하여 진행되고 있는 것은 자연스러운 일이라 할 수 있다. 인습적 전통과 단절되었다는 피상적 이해로 인해 그를 미치광이 취급했던 19세기적 비평경향은 차치하고라도, 각각 현대비평의 한 지평을 제공해주었다고 평가받는 리비스(F. R. Leavis)와 엘리엇(T. S. Eliot)의 블레이크에 대한 평가도 전통의 계승 여부에 초점이 맞추어져 있다. 이들이 이전의 인상주의적 비평의 수준을 넘어 포괄적이고 체계적인 차원에서 전통과의 단절을 증명함으로써 블레이크에 대한

2 다른 낭만 시인들과 달리 미학의 문제를 윤리의 문제와 연계시키는 블레이크의 독특한 사고도 실상은 18세기적 전통의 계승이라 할 수 있다.

부정적 평가를 계승 발전시켰다면, 퍼시발(Milton O. Percival), 대몬, 프라이 등의 연구는 이들 비평 경향에 대한 반발의 형태를 띠고 있다고 할 수 있다. 이들은 공히 블레이크의 상징체계를 오랜 유럽 문화의 전통과 연관시켜 타인과 공유할 수 없는 자신만의 환상 속에 갇혀있는 괴팍한 몽상가가 아니라는 점을 증명함으로써, 블레이크에 대한 부정적 평가를 불식시키려 했던 것이다.

"영향에 대한 근심"(the anxiety of influence)이나 "과거의 부담"(the burden of the past) 등의 개념을 통하여 낭만시인들의 '홀로 서기' 노력을 의식적 "오독"(misreading)으로 해석하는 블룸(Harold Bloom)의 비평 작업, 블룸의 이러한 입장이 지나치게 프로이드의 이론에 경도되어 있음을 지적하며 "조상적"(sculptural) 예술과 "회화적"(pictorial) 예술을 대비시켜 밀턴과 낭만시인, 블레이크와 다른 낭만시인의 미학적 특성을 규명하려는 고슬리(Nancy Moore Goslee), 신플라톤주의나 연금술 등 소위 "이단적 전통"(heterodoxy tradition)의 맥락에서 그의 상징체계를 설명하려 하는 레인(Kathleen Raine), '밀턴 전통' 혹은 '혁명 전통'의 문맥에서 블레이크의 예언적 서사시의 의미를 해명하려는 윗틀리히(Joshep Anthony Wittreich, Jr.), 이러한 전통과 '성경의 전통'을 이어받은 상징적 예언시의 흐름을 연결시키는 애담즈(Hazard Adams), 비슷하게 '밀턴 전통'을 중시하면서도 특히 청교도혁명 당시 하층민들의 급진주의적 전통에 주목하여 힐(Christopher Hill)이나 톰슨(E. P. Thompson) 등 좌파 역사학자들의 연구업적을 토대로 블레이크 시에 대한 사회 역사적 접근을 시도하는 디살보(Jackie DiSalvo), 블레이크를 역사적, 종교적, 심리적 측면에서 가장 영국적인 시인이라 규정하며 그 원류를 밀턴에서 찾는 블랙스톤(Bernard Blackstone), 블레이크의 문화적 지적 배경으로 급진적 기독교

전통의 "반율법주의"(antinomianism)라는 문맥을 강조하며 특히 머글토니안(Muggletonian)의 영향에 주목한 톰슨, '반율법주의'의 급진주의 전통을 계승한 블레이크 당시의 '급진주의 담론'에 대한 "고고학적 읽기"(an archeology of reading)를 시도한 미(Jon Mee) 등 현대 대부분의 비평가들도 블레이크와 전통이라는 주제에 주목하고 있다.

사실 어느 혁명이든 모든 전통을 온전히 부인하지는 않는다. 그것은 인습화한 전통에는 반발하지만 그 전통으로 인하여 사장(死藏)되어버린 또 다른 전통의 복원을 기도하기도 한다. 전통을 중시하는 리비스나 엘리엇은 블레이크가 사용하는 어법이나 기교의 '우상 파괴적' 특성을 들어 그를 부정적으로 평가하고 있다. 전통을 '변함없는' 것이라 여기는 이들은 밀턴을 영시 전통의 주변적 존재로, 블레이크는 아예 그 흐름의 밖에 존재하는 인물로 간주한다. 블레이크에게서 "독특하게 무시무시한"(peculiarly terrifying) 것을 발견한 엘리엇은, 이것이 블레이크 탓만은 아니며 오히려 필요한 전통이라는 지주(支柱)를 제공해주지 못한 당시의 상황, 즉 그보다 "나은 사람"(a superior)이 없었기 때문이라고 여긴다(151-58).

블레이크는 그들이 소중하게 여기는 전통과는 다른 전통을 자기 영감의 원천으로 삼고 있었다. 미의 지적처럼 그가 의존하고 있는 전통은 정치적 급진주의와 종교적 열정주의(enthusiasm)라 할 수 있다. 이는 지배 담론의 언어가 지니는 인습성에 대한 깨달음에서 비롯한 것으로, 이에 대한 저항은 지배 이념의 전통에 대한 '해체'를 의미한다고 할 수 있는 것이다(1992, 35).

이처럼 독특한 글읽기에 의한 블레이크의 복잡한 시세계는 분명 단선적인 그물망 속에 포착될 수 없다. 이를 총체적으로 인식하기 위해서는 그에 못지않은 역동적인 사고가 필요하다. 블레이크 작품 세계의 이러한 특성은 특히 그의 후기시에 관한 논의에서 흔히 제기되는 난해함의 문제와 연결된다. 이 때 중요한 것은 이를 비판하는 사람들이 흔히 지적하는 것처럼 블레이크의 예언적 서사시가 과연 당시의 독자들에게 "사멸된 상형문자"와 같은 것이었는가 하는 점일 것이다. 기독교 문화권의 예언시적 전통에 익숙하지 않은 현대 독자들을 염두에 둔 이러한 진단이 혁명적 분위기가 고취되어 있고 "급진적인 예언시적 혹은 묵시록적 전통"이 비록 정통은 아닐지라도 중요한 흐름의 하나로 존재하던 당시의 상황을 감안할 때에도 유효성을 지니는지는 좀 더 엄밀하게 점검되어야 하기 때문이다(DiSalvo ix).

또 하나 유념해야 할 것은 이러한 난해함이 필연적인 것인지 혹은 혼란스런 머리에서 나온 횡설수설에 연유하는 것인지 하는 점이다. 이것이 묵시록적 예언시의 전통에 뿌리를 두고 있는 시인 자신의 독특한 미학이나 변증법적 사고와 연관되는 것은 아닌지 우선 점검할 필요가 있는 것이다. 또한 이점은 형식주의 비평가들이 말하는 "의도의 오류"(intentional fallacy)에 대한 염려가 없지 않음에도 불구하고 블레이크 자신의 의도 혹은 목표와 관련하여 검토되어야 할 것이다. 버터(Peter Butter)가 염려하듯 난해함이나 불가해성이 단순히 예언시의 구조적 특성 혹은 "사중 비전의 복잡함" 등으로 쉽게 정당화되어서도 안 되지만(146), 문학작품이 사회적 힘에 의해 "강력하게 조건 지워진 집합적 행위"의 산물임을 감안해야 하는 것 또한 못지않게 중요하기 때문이다(9).

그런데 이런 총체적 인식에 대한 지나친 집착은 블레이크 세계 자체로의 함몰을 초래하기 쉽다. 이럴 경우 그가 강조하는 창조적 글읽기에 필수적이라 할 수 있는 비판적 거리를 상실하게 된다.[3] 이를 피하려던 비평가들은 블레이크의 시세계를 이루고 있는 다양한 요소 가운데 하나를 선택하여 이를 정리하는 것에 만족하고 있는 실정이다. 블레이크 연구가들이 안고 있는 고민이 바로 여기에 있다. 비판적인 거리를 유지하다 보면 단선적인 해석에 머무르게 되고 역동적 사고를 견지하다 보면 블레이크 스스로에게 함몰되어 버리는 것이다. 블레이크가 자신의 시세계를 통해 모범적으로 보여주고 있는 변증법적 지양(止揚)의 태도가 블레이크 연구자들에게도 요구되는 것은 바로 이 때문이다.

이러한 문제의식에서 출발한 몇몇 연구들은, 이런 의미에서, 주목을 받을 만하다. 이들은 고전적 연구의 업적들을 적극적으로 수용하면서 동시에 그 한계를 극복하기 위해 노력하고 있다. 시도 자체는 성과와 무관하게 블레이크 시세계의 이해에 새로운 지평을 열어주고 있다. 특히 블레이크와 그의 시세계를 사회 역사적 관점에서 이데올로기와 연관지어 분석하려는 몇몇 시도들이 그렇다.

브로놉스키(J. Bronowski)와 어드만을 비롯하여, 최초로 블레이크의 해석에 맑스주의적 입장을 도입한 사브리-타브리지(Sabri-Tabrizi)의 한계를 지적하며, 인식과 노동 혹은 생산양식과의 관련성을 강조한 펀터(David Punter), 속류 맑스주의자들의 환원주의를 경계하며 사회 역사적 상황과 미학적 의미의 연결고리로서 이데올로기 개념을 도입하여 예술가이면서 동시에 기술공(artisan)이라는 시인-화가의 독특한 위치에 특히 주목한 퍼버, '글쓰기의 이데올로기'에 대한 치밀한 분석을 통해 청각을 중시했던 다른 낭만주의 시인들과 블레이크의 차별성을 밝힌 미

---

3 퍼버(Michael Ferber)에 의하면, 프라이야 말로 이러한 "블레이크 오염의 가장 위대한 예"이다(5).

첼(W.J.T. Mitchell), 생산자로서의 창조적인 예술가가 드러내고 있는 급진적 미학을 통한 구체제에의 도전이 갖는 의미를 사회 정치적 맥락에서 분석한 크레헌(Stewart Crehan) 등의 연구 업적이 그 대표적인 예라 할 수 있다.

이러한 작업들은 프라이 식의 "내부적 분석"(internal elaboration)과 어드만 류의 "외부적 분석"(external elaboration)을 결합하려는 총체적 접근방식이라 할 수 있다(Ferber x). 이를 통해서 비로소 "르네상스적 예술가"인 블레이크의 "심리적, 사회적 현상에 대한 변증법적 비판"(a dialectical critique of the psychological and social phenomena)을 바르게 이해할 수 있을 것이다(Crehan 91, Aers 27).

그런데 크게 보아 어드만의 '후예'라 할 수 있는 이들 비평가들의 작업도 어드만의 '원죄'로부터 온전히 자유롭지는 못한 것 같다. 블레이크 예언시가 담고 있는 사회 정치적 의미에 주목하는 이들은 그것을 개인의 심리, 윤리, 종교의 문제와 결부시키는 데에는 인색한 편이며, 특히 블레이크의 예술론과의 연결은 여전히 미흡하기만 하다. 또한 미는, 어드만이 블레이크 시에 등장하는 정치적인 요소들을 단순히 역사적 재현과 일치시킴으로써 형식적 혹은 미학적 차원에서 급진주의 담론이 지니는 정치적 의미는 놓치고 오히려 텍스트에서 정치적 의미를 배제하려는 평자들에게 반발의 빌미만 제공해주는 셈이라고 비판하고 있는데(1-2), 이러한 비판이 그의 '후예'들에게도 여전히 유효한 것이다.[4]

---

4 이러한 태도는 『유리즌 서』처럼 역사 정치적 사건에 대한 직접적 언급이 결여되어 있는 작품의 경우 정치적 영역으로부터의 후퇴라고 속단하는 잘못된 해석을 초래하고 만다. 이 부분에서 밀러(Dan Miller)의 어드만 평가를 토대로 이러한 역사적 접근법이 지니는 문제점을 적시하고 있는 서강목의 정리는 귀 기울일 만하다. — "이런 역사적 접근이 블레이크의 현실비판과 신화체계 사이의 통일적

그런데 당시의 다양한 급진주의 담론이 블레이크 수사학의 원천임을 밝히려는 미나 톰슨의 작업도 그것을 블레이크의 예술이론으로까지 진전시키지는 못하고 있다. 또한 그 논의가 혁명 담론이 팽배했던 1790년대의 작품에 한정되어 있어, 인간 해방의 총체적 전망을 제시해주고 있다는 평가를 받는 『예루살렘』에 대한 분석으로까지 확장되지 못한 점도 역사적 접근 방법에 회의적인 평자들에게 또 다른 비판의 빌미를 제공해주고 있는 셈이다. 즉 이런 식의 역사적 접근 방법으로는 블레이크 후기시를 해명할 수 없다는 한계를 스스로 노정한 꼴이 되고 만 것이다.

특히 용서의 주제와 관련하여, 윤리적인 것을 도외시하려는 최근의 비평 경향을 비판하며 낭만주의의 윤리문제를 집요하게 추궁하는 로크리지(Laurence Lockridge)나 모스칼(Jeanne Moskal)의 최근 작업들이 주목을 받는 이유도 이러한 사정과 연관된다. 로크리지의 지적에 의하면, 현대비평에서는 인간행위 및 도덕가치가 문학예술의 근간과 밀접하게 연관되어 있다는 평범한 독자들의 직관을 순진한 것으로 치부해 버린다는 것이다. 그는 '도덕적인 것에 무관심한 시는 인생 자체에 무관심한 시다'라는 아놀드의 입장을 적극 옹호하며 낭만적 휴머니즘의 특성을 다음과 같이 요약하고 있다. 1) 낭만주의자들은 어느 문학인들보다 더 윤리에 관심을 가지고 있었으며 자신들의 기획에 있어서도 그것의 중

이해에 실패하게 되고, 시 읽기를 주석으로 대신하게 되는 측면은 접근법 자체의 문제라기보다 그 접근법이 전제하고 있는 선입견 때문인 듯하다. 즉 역사적이지 않은 것은 블레이크적이지 않다고 보게 되는 경향인데, 후배 비평가들에 두드러지게 드러나는 이런 경향은 블레이크의 개인적 신화체계를 시 해석의 영역에서 적절히 해명치 못하게 되고, 나아가 그의 후기시에 대한 폄하로 이어지게 된다. 일례로 어드만의 연구를 밝시즘적으로 이어받은 크레헌은 블레이크의 후기 장시들이 현실과 신화를 극도로 혼동하고 있어 시가 신화적 상징체계에 휩싸인 종교적 관념론으로 추락하고 있다 비판한다."(3-4)

요성을 강조하였다. 2) 교훈시를 혐오하면서도 독자들의 도덕적 성장을 시의 일차적 목표로 삼았다. 3) 베빗(Irving Babbitt)의 주장과는 반대로, 낭만주의자들은 뻔뻔스러울 정도로 도덕적이다. 4) 내적 수련을 거부하기는커녕 에너지, 정서, 리비도 등을 강조하는 새로운 형태의 내적 수련을 강조하였다. 5) 인간의 적극적인 의지와 이에 근거한 행위를 강조하였다. 6) 사회의 정치적 가치체계를 개인의 도덕의식의 발현으로 간주하였다. 7) 기왕의 위대한 도덕전통과 비교해 볼 때 상궤에서 벗어나 있는 듯 하지만 사실은 이들 윤리의 취사 선택적이며 비판적인 특성 때문에 그렇게 보일 뿐 윤리적인 것에 무관심해서 그런 것은 아니다. 사실이 이런데도 낭만주의 연구에서 윤리적인 것을 회피하는 것은 자칫 그것이 초래할 수도 있는 소박한 미메시스론이나 조급한 실용주의 때문이라는 것이다(16-22). 이런 의미에서 낭만주의자들과 현대비평가들의 입장 차이에 대한 로크리지의 발언은 낭만주의뿐만 아니라 현대비평에 대한 올바른 이해를 위해서도 경청할 필요가 있을 것이다(18).

그러나 이들 또한 이러한 주제를 윤리의 문제로만 파악하여 당시의 구체적인 정치 사회적 조건에 대한 블레이크의 민감했던 대응과 연결시키지 못한 점, 또 이를 로스라는 인물을 통해 보여주는 블레이크의 예술론과 결부시키지 못한 점, 아니 이를 의도적으로 회피하고 있는 점은 또 다른 차원의 한계라 하겠다. 이들 역시 종교와 정치, 윤리와 미학을 이분법적으로 파악하는 기왕의 잘못된 편향을 다른 차원에서 반복하고 있는 것이다.

정치, 종교, 예술의 세 분야를 관류하는 공통의 주제로 상상력과 용서를 상정하고 블레이크의 작품세계를 살피고 있는 이 책은 크게 두 부분으로 구성된다. 처음 부분에서는 상상력이나 용서라는 말들이 직접 등장하지는 않지만 충분히 연관되어 있는『예루살렘』이전의 작품들에서 이 주제가 어떻게 개진되고 있는가를『예루살렘』을 위한 준비과정으로 개괄할 것이다.

이 때 먼저 "부정의 윤리"(Ethics via Negativa)라는 개념을 상정할 필요가 있다. '반율법주의' 혹은 '도덕률폐기론'의 입장에서 적극적으로 윤리 강령을 내세우지는 않지만 이것이 사실은 일정한 윤리를 지향하고 있다는 의미에서이다. 이를 통해 초기 대표작인『순수와 경험의 노래』를 살필 것이다.

초기 예언시라 할 수 있는『천국과 지옥의 결혼』,『엘비언 딸들의 비전』은 '분노의 역동성'의 개념으로 묶어 살필 것이다. 오류를 없는 것 취급하여 감싸 안는 방식으로는 오류에서 벗어날 수 없다. 잘못에 대해 정직하게 분노하고 그것을 극복할 수 있는 변증법적 노력을 해야 한다. 단죄도 문제이지만 무조건적인 화해도 오류를 심화시킬 뿐이다.

이어 상상력과 대척점에 있는 이성의 타락을 그린『유리즌 서』, 오류를 극복하는 과정으로의 혁명을 그리고 있는 〈람베스 서〉를 분석할 것이며, 본격적으로 블레이크 신화체계가 모색되고 있는『네개의 조아들』과『밀턴』도『예루살렘』에 이르기 위한 모색의 과정으로 살필 것이다. 특히 여기에서는 중심인물이 오르크에서 로스로 변하는 것, 신화의 체계화 및 자기 죽임 등의 의미가 용서 및 상상력 주제의 발전과 어떻게 연결될 수 있는가를 점검할 것이다. 아울러『예루살렘』탄생에 중요한 계기를 제공해주는 '펠팜 시대'의 전기적 의미 및 밀턴에 대한 블레이크의 이중적 태도 등이 이러한 주제의 진전에 어떻게 기여하는가를 살펴볼 것이다.

『예루살렘』을 집중적으로 다루게 될 다음 논의는 크게 네 부분으로 나누어 용서와 상상력의 다양한 층위를 점검할 것이다. 우선 앞의 두 부분에서는 '지속적인 용서'의 근거와 바람직한 인간관계에서 용서가 지니는 의미를 살피며, 이를 위해 블레이크가 전제하고 있는 '예수 정신'과 상태론 및 오류와 죄의 개념을 살피고, 이어 블레이크가 상정하고 있는 새로운 공동체 사회를 위한 바람직한 인간관계의 윤리를, 용서를 중심으로 규명할 것이다.

후반에서는 상상력과 용서의 관계를 미학과 연계하여 점검할 것이다. 이를 통하여 타락한 사회에서 예술 혹은 예술가가 지니는 의미를 규명해 보려는 것이다. 여기에서는 난세의 시인 로스가 펼치는 창조활동의 의미와 한계, 블레이크가 다른 산문에서도 강조하고 있는 '세세한 개별자'의 중요성 및 '불명료성의 미학'이 상상력 및 용서와 어떤 관련성이 있는가를 집중적으로 살필 것이다.

1부

예루살렘
가는 길

01
부정의 윤리
『순수와 경험의 노래』

블레이크에게 "살아있는 모든 것은 신성하다"(every thing that lives is Holy: MHH27; E45). 그의 시적 노력은 이러한 삶의 본질적 신성성을 다시 일깨우는 동시에 이를 저해하는 요소들을 극복하기 위한 것이다. 그러므로 그의 시작품이 윤리적이리라는 것은 자연스러운 유추라 할 수 있다. 도덕에 무관심한 시는 삶 자체에도 무관심하다고 할 수 있기 때문이다.[1] 그는 실제 삶에서도 매우 검소했으며, 부부간에도 매우 충실했고, 근면 성실하게 노력을 한, 한마디로 매우 도덕적인 삶을 영위한 예술가였다. 그런데도 블레이크는 당시 사람들에게서 도덕에 무관심하다는 비난을 받았으며 그후 대부분의 평자들도 그의 윤리에 대해서는 관심을 기울이지 않고 있다. 그가 주창하는 윤리의 내용이 기왕의 것들과는 상당히 다른 모습을 띠며, 그러한 윤리를 내세우는

---

1 위대한 문학은 도덕적 사고의 내용을 삶에 적용시킨 것이라 주장하는 아놀드에 의하면, "도덕적 생각에 적대적인 시는 삶에도 적대적이며, 도덕적 생각에 무관심한 시는 삶에 대해서도 무관심한 시이다." (105-6)

방식도 우상 파괴적이기 때문일 것이다.

그의 윤리를 한마디로 요약하면, 개개의 타고난 본성에 충실한 풍성한 삶을 위한 것이라 할 수 있다. 풍요로움은 자유를 통해서 가능하다. 종교적 율법으로부터의 자유, 정치적 억압으로부터의 자유, 경제적 불균등으로부터의 자유, 심리적 공포 및 소외로부터의 자유, 이들 모두의 원인이라 할 수 있는 이기심(selfhood)으로부터의 자유 등 블레이크의 윤리를 인간해방의 윤리라 이름하는 것은 이러한 의미에서이다.

그러나 기왕의 윤리는 이러한 자유를 억압하는, 결과적으로는 '신성한 삶'을 옥죄는 방향으로 기능한다. 그것이 계명의 형태로 추상화되어 제시되기 때문이다. 그 대표적인 것이 "하지 말지어다"(Thou Shalt Not)로 표상되는 십계명이다. 이집트로부터 이스라엘 백성을 구원해준 해방자 모세가 시나이산에서 십계명을 받음으로써 압제자로 변질되어 가는 모습은 율법의 억압적 성격을 단적으로 보여주는 좋은 예라 할 수 있다.

율법의 윤리는 개개인의 본질적인 독특한 특성과는 무관하게 일반화되어 제시된다. 이와 같이 개개인의 고유한 본성을 무시하고 하나의 (율)법으로 묶으려 할 때 그것은 압제일 수밖에 없다. "사자와 황소를 하나의 법으로 다스리려 하는 것은 압제인"(One Law for Lion and Ox is Oppression: MHH24; E44) 것이다. 추상화 및 일반화에 대한 블레이크의 비판은 그의 글 곳곳에서 확인할 수 있다.

> 일반화는 바보의 짓이며 구체화만이 장점의 특징이다 – 일반화한 지식은 바보들이 가지고 있는 지식이다. (AnnReynolds; E641)

To Generalize is to be an Idiot To Particularize is the Alone Distinction of

Merit – General Knowledges are those Knowledges that Idiots possess

모든 것을 일반화하면 인간은 바보 그것도 교활한 바보가 되기 쉽다.
(AnnReynolds; E649)

Generalizing in Everything the Man would soon be a Fool but a Cunning Fool

이처럼 블레이크의 윤리적 지향(志向)은 기왕의 법제화한, 혹은 계율화한, 윤리에 대한 반발의 형태를 띤다. (기왕의) 윤리를 '부정함으로써'(via Negativa) (새로운 혹은 참된) 윤리를 추구하려는 것이다. 그를 "가장 혈기 발랄한 비도덕주의자"(the most vigorous immoralist)라 칭하는 이유도 여기에 있다(Lockridge 1).

이러한 '부정의 윤리'의 추구는 때로는 아이러니의 형태로 나타나기도 하고, 분노에 찬 질타의 모습을 취하기도 한다. 또한 (율)법을 통하여 거의 이데올로기의 형태로 물화(物化)한 억압적 윤리에 대한 저항은 좀더 포괄적인 형태를 요구하게 된다. 체계화가 수반하게 마련인 억압적 속성을 알고 있으면서도 블레이크가 나름의 체계화를 시도하는 것은 이러한 차원에서라 할 수 있다. 자기 고유의 신화가 필요했던 것이다. 로스의 다음과 같은 고백은 블레이크가 직면한 이러한 역설적 상황을 잘 대변해준다.

"나는 다른 사람들의 노예가 되지 않기 위하여 체계를 창조할 수 밖에 없노라" (J10.20; E153)

"I must Create a System, or be enslav'd by another Mans."

1. 아이러니의 중층성

『순수와 경험의 노래』의 묘미는 그것이 안고 있는 풍성한 아이러니에 있다.[2] 이는 "인간 영혼의 두 가지 상반된 상태를 보여주기 위하여"(Shewing the Two Contrary States of the Human Mind)라는 부제에도 함축되어 있다. 상반된 상태라 함은 우선 그 어느 것도 온전하지 않다는 것을 의미한다. 변증법에서 '정'(thesis)과 '반'(anti-thesis)이 나름으로 의미를 지니면서도 동시에 지양(止揚)해야 할 한계를 지니고 있는 것처럼, '순수'의 시각이든 '경험'의 입장이든 나름으로 의의가 있으면서 동시에 지양의 대상이 되고 있는 것이다. 또한 '상태'(state)라는 말도, 블레이크의 후기 시에서 더욱 분명하게 드러나듯, 불변의 '정체성'(identity)과는 다르게, 극복해야 할 일정한 한계를 함축한다. 온전한 시각은 '순수'에도 없고 '경험'에도 존재하지 않는다. 온전함 혹은 온전한 시각은, 마치 '숨은 신'(Hidden God)처럼, 부재(不在)로서 존재하는 것이다.

달리 말하면, 『순수와 경험의 노래』에서 지향(志向)하는 윤리는 '순수'의 윤리도 '경험'의 윤리도 아닌, 오히려 이들의 부정을 통하여 함축적으로 제기되는 '부정의 윤리'라 할 수 있다. 「순수의 노래」의 일차적

2 물론 '아이러니컬한 독법'(ironical reading)을 반대하는 의견도 만만치 않다. 블룸과 프라이의 '오독'(misreading)에 반대하는 이들은 '순수의 상태'의 독자적 의미 및 개개 작품들의 독립적 중요성을 강조하며 블레이크의 후기시에 의해 구성되는 사상체계 및 신화에 근거하여 『순수와 경험의 노래』를 해석하려는 경향에 반대한다. 대부분 작품 자체에 대한 '꼼꼼한 읽기'(close reading)를 시도하고 있는 이들은 후기시에 대해서는 부정적인 평가를 내리고 있다. 대표적인 예로는 그랜트(John M. Grant)의 「'호랑이'의 기예와 논지」("The Art and Argument of 'Tyger'"), 가드너(Stanley Gardner)의 『블레이크의 순수와 경험의 재추적』(*Blake's Innocence & Experience Retraced*), 프라이스(Martin Price)의 「블레이크의 비전과 풍자」("Blake: Vision and Satire"). 멜로(Anne K. Mellor)의 『블레이크의 신성한 인간적 형상』(*Blake's Human Form Divine*) 등이 있다.

인상은 그것이 너무 단순 소박하며 지나치게 낙관적이고 긍정적이라는 점이다. 「경험의 노래」를 들으면서 느끼게 되는 심정도 일면 타당성을 지니고 있으면서도 너무 단선적이며 단죄적이라는 점이다. 히서 글렌(Heather Glen)이 지적하고 있는 것처럼, 블레이크는 이 어린이들을 위한 노래에서 당시의 이분법적 도덕률이 안고 있는 단선적 사고를 비판하고 있는 것이다(32-3).

물론 「순수의 노래」가 애초에는 단독으로 출판되었다는 점을 들어 이러한 변증법적 읽기를 반대할 수도 있다. 그러나 블레이크 스스로 『순수와 경험의 노래』를 출판한 이후에는, 상업적 이유를 제외하고는, 「순수의 노래」의 단독 출판에 큰 비중을 두지 않았으며 시집 안에 제목 자체가 쌍을 이루는 작품을 적지 않게 배치한 점 등으로 미루어 볼 때, 「순수의 노래」와 「경험의 노래」를 독립적으로 읽어야 한다는 허쉬(E. D. Hirsch)의 주장이나,[3] 후자가 전자와는 다른 환멸의 산물이라고 주장하는 가드너의 입장은 설득력이 약하다 하겠다.[4] 또한 블룸이 지적하고 있

---

3 「순수의 노래」를 쓰는 동안 블레이크가 '경험'의 상태를 염두에 두고 있지 않았다고 주장하는 허쉬는, 따라서 『순수와 경험의 노래』가 좀더 광범위한 철학적 체계를 구성하는 하나의 인자로 만들어진 것이 아님을 강조한다. 아이러니컬한 읽기를 반대하는 다른 평자들처럼 그 또한 작품 탄생 년도의 다름을 부각시키고 있다. 아이러니의 의미를 강조하는 읽기가 빠지기 쉽다고 여기는 개개 작품에 대한 폄하나 순수의 상태에 대한 의미축소를 막기 위해서인 듯 그의 개별 작품에 대한 분석은 철저하다. 블레이크의 후기시와의 연계성을 애써 외면하려는 자세가 흠일 수는 있겠으나, 그의 비평서 『순수와 경험: 블레이크 입문』(*Innocence and Experience: An Introduction to Blake*)이 '꼼꼼한 읽기'의 한 모범적 사례임을 부인할 수는 없다.

4 아이러니를 부정하는 가드너에 의하면, 가난한 어린이를 위한 제도적 보호에 호의적이었던 블레이크가 나중에는 이러한 조치가 지니는 기만성에 눈을 떠 환멸을 느끼게 되는 데, 「경험의 노래」는 바로 이러한 환멸의 산물이라는 것이다. 그의 『블레이크의 순수와 경험 재추적』은 『순수와 경험의 노래』를 1782년에서 1794년까지의 사회적 상황에 대한 블레이크의 반응으로 간주하여 이를 해석하는 데 유용한 많은 새로운 증거들을 제시한 역사적 읽기의 한 예라 할 수 있다. 특히 시

는 것처럼, 「순수의 노래」 이전의 작품인 『시적 소묘』(*Poetical Sketches*) 나 『티리얼』(*Tiriel*)에서 이미 풍자적 목가시의 전통을 드러내고 있는 점을 보더라도,[5] 「순수의 노래」가 환상의 산물이고 「경험의 노래」가 환멸의 산물이라는 등식은 설득력을 얻기 어렵다. 「순수의 노래」와 거의 동시에 쓰여진 『텔 서』(*The Book of Thel*)에서 이미 경험 상태에로의 진입을 포기하는 텔의 한계를 적시하고 있는 것만 보더라도, 순수의 상태가 한정적인 상태가 아니라고 강변하는 멜로(Anne K. Mellor)의 입장을 그대로 수용하는 데에는 무리가 따른다.

이처럼 '아이러니컬한 독법'을 반대하는 이들 비평가들이 염려하는 것은 이러한 읽기가 '순수의 상태'가 지니는 적극적 의미를 위축시킨다거나 『순수와 경험의 노래』에 들어있는 개개의 노래들이 지니고 있는 시적 매력을 폄하한다는 점인 듯하다. 그러나 블룸이나 프라이의 해석이 노래 자체의 의미를 축소시키고 있는 것은 아니다. 오히려 아이러니 및 풍자가 지니는 중층적 의미를 드러냄으로써 노래가 지니는 풍성함을 예증해주고 있다. '순수'와 '경험'의 상태가 서로를 풍자하고 있다고 가정한 프라이식 '오독'이 초래한 '불행한 영향'을 강조하는 존슨(Mary Lynn Johnson)의 '오독'이야말로 블레이크의 변증법적 상상력에 대한 이해를 가로막는 '불행한 영향력'을 행사하고 있다 하겠다(Jordan 204).

이때 주의할 점은 이렇게 상정한 상반된 상태의 의미와 한계를 동시

와 도판화와의 관계를 면밀하게 검토하고 있는 점은 주목을 받을 만하다.

5 블룸은 블레이크가 계승하고 있는 스펜서(Edmund Spenser)와 밀턴으로 이어지는 영국 목가적 풍자시 전통의 원천을 로마의 버질(Virgil)에서 찾는다. 그에 의하면, 「순수의 노래」 등 블레이크의 초기 시에서 확인할 수 있는 "좀 더 미묘한 형태의 풍자"에서 "놀랄 만큼 성경화한 버질"의 모습으로 등장하는 블레이크를 확인할 수 있다는 것이다.(1-3)

에 드러내기 위하여 동원되는 변증법적 상상력의 전략이다. 우선 「순수의 노래」의 목동이나 「경험의 노래」의 '옛시인'(bard)이 블레이크 자신이 아니라는 점에 주목할 필요가 있다. 이들이 블레이크의 일면을 대변하고 있는 것은 사실이지만 동일한 인물은 아니다. 여기에서도 블레이크는 '부재'로서 존재한다. 이들을 포용하면서 동시에 지양하며 이들의 역할을 연출 통제하고 있는 것이다.

우선 순수의 「굴뚝청소부」("The Chimney Sweeper")를 보자. 이 시는 당시 산업화 혹은 자본주의화 과정에 수반되게 마련인 인구의 도시집중으로 인하여 생긴 수많은 기아(棄兒)들의 비참한 생활을 소재로 하고 있다. 농촌에서 쫓겨나 도시로 흘러 들어온 이들 부모들은 변변한 일자리 하나 얻지 못하여 굶주림에 시달리게 된다. 슬럼가의 열악한 환경과 절대적 빈곤에서 헤어나지 못하는 이들은 나머지 가족들의 생존을 위하여 어린 자식을 남의 집 대문간에 버리거나 팔아넘기게 된다. 이중 일부는 '자선 학교'(charity school) 등에 수용되지만 일부는 이 시에 등장하는 화자나 탐(Tom Dacre)처럼 부랑아들을 모아 굴뚝청소와 같은 잡일을 시켜 돈을 벌게 하는 사람들의 수중으로 넘겨진다. 숙식을 제공해준다는 조건 때문에 이들의 잔혹한 손아귀에서 쉽게 벗어나지 못하는 이들의 생활은 비참하기 이를 데 없다. 당시 이런 어린이들을 위한 보호법을 마련하기 위해 다방면의 노력이 진행되었지만, 법이 제정된다 해도 매일 늘어나는 모두의 처지를 구제할 수는 없었을 것이다. 더구나 값싼 노동력에 대한 수요가 있고 이 수요를 충족시켜줄 가난한 부모들이 계속해서 존재하는 한 그 해결책이란 요원한 상황이었다.

그러나 이러한 사회적 불의에 대한 블레이크의 분노가 분노 그대로 표출되지 않고 있다는 데 이 시의 묘미가 있다. 첫 연에서 아직 말도 제

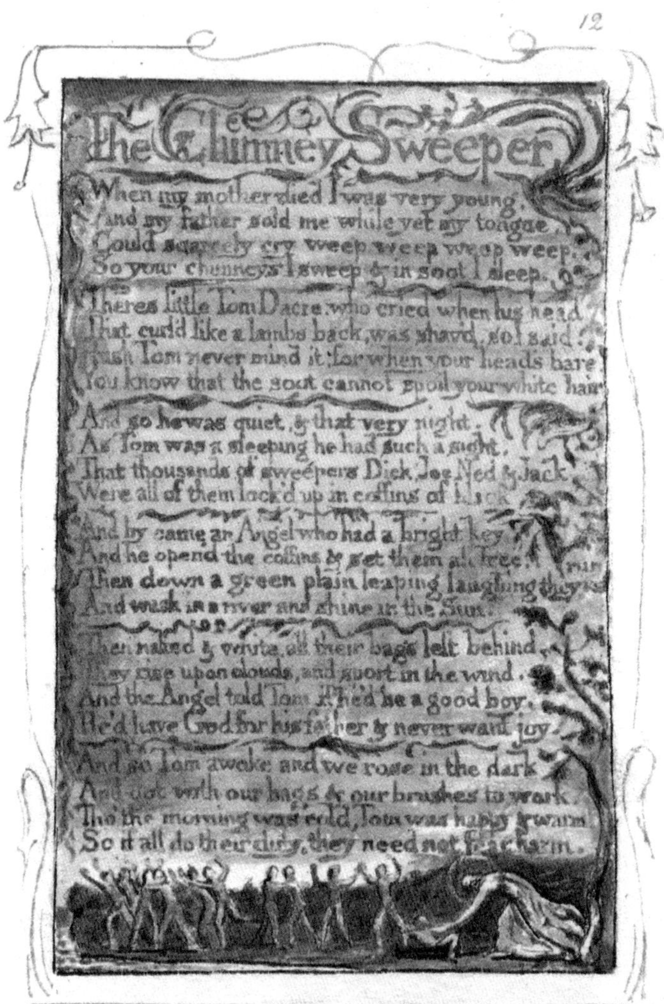

12

The Chimney Sweeper

When my mother died I was very young,
And my father sold me while yet my tongue,
Could scarcely cry weep weep weep weep,
So your chimneys I sweep & in soot I sleep.

Theres little Tom Dacre, who cried when his head
That curl'd like a lambs back, was shav'd, so I said.
Hush Tom never mind it, for when your heads bare,
You know that the soot cannot spoil your white hair.

And so he was quiet, & that very night,
As Tom was a sleeping he had such a sight,
That thousands of sweepers Dick, Joe, Ned & Jack
Were all of them lock'd up in coffins of black,

And by came an Angel who had a bright key,
And he open'd the coffins & set them all free.
Then down a green plain leaping laughing they run
And wash in a river and shine in the Sun.

Then naked & white, all their bags left behind,
They rise upon clouds, and sport in the wind.
And the Angel told Tom if he'd be a good boy,
He'd have God for his father & never want joy.

And so Tom awoke and we rose in the dark
And got with our bags & our brushes to work.
Tho' the morning was cold, Tom was happy & warm,
So if all do their duty, they need not fear harm.

「순수의 노래」 중 「굴뚝 청소부」

대로 하지 못하는 어린 나이에 아버지가 자기를 팔아버렸고 "그래서 나는 당신들의 굴뚝 청소를 하며 검댕 속에서 잠을 잔다"는 화자 어린이의 말은 원한에 사무친 울부짖음으로 들릴 수도 있다. 그러나 같은 처지인 탐 대커가 양털 같은 머리칼이 잘릴 때 슬퍼하는 것을 위로하는 대목에서는 그의 순진무구함이 그대로 드러난다.

> 꼬마 탐 대커가 있는데요, 양털처럼 곱슬곱슬한
> 머리칼이 잘리자 그는 울었지요, 그래서 내가 말해주었답니다.
> "뚝, 탐! 신경쓰지 마, 머리칼이 없으면
> 검댕이 네 하얀 머리칼을 더럽힐 수 없어 좋잖아."(SI; E10)

> There's little Tom Dacre, who cried when his head,
> That curl'd like a lamb's back, was shav'd, so I said
> "Hush, Tom! never mind it, for when your head's bare
> You know that the soot cannot spoil your white hair."

그렇다면 첫 연의 내용은 분노가 서린 울부짖음이 아니라 자신이 겪었던 경험을 담담하게 얘기하고 있는 것으로 보아야 한다. 이 노래가 지니는 풍성한 아이러니의 의미는 바로 여기에서 시작된다. 순수의 상태를 넘어서 있는 시인 블레이크는 순진한 어린이의 입을 빌어 그 어린이에게 가해진 불의를 독자들로 하여금 깨닫도록 연출하고 있는 것이다.

탐에게 해주는 위로의 말도 마찬가지의 효과를 발휘한다. 이 말 자체는 열악한 조건에도 불구하고 결코 굴절되지 않는 순진무구함에 대한 찬양이라는 이 시의 주제를 압축해주고 있다. 그러나 이 이야기를 듣는 독자는, 자신에게 가해지는 부당한 처사를 당사자가 기쁨으로 받아들인다 해서 그에게 가해지는 폭력 자체가 정당화 될 수는 없다는 또 다른 주제를 떠올리게 된다. 이 위로의 말은 분명 이들을 고용하여 돈벌이를 하는 사람이 자신들이 저지르고 있는 폭력을 정당화하기 위해 하는 말과 동일하다. 같은 말이지만 그 말의 주체가 누구냐에 따라 전혀 다른 의미를 띠게 되는 것이다.

뒤에 탐의 꿈속에 나타난 천사의 말도 이중적이기는 마찬가지이다.

천사가 탐에게 말했습니다, 착한 소년이 되면
하나님을 아버지로 모실 수 있고 언제나 기쁨이 넘칠 것이라고. (SI; E10)

And the Angel told Tom, if he'd be a good boy,
He'd have God for his father, and never want joy.

아버지를 잃은 어린이가 이 말을 받아들이는 경우 그것은 순수함의 표징이 될 수 있다. 그러나 다른 사람이 이 말을 되뇌일 경우 외부로부터 어린이에게 가해진 잘못을 합리화해주는 꼴이 되고 만다. 결국 현상태를 유지하려 하는 기득권층의 입장을 대변해주고 마는 것이다. 블레이크의 나중 작품에서, 특히 『천국과 지옥의 결혼』에서, 천사가 매우 수상한 존재로 등장하는데 그것은 바로 이러한 배경과 연결되어 있다. 수상한 천사나 어린이들의 고용주가 해주었음직한 마지막 도덕주의적인 맺음말도 아이러니컬한 독법을 강요하기는 마찬가지이다.

그러다가 탐은 잠에서 깨어났습니다. 우리들도 어둠 속에서 일어났지요.
우리 모두 가방과 솔을 챙겨 일터로 향했답니다.
비록 아침은 차가웠지만 탐은 행복하고 따뜻함을 느낄 수 있었답니다.

> 그러니 모두 자기 임무를 다하면 해(害)를 두려워할 필요가 없다는 것이지요. (SI; E10)

> And so Tom awoke, and we rose in the dark,
> And got with our bags and our brushes to work.
> Though the morning was cold, Tom was happy and warm;
> So if all do their duty they need not fear harm.

「순수의 노래」의 아이러니를 강조하는 경향이 이 작품을 그 자체로 읽지 못하게 한다고 비판하는 프라이스도 이 부분의 아이러니에 대해서는 일정 정도 인정하고 있다.

> 마지막 행은 소년의 연장자들이 수행하지 않고 있는 의무에 대해 생각해볼 때 통렬한 아이러니를 보여주고 있다. . . . 그러나 이것은, 세속적인 조건들을 초월할 수 있는 영혼에 대한 확신과 더불어 그 자체로 보상받을 수밖에 없다는 순진한 믿음의 과감한 주장이기도 하다. 이 순진한 믿음은 전원시적 비전의 불확실성과 힘을 동시에 지니고 있다.(45)

또 하나 이 노래가 지니는 아이러니와 관련하여 지적하고 넘어갈 부분은 (굴뚝) '청소해요'(sweep)라는 말이다. 우선 표면상으로는 어린이가 아직 발음을 잘못하여 혀 짧은 소리를 하는 것으로 이해할 수 있다. 아직 발음도 제대로 하지 못하는 어린 나이에 이처럼 험한 일을 해야 한다는 점을 드러냄으로써 연민과 동정을 불러일으키기도 한다. 하지만 더 중요한 것은 그 외침이 '울어라'(weep)의 의미로 들린다는 점이다. 어린 굴뚝청소부는 자신도 모르는 사이에 자신의 비참한 상황을 드러내고 있는 것이다.

어머니가 돌아가셨을 적 나는 매우 어렸답니다.
아버지는 나를 팔았죠, 아직 나의 혀가
'-청소! -청소! -청소! -청소!'를 제대로 외치지도 못할 때 말이에요.
그래서 당신들의 굴뚝 청소를 하며 검댕 속에서 잠을 자지요. (SI; E10)

When my mother died I was very young,
And my father sold me while yet my tongue
Could scarcely cry " 'weep! 'weep! 'weep! 'weep!"
So your chimneys I sweep, and in soot I sleep.

이에 관한 블룸의 해설을 들어보자.

도덕적 판단력을 내리지 못하는 무능으로 표현되고 있는 불완전함이 순수의 「굴뚝청소부」를 지배하고 있다. 여기에서 처음으로 분열되지 않은 상태의 불충분성이 강조되고 있다....
이 작품에서 '청소해요'(sweep)와 '울어라'(weep)가 함께 등장하는 것은 경험의 외침 '울어라'라는 외침을 소개하고 있다. 블레이크는 자신의 「미친 노래」("Mad Song")에서 사용하던 수사법을 다시 보여주고 있는데, 우리 독자는 이 시의 극적 화자의 한계를 이해하면서 동시에 그 화자의 순수함의 강조에 의해 획득되는 통렬함을 동시에 느낄 필요가 있다. (6)

이렇듯 블레이크는 순진무구한 어린이 화자를 통하여 두 가지 이야기를 동시에 하고 있다. 어린이의 순수의 상태를 찬양하면서 그것이 지니는 한계를 함께 드러내고 있는 것이다.

그 한계는 이 작품과 짝을 이루는 경험의 노래에 의해 극적으로 드러난다. 우선 이 노래에 등장하는 굴뚝청소부는 순진무구한 처지에 있지 않다. 스스로를 (사람이 아니라) 하얀 눈 위의 검은 것("A little black thing")으로 규정하는 등 분노에 휩싸여 있다. 자신은 황야에 내팽개쳐져 비탄의 노래를 부르고 있는데 엄마 아빠는 자신들만의 구원을 위하여 교회에 가버렸다. 자식이 황야에서도 행복해하는 것을 빌미로 자신들이 저지른 잘못을 회피하고 있다고 그들을 비판하는 것이다. 그의 분노는 자신들의 불행을 토대로 기득권 강화를 획책하는 무리에게로 확산된다.

> 내가 행복해 하고 춤추며 노래하니
> 그들은 자신들이 나에게 아무런 해도 끼치지 않은 것으로 여기며
> 우리들의 비참함을 토대로 천국을 건설하는
> 신과 그의 사제 및 왕을 찬양하기 위해 교회에 가버렸어요. (SE; E23)
>
> And because I am happy, & dance & sing,
> They think they have done me no injury:
> And are gone to praise God & his Priest & King
> Who make up a heaven of our misery.

이 청소부의 시각은 「순수의 노래」에 나오는 청소부에 비해 훨씬 포괄적이며 현실적인 것처럼 보인다. 자기 불행의 원인을 단순한 개인사정으로 국한시키지 않고 사회적인 문제와 연계하여 볼 수 있을 만큼 트인 '정치경제학적' 시야를 확보하고 있다. 그러나 이 또한 증오심에 사로잡혀 사물의 이면을 보지 못하는 한계를 동시에 드러내고 있다. 자기중심적 태도로 인해 어머니 아버지의 입장 등을 배려할 여유도 없고 자신에 대해서도 지

나치게 자학적이다. 순수의 시각이 지니는 단순함의, 그러기에 쉽게 이용당할 수 있는, 한계를 뛰어 넘었는가 싶었는데 또 다른 한계를 안고 있는 것이다.

「성 목요일」("Holy Thursday")에 관한 노래에서도 마찬가지의 한계가 확인된다. 성 바울 성당에서 매년 행해지는 자선학교 어린이들의 행사를 그리고 있는 「순수의 노래」에서는, 우선 행사에 참여한 어린이들의 천진난만한 모습에 대한 찬양을 읽을 수 있다. 둘씩 짝을 지어 마치 테임즈 강물처럼 유유하게 행진해 가는 모습은 말 그대로 장관이며 그들의 합창 소리도 천상의 조화로운 음악에 견줄 만하다. 가난한 사람들을 돌봐주는 현명한 사람들의 보호아래 이루어지는 이 행사는 안락한 평화의 분위기마저 띠고 있다.

그러나 잠시 멈춰 생각해보면 이러한 안이한 해석을 방해하는 갖가지 요소들로 인해 고개를 갸웃거리게 된다. 일 년에 단 한차례 열리는 행사에 흥분하는 당사자 어린이가 아니라면 누구라도 느낄 수 있는 감정이다. 그런데 블레이크가 이 작품을 쓰면서 어린이들만을 독자로 상정했을 리는 없다. 그렇다면 이것은 이 시를 읽게 될 대부분의 사람들이 느낄만 한 점이라 해도 지나친 말은 아닐 것이다.

우선 시 속에 등장하는 어린이들의 깨끗이 씻은 순진한 얼굴과 붉고 푸른 옷부터가 예사롭게 보이지 않는다.

> 성 목요일이었지요, 어린이들이 깨끗이 씻은 순진한 얼굴로
> 붉은 푸른 초록의 옷을 입은 채 둘씩 짝을 지어,
> 눈처럼 하얀 지팡이를 든 회색 머리의 교회 안내직원들을 앞세운 채
> 바울 성당의 높은 둥근 지붕 아래로 테임즈 강처럼 흘러들어간 것은 (SI; E13)

'Twas on a Holy Thursday, their innocent faces clean,
The children walking two and two, in red and blue and green,
Grey headed beadles walk'd before, with wands as white as snow,
Till into the high dome of Paul's they like Thames' waters flow.

겉으로 드러난 것만 이야기하자면 아름답고 순진무구한 모습 그 자체라 할 수 있다. 허나 당시 자선학교의 잘 알려진 실태를 감안해보면 이 모습은 이 행사를 위해 특별히 기획된 것임을 쉬 짐작할 수 있다. 평소에는 세수를 제대로 하지 못해 꾀죄죄하고, 잦은 세탁의 불편을 줄이기 위해 때가 잘 타지 않는 회색 옷, 크기도 맞지 않고 모양도 볼품없는 가운과 같은 옷을 입고 지내다가, 누구에게 보여주기 위해 이 날만 특별하게 차려입은 것임을 화자의 의도와는 관계없이 느끼게 되는 것이다. 아마도 행사가 끝나자마자 이 화사한 제복은 다음 해의 행사를 위해 벗겨져 보관될 것이다. 순진한 화자는 교회의 안내직원이 들고 있는 지팡이의 깨끗한 흰빛을 칭송하며 눈에 비유하고 있지만 듣는 이는 오히려 눈의 차가움을 먼저 읽게 될 것이다. 어린이들이 부딪친 현실의 냉혹함을 유추하게 하는 것이다. 테임즈 강에 대한 비유도 그 유유함을 빗댄 것이지만 오히려 자유를 상징하는 테임즈 강과 대조됨으로써 이들 어린이의 딱한 처지를 더욱 부각시키며 절실히 느끼도록 하는 것이다.

둘째 연도 계속해서 이런 식의 '삐딱한 읽기'를 조장한다. 어린이들의 찬란한 모습을 그린 "런던의 꽃"(flowers of London town)에서도 장식품으로서의 꽃을 먼저 떠올리게 되는 것이다. 그들은 분명 이 행사를 주관한 성 바울 성당의 성직자, 자선학교의 운영자, 이 날 행사를 후원한 부자들의 자비심을 돋보이게 하는 장식품(꽃)이다. 광휘를 지닌 천사와 같은 존재들이 처해 있는 실제 처지는 찬양을 위해 들어올린 손을 하늘의 은총을 갈구하는 처절한 몸짓으로 읽게 만드는 것이다.

마지막 연의 "현명한 보호자"(wise guardians)는 이러한 아이러니의 절정이라고 볼 수 있다. 평소에는 자신들의 안위를 위해 열심이다가 일 년에 단 한차례 자선을 베풂으로써 '천국행 표'를 예약하는 듯한 '현명함'을 느끼게 하기 때문이다. 마지막 행의 지극히 도덕주의적인 충고도 「굴뚝 청소부」에서처럼 예사롭지 않기는 마찬가지이다.

그들의 아래쪽에는 가난한 사람들의 현명한 보호자 노인들이 앉아 있다.
그러니 동정심을 발휘하라, 천사를 당신 문간에서 쫓아내는 일이 없도록.
(SI; E13)

Beneath them sit the aged men wise guardians of the poor
Then cherish pity, lest you drive an angel from your door

「경험의 노래」인 「인간적 추상」("The Human Abstract")에서 분명하게 적시하는 것처럼 '동정'(pity)은 다른 사람을 가난하게 하지 않고는 불가능한 일이다.

동정은 존재할 수 없으리라
누군가를 가난하게 만들지 않는다면
자비 또한 존재할 수 없으리
모두가 우리처럼 행복하다면 (SE; E27)

Pity would be no more,

「경험의 노래」 중 「인간적 추상」

If we did not make somebody Poor:
And Mercy no more could be,
If all were as happy as we;

'순수의 상태'는 결코 온전한 상태가 아니다. 블레이크는 오히려 순진한 화자의 입을 통하여 그 상태의 한계를 적나라하게 느낄 수 있게 연출하고 있다. 지양해야할 대상으로 그리고 있는 것이다. 케인즈(Geoffrey Keynes)는 『순수와 경험의 노래』 채색본에 대한 주석에서 이 작품을 자선학교 어린이들의 연례행사에 대한 풍자라 했는데, 이 풍자의 산(酸)이 위선적 자선 행위 쪽으로만 흐르는 것이 아니라 다른 방향 즉 화자의 단순 소박함을 부식(腐蝕)시키는 쪽으로 작용하고 있음도 간과해서는 안 될 것이다(144-45).

「경험의 노래」 역시 온전하지 못하기는 마찬가지이다.

이 떨리는 울부짖음이 노래인가?
환희의 노래란 말인가?
그렇게 많은 어린이들이 굶주리고 있는데
그것은 궁핍의 나라다!

그들의 태양은 빛나지 않고
그들의 들판은 황량하고 텅 비어있다
그들의 길은 가시덤불로 뒤덮여있고
그곳엔 영원한 겨울이 있을 뿐이다. [SE; E19]

Is that trembling cry a song?

Can it be a song of joy?
And so many children poor?
It is a land of poverty!

And their sun does never shine,
And their fields are bleak and bare,
And their ways are filled with thorns:
It is eternal winter there.

이는 분노의 울부짖음이다. 이는 분명 어린이들의 순진무구함을 빌미로 자신들의 직무태만을 정당화하고 있는 당시 사회에 대한 것이지만, 이들의 교묘한 술책에 이용만 당하는 '순수의 상태'에 대한 것도 아울러 포함하고 있다. 그런데 여기에서 지적하고 싶은 것은 "이 떨리는 울음이 노래인가?/ 그것이 기쁨의 노래일 수 있는가?"에서 확연하게 드러나듯 이 행사에 참여하고 있는 당사자 어린이들의 입장은 전혀 고려하지 못하는 또 다른 의미의 한계를 지니고 있다는 점이다. 어린이들이 "탐욕의 손"에 이용당하는 것만 보았지 이들이 일 년에 단 한번 있는 이 행사를 얼마나 학수고대하고 있는가는 염두에 두지 못하고 있는 것이다. 「경험의 노래」 화자가 강조했음직한 제도적 해결은 당사자 어린이들에게는 너무나 아득한 미래의 일이다. 궁극적인 해결을 위해서는 정당한 지적이지만 언제 올지 모를 그날을 위해 오늘의 기쁨을 포기하기는 쉽지 않은 일이다. 아니 당사자가 아닌 사람들이 이를 주장하거나 강요하는 것은 자기중심적 사고가 빚어낸 또 다른 의미의 폭거라 할 수 있다. 이는 마치 걸인이 자선을 호소했을 때, 일시적인 자선이 걸인의 근본적 처지를 해결해주지 못한다고 거절하는 것과 같다. 순수한 입장에서 자선을 베풀고 그 자체에 만족하는 것도 문제이지만, 근본적인 해결만을 앞세워 그가 처한 구체적 현실을 도외시하는 것에 대해서도 블레이크는 한계가 있다고 여긴다.

케인즈를 비롯한 많은 평자들은 블레이크의 진정한 마음이 이 노래에 더 잘 드러나 있다고 주장하는데, 이 말이 '순수의 상태'의 한계에 관한 것이라면 적절한 지적일 수 있지만 '성 목요일'의 행사 자체에 관한 것이라면 문제가 될 수 있다. 블레이크의 진정성은 순수와 경험의 노래 모두에서 확인할 수 있기 때문이다. 「경험의 노래」가 기득권 유지를 획책하는 사람들에게 본의 아니게 정당화의 빌미를 제공해준다는 것을 적절하게 지적하면서도, 이를 악용하는 기존 사회에 대한 분노에 휩싸여 행사에 참여한 순진한 어린이들의 즐거움과 같은 '순수'의 영역을 보지 못하는 한계를 노정하고 있다면, 「순수의 노래」는 어린이들이 즐거워하는 모습과 그 화사한 모습에 취하여 이면의 사회 정치적 함의를 놓치는 다른 차원의 한계를 드러내고 있는 것이다. 각자의 노래가 나름의 의미를 충분히 지니고 있지만 이렇듯 대조를 통해 읽을 경우 훨씬 풍성한 의미가 파생될 수 있음을 이미 블레이크는 내다보고 있었던 것이다.

글레크너(Robert F. Gleckner)가 상정하고 있는 제 3의 상태 즉 '더 높은 단계의 순수'(higher innocence)는 블레이크의 바로 이러한 점을 염두에 둔 것이다.[6] '순수'와 '경험' 그 어느 것에도 온전한 해결책을 기대할 수는 없다. 그렇다고 딱히 무엇이라 규정하기도 어렵다. 단지 그것이 '순수'

6 『순수와 경험의 노래』 각각의 작품에 대한 '꼼꼼한 읽기'를 시도하고 있는 글레크너는 이 작품을 하나의 통일된 전체로 간주하며 동시에 점점 더 '진화해 가는 체계'의 한 부분으로 여긴다. 그가 처음 제기한 "더 높은 단계의 순수"의 개념은 그 이후 비평가들에게 널리 차용되었으며, 의미해석을 위한 결정적 시점의 중요성에 대한 강조는 특히 주목을 받을 만하다.

와 '경험' 그 너머에 있다는 것만 알 수 있을 뿐이다. 그곳은 두 '상태'의 변증법적 지양(부정)을 통해서만 도달할 수 있다. 텔(Thel)이 '경험'을 통하여 좀 더 심오한 세상의 이치에 눈을 뜬 후에도 순수의 상태를 유지할 수 있다면, 아마도 그것이 바로 이러한 제 3의 상태이겠지만, 문제가 그렇게 간단하지는 않다. 그것이 '순수-경험-높은 순수'처럼 순차적인 것이 아니기 때문이다. '순수'와 '경험'의 상태는 인간 영혼에 공존하는 "두 상반된 상태"이지 하나를 잃고 다른 것을 얻게 되는 순차적 관계가 아니다. 『순수와 경험의 노래』에서 아이러니를 부정하는 평자들이 빠져있는 가장 커다란 오류가 바로 이것이다. '순수의 상태'를 환상으로, '경험의 상태'를 그 이후의 깨달음에 의한 환멸의 산물로 보는 것은 이처럼 두 상태를 순차적인 것으로 전제할 경우 나타나는 가장 대표적인 '오독'이다.

이러한 오해의 근저에는 「순수의 노래」이든 「경험의 노래」이든 그것이 블레이크 자신의 목소리일 것이라는 잘못된 전제가 깔려있다. 이것이야말로 블레이크가 경계해 마지않는 "물질적 이해"(Corporeal Understanding: Letter to Butts, August 16, 1803; E730)의 태도이다. 그는 자신의 시작품이 문자 그대로의 의미로 해석되는 것을 경계했다. 독자 스스로 창조적인 상상력을 발휘하여 시인이 제시하는 비전의 세계에 참여하기를 바랐던 것이다. 어느 한 시각을 대변하는 화자의 말을 액면 그대로 받아들이기보다는 그 말을 통하여 독자의 "행동할 수 있는 능력"(the faculties to act: Letter to Trusler; E702)이 진작되기를 기대했던 것이다.

블레이크의 이러한 '전략'이 소기의 성과를 거두고 있는가 하는 것은 또 다른 차원의 문제이다. 실제로 이러한 '전략'이 전일적으로 전 작품에 적용되고 있는 것처럼 보이지도 않는다. 실제 그렇게 되었다면 이것도 일종의 획일화요 독자의 '행동할 수 있는 능력'을 오히려 위축시키는 꼴이 될

터이니 말이다. 「순수의 노래」 중에서도 '순수의 상태'를 좀 더 적극적으로 옹호하는, 즉 '경험'의 시각으로는 도달할 수 없는 부분이 있음을 강변하는 작품도 있다. 「꽃」("The Blossom"), 「봄」("Spring"), 「유아의 기쁨」("Infant Joy") 등 진심으로 '순수' 상태의 적극적 의미를 표출하고 있는 이들 작품에서 아이러니를 이끌어 내려는 것은 억지스러운 일이 될 것이다. 또한 '순수'와 '경험'의 한계를 동시에 뛰어넘는 듯한 「다른 이의 슬픔에 대하여」("On Another's Sorrow")에서는 블레이크 자신의 것이라 할 수 있는 목소리가 확인되기도 한다. 이 노래의 화자는 꽃, 봄, 유아의 즐거움 등에 묻혀 경험세계의 슬픔과 근심걱정을 알지 못하는 존재가 아니다. 이미 그러한 것들을 알고 있으면서도 한계에 갇히지 않고 그것을 뛰어넘는 길이 있음을 알고 있는 것이다.

그는 진정 자기의 기쁨을 모두에게 준다.
그는 꼬마 유아가 된다.
그는 비탄의 인간이 된다.
그 또한 슬픔을 느끼게 된다.

그대, 곁에 창조주가 없는 채로
한숨지을 수 있다고 여기지 마라
그대, 창조주가 가까이 없는 채로
눈물을 흘릴 수 있으리라 여기지 마라

오! 그는 자신의 기쁨을 우리에게 준다
우리의 비탄을 부셔버릴 수 있도록
우리의 비탄이 사라질 때까지

22
Spring
Sound the Flute!
Now it's mute.
Birds delight
Day and Night.
Nightingale
In the dale
Lark in Sky
Merrily
Year
Merrily Merrily to welcome in the
Little Boy
Full of joy.
Little

「순수의 노래」 중 「봄」

「순수의 노래」 중 「유아의 기쁨」

그는 우리의 곁에 앉아 신음하고 있다 (SI; E17)

He doth give his joy to all.
He becomes an infant small.
He becomes a man of woe
He doth feel the sorrow too.

Think not, thou canst sigh a sigh,
And thy maker is not by.
Think not, thou canst weep a tear,
And thy maker is not near.

O! he gives to us his joy,
That our grief he may destroy
Till our grief is fled & gone
He doth sit by us and moan

「경험의 노래」도 마찬가지로 전부가 스스로의 한계를 암시하는 작품들로 구성되어 있는 것은 아니다. '경험' 상태를 적극적으로 옹호하는가 하면 때로는 그것을 뛰어넘는 거듭남의 주제를 강하게 드러내고 있는 작품도 있다. 「서시」("Introduction")에 등장하는 '옛시인'의 목소리는 오히려 블레이크 자신의 것에 가깝다. 그는 '경험'의 한계를 직시하며 그것을 뛰어넘는 거듭남의 주제를 강조하고 있다.

더 이상 피하지 마라
왜 그대는 피하려 하는가

별 마루와
물 해안은
날이 밝을 때까지만 그대에게 주어졌으니 (SE; E18)

Turn away no more:
Why wilt thou turn away
The starry floor
The watry shore
Is giv'n thee till the break of day.

이에 대한 블룸의 입장은 다르다. 그의 이야기를 우선 들어보자.

> 경험을 노래하는 이 옛시인은 상당한 비전의 역량을 갖고 있고 블레이크 자신과 많은 것을 공유하고 있다. 그러나 그는 블레이크가 아니다. 그의 노래도 자신의 시각에 의해 제한을 받고 있다. 그들은 경험의 상태에 관한 노래인데, 경험의 상태는 블레이크가 바라는 최고의 상태가 결코 아니다..... 경험의 옛시인은 있는 것, 있었던 것, 있게 될 것을 본다. 그러나 그 모두를 하나의 정신적 형태로 반드시 보는 것은 아니다. 바로 이것이 「서시」를 아우르는 그의 비극적인 정신적 결함의 단서가 되고 있다. (14)

그런데 이 같은 지적은 아이러니컬한 독법을 반대하는 평자들에게 많은 비판거리를 제공해주고 있다. 이는 「경험의 노래」가 모두 일정하게는 '경험' 상태의 한계를 드러내고 있다는 점을 증명하고 싶어 하는 조급증의 산물인 듯하다. 「경험의 노래」가 담고 있는 다양한 시각을 외면한 결과라 할 수 있다. 블룸 자신 블레이크 사고의 변증법적 특성을 강조하면서도 스스로는 단선적 시각에 갇히고 말았다는 혐의에서 자유롭지 못한 것이이다.

이에 관해서는, 시인의 위치와 기능에 대한 블레이크의 견해를 잘 보여주고 있다는 프라이의 주장이 설득력이 있어 보인다. 특히 작품에 나타난 동사의 시제에 유의하면서 "그곳"(there)이 아닌 "이곳"(here), 과거나 미래가 아니라 현재에서 "영원한"(eternal) 혹은 "무한한"(infinite)의 의미를 끌어내는 그의 지적은 후기시에 등장하는 로스의 이해에도 많은 시사점을 던져주고 있다. 상상력을 통한 모든 공간의 현재화라는 그의 개념 또한 블레이크가 자신의 (예언)시에 부여한 의미를 이해하는 데에도 많은 도움을 준다(23-29).

그렇다고해서 시인이 완벽한 존재라는 의미는 아니다. 시인의 진정한 의미는 타락의 상황을 부인하거나 초월하려 하지 않고 오히려 그 타락의 상황에 힘입어 타락의 상황 자체를 극복하려 끊임없이 노력하는 비극적 모습에서 확인된다. 예술창조 작업의 지속성을 강조하는 것도 이러한 의미에서이다.

이러한 '옛시인'의 촉구에 '경험' 세계의 현실적 어려움을 호소하는 「지구의 답변」("Earth's Answer")은 스스로 경험 세계에 갇혀 있음을 드러내고 있다. 또한 「흙덩이와 조약돌」("The Clod & the Pebble")에서는 『순수와 경험의 노래』 전체의 틀을 요약적으로 보여주기라도 하려는 듯 순수와 경험의 시각을 동시에 보여주고 있다.

> "사랑은 자기 자신의 기쁨을 구하지 않는다.
> 스스로를 위해 신경 쓰지 않는다.
> 대신 상대방을 위해 자신의 편안함을 내어주고

지옥의 절망 속에서 천국을 건설한다."

작은 흙덩이가 그렇게 노래했다.
소의 발에 짓밟힌 채로
하지만 작은 시냇가의 조약돌이
이렇게 적절한 노래를 불렀다.

"사랑은 오직 자신만의 즐거움을 구하고
스스로의 기쁨을 위해 상대방을 구속한다.
상대방의 불편함에서 기뻐하고
천국의 악의 속에서 지옥을 건설한다." (SE; E19)

"Love seeketh not itself to please,
Nor for itself hath any care,
But for another gives its ease,
And builds a Heaven in Hell's despair."

So sung a little Clod of Clay
Trodden with the cattle's feet,
But a Pebble of the brook
Warbled out these metres meet:

"Love seeketh only self to please,
To bind another to its delight,
Joys in another's loss of ease,
And builds a Hell in Heaven's despite."

여기에서도 진정한 사랑은 '흙덩이'의 것도 '조약돌'의 것도 아님을 함축하고 있다. 그 둘을 모두 뛰어넘는 어떤 것이 블레이크가 상정하고 있는 바람직한 사랑의 모습이다. 그런데 이 둘의 입장이 서로의 입장을 인정하는 '상반된'(contrary) 것이라기 보기보다는 적대적인 즉 서로를 부인하는(negate) 것으로 그리고 있음을 주목할 필요가 있다. '순수'와 '경험'의 시각을 동시에 보여주는 듯 하면서도 사실은 서로의 입장을 인정하지 못하는 '경험' 상태의 닫힌 입장을 드러내고 있는 것이다.

이에 관하여 블룸도 비슷한 지적을 하고 있다.

> 「흙덩이와 조약돌」은 두 종류의 사랑 즉 완전한 희생의 흙덩이의 사랑과 완전한 전유(專有)의 조약돌의 사랑을 대립시키고 있다. 아이러니는 적대가 곧 부인을 의미한다는 데 있다. 그것은 그들의 사랑이 결혼이라는 상반성에 의한 진보로 이어지지 못하기 때문이다. . . . 흙덩이도 조약돌도 경험상태의 표식인 이용해 먹기 식의 불길한 도덕적 변증법에 사로잡혀 있다. 둘 모두 개성이 상대방의 희생에 의하지 않고는 확보될 수 없다고 믿고 있는 것이다. (17)

억압에 의한 삐뚤어진 사랑을 비판하고 있는 「병든 장미」("The Sick Rose"), 「나의 귀여운 장미나무」("My Pretty Rose Tree"), 「아 해바라기」("Ah! Sun-Flower") 등에서도 '순수' 상태의 사랑의 허위를 비판하면서 동시에 그러한 진단이 지니는 한계 또한 함께 드러내고 있다. 이러한 중층적 입장에 의한 아이러니의 단적인 예가 해바라기가 추구하는 "감미로운 황금 나라"일 것이다.

> 태양의 발걸음을 헤아리는

시간에 지친, 아 해바라기,
여행자들의 여정이 끝나는
감미로운 황금 나라를 추구하는 (SE; E25)

Ah Sunflower, weary of time,
Who countest the steps of the sun;
Seeking after that sweet golden clime
Where the traveller's journey is done;

이것은 많은 비평가들이 지적하는 것처럼, 진정으로 경험의 한계를 넘어선 세계를 지칭하면서 동시에 현 상태의 유지를 위한 금욕의 계명을 정당화하기 위해 기득권 세력들이 내세우는 허위의 '천국' 혹은 '내세'(來世)를 의미하기도 한다.

『햄릿』(*Hamlet*)과 같은 논란거리를 제공해주고 있다는 평을 받고 있는 블레이크의 「호랑이」("The Tyger")는 또 다른 의미의 중층성을 보여주고 있다(Jordan 209). 「순수의 노래」의 「어린 양」("The Lamb")과 짝을 이루는 이 작품은 그것의 단순성을 비판하는 데 그치지 않고 그 이상의 심오한 주제를 담고 있다. 「어린 양」의 주제는 '순수'의 입장에서 본 신의 모습이다. 그 모습은 온유하고 부드러우며 사랑으로 넘친다. 이와 대조를 이루는 「호랑이」에서의 신의 모습은 무시무시하고 파괴적이기까지 하다. 「어린 양」에서는 어린 양과 신 및 어린이를 일치시킴으로써 주제를 보다 명료하게 제시하고 있는 반면, 이 작품에서는 무시무시한 호랑이를 창조할 수 있는 존재로 묘사함으로써 간접적으로 신의 모습을 유추할 수 있게 만든다. 어린 양의 모습(lambness)이 곧 신의 모습이지만 호랑이의 모습(tygerness)이 곧 신의 모습은 아닌 것이다. 주제는 그래서 호랑이의 모습으로까지 확산된다.

첫 연에서부터 호랑이의 모습은 경험 세계의 오류를 뛰어넘어 거듭남을 추구하는 혁명세력으로 그려진다.

> 호랑이, 이글이글 불타는 호랑이,
> 밤의 숲속에서;
> 어떤 불멸의 손 아니 눈이
> 너의 무서운 균형을 빚어낼 수 있었을까? (SE; E24)
>
> Tyger Tyger, burning bright,
> In the forests of the night;
> What immortal hand or eye,
> Could frame thy fearful symmetry?

그는 어둠의 오류 속에서 혁명의 (혹은 분노의) 불을 밝히고 있는 존재다. 신은 이러한 존재조차 당신의 피조물로 삼은 것이다. 물론 이러한 단정은 유보되어야 한다. 그것은 질문의 형태로 제기된다. 의심이라 할 수도 있겠고 경외의 감탄이라 할 수도 있겠다. 어찌되었든 혁명세력은 자연스럽게 반역의 원조라 할 수 있는 프로메테우스와 사탄을 연상시킨다.

> 어느 머나먼 심연 혹은 하늘에서
> 너의 두 눈의 불이 타고 있었나?
> 어떤 날개로 그가 감히 날아오를까?

42
The Tyger.
Tyger Tyger, burning bright,
In the forests of the night;
What immortal hand or eye,
Could frame thy fearful symmetry?
In what distant deeps or skies.
Burnt the fire of thine eyes?
On what wings dare he aspire?
What the hand, dare sieze the fire?
And what shoulder, & what art,
Could twist the sinews of thy heart?
And when thy heart began to beat,
What dread hand? & what dread feet?
What the hammer? what the chain,
In what furnace was thy brain?
What the anvil? what dread grasp,
Dare its deadly terrors clasp!
When the stars threw down their spears
And water'd heaven with their tears:
Did he smile his work to see?
Did he who made the Lamb make thee?
Tyger Tyger burning bright,
In the forests of the night:
What immortal hand or eye,
Dare frame thy fearful symmetry?

「경험의 노래」 중 「호랑이」

어떤 손이 감히 그 불을 움켜쥐는가? (SE; E24)

In what distant deeps or skies.
Burnt the fire of thine eyes?
On what wings dare he aspire?
What the hand dare seize the fire?

머나먼 심연이 사탄이 머무르는 지옥을 상기시킨다면 하늘은 프로메테우스가 인간을 위하여 불을 훔친 높다란 올림포스 산을 떠올리게 한다. 날개를 타고 나는 것은 사탄이요 불을 손으로 잡는 이는 프로메테우스다.

그 다음은 이 무시무시한 존재의 창조과정에 대한 소개가 이어진다. 대장간 이미지로 넘치는 이 부분도 의문문의 형태로 제시되기는 마찬가지이다.

어떤 어깨가, 어떤 기술이
너의 심장의 힘줄을 비틀 수 있었을까?
너의 심장이 뛰기 시작할 때,
어떤 무서운 손이, 어떤 무서운 발이?

어떤 망치가? 어떤 사슬이,
어떤 불가마속에 너의 뇌가 있었는가?
어떤 모루가? 어떤 무서운 집게가
그 무시무시한 공포를 감히 쥐었는가? (SE; E24-5)

And what shoulder, & what art,

Could twist the sinews of thy heart?
And when thy heart began to beat,
What dread hand? & what dread feet?

What the hammer? what the chain,
In what furnace was thy brain?
What the anvil? what dread grasp,
Dare its deadly terrors clasp!

이것은 경탄의 표현이면서 동시에 강한 의혹의 표식이기도 하다. 당시 기득권자들이나 현실안주를 바라는 사람들에게 변혁을 꾀하는 사람들은 두려운 존재이며 따라서 악의 무리로 간주되기 마련이다. 그런데 이러한 세력 또한 신의 피조물 중의 하나라면 이야기는 그리 간단하지 않다. 그것은 나름의 존재의의를 지니는 것이라 유추할 수 있다. 세상의 불의(不義)를 제거한다는 매우 적극적인 의미를 지니는 것이다. 이는 분명 당시 프랑스 혁명세력이나 영국 내 혁명에 동조하는 사람들을 악의 존재로 매도하는 이분법적 사고에 대한 시인 블레이크의 저항의 한 표식이라 할 수 있다.

그런데 이 부분에서 블레이크의 태도는 다소 복잡하다. 경탄의 대상으로 표현하면서도 두려움의 대상, 즉 타기해야 할 대상으로의 모습도 동시에 보여주고 있는 것이다. 파괴적 속성 때문이다. 「어린 양」에서 그리는 '사랑의 하나님'과는 대조적인 '공의의 하나님' 모습이면서도 그 긍정적 의미를 적극적으로 표출시키지는 않고 있다. 서술형이 아닌 의문형은 고양된 경탄 및 찬양의 정도를 나타내는 동시에 그에 못지않은 만

「경험의 노래」 중 「옛시인의 목소리」

큼의 의혹과 두려움의 심도를 드러내는 데에도 기여한다. 그래서 다섯째 연의 "그 분[神]이 당신의 작품을 보고 웃었을까?/ 어린양을 만든 이가 그대를 만들었는가?"에 대한 대답이 쉽지 않다. 블레이크는 여기에서도 그 답을 독자의 몫으로 남겨놓는다. 자신의 답을 강요하는 것은 또 다른 압제다. 중요한 것은 독자들의 "행동할 수 있는 능력"을 진작시키는 일이다.

이 작품을 '순수시'(pure poetry)로 읽을 만한 여지가 바로 여기에 있다. 케인즈의 다음과 같은 지적은 그러한 의미에서 귀 기울일 만하다.

> 어떤 독자들에게는 그 결과가 '순수시'로 보일 것이다. 그 탁월한 시적 형식이 아무런 전달 가능한 의미를 전해주지 않기 때문이다. 다른 독자들에게는 그 전언의 내용이 단편적인 상징들을 모음으로써 분명해질 것이다. 그리하여 결국 그 하나 하나의 상징이 하나의 정연한 연계를 형성하는 것처럼 보이게 될 것이다. 이러한 것이 불가능하다는 것이 여러 가지 다양한 시도를 통하여 분명해졌다. 어느 평자도 다른 이들과 의견의 일치를 보지 못하고 있는 것이다. 그러므로 시작품 스스로 자신을 대변하게 하는 것이 더 좋을 것 같다..... 이 작품은 연속적인 질문으로 교묘하게 구성되어 있는데 그 어느 하나도 답을 동반하고 있지 않다. 그것은 선과 악이 어떻게 화해할 수 있는가 라는 우주의 수수께끼를 포함하고 있다. 세심한 분석은 오직 시의 힘을 손상시키는 데에만 기여할 것이다. (148-9)

신에 대한 '순수'의 단선적 시각을 비판하기 위한 이 작품에는 '경험' 한계를 뛰어넘는 '거듭남'의 주제도 섞여 있다. 이러한 주제는 「티어자에게」("To Tirzah"), 「옛시인의 목소리」("The Voice of the Ancient Bard") 등에서도 확인된다.

블레이크 변증법의 묘미는 바로 이러한 점에서 확인된다. 전체적으로 정연한 틀을 상정해 놓고 그 안에 복잡다단한 시각들을 배치해 둔다는 점이 그것이다. 『순수와 경험의 노래』에서 외곽 구조는 "인간 영혼의 상반된 두 상태를 보여주기 위하여"라는 부제에 충실한 듯 정연히 배치해 두었지만 기실 내용은 그렇게 단선적인 형태로 구성되어 있지는 않은 것이다. 무엇이든 체계를 갖추면 억압적 성격을 띠기 때문이다. 이는 독자들의 "행동할 수 있는 능력"이 활동할 만한 여지를 봉쇄하고 만다. 진정한 윤리가 '부정'의 형태로 존재해야 하는 것처럼 형식적 체계도 '부정'의 형태로 존재해야 한다. 이때 블레이크가 요구한 것이 바로 "조성적 복잡성에 대한 고양된 의식"(a heightened awareness of tonal complexities)인 것이다(Bloom, 22).

2. '보여주기'의 변증법

블레이크의 출판되지 않은 '잡기장'(Notebook)에는 「순수와 경험의 노래 제사(題詞)」("Motto to the Songs of Innocence & of Experience") 라는 제목의 시 형식으로 된 글이 있다. 그는 여기에서 순진한 사람들이 경험의 세계로 타락하는 '교육'의 과정을 아주 간명한 언어로 그려주고 있다.

> 선한 이들이 다른 사람들의 인식에 매료되어
> 스스로 생각하기를 포기하게 된다
> 결국 그들은 경험의 교육을 받아
> 요정들을 잡아 새장에 가두는 법을 배우게 된다. (E499)

The Good are attracted by Mens perception
And Think not for themselves
Till Experience teaches them to catch
And to cage the Fairies & Elves

여기에서 '선한'(good)이라는 판단은 물론 인습적인 가치기준에 근거한 것이다. 선과 악의 이분법적 사고에 의하면 이 기준에 저항하지 않고 순응하는 것이 '선한' 일이다. 이를 위해서는 스스로 생각하기를 포기해야 한다. 다른 사람들의 인습적 인식을 답습하기만 하면 된다. 순진하지만 수동적인 이 '선한' 사람들은 상상력의 측면에서 보면 노예상태라고 할 수 있는 자신의 처지를 기꺼이 감수한다. "마음이 빚어낸 수갑"(mind-forg'd manacles, "London," E26)에 얽매여 자유로운 상상의 '요정들'을 스스로 새장 속에 가두고도 자신들이 무슨 일을 하고 있는지 모르며 이를 개의치도 않는 것이다.

변증법적 비전의 시인 블레이크가 가장 염려하는 것 중의 하나가 바로 이처럼 단선적인 사고에서 오는 닫힌 마음이다. 『순수와 경험의 노래』 또한 이러한 염려의 연장선상에 놓여있다고 할 수 있다. 블레이크에게는 순수의 상태도 경험의 상태도 단선적이라는 의미에서 비슷한 한계를 지니고 있다. 경험의 입장에서 보면 순수하다는 것은 순진하고 단순하다는 것의 다른 표현일 뿐이다. 자신의 입장으로만 세상을 보려하는 경험의 태도도 독선적이며 편협하다는 비판으로부터 자유롭지 못하다.

그런데 유념할 것은 「제사」에서 분명하게 밝히고 있는 것처럼 순수와 경험의 상태가 전혀 별개의 것이 아니라 서로 이어져 있다는 점이다. 상반된(contrary) 것으로 상정하고 있지만 실제로는 서로 맞물려 있다.

'순수의 노래'에서도 경험의 기운은 감지할 수 있고 '경험의 노래'에서도 순수의 징후는 잠재되어 있다. 두 상태는 배타적으로 존재하는 것이 아니라 동전의 양면처럼 공존하면서 반면교사 역할을 하고 있는 것이다.

이 시집의 부제인 "인간 영혼의 상반된 두 상태를 보여주기 위한" 이라는 말에서도 블레이크가 상반된 두 상태의 공존을 전제하고 있다는 것을 확인할 수 있다. 판을 바꾸면서 「순수의 노래」에 속해있던 작품이 「경험의 노래」에 옮겨져 수록된 사실도 이러한 혼재성과 무관하지 않을 것이다.

여기에서 우리가 또 하나 주목해야 할 점은 시인이 자신의 역할을 이 두 상태의 '보여주기'에 한정하고 있다는 점이다. '보여주'는 것은 대변하는 것과 다르다. '순수의 상태'이든 '경험의 상태'이든 시인은 그 어느 하나를 대변하려 하지 않는다. 물론 각각의 노래에서는 스스로의 상태를 강조하거나 상대방의 입장을 분명하게 비판하고 있다. 그러나 그 주체는 시인 자신이 아니라 그가 뒤에서 조정하는 화자 '대변인'이다. 시인 스스로는 제 삼자의 입장에 서서 두 상태를 비교 대조해 '보여주'고 있을 뿐이다. 시인은 각각의 상태를 대변하는 화자를 등장시켜 상대의 입장을 비판하게 하면서 동시에 그들 스스로의 한계를 드러내도록 하는, 매우 정교한 연출자 역할을 하고 있다. 자신의 입장은 숨긴 채 '숨은 신'처럼 두 상태 넘어 '부재'(不在)로 존재하면서 둘의 변증법적 지양을 도모하고 있는 것이다.

왜 이처럼 복잡한 연출을 하고 있는 것일까? 이것을 올바르게 이해하는 것이야말로 『순수와 경험의 노래』가 지닌 중층적 의미에 이르는 지름길이 될 것이다. 변증법적 연출의 의미 이해를 위해 블레이크는 독자에게도 똑같은 변증법적 사고를 요구한다. 시인 자신의 입장을 모호하게 감추면서 스스로 생각하는 능력을 독자들에게 독려하는 것이다. 자신의 입장을 지나치게 명료하게 드러내는 것은, 앞의 「제사」에서 지적하고 있는 것처럼, 독자들의 능동적 상상력을 방해하는 일이 될 수 있다.

시인 스스로 분명하게 설명을 해주는 것이 아니라 독자들의 적극적인 개입을 촉구하고 있다. 『순수와 경험의 노래』에 대한 많은 학자들의 다양한 해석도 블레이크 자신의 이러한 의도와 무관하지 않을 것이다. 시집 판본마다 각기 다른 모습인 것도 독자들이 단선적 사고에 얽매이지 않게 하는 데 적지 않은 기여를 했을 것이다. 물론 블레이크가 의도한 것이라고 해석하는 것이 다소 억지처럼 보일 수 있다. 그러나 블레이크가 그러한 변화에 크게 개의치 않았다는 점은 분명한 일이며, 이는 시의 의미가 결국 독자들의 능동적인 상상에 의해서 포착될 수 있다고 여겼기에 가능한 일이다.

물론 이러한 혼란의 일차적 원인을 블레이크 자신이 당시 '순수'나 '경험'의 상태에 대한 개념정립이 아직 되어있지 않았던 점에서 찾을 수도 있겠다. 부제에 '상태들'이라는 말이 실제로 등장하지만 그에 대한 개념은 시집이 출판되던 당시에는 불분명했던 것 같다. 개념이 명확히 자리를 잡게 된 것은 후기 『밀턴』이나 『예루살렘』의 작업이 진척되면서이다.

분명한 것은 블레이크가 이들 '상태'들을 비판하거나 매도하는 입장에 서있지 않았다는 점이다. 그는 이를 '보여주'려 했을 뿐이며 그 판단은 독자들의 몫으로 남겨놓고 있는 것이다. 그러니 독자의 입장에서 제대로 된 '행동할 수 있는 능력' 즉 상상력을 발휘하기 위해서는 연출자 시인이 제공하는 갖가지 단서에 주목해야 한다. 후기 작품에서 좀 더 분명한 모습을 드러내는 '상태론'(Doctrine of State)에 주목해야 할 이유도 여기에 있다.

'상태론'은 후기 시의 중요한 주제 중의 하나인 '지속적인 용서'를 가능케 하기 위해 도입한 개념적 틀이다. 용서는 불완전한 인간과 그들이 살고 있는 불완전한 현실을 용인하기 위해 반드시 필요한 일이다. 그래야만 이 오류의 세계에 갇히지 않고 영원세계(Eden)로 나갈 수 있는 가능성이 열린다. 그런데 이 영원의 세계는 한번 주어진다고 해서 지속적으로 보장되는 것이 아니다. 순간적으로 나타났다 사라지곤 한다. 유한한 인간이 불완전한 현실세계에서 끊임없이 오류에 빠질 수 있기 때문이다. 지속적인 용서가 필요한 것은 바로 이러한 이유에서이다.

일시적인 오류의 무대인 '상태'는 영원한 '개인'(Individual)의 상대 개념이다(Damon 386). 인간은 살아가는 인생의 여정 단계마다 독특한 오류의 '상태'를 겪게 되어 있다. 그가 성숙해진다는 것은 하나의 '상태'에서 다른 종류의 '상태'로 옮겨가는 것을 의미한다. "인간은 계속해서 나아가고 상태는 영원히 남아 있다. 그는 마치 여행자처럼 그것을 통과하여 지나간다"(VLJ; E556).

'상태'는 일시적인 것이다. 겉으로 잠깐 드러난 현상적 모습일 뿐 본질적인 것이 아니다. 본질적인 것은 그 이면에 존재한다. 그것은 상상력을 통해서만 포착이 가능하다. '상태'에 집착하는 것은 '기억력'(Memory)이나 이성에만 의존하려는 잘못된 인식 태도의 산물이다. 블레이크는 상상력을 인간 존재 자체로까지 여기고 있다. 그만큼 본질을 보지 못하고 현상에 집착하는 당시의 편협한 합리주의에 깊은 회의를 갖고 있었던 것이다.

상상력을 통해서만 우리는 어떤 사람이 처해있는 '상태' 너머 거기에 처해있는 사람 '개인'을 볼 수 있다. '상태'가 아니라 '개인'에 주목한다는 것은 그 나름의 독특한 개성을 중시한다는 뜻이다. 그래서 그가 처한 오류의 '상태'를 핑계로 그를 매도하거나 단죄하지 않는다는 것이다. 그것은 '개인'이 처한 '상태'를 '부정하는'(negating)것이 아니라 그것의 '상반성'을 인정하는 태도에 다름 아니다. "상반성 없이는 진보도 불가능하다"(E34)라는 유명한 명제는 바로 이런 사고에서 비롯된 것이다.

'상반성'의 인정은 상상력을 통해서만 가능하다. 자아(selfhood)의 정당성만을 고집하는 독선이 아니라 '타자성'(otherness)을 받아들이는 열린 마음이 바로 그것이다. '상반성'을 수용하는 것이 상상력과 영감(inspiration)의 산물이라면 독선의 아집 속에서 '타자성'을 부인하는 것은 이성 및 '기억력'의 횡포이다. 경험적 증거에 의한 예증(demonstration)만 고집할 경우 질곡의 현상태를 벗어날 수 없는 것이다.

이처럼 (시인의) 상상력에 의해 포착된 상반된 상태의 참된 의미는, 다시 (독자의) 상상력을 통해서만 이해될 수 있다. 인간 영혼의 상반된 상태를 그려주고 있는 『순수와 경험의 노래』를 제대로 이해하기 위해서는 '선한' 수동적 태도가 아니라 스스로 '행동하려는 능력'이 독자들에게 요구되는 것이다. 블레이크가 강압적인 설득보다 '보여주기'에 자신의 역할을 한정시키고 있는 것도 이 때문이다.

그가 제시하고자 하는 비전의 세계는 "예시적인"(exemplary) 것이지 "규범적인"(prescriptive) 것이 아니다(McGann, 13). 블레이크에게 예술은 분명 독자들의 일깨움을 위한 것이다. 그러나 그 방법은 교조적 강압에 의한 것이 아니라 독자들 스스로 미망(迷妄)을 떨쳐버릴 수 있도록 자극하고 도와주는 것이다.

교조적 가르침은 지적 압제의 한 형태에 불과하다. 블레이크가 우화가 아니라 상징을 강조하는 것도 바로 이런 이유에서이다. 그에 의하면 우화 혹은 알레고리는 "진정한 비전과는 전혀 다르며 열등한 종류의 시"(a totally distinct & inferior kind of Poetry, VLJ; E554)일 뿐이다. 영원한 참 존재는 비전과 상상력을 통해서만 재현될 수 있다. 우화가 기억력의 산물이라면 상징은 상상력과 영감의 산물이다. 대몬의 지적처럼, "우화가 풀리지 않으면 실패하고 마는 수수께끼와 같은 것이라면 상징은 그 전 의미가 분명하게 드러나면 실패하고 마는 꿈과 같은 것"이라 할 수 있다(17).

『순수와 경험의 노래』가 당시 우화적인 교훈시들의 틀을 벗어나 상당한 오해의 여지를 남기고 있는 상징을 과감히 도입한 것도 블레이크의 이런 생각과 무관하지 않다. '순수'나 '경험'의 '상태'라는 것이 외양만큼 단순하지 않은 것도 이런 까닭이다. 우선 화자가 어느 상태에 처해있는가를 독자가 적극적으로 나서서 규명해야 하며 그가 적시하고 있는 '상태' 또한 어떠한 것인지를 주의 깊게 살펴야 한다.

「순수의 노래」는 크게 두 종류로 나눌 수 있다. 그 하나가 기쁨과 행복, 평화가 넘치는 '순수 상태'를 적극적으로 표현하는, 즉 '경험'의 시각으로는 도달할 수 없는 세계를 그리고 있다면, 다른 하나는 비록 열악한 상황이지만 이를 '순수'의 시각에서 긍정적으로 인식한, 그래서 결국은 기쁨, 행복, 평화를 그 결과로 얻게 되는 과정을 그리는 노래들이라 할 수 있다. 「꽃」, 「봄」, 「유아의 기쁨」 등이 전자의 예라면 '순수의 노래'의 '런던 시'(London poems)라 불리는 「꼬마 흑인 소년」, 「굴뚝 청소부」, 「성 목요일」 등은 후자의 예라 할 수 있다.

순수한 화자가 순수한 상태를 노래할 수도 있고 순수한 화자가 경험의 상태를 보여줄 수 있다. 역으로 경험의 화자가 순수의 상태를 조정할 수도 있고 자기 스스로 경험의 한계를 드러낼 수도 있다. 때로는 순수와 경험의 상태를 동시에 뛰어넘는 화자가 등장하기도 한다.

또 하나 독자들의 상상력을 자극하는 장치는 화자가 균일하지 않다는 점이다. 「서시」에서처럼 시인 자신이 직접 화자로 등장하기도 하지만, 다른 대부분의 시에서는 '순수'의 상태에 있는 어린이가 화자가 되거나 「유모의 노래」("Nurse's Song") 등에서처럼 제 3의 인물이 등장하여 순수의 상태를 노래하고 있다. 물론 이 경우에도 시인자신은 뒤에 숨어 '보여주기'를 연출하고 있다.

「서시」는 제목 그대로 「순수의 노래」가 어떻게, 무엇을 목적으로 하여 쓰여졌는가를 밝혀주는 노래다. 케인즈의 지적처럼 그 '무대'를 보여주고 있는 것이다(132). 시인 자신은 아르카디아 골짜기에서 양떼들에게 피리를 불어주는 목자의 모습으로 그려지고 있다. 영감의 주체는 구름 위에 있는 어린아이, 그 내용도 어린양에 관한 것이다. 그 목적은 어린아이들을 즐겁게 하기 위한 것이다. 이때 이 어린아이와 어린양은 순수의 상징으로 아기 예수와 연결된다.

여기에 이 노래의 묘미가 있다. 단순 소박한 민요(folk ballad)의 특성을 고스란히 이어받는 듯 하면서 거의 눈에 띠지 않게 상징을 더하여 의미를 증폭시키고 있다.[7] 어린양과 어린아이 그리고 아기 예수를 함께 아우르는 이 상징이 즐거움, 안락함, 믿음, 사랑 등 순수의 상태를 대표하는 중심 상징으로 제시되면서 상상의 폭을 확대시켜주고 있는 것이다.

또 하나 독자들의 주목을 요하는 것은 마지막 연의 "맑은 물을 적시어"라는 구절이다.

---

7 낭만시인들은 시의 혁명을 시도하면서 구전민요를 자신들 작업의 전범(典範)으로 삼았다. 인습적인 시어(poetic diction)로는 새로운 시대의 새로운 정서를 제대로 표현할 수 없다고 여겨 민중들의 생생한 언어에 관심을 기울이게 된 것이다. 이 작품은 이 구전민요의 형식과 내용의 특성을 고스란히 이어받고 있다. 대화형식에 줄거리가 있는 조그만 하나의 이야기(narrative)로 이루어진 것도 그렇고 단순 소박한 내용도 민요의 특성을 그대로 모방하고 있는 것이다.

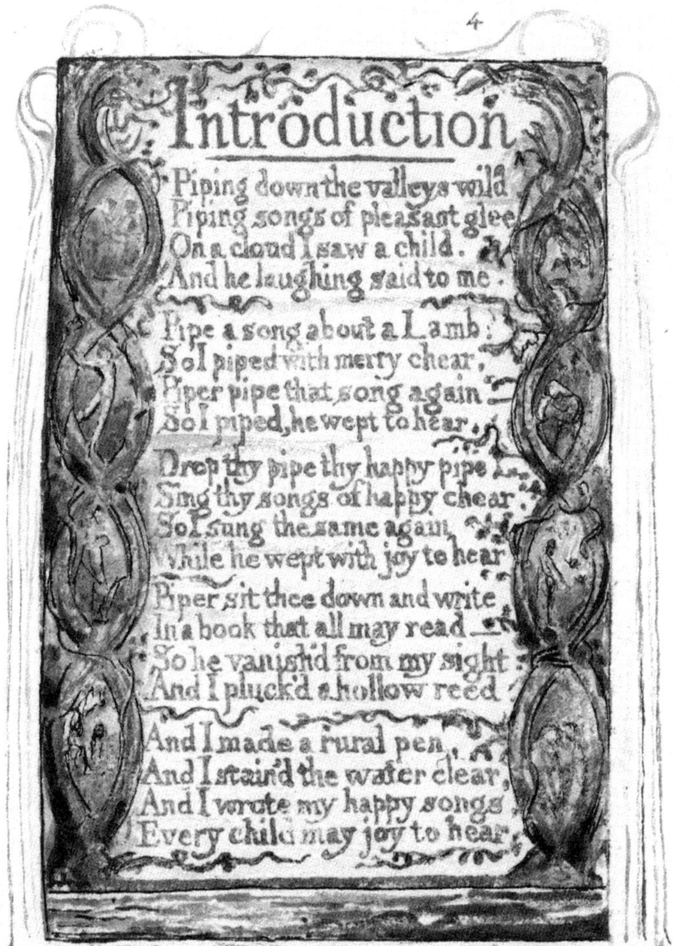
4
Introduction
Piping down the valleys wild
Piping songs of pleasant glee
On a cloud I saw a child.
And he laughing said to me.
Pipe a song about a Lamb;
So I piped with merry chear,
Piper pipe that song again
So I piped, he wept to hear.
Drop thy pipe thy happy pipe
Sing thy songs of happy chear,
So I sung the same again
While he wept with joy to hear
Piper sit thee down and write
In a book that all may read
So he vanish'd from my sight
And I pluck'd a hollow reed
And I made a rural pen,
And I stain'd the water clear,
And I wrote my happy songs
Every child may joy to hear

「순수의 노래」 중 「서시」

그래서 나는 소박한 펜을 만들었어요
맑은 물에 적시어
나는 행복한 노래를 썼어요
모든 어린이들이 듣고 즐길 수 있도록 (SE: E7)

And I made a rural pen,
And I stained the water clear,
And I wrote my happy songs,
Every child may joy to hear.

여기서 "적시어"는 "맑은 물"과 어우러지면서 순수상태를 그리기에 적절한 단어로 우선 치부될 수 있다. 그러나 세상 경험이 조금이라도 있는 독자라면 당연히 이 단어의 원 의미인 '더럽히다' 혹은 '얼룩지게 하다'를 떠올릴 수밖에 없을 것이다. 상상력이 풍부한 독자라면 순수한 상태가 쉽게 더럽혀질 수 있다는 의미를 읽어낼 수 있고, 그 상태가 그것 자체로 오롯이 존재할 수 없다는 암시로 해석할 수도 있다. 「순수의 노래」가 결국 일정한 한계를 지니는 시각의 노래요 순수의 상태도 완벽할 수만은 없다는 함축적 의미를 확인할 수 있게 되는 것이다.

블레이크 "전체 서정시 중 가장 미묘하게 잘못 읽히기 쉬운" 작품의 하나인 「꼬마 흑인 소년」에 이르면 시인의 연출은 미묘함을 한층 더해 간다(Bloom 11). 이 노래는 인종차별이라는 경험적 상황을 순수한 입장에서 다룬 것이다. 사회적 불의와 부정의 희생자인 흑인 소년이 자신의 열악한 처지를 긍정적으로 여길 뿐만 아니라 백인 소년보다 더 축복 받은 것으로 여기며 심지어는 그 백인 소년을 돕겠다는 생각까지 하고 있다. 열악한 현실에도 굴하지 않는 순수함에 대한 찬양이라는 주제를 쉽게 읽어낼 수 있는 것이다.

그러나 이처럼 소박한 읽기를 방해하는 여러 장치를 블레이크는 곳곳에 숨겨놓고 있다. 우선 첫 연의 "범주적 이원론"(a categorical dualism)이 걸린다(Bloom 11). 이 시의 화자인 흑인 소년은 영과 육을 구분하는 인습적 사고를 거부감 없이 받아들이고 있다. 더욱 심각한 것은 흰색을 선으로, 검은색을 악으로 간주하는 백색(인)우월주의를 그대로 수용하고 있다는 점이다.

> 엄마는 나를 낳으셨죠 남쪽 거친 황야에서
> 그래서 나는 까맣죠 그러나 오! 영혼은 하얘요.
> 영국 아이는 천사처럼 하얗지요:
> 그러나 나는 빛이 제거된 것처럼 까맣죠.(SI; E9)
>
> My mother bore me in the southern wild,
> And I am black, but O! my soul is white.
> White as an angel is the English child:
> But I am black as if bereav'd of light.

"영국 소년"의 피부색을 천사의 것에 비유하는 것이나 자신의 검은 피부색을 "빛이 제거된"으로 묘사하고 있는 부분에서는 그의 순수성 자체가 의심스러워지기까지 한다. 아니 그 순수가 얼마나 무지한 인습적 사고의 연장선상에 놓여있는가를 느끼게 해주는 것이다.

엄마가 나무 그늘 아래에서 아이를 무릎 위에 앉히고 위로의 말을 해주는 대목은 믿음과 사랑이 넘치는 순수의 전형적 모습이다.

엄마는 나무 밑에서 나를 가르치셨죠
해가 뜨기 전에 앉아서
나를 무릎 위에 앉히고 나에게 입맞춰 주셨죠,
그리고 동쪽을 가리키며 말씀하시기 시작했죠. (SI; E9)

My mother taught me underneath a tree
And, sitting down before the heat of day,
She took me on her lap and kissed me,
And pointing to the east began to say.

그러나 그녀가 들려주는 말의 내용을 살펴보면 이 모습 자체가 다르게 느껴진다. 「굴뚝 청소부」에서 소년화자가 탐에게 들려주는 위로의 말이 그런 것처럼 이 엄마의 말도 자신들이 자행하고 있는 불의를 합리화하기 위한 기득권 세력들의 변명과 크게 다르지 않게 들린다. 자신의 삶에서 몸소 인종차별의 부당한 폐해를 겪었을 것을 감안한다면 이 엄마의 얘기는 위선적이며 무책임하게 느껴지기조차 한다.

그리고 우리는 이 세상에 잠깐 동안 머무르게 된단다
사랑의 빛을 견뎌내는 것을 배우기 위해
그리고 이 검은 몸뚱이와 햇볕에 탄 얼굴은
오로지 구름에 불과하며, 그늘진 숲과 같은 거란다.(SI; E9)

And we are put on earth a little space,
That we may learn to bear the beams of love,
And these black bodies and this sun-burnt face
Is but a cloud, and like a shady grove.

더구나 다음 세상을 위한 "잠깐 동안"의 준비과정으로 이 세상을 그리는 대목에서는 "감미로운 황금나라"(E25)라는 환상을 내세워 이 세상에서의 불의와 부정을 감내(堪耐)하도록 강요하는 지배세력들의 교묘한 이데올로기의 음험한 촉수를 느끼게 된다.

이 대목에서 적극적 상상력을 발휘하는 독자라면 그늘을 제공해주는 나무의 의미도 예사롭지 않게 해석할 것이다. 편안함과 휴식의 의미보다는 경험 세계의 사악한 교훈을 교사(教唆)하는 사탄 뱀을 연상하게 될 것이다. 이 나무를 거짓 종교의 온상인 "신비의 나무"(the Tree of Mystery)로 보게 되는 것도 무리가 아닌 것이다(Bloom, 12).

엄마의 말씀을 순진하게 그대로 받아들이는 흑인 아이는 이제 백인 영국 아이에 꿀릴 것이 없다. 오히려 자신의 검은색 피부가 하나님 사랑의 열기를 더 잘 견딜 수 있으니 자신이 그를 보호해주어야 한다는 우월의식까지 갖게 된다.

> 내가 열기로부터 그를 가려줄 거예요 그가 견딜 수 있게 될 때까지
> 즐겁게 아버지의 무릎위에 기댄 채로
> 그 때 내가 일어나 그의 은발을 쓰다듬어주고
> 그와 같이 될 거예요. 그러면 그도 나를 사랑하게 되겠죠. (SI; E9)

> I'll shade him from the heat till he can bear,
> To lean in joy upon our fathers knee.
> And then I'll stand and stroke his silver hair,
> And be like him and he will then love me.

하지만 그것은 그들 모두 검고 하얀 구름에서 벗어난 내세에서나 있

음직한 일이다. 빛을 가리는 구름으로 육신을 비유하는 것에서도 여전히 이 세상을 다음 세상을 위해 거쳐 지나갈 곳으로 여기는 인습적 허위의식의 단초를 확인할 수 있다. 현실에서 자행되고 있는 폭력적 불의를 도외시한 채 우월감에 젖어있는 것은 결과적으로 불의의 존속을 위한 빌미만 제공해주는 셈이다.

연출자 블레이크는 이처럼 다양한 장치를 통해 독자의 '행동할 수 있는 능력'을 자극한다. 물론 허위의식에 사로잡혀 있는 흑인 아이나 엄마를 비판하거나 매도하려는 의도는 아니다. 다만 그들이 오류의 '상태'에 있음을 간접적으로 암시해주고 있을 뿐이다. 그러므로 이 순수의 노래를 통해 느끼게 되는 주제도 단선적으로 정리하기가 어렵다. 자신에게 직접 가해지는 불의에도 굴하지 않는 순수함과 더불어, 그 희생자가 그것을 기쁜 마음으로 수용한다 해도 불의 자체가 정당화될 수 없다는 주제도 확인할 수 있다. 아울러 순수함이 얼마나 손쉽게 타락의 경험으로 이어질 수 있는지 또 이용당할 수 있는가에 대한 예언자 시인의 경고도 함께 느끼게 된다.

「경험의 노래」에서도 마찬가지로 블레이크는 독자들의 상상력을 자극하기 위해 여러 종류의 '보여주기'를 시도한다. 「서시」 등 몇몇 예외적인 경우를 제외하고는 시인 자신이 직접 나서는 경우는 없다.

「서시」에서도 블레이크 자신의 모습은 감추어져 있다.

> 옛 시인의 목소리에 귀 기울이라
> 현재와 과거와 미래를 볼 수 있으며
> 그 귀로

오래된 숲 속을 거닐던
성스러운 말씀을 들었던 (SE; E18)

Hear the voice of the Bard!
Who Present, Past, & Future sees
Whose ears have heard,
The Holy Word,
That walk'd among the ancient trees

'옛 시인'이 일면 블레이크를 대변하고 있는 것으로 볼 수 있지만 그 판단도 독자의 몫이지 시 자체에서 확인할 수 있는 것은 아니다. 이 시의 주요 주제가 집약되어 나타나는 3~4연의 내용도 "옛 시인의 목소리"인지 그가 오래된 숲에서 들은, "타락한 영혼"(the lapsed Soul)을 부르는 여호와의 말씀("The Holy Word")인지가 불분명하다.

물론 이 부름의 주체가 누구인가에 따라 의미상의 큰 차이가 생기는 것은 아니다. 현상에 얽매이지 않고 과거, 현재, 미래를 넘나들 수 있는 예언적 시인의 부름이라면 에덴동산에서 타락하여 숨어버린 아담과 이브를 찾는 신의 부름과 크게 다르지 않을 것이다. 둘 다 오류로의 타락을 탓하자는 것이 아니라 그것으로부터 벗어날 수 있는 가능성을 열어주자는 것이며 동시에 거듭남을 촉구하고 있다는 의미에서는 같은 얘기를 하고 있는 것으로도 볼 수 있다. 블레이크는 이를 애매하게 처리함으로써 예언적 비전의 신묘한 분위기를 고조시키고 있다.

이 첫 번째 노래에서 우리가 특히 주목해야 할 것은 블레이크의 독자 참여 요구 정도가 훨씬 강해졌다는 점이다. 우선 소박한 구전민요를 모방한 「순수의 노래」 「서시」와는 전혀 다르게 복잡한 구조로 되어있다는 것을 들 수 있다. 구사하는 언어도 「순수의 노래」에서는 소박한 일상 대화체를 사용하고 있지만 여기에서는 구약의 예언서를 본받고 있어 독자들의 지적 긴장을 요구한다.

주제도 단순히 「경험의 노래」에 대한 소개 차원에 머무르지 않는다. 오히려 경험 상태로부터의 벗어남 즉 거듭남의 가능성과 당위성을 함께 강조하고 있다. 경험의 상태로 안내하는 것이 아니라 그 너머의 경지를 예언하면서 사람들의, 동시에 독자들의, 다시 태어남을 독려하고 있는 것이다.

거듭남은 외부로부터 주어지는 것이 아니다. 사람들 스스로가 다시 태어나야 한다. 그들이 바로 별들의 축을 통제할 수 있으며 지는 별도 다시 떠오르게 할 수 있다. 오류의 밤 또한 영원히 지속되는 것이 아니요 불가피한 것도 아니다.

별 마루와
물 해안은
새벽이 올 때까지 그대에게 주어지는 것이다. (SE; E18)

The starry floor
The watery shore
Is giv'n thee till the break of day.

여기서 '별 마루'와 '물 해안'은 시간과 공간에 갇혀있는 물질세계를 상징한다. 상상력이 이성의 억압을 받아 제대로 역할을 하지 못하는 상황을 가리킨다. 이 오류의 상태는 일시적인 것으로 새벽이 올 때까지만 주어지는 것이다. 문제는 그 새벽이 그냥 주어지는 것이 아니라 인간 개개인의 노력, 즉 오류의 깨우침을 통해서만 쟁취될 수 있다는 점이다.[8]

이 주제는 분명 전반적인 경험의 상태를 뛰어넘는 얘기다. 소박하게 「순수의 노래」「서시」와 비슷한 정도의 경험상태에 대한 소개를 기대한 독자들이라면 당황할 수밖에 없는 파격이라 할 수 있다. 더구나 여기에서 사용하고 있는 상징은 독자들의 상상적 분발을 촉구한다. 타락한 상태를 함축하는 "이슬 먹은 풀밭"(the dewy grass), "잠자는 덩어리"(the slumberous mass), "별 마루"와 "물 해안" 등의 상징은 후기 작품에서나 그 함축적 의미를 드러내고 있어, 실로 독자들의 상상력에 도전하는 것들이라 할 수 있다. "한 알의 모래알에서 세계를 보며/ 한 송이 들꽃에서 천국을 볼"수 있고 "주인집 대문 앞에서 굶주려 죽은 개"를 보고 "제국의 멸망을 예견할" 수 있는, 그런 선지자적 비전을 독자들에게 요구하고 있는 것이다(Aug; E490).

독자들의 상상적 비상을 자극하는 상징은 「병든 장미」나 「아! 해바라기」 등과 같은 비교적 짧은 시들에서도 유감없이 그 진가를 드러낸다. 아니 오히려 짧기 때문에 더 많은 상상력을 요구한다고 해야 할 것 같다. 「병든 장미」에서도 화자 시인의 입장은 정리하기가 쉽지 않다.

> 오 장미여 그대 병들었구나.
> 폭풍 휘몰아치는 밤에

---

8 그의 『최후의 심판 비전』에는 이러한 주제가 도처에 산재해 있다. 그 대표적인 것이 다음과 같은 것이다. "어느 개개인이 스스로의 잘못을 거부하고 진실을 받아들이면 그때마다 최후의 심판이 그 개인에게 찾아오는 것이다"(whenever any Individual Rejects Error & Embraces Truth a Last Judgment passes upon that Individual) (E562).

날아다니는
보이지 않는 벌레가

그대 심홍 빛 즐거움의
침대를 찾아내어
그 어둡고 은밀한 사랑이
그대의 생명을 파괴하는구나. (SE; E23)

O Rose thou art sick.
The invisible worm,
That flies in the night
In the howling storm;

Has found out thy bed
Of crimson joy;
And his dark secret love
Does thy life destroy.

먼저 경험의 상태에서 장미의 병듦이 불가피하다는 것인지 아니면 병든 것 자체를 비판하려 하는 것인지가 불분명하다. 이 질병의 원인이 외적인 "보이지 않는 벌레"에게만 있다는 것인지에 대해서도 쉽게 단정할 수 없다. 즉 장미가 일방적 피해자인지 아니면 공범인지 분간하기가 쉽지 않은 것이다.

이런 '불명료성(obscurity)의 미학'이 독자들의 상상력을 일깨워 '창조적 읽기'를 진작시키기 위한 것이라는 점은 새삼 강조할 필요가 없을 것

39
The SICK ROSE
O Rose thou art sick.
The invisible worm,
That flies in the night
In the howling storm:
Has found out thy bed
Of crimson joy:
And his dark secret love
Does thy life destroy.

「경험의 노래」 중 「병든 장미」

이다. 블레이크가 제시하려는 '예시적' 비전은 상상력을 동원하여 스스로 그것을 보려고 하는 사람에게만 그 온전한 모습을 드러낸다. 분석의 칼로 해부를 하려하는 사람들에게 그것은 "불투명한"(opaque) 것으로 보일 뿐이다.

이때 유의할 점은 블레이크나 그 비평가들이 자주 사용하는 '불명료성'과 그의 후기시에 자주 등장하는 "불투명성"(opacity 혹은 opakeness)이 다른 의미로 사용된다는 점이다. 전자가 의미의 다중성 혹은 애매성과 통하는 개념이라면 후자는 오류의 상태에 빠져 비전의 세계를 보지 못하는 상태를 지칭하는 말이다.

블레이크의 후기 시에 더욱 뚜렷한 특징으로 나타나는 이러한 '불명료성'이 적어도 "혼란스러운 머리에서 비롯된 사악한 불명료성"(that vicious obscurity which proceeds from a muddled head)[9]은 아니다. 말도 안 되는 뒤범벅을 상징의 다의성으로 호도하려는 것은 아니라는 말이다.[10]

전체가 조그만 상징 덩어리라 할 수 있는 이 노래도 여러 가지 '우화'를 담고 있는 것이지 결코 횡설수설이라 할 수는 없다. 장미와 벌레의 신원을 무엇으로 규정하느냐에 따라 여러 가지 이야기의 갈래가 정해질 것이다. 분명한 것은 이 질병이 경험세계에서의 바람직하지 못한 어떤 현

---

9 이 말은 코울리지(S.T. Coleridge)가 밀턴을 평하면서 한 말로 윗트리히(Joshep Anthony Wittreich Jr.)가 블레이크를 평하면서 인용한 구절이다(38).

10 후기시에 대한 분석에서 윗틀리히는 이러한 특성을 밀턴의 전통 즉 성경 특히 계시록의 전통을 계승한 것으로 설명한다. 그에 의하면 밀턴은 성경의 불명료함을 "하나님의 의도"(God's design)로 간주했다. 이는 "속스러운 마음"(the vulgar minds)으로는 파악할 수 없고 "성스러운 사람들"(the godly)만이 이해할 수 있도록 신비의 비전을 불명료함 속에 감춤으로써 사람들로 하여금 그 신성한 신비를 좀더 적극적으로 찾아 나서게 하기 위한 장치라는 것이다(39).

상을 지칭한다는 점, 그것이 생명의 원리를 거역함으로써, 예를 들자면 당당하지 못하고 숨어서 은밀하게 사랑을 나눔으로써 야기되었다는 점, 사랑도 음모적 성격을 띨 때 질병의 원인이 될 수 있다는 점 등을 공통의 내용으로 담고 있는 것이다. 블레이크는, 아름다운 장미나 여인이 쉽게 시들어버리거나 병이 드는, 자연이나 우리들의 삶에서 쉽게 목도할 수 있는 이런 현상에서 우주적 의미를 읽어내고 그것을 독자들에게 '보여주려' 하고 있는 것이다.

『천국과 지옥의 결혼』에 나오는 「지옥의 잠언」에 익숙한 독자라면 이러한 상상도 가능할 것이다. 인간의 욕망을 본원적 생명력으로 간주하는 '악마'(Devil)의 편에서는 욕망의 억제가 질병의 원인이 된다. "욕망을 지니고 있으되 이를 행동으로 옮기지 못하면 질병을 야기하고"(He who desires but acts not, breeds pestilence. MHH; E35) 만다. 이 노래에 나오는 장미는 욕망의 억제를 미덕으로 강조하는 도덕률에 억압당해 남모르게 사랑을 나눌 수밖에 없는 여인을 상징한다. 당당하게 자신의 사랑을 드러낼 수 없어 마음의 병에 걸리고 만 것이다.

비슷한 주제를 「아! 해바라기」에서도 확인할 수 있다.

> 아 해바라기여! 시간에 지쳐
> 태양의 발걸음을 헤아리는.
> 여행자의 여정이 끝나는
> 감미로운 황금나라를 추구하는.
>
> 그곳은 욕망으로 파리해진 젊은이와
> 눈빛 수의를 입고 있는 창백한 처녀가
> 무덤에서 일어나 가고 싶어 하는 곳.

나의 해바라기가 가고 싶어 하는 곳. (SE; E25)

Ah Sun-flower! weary of time,
Who countest the steps of the Sun;
Seeking after that sweet golden clime
Where the travellers journey is done.

Where the Youth pined away with desire,
And the pale Virgin shrouded in snow;
Arise from their graves and aspire,
Where my Sun-flower wishes to go.

땅에 붙박이어 있으면서 하늘의 태양을 동경하는 해바라기는 경험의 시공간에 갇혀 욕망을 실현하지 못하는 사람들의 표상이다. "욕망으로 파리해진 젊은이"이나 "눈빛 수의를 입고 있는 창백한 처녀"가 바로 그들이다. 이들은 현세에서는 자신들의 욕망을 충족시키지 못한다는 것을 알고 있기 때문에 다음 세상인 "감미로운 황금나라"를 동경한다. 그들은 이 세상 시간의 흐름이 지겨워 이 따분한 여정이 어서 빨리 끝나기를 희망할 뿐이다. 이 세상은 그들에게 무덤과 같은 곳에 지나지 않는다.

'악마적' 상상력은 이렇게 외친다. "욕망을 억제하는 사람들은 그들의 욕망이 억제당할 만큼 약하기 때문에 그렇게 하는 것이다."(Those who restrain desire, do so because theirs is weak enough to be restrained; MHH; E34). 이런 식으로 "욕망을 억제하다보면 점점 수동적이 되어 결국에는 욕망의 허수아비가 되고"(And being restrained it by degrees becomes passive till it is only the shadow of desire. MHH; E34) 만다.

이는 육신의 욕망, 그 정열(energy)을 죄악시하는 선악 이분법의 인습적 도덕률에 대한 항전의 외침이다. 영혼과 육신을 "두 가지의 실재하는 진짜 원리"(two real existing principles)로 간주하는 인습적 종교의 선악관에 대항하여 '악마'는 이렇게 외친다.

1. 사람은 영혼과 별개의 육신을 갖고 있지 않나니, 육신이라 불리는 것은 오감에 의해 인식된 영혼의 부분으로, 이 시대에는 영혼으로 통하는 가장 중요한 통로이노라.
2. 정열이 유일한 생명이며 육신에서 비롯되었나니, 이성은 이 정열을 구속하는 외적 울타리에 불과한 것이노라.
3. 정열이야말로 영원한 즐거움이노라. (MHH; E34)

1. Man has no body distinct from his soul; for that call'd body is a portion of soul discern'd by the five senses, the chief inlets of soul in this age.
2. Energy is the only life and is from the body and reason is the bound and outward circumference of energy.
3. Energy is eternal delight.

이 입장에서 보면 이 시에 등장하는 젊은이와 처녀는 바로 이러한 인습적 도덕률의 희생자들이라 할 수 있다. 그러므로 그들이 동경하는 "감미로운 황금나라"는 욕망을 억제하기 위해 인습적 교회가 내세우는 허울의 천국일 뿐이다. 부자가 천국에 들어가기 어렵다는 말로 가난한 사람들의 불만을 해소시키려는 것처럼 기득권 세력들이 교묘하게 확산시키고 있는 거짓 이데올로기의 산물인 것이다.

이 때 처녀가 입은 하얀 색의 옷도 위선적 순결을 함축할 수 있다. 「순수의 노래」「성목요일」에서 어린이들의 보호자로 등장하는 노인이 든 “눈처럼 하얀 지팡이”(E13)의 흰색이 위선적 자비의 상징으로 해석될 수 있는 것과 마찬가지다. 특히 후기시에서 억압과 압제의 인물로 등장하는 유리즌이나 단선적 시각의 표본으로 그려지는 뉴턴(Newton)의 머리칼을 흰색으로 표현하는 것도 이러한 해석을 뒷받침 해준다 하겠다.

물론 다른 식의 상상도 가능하다. “감미로운 황금나라”가 혹세무민(惑世誣民)을 위한 허구적 내세가 아니라 경험적 한계를 넘어선, 진정한 의미의 이상세계로 해석될 수도 있는 것이다. 시간과 삼차원 공간의 속박에서 자유롭지 못한 경험상태는 분명 극복할 대상이다. 그러므로 젊은이와 처녀는 그러한 경험세계의 희생물이며 그들이 처해있는 상태는 무덤과도 같다.

이 시에서도 블레이크는 그 선택을 독자의 몫으로 돌리고 있다. 땅에 뿌리를 내린 채 하늘의 태양을 동경하는 해바라기와, 실현할 수 없는 욕망에 시달리는 경험세계 젊은이들의 처지를 상징을 통해 연결함으로써 독자들의 다양한 상상을 독려하고 있는 것이다.

‘경험의 상태’를 응축해서 그려주고 있는 「런던」에서 블레이크의 상징수법은 그 절정을 보여준다. “블레이크의 시 작품 중 산업화가 개개인의 삶에 미치는 나쁜 영향에 대한 가장 거리낌 없는 항의”라 할 수 있는 이 작품의 화자는 분명 경험의 세계에 갇혀있는 사람이다(Keynes 151). 이는 그가 “만나는 모든 사람의 얼굴에서 허약함의 징표와 비탄의 징표”(in every face I meet/ Marks of weakness, marks of woe: E26)만을 보는 단선적 획일성에서 확인할 수 있다. 이 획일성은 다음 연에서 훨씬 강화된 모습으로 나타난다.

모든 사람들의 모든 울부짖음에서
모든 유아들의 두려운 울부짖음에서
모든 목소리에서, 모든 금지의 선포문에서
나는 마음이 빚어낸 수갑 소리를 듣노라 (SE; E27)

In every cry of every Man,
In every Infants cry of fear,
In every voice; in every ban,
The mind-forg'd manacles I hear.

그러나 오류상태의 원인으로 "마음이 빚어낸 수갑"을 지목하는 대목에 이르면 이러한 단정조차 흔들리게 된다. 이 노래의 화자가 단선적 시각에 갇혀 있는 것이 아니라 현상 너머까지 볼 수 있는 예언자적 비전을 이미 획득한 존재가 아닌가 하는 의심이 들기 시작하는 것이다. 아니 블레이크는 노래의 첫머리에서 이미 그러한 의심의 단초를 배치해 놓았음을 확인할 수 있다.

나는 모든 특허 받은 거리를 방황하네.
그 곁으로 특허 받은 테임즈강이 흐르는. (SE; E26)

I wander thro' each charter'd street,
Near where the charter'd Thames does flow.

"특허 받은 거리"와 "특허 받은 테임즈강"이라는 표현에서 아이러니컬한 의미를 느낄 수 있도록 미리 장치해놓은 것이다. 특허를 인정하는 것은 특정인에게 일정한 자유를 인정하는 것이지만 그것은 동시에 배타적인 것으로 다른 이들의 자유를 제약하는 셈이 된다. 영국 민주주의의 시발점이라 일컬어지는 대헌장(Magna Carta)도 왕이 독식하던 정치적 권리를 일부 귀족들에게 나누어주기 위한 것이지만 결과적으로 나머지 인민들의 정치적 자유는 오히려 배제시킨 것과 같은 차원의 얘기라 할 수 있다.[11]

'특허 받은'이란 '자유가 허여된'의 의미이지만 돌려 생각하면 다른 사람들의 '자유를 제약하는'의 의미를 동시에 지닌다. 더구나 자유의 상징인 테임즈강과 거리를 제약하다니! 이는 모든 것을 소유의 대상으로 간주하고 마는 자본주의와 산업화의 산물이라 할 수 있다.

또한 '금지의 선포문'(ban)도 다양한 의미를 함축하고 있다. 일차적으로는 경험세계에 횡행하는 금지령이나 인간 본연의 욕망을 죄악시하며 생긴 금욕의 계명으로 해석될 수 있다. 그러나 뒤에 나오는 결혼마차와 연계시키면 결혼 예고문(marriage proclamation)의 의미도 지닌다. 결혼 포고문은 배타적 '특허권'을 부여해주기 위한 사전 조처라 할 수 있다. 오직 한 사람과의 배타적 사랑이라는 '특허권'을 허용하는 것은 더 이상 자유로운 사랑을 금지한다는 말의 다른 표현이다. 결혼이 사랑의 종말 즉 죽음으로 이어질 수 있는 것이다. "결혼 영구마차"라는 표현은 이러한 인식 아래에서 가능한 것이다.

---

11 대헌장은 영국의 존(John)왕이 1215년 6월 15일 귀족들의 압력에 못 이겨 승인한 칙허장(勅許狀)으로 영국헌법의 기초라 할 수 있다.

굴뚝청소부의 울부짖음이 어떻게
모든 어둠의 교회를 섬뜩하게 하는지
불운한 군인의 한숨이 어떻게
궁성의 벽을 피로 흘러내리는지

그러나 가장 심하게 듣는 것은 심야의 거리에서
어떻게 젊은 창녀의 저주가
새로 태어난 아이의 눈물을 말려버리고
결혼 영구마차를 역병으로 망쳐버리는가이다. (SE; E27)

How the Chimney-sweepers cry
Every blackening Church appalls,
And the hapless Soldiers sigh
Runs in blood down Palace walls
But most thro' midnight streets I hear
How the youthful Harlots curse
Blasts the new-born Infants tear
And blights with plagues the Marriage hearse.

이렇게 하여 풍성해진 이 작품의 의미는 경험세계의 대표적 희생자인 굴뚝청소부, 군인, 창녀와 이들에게 비참한 처지를 제공한 교회, 궁성, 그리고 결혼제도를 연계시켜 그려주는 '정치경제학적' 예지를 통해 더욱 강화된다. 이 노래의 화자는 경험의 단선적 시각에 갇혀 있는 듯하면서도 이 만큼의 통찰력을 지닌 선지자적 면모를 보이는 것이다.

그러나 이 또한 독자의 '행동하는 능력' 즉 화자나 블레이크 자신의 것에 비견할 만큼의 상상력이 전제되지 않고는 포착될 수 없는 의미들이다. 굴뚝청소부의 외침이 어떻게 교회를 섬뜩하게 하는지, 불운한 군인들의 한숨이 어떻게 궁성의 벽을 피로 흐르게 만드는지, 그리고 젊은 창녀의 저주가 어떻게 결혼 마차를 영구차로 말라비틀어지게 하는지 등의 문제는 결국 독자의 '정치경제학적' 상상력의 분발에 의해서만 해소될 수 있는 것이다.

「인간적 추상」이나 「티어자에게」 등 상징에 신화적 비전을 더한 작품에 이르면 시인 블레이크의 독자에 대한 요구는 더욱 강해진다. 우선 「인간적 추상」은 「신성한 상」, 그 순진하면서 단순한 입장을 공박하기 위한 것이라 할 수 있다. 그러나 우화풍의 작품이 가지는 함축적 의미는 여기에서 멈추지 않는다. '순수의 상태'에서 신의 속성으로 찬양되던 덕목들이 어떻게 인습적인 종교의 토대가 될 수 있는지, 그 신비화 과정까지를 그려주고 있는 것이다. 후기 시에 이르러서야 구체적인 모습을 갖추게 되는 인물을 대상으로 한 「티어자에게」는 독자에게 후기 신화에 대한 공부까지 요구한다.

이렇듯 시인 블레이크는 교묘한 연출을 통해 독자들의 상상력을 자극한다. 교조적 가르침을 주는 것이 아니라 예시적 '보여주기'를 수행하고 있다. 블레이크 식 변증법의 묘미는 바로 이러한 점에서 확인된다. 외형적으로는 정연해 보이는 틀을 상정해 놓았지만 다양한 시각의 화자들을 등장시킴으로써 섣부른 예상이나 정리를 불가능하게 하고 있는 것이다. 『순수와 경험의 노래』의 전체 틀은 "인간 영혼의 상반된 두 상태를 보여주기 위하여"라는 부제에 충실한 듯 정연하게 되어 있다. 하지만 그 내용의 구성은 그렇게 단선적이지 않다. 무엇이든 체계를 갖추면 억압적 성격을 띠게 마련이고 이는 독자들의 "고양된 의식"(a heightened awareness)

을 방해한다(Bloom, 22). 그것이 바로 오류로 타락하는 것이요 죽음으로 이끄는 길인 것이다.

02
분노의 역동성

프라이스는 「호랑이」에 관한 분석에서 이 작품에서 찬양하고 있는 "정직한 분노"가 고통에 대한 건전하고 열린 반응임을 지적하며, 분노하는 신이 바로 용서의 신임을 강조한다(49). 블레이크 자신도 이사야(Isaiah)의 입을 빌어 "정직한 분노의 소리가 바로 신의 소리이다"(the voice of honest indignation is the voice of God: MHH; E38)라며 분노의 긍정적인 의미를 강조하고 있다.

분노는 자연스러운 것이다. 사람들은 자신의 욕구를 충족시키지 못하여 좌절감을 느끼거나, 자존심에 위협을 느낄 때, 혹은 불의와 마주치거나 신체적 위해(危害)의 위험을 느낄 때 분노하게 된다. 이는 자신이 정당하다고 믿고 있는 어떤 가치관이 붕괴 위험에 직면했을 때 나타나는 자연스러운 감정이다. 그런데 이러한 분노의 감정을 어떻게 표출시키느냐 하는 데에는 또 다른 가치관이 개입한다. 어떤 이는 이를 전혀 표현하지 않고 스스로 삭이며 속에 쌓아두는 반면 (「독 나무」의 화자가 그러한 유형의 대표적인 예라 할 수 있다), 다른 이들은 이를 강하게 외부로 표현한다.

이는 다시 그 표현 양태에 따라 파괴적인 것과 건설적인 것으로 구분할 수 있다. 파괴적인 반응은, 직접적인 것이든 치환된 것이든, 누군가에 대한 적의(hostility)의 형태로 나타난다. 가장 심각한 것중의 하나가 자학(自虐)이다. 반면 건설적인 분노의 표현은 곧 '용서'의 과정으로 이어진다.[12] 분노를 일종의 열정(energy)이라 볼때, 이 열정은 변화시킬 수는 있어도 없애버릴 수는 없다. 어떤 출구를 찾아 배출시켜야 하는 것이다(Sofield 27-29).

분노는 '용서'의 적대 개념이 아니다. 오히려 예비적 단계라 할 수 있다. 진정한 '용서'는 '정직한 분노'가 있은 연후에 가능하다. 그러지 않을 경우 그것은 위선적 자비나 연민, 혹은 위장된 평화이기 쉽다. '용서'의 반대 개념은 단죄(斷罪), 앙심(怏心) 혹은 복수의 일념이지 '정직한 분노'가 아닌 것이다.

블레이크 등이 열광했던 혁명의 원동력은 바로 이 분노의 정열이다. 그것은 구약의 선지자들의 그것처럼, 현상의 오류를 꿰뚫어볼 수 있는 상상력의 산물이며 오류를 극복하려는 의지의 결과물이다. 그런데 이것이 철저한 자기 부정이라는 반성을 수반하지 못할 경우 단지 이는 파괴적인 불길에 지나지 않는다. 혁명 세력 스스로가 극복하려 했던 오류—압제, 자기 절대화, 인습화 등—와 유사한 잘못을 초래할 수 있다. 이를 블레이크는 '오크의 순환'(Orc Cycle)이라 칭한다. 반대로, 분노의 정열이 '자기 죽임'이라는 '용서'의 역동과정으로 이어질 때 그것은 오히려 창조의 원동력

---

12 이러한 분노의 과정에 대한 설명으로는 소필드(Loughlan Sofield) 등이 공동으로 집필한 『온전한 삶을 위한 설계: 분노 다루기, 용서 배우기, 자부심 키우기』(*Design for Wholeness: Dealing with Anger, Learning to Forgive, Building Self-Esteem*), 17-42와, 카자르지안(Robin Casarjian)의 『용서: 마음의 평화를 위한 과감한 선택』(*Forgiveness: A Bold Choice for A Peaceful Heart*), 48-57 참조.

이 된다. 묵시록적 예언가-시인인 로스의 역할이 강조되는 것은 바로 이 대목에서이다. 다시 말하면, 분노는 상상력의 산물이면서 동시에 상상력을 통하여 극복해야 할 대상인 것이다.

1. 분노의 변증법 –『천국과 지옥의 결혼』

『천국과 지옥의 결혼』은 이데올로기로 굳어버린 기성종교의 윤리에 대한 분노의 산물이다. 인습화한 기독교의 이분법적 선악관에 대한 블레이크 식 변증법적 상상력의 대응 형태라 할 수 있는 것이다.

"블레이크의 원칙서"(Blake's Principia)라 할 수 있는 이 작품의 주된 주제는, 제목 자체가 함축하듯 천국 및 지옥의 가치관을 수용하는 동시에 지양해야 한다는 것이다(Damon 262)[13]. 그런데 천국과 지옥의 가치관을 규명하기에 앞서 먼저 주목해야 할 일은 시인 스스로가 과연 천국과 지옥으로부터 등거리의 위치에서 이 상반된 원리를 동등하게 취급하고 있느냐 하는 점이다. 이 상반된 원리를 대변하고 있는 천사와 악마의 주장을 과연 같은 비중으로 다루고 있는가? 결론부터 말하자면 그렇지 않다. 왜? 이것이 바로 블레이크 식의 역동적인 변증법적 사고의 핵심과 관련된 문제이다. 우선 보기에 블레이크는 악마의 편에 서있다. 때로는 악마와 스스로를 동일시하기도 한다. '천국의 잠언'은 없고 '지옥의 잠언'만 있다.

이때 블레이크가 상정하는 '역동적 상반성'(contrary)의 명제가 정-반-합

---

13 『천국과 지옥의 결혼』이 블레이크의 시세계를 이해하는 데 가장 중심적인 작품이라는 사실은 이 밖에 블룸의 하나의 '축도적 해석서' (a miniature anatomy, 49), 너미의 '일종의 철학적 선언' (a kind of philosophcal manifesto, 59), 혹은 '전체 작품의 기조적 텍스트'(the keytext in the corpus)" (Miller 491)등이라는 규정에서도 확인할 수 있다.

식으로 순차적인 것이 아니라 공시적인 것임을 유의할 필요가 있다. 그가 우주와 동일시하는 인간의 마음에는 '천국'과 '지옥'이라는 모순 명제가 공존한다. '영원한 세계'에서는 이 두 상태가 서로 서로를 인정하며 역동적으로 존재하지만 타락한 상태에서는 상호 '부인'(negation)하는 가운데 일방적인 지배 종속관계를 기도한다. 인습적인 국가 종교가 내세우는 선과 악의 이분법적 가치체계가 그 전형적인 예다. 그런데 블레이크에게 발전은 이처럼 상대방을 부인하고, 매도하는 것을 멈추고 상대의 존재를 인정할 때 가능해진다. 순차적 지양이 아니라 공시적 공존을 용인하는 것이 발전의 원동력이라는 것이다. 그리하여 마침내 그는 '합'(synthesis)의 개념을 '결혼'(marriage)의 개념으로 대치하기에 이른다. '천국'과 '지옥'을 극복한 다른 어떠한 상태가 아니라 적극적으로 서로를 경계하며 동시에 존재를 인정하는, 역동적 공존의 상태를 상정하는 것이다.

또 하나 주목할 것은 시인이 편들고 있는 악마가 분노하고 있다는 점이다. 천사의 태도가 너무나 고답적이고 완고하기 때문이다. 이러한 상황에서 두 존재 모두를 인정하며 균형과 조화를 강조하는 것은 거의 이데올로기 형태로 굳어진 기왕의 입장을 옹호해줄 뿐이다. 오류의 정도가 극심한 상황에서는 분노하는 것이 정당한 반응이다. 이러한 상황에서 균형과 조화를 충고하는 것은 위선적인 것이며 그것이 가져온 결과는 거짓 평화에 불과하다. 따라서 악마로 하여금 분노케 하는 것은 정치적으로도 의미심장하다고 할 수 있다.

이제까지 천국의 원리만이 지나치게 강조되었기 때문에 균형을 유지하기 위해서 똑같이 의미 있다고 주장하는 것보다는 오히려 지옥의 편을 드는 것이 타당할 것이다. 천국과 지옥이 똑같이 의미 있다는 주장은 비록 객관적으로는 타당할지라도 역사적으로는 정당하지 못하다. 예언적

「천국과 지옥의 결혼」의 표지

시인 블레이크가 지향하는 윤리가 양자의 지양(止揚)에 있으면서도 이러한 태도를 견지한 것은 양비론 혹은 양시론의 허와 실을 간파하고 있었기 때문이다.

이러한 블레이크의 역동적 태도는 '서시'(Argument)가 가지는 애매함에서도 확인된다. 우선 린트라(Rintra)의 신원이 불투명하다. 블룸이나 대몬 등이 주장하고 있는 것처럼 그가 세례 요한과 같은 예언자 혹은 분노한 예언적 시인과 같이 새로운 세상을 꿈꾸는 혁명세력인지, 아니면 너미나 사브리-타브리지, 어드만 등이 주장하는 것처럼 피트(William Pitt)수상과 같은 압제적 인물, 혹은 전쟁과 반혁명을 추동하는 세력을 지칭하는지부터가 불분명한 것이다(189-91). 그러나 린트라의 신원이 이 서시에서 결정적인 의미를 갖는 것은 아니다. 신원 자체가 정태적인 것이 아니기 때문이다. 혁명세력이 반동의 세력이 될 수 있고 반동의 무리가 혁명적 세력이 될 수 있다. 가장 약한 부분이 변혁의 터전이 될 수 있듯 가장 타락한 말세적 상황이 바로 혁명의 조건이 될 수 있다. 서시에서 시인이 말하고자 하는 바는 바로 이러한 역사의 역동적인 발전 모습이다.

블레이크에게는 이러한 변증법적 역동성이 바로 역사발전의 토대다. 새로운 하늘을 열었던 혁명아 스웨덴보그는 이제 무덤 위에 앉아있는 천사일 뿐이다. 그는 진정한 거듭남을 위해 벗어던져야 할 또 하나의 허물에 불과한 존재다. 여기에서도 블레이크의 시선은 지옥에 쏠려 있다. 스웨덴보그가 천국만을 열었기 때문에 영원한 지옥을 열어줄 사람이 필요했다. 따라서 지옥을 열기 위해 천국은 극복의 대상으로 그려질 수밖에 없다. 천국만이 올바르다는 이제까지의 편협한 지배 논리가 너무도 완고하기 때문이다.

진정한 역동적 상황의 회복을 그는 이렇게 외친다.

> 역동적 반대가 없으면 진보란 있을 수 없는 것. 견인과 반발, 이성과 정력, 사랑과 증오가 인간 존재에는 모두 필요한 것이다. (MHH3; E34)

> Without contraries is no progression. Attraction and repulsion, reason and energy, love and hate, are necessary to human existence.

이러한 역동적 상황에 대한 정태적 해석에서 비롯된 것이 바로 인습화한 기독교회의 이분법이다. 이 이분법의 오류를 적시하기 위해서는 악마의 입을 빌 수밖에 없다. 악마는 물론 천사의 반대 명제다. 그러나 여기서의 악마는 천사의 단순 반대명제 이상이다. 천사는 오류의 원인이며 악마는 이의 시정자다. 둘의 주장이 똑같이 옳은 것이 아니라 천사의 주장은 정태적이고 악마의 주장은 역동적이니 악마의 주장만이 옳다 할 수 있다. 이는 앞에서 인용한 "역동적 반대가 없으면 진보란 있을 수 없다"라는 명제에 어긋난다. 상반된 것은 둘 다 그르고 동시에 둘 다 옳아야 한다. 그런데 여기에서 시인은 그 중 하나만이 옳다고 주장하고 있다. 이것이 바로 블레이크식 변증법적 수사학이요 '분노의 정치학'이다. 이러한 이중적 태도가 바로 작품의 단선적 해석을 거부하는 것이다.

메시아의 의미 역시 이중적이다. 메시아는 새로운 세상의 도래를 인도할 선지자다. 그런데 이 선지자가 이성을 앞세운 압제자가 될 수 있음을 시사한다. 『실낙원』은 바로 이에 대한 기록이다. 이 작품에서의 메시아가 『욥기』(*The Book of Job*)에서는 사탄으로 불린다. 밀턴이 압제자가 된 메시아를 그릴 때 보다 지옥과 그곳의 반항아들을 그릴 때 더 큰 자유를 느꼈던 것은 그가 진정한 시인이었기 때문이다.

천국과 지옥의 의미도 중층적이다. 참된 천국은 일상적인 천국과 지옥이 역동적 상태를 유지하고 있는 곳이다. 반대로 진정한 의미에서의 지옥은 정태적으로 굳어 있는 상태를 지칭한다. 후기시에서 블레이크는 이 개념을 에덴(Eden)과 울로(Urlo)로 발전시키는데 이 사이에 다른 두 개의 상태를 더 상정하고 있다. '지옥의 잠언' 이라 할 때 지옥 역시 정태적이고 인습적인 입장에서의 것으로 실상은 역동적인 천국을 가리킨다고 볼 수 있다. 블레이크의 중층적 사고를 이해하기 위해서는 이러한 '진정한 의미에서의 지옥' 과 '반어적 의미에서의(ironic) 지옥'을 분별하는 것이 필요하다(Frye 198).

'지옥의 잠언'은 성경에 나오는 천국의 '잠언'의 대항 명제다. 천국의 '잠언'은 타락한 세상을 옹호하는 것으로 새로운 영원 세계로의 계시를 방해하는 천사 무리들에 의해 쓰여졌다. 그것은 기존 질서에 반항하는 모든 것을 악으로 규정한다. 반대로 '지옥의 잠언'은 스스로가 목적이 되어 굳어가는 모든 인습에 대한 문제제기를 기본 기조로 하고 있다. 여기에서는 모든 성적 도덕적 제약의 파기가 권장된다. 욕망의 억제가 아니라 충족이, 절제나 중용이 아니라 "충만의 길"(the road of excess)이 강조되는 것이다.

이들은 억압적인 천사 윤리에 대한 대항 명제다. 그러나 블레이크 스스로가 이것을 자신의 궁극적인 윤리로 주창하고 있는 것은 아니다. 여기에서 초점은 '천사의 윤리'와 '역동적 반대' 가 되는 명제를 세우는 데 있다. 진정한 윤리는 이 두 입장 너머에 '부정의' 상태로 존재한다. 악마가 하는 분노의 절규는 천사의 전횡적 압제를 저지하기 위한 것이지 그 자체가 궁극적인 선(善)은 아니라는 말이다.

물론 모든 '지옥의 잠언'이 그러한 것은 아니다. 여기에서도 획일화는 역시 경계의 대상으로, "가장 숭고한 행위는 다른 사람을 당신 자신보다 먼저 고려하는 일이다”(The most sublime act is to set another before you. E36)라는 진술처럼 아이러니가 배제된, 즉 블레이크 자신의 목소리라 할 만한 것도 포함되어 있다.

억제나 절제는 진정한 의미의 행위(activity)가 아니다. 왕이나 사제들과 같은 기득권자들에게는 적극적인 행위가 위험의 요소이지만 새로운 세계를 펼칠 예언적 시인들에게 그것은 바로 창조활동이다. 이러한 적극적인 창조활동을 위해서는 새로운 인식의 심화가 선결조건이다. 이는 수량적 축적이 아니라 상상력에 의한 비약을 통해서 가능하다. ‘지옥의 잠언’의 많은 부분이 이것을 그 주제로 삼고 있다. 이것은 로크(John Locke)류의 귀납적 경험론이 안고 있는 정태적이며 수동적인 인식론에 대한 블레이크의 문제제기와도 밀접하게 연관된다.

이런 의미에서도 ‘지옥의 잠언’ 은 단순한 도덕률(천국의 잠언)의 폐기 정도를 주장하고 있는 것이 아니다. 폐기는 진정한 의미의 행위가 아니다. 오류의 시정은 단순한 폐기를 통해서가 아니라 좀 더 적극적인 대안의 창조를 통해 가능하다. 천국의 원리는 적극적인 지옥의 원리가 그 대안으로 제기될 때 그 오류에서 벗어날 수 있다. 유한한 세속적 껍질의 세계(“Mundane Shell”)라는 오류는 영원한 예술의 도시인 골고누자(Golgonooza)의 건설을 통해서만 극복될 수 있다. 예언자적 예술가 로스가 압제자 유리즌에 항거하는 방법도 바로 이러한 적극적인 창조행위를 통해서이다. 예술적 창조의 행위만이 정태적 지옥(천국)의 한계를 극복할 수 있는 유일한 길이다.

이처럼 행위를 강조하는 블레이크의 생각이 보다 구체적으로 표현되어 있는 것이 바로 스위스의 시인 라바터에 대한 주석이다.

모든 것은 그 스스로 원인과 결과를 지닌다. 우연은 그 스스로에게는 행위의 생략이며 상대방에게는 행위를 방해하는 것이다. 이것은 악이다. 그러나 모든 행위는 미덕이다. 다른 이를 방해하는 것은 행위가 아니라 그 반대이다. 그것은 우리들 자신에게 뿐만 아니라 방해를 받는 사람에게도 행위의 제한이다. 다른 사람을 방해하는 것은 동시에 스스로의 책무를 다하지 않는 것이 되기 때문이다.
살해는 다른 이를 방해하는 일이다.
도둑질은 다른 이를 방해하는 일이다.
뒤에서 헐뜯거나, 몰래 손상시키는 일, 함정에 빠뜨리는 일 등 부정적인 것은 모두 악이다. (AnntoLav, E601)

Each thing is its own cause & its own effect. Accident is the omission of act in self & the hindering of act in another; This is Vice, but all Act is Virtue. To hinder another is not an act; it is the contrary; it is a restraint on action both in ourselves & in the person hinder'd, for he who hinders another omits his own duty at the same time.
Murder is Hindering Another.
Theft is Hindering Another.
Backbiting, Undermining, Circumventing, & whatever is Negative is vice.

이것이 바로 지옥의 잠언뿐만 아니라 이 작품 전체에 걸쳐있는 사상의 뿌리이다.

이와 관련하여 볼 때 "잘려진 벌레는 쟁기를 용서한다"(The cut worm forgives the plow)는 잠언은 주목을 받을 만하다(E36). 그 일차적 의미는 창조적 생산활동의 정당화이다. 쟁기질과 같은 창조적 생산활동을 위해서는 희생이 불가피하며 희생자는 이를 감수해야 한다는 뜻으로 새길 수 있다. 한편으로는 능동적인 역량을 지니고 있지 못한 벌레와 같은 존재가 어쩔 수 없이 당한 희생을 이런 식으로 합리화하는 경향을 꼬집는 의미로 해석할 수도 있다. 악마적 적극성을 비호하며 천사적 순응을 풍자하기 위한 것이라는 말이다. 모스칼의 지적처럼 희생자에 대한 태도에 연민과 경멸이 함께 묻어 있는 것이다(19).

이와는 대조적으로 능동적 창조행위인 '쟁기질'에 대해서는 아낌없는 찬사를 보내고 있다. 소극적으로 기도만 반복하는 사람보다 적극적인 쟁기꾼을 찬양하는 이러한 잠언들은 희생자들의 수동적 '용서'를 강요하는 사회에 대한 항의와 그러한 수동성에 대한 일정한 경멸감을 동시에 함축하고 있다. 다시 모스칼의 표현을 빌어 말하자면, 이러한 희생자들에 의한 용서는 참된 것이 아니라 "오염된 용서"인 것이다(19).

그런데 여기서 우리가 유의해야 할 점은 분노의 대상이 이 이분법적 윤리 자체에만 국한되지 않고, 이를 수동적으로 받아들이는 사람들의 인식태도에도 맞추어져 있다는 점이다. 물론 역동적 인식을 방해하는 정태적 체제가 우선적으로 극복되어야 한다. 그러나 이 정태적 체제는 역동성을 거부하는 인식주체의 수동적 자세에서 비롯되는 것이다. 블레이크 사고의 복잡성은 이 체제와 인식주체의 태도 사이의 변증법적 상호작용을 역동적으로 파악하려는 데서 야기된다. 단순한 반대나 방해가 아닌 적극적 창조의 행위만이 참된 인식을 가능하게 해준다는 것이다.

모든 도덕률도 애초에는 적극적인 행위의 산물이었다고 할 수 있다. 그런데 그것이 억압적 성격을 띠게 된 것은 이를 아무런 이의 없이 수동적으로 수용했기 때문이다. 애초의 정신은 사라지고 형해화한 조문만

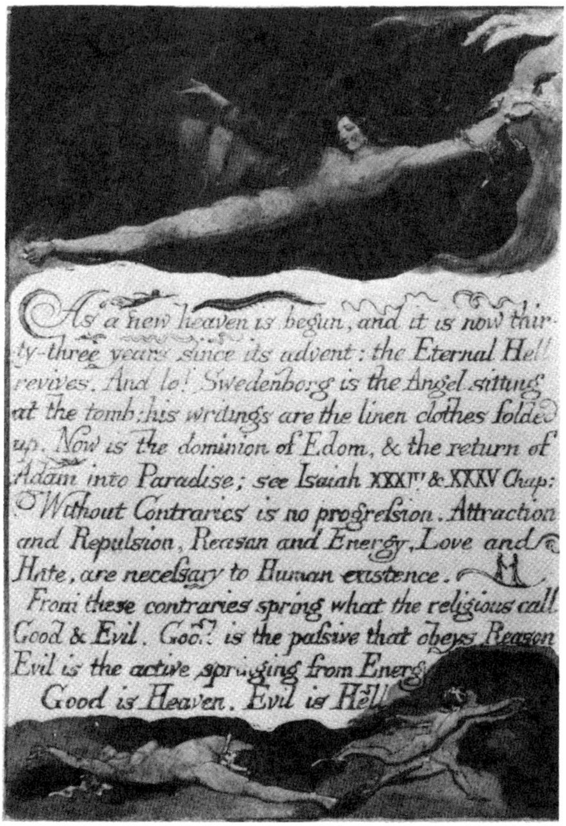

「천국과 지옥의 결혼」 제3도판

남게 된 것이다. 잘못은 밖에 존재하는 것이 아니다. 그릇된 체계도 분명 문제이지만 더 심각한 것은 이것을 가능하게 해주는 인간들의 피동적 자세이다. 이런 정태적 자세는 진정한 거듭남을 유도하지 못한다. 블레이크가 자신들의 기득권을 옹호하기 위하여 체제(system)를 앞세우는 왕이나 사제들에 못지않게 그것을 어쩔 수 없는 것으로 받아들이는 사람들의 나약한 태도에 훨씬 더 강한 분노를 느끼는 이유도 여기에 있다. 이 모든 것이 "마음이 빚어낸 사슬"이니 밖에서는 찾을 수가 없는 것이다("But their search was all in vain:/ There grows one in the Human Brain": SE; E27). 이러한 피동성, 무행위(無行爲)로 인하여 사람들은 모든 신들이 우리들 가슴속에 존재한다는 사실을 잊게 된다("Thus men forgot that All deities reside in the human breast": MHH11; E38)

이런 오류에서 벗어나기 위해서는 남다른 노력과 고집이 필요하다. 예언자 이사야와 에스겔의 얘기는 바로 이러한 새로운 인식에의 눈뜸에 관한 우화이다. 이 '기억할만한 환상'에 대한 해설에서 블레이크는, 이러한 인식의 전환이 "감각적 즐거움의 증진"(an improvement of sensual joy)을 통해서 가능하며 이를 위해서는 영혼이 육체와 분리되어 있다는 생각부터 불식해야 한다고 주장한다(MHH; E38). 새로운 인식은 낡은 인식의 파괴를 통해 확보된다. 이것은 블레이크 자신이 사용했던 산(酸)의 부식에 의한 인쇄술과 흡사하다. 오류의 껍질에 덮여있는 진실은 그 오류의 표면을 제거했을 때에만 드러난다. 진실을 세우는 일은 단순히 오류를 지워버리는 것이 아니라 진실이 구체적으로 드러나게 하는 적극적이며 생산적 행위인 것이다.

그러므로 이런 과정을 통해 드러난 진실은 막연하거나 추상적인 것일 수 없다. 볼 수 없고 알 수도 없는 신비스러운 것이 아니다. 그것은 구체적이며 가시적이다. 진실이 볼 수 없고 신비스러운 것이라는 주장에는 어떤 불순한 음모가 숨어있다. 기득권자들이 신을 접근할 수 없는 신비롭고 불가해한 존재로 추상화할 때의 음모와 같은 것이다.[14] 그래야만 자신들의 기득권을 보장해주는 법, 종교, 도덕의 권위를 지킬 수 있다. 만약 이런 것들이 가시적이고 이해할 수 있는 존재로부터 비롯된다고 하면 그것은 끊임없는 도전에 시달려야 할 것이다.

블레이크가 레이놀즈의 회화기법에 반대한 이유도 여기에 있다. 블레이크는 분명한 선을 중시한다. 이것은 버크(Edmund Burke)가 말하는 숭고미학과도 상반된다. 블레이크에게 애매모호함은 숭고함의 원천도, 다른 어떤 것도 아니다("Obscurity is Neither the Source of the Sublime nor any Thing Else" - AnntoRey; E 658)

다른 낭만 시인들의 '불가시성의 미학'(an aesthetic of invisibility)과 갈라지는 곳도 바로 여기서부터다. 낭만주의의 상상력 이론에 의하면 이미지, 상, 회화적 인식 등은 수상한 것이다. 상상력이 '단순한 가시화'(mere visualization)를 초월한 그 이상의 것과 연관되는 것이기 때문이다(Mitchell 1986, 48-9). 워즈워드는 우리의 시각을 우리의 감각 중 가장 '전제적인'(despotic)인 것이라 했고 콜리지는 상징과 알레고리를 구

---

14 이처럼 스스로의 모습을 감추는 신의 모습은 「노바다디에게」("To Nobodaddy")에 잘 그려져 있다. "왜 당신은 침묵하며 보이지 않나요/ 질투의 아버지여?/ 왜 구름 속에 스스로를 숨기나요/ 모든 수색의 눈을 피해?// 당신의 모든 말과 법속의/ 어둠과 불명료함의 이유는 무엇인가요?/ 결국 간교한 뱀의 턱으로부터가 아니고는/ 감히 어느 누구도 사과를 받아먹지 못하게 하는?/ 아니면 은밀함이야말로 여인의 커다란 칭송을/얻어내기 때문인가요?" (E471) "Why art thou silent & invisible,/ Father Jealousy?/ Why Dost thou hide thyself in clouds/ From every searching Eye?// Why darkness & obscurity/ In all thy words & laws,/ That none dare eat the fruit but from/ The wily serpent jaws?/ Or is it because Secrecy gains females' loud applause?"

분하면서 후자를 단순한 '회화 언어'(picture language)라 하여 도외시했다. 키츠도 사실적 묘사의 유혹을 경계하였으며 셸리도 보이지 않는 종달새의 노래 소리에서 진정한 영감의 원천을 찾았다. 이들은 18세기 신고전주의자들의 '회화적 시학'(pictorialist poetics)에 반대한 버크의 이론에 따라, 시를 애매하고, 신비스럽고, 불가해한 것 즉 숭고한 것을 제시하는 데 가장 적합한 예술양식으로 간주했다. 워즈워드가 주장하듯 이들에게 시인은 사람들에게 말을 하는(speaking) 것이지 글을 쓰는(writing) 것이 아니다. 그들이 민요 등 구전 전통을 중시한 것도 이와 연관된다. 이로 인하여 시는 회화와의 동반관계를 청산하고 음악의 '자매예술'(sister art)이 되는 것이다(Watson 23).

다른 낭만시인들의 소리 중심적 경향과 대조적이라는 점에서 블레이크는 현대 해체주의자들과 연결되기도 한다. 그러나 진리(logos) 자체의 존재를 부인하는 해체주의자들과는 다르게 블레이크는 진리의 불가시성만을 부인하고 있다. 그의 창조적 글읽기가 중심자체를 부인하는 해체적 글읽기와 다른 점이 바로 여기에 있다. 이점에 대한 미첼의 예언자적 진단은 그래서 흥미롭다.

> 내 생각에 우리는, 블레이크가 단순히 해체주의를 견디어 낼 뿐만 아니라 그것을 극복해낼 것이며 진행중인 비평이론에 새로운 자극제를 제공해주리라고 예언할 수 있을 것 같다...... 왜냐하면 블레이크는 많은 해체주의 전략을 앞서 예시했으며 그 회의적이며 허무적인 경향에 대해서도 매우 강력한 해독제를 제공해주었기 때문이다. 그는 우리에게 회의와 허무의 위협에 대항할 비판적 힘을 주었는데 이는 그 작품이 바로 부정의 세력에 대한 오랫동안의 투쟁이라 할 수 있기 때문이다. (1982, 416)

우리는 여기서 소리중심의 '불가시성 미학'과 회화적인 것을 중시하는 '가시성 미학'이 지니는 정치적 함의에 대해 치밀하게 분석하고 있는 미첼의 또 다른 논문에 주목할 필요가 있다. 그에 의하면, 낭만주의자들의 '가시적 언어'에 대한 적대의식은 프랑스 혁명에 대한 이들의 태도와 연관된다는 것이다. 이들도 처음에는 혁명을 열광적으로 지지했지만 나중에는 거의 보수적 입장으로 돌아가게 된다. 이러한 보수적 성향이 바로 이들의 '글쓰기 이데올로기'와 깊은 상관관계가 있다는 것이다. 페인(Thomas Paine)과 버크의 논쟁에서 확인할 수 있듯이 보수주의자들은 법의 근본정신을 성문화되지 않은 관습이나 전통에서 찾는다. 반면 페인처럼 국민회의의 인권선언을 중시하는 혁명 옹호론자들에게 법이란 이상이 아니라 문자로 기록된 구체적 실재다. 성문화하지 않은 법은 아무런 의미도 지니지 못한다. 프랑스 혁명은 인쇄술의 발달로 인한 팜플렛 등에 의해 가능하게 되었다. 그래서 프랑스 공화국이 "문자 공화국"(republic of letters)이라 불리는 것이다(Mitchell 1986, 52).

영국 낭만주의는 이런 프랑스 계몽주의에 대한 우상파괴적 대응의 한 형태라 할 수 있다. 워즈워드의 '서적공포증'이나 콜리지의 도서에 대한 경멸적 태도들은 이러한 반계몽주의적 보수주의 정치이념과 깊은 관련이 있다. 블레이크도 루소 등의 계몽주의에 매우 적대적이지만 반혁명적이지는 않다. 이점이 다시 블레이크 사고의 복잡성의 한 증거라 할 수 있는데, 다른 낭만 시인들과의 차이점을 미첼은 이렇게 요약한다.

> 다른 낭만시인들과 블레이크의 차별성을 규정하는 한 가지 길은, 시와 회화의 혼성 예술로써 이런 언어들을 결합시키려 했던 그의 일생동안의 노력을 변함없이 혁명에 충실했던 미학적 징후로 파악하는 것이다...... 그는

> 책들의 싸움, 즉 자유스럽고 독자적인 출판에 의해 조성된 그 강력한 다툼을 인간 자유의 전제조건 바로 그것으로 간주하였다...... 블레이크는 구전 전통의 평온함을 내세워 문자 공화국을 버리는 일을 결코 하지 않았던 것이다. (1986, 54-55)

그런데 블레이크는 기록된 문자에 대한 태도에서도 이중적이다. 그것은 예언의 서일 수도 있고 금기("Thou Shalt Not")의 율법서일 수도 있다. 로스만 글을 쓰는 것이 아니라 유리즌도 기록을 한다. 이처럼 상반된 성격의 글은 전혀 다른 모습으로 블레이크의 그림속에 나타난다. 즉 예언의 서는 '두루마리'(scroll)의 형태로 등장하는 대신 억압의 율법은 규격화된 '책'(book)의 모습으로 등장하는 것이다. 지옥의 잠언 마지막 그림판(pl. 10)에서도 바닥에 무릎을 꿇고 앉아 있는 악마는 '두루마리'를 읽고 있으며 다른 두 명의 서기가 이를 '책'에 받아쓰고 있는 모습이 등장한다. '두루마리'는 물론 '지옥의 잠언'과 같이 창조적이며 예언적인 글을 담고 있다. 그러나 이러한 내용도 기계적으로 받아들이면 창조적 역동성을 상실하며 진리의 세계와도 멀어지게 된다(Mitchell 1986, 63-81).

오류가 그렇듯 진리도 인식의 주체와 무관하게 따로 존재하는 것이 아니다. 주체의 역동적이고 창조적인 행위를 동반하지 않으면 글은 죽은 문자가 된다. 해방의 예언이 아니라 억압의 율법으로 작용하는 것이다. 해방자 모세가 십계명을 받고 압제자로 변해버린 것이 그 한 예라 한다면, 분노한 욥이 율법을 부인하며 해방의 종교를 얻게 된 것이 그 반대의 예라 할 수 있다.

그렇다고 블레이크가 가시성만을 강조하여 소리의 부분을 경시한 것은 아니다. 다른 낭만 시인들과 마찬가지로 그에게도 계시는 소리의 형태로 나타나기도 한다. 뉴턴이나 로크가 부는 최후 심판의 나팔 소리가 그렇고 '현재와 과거와 미래를 꿰뚫어보는 예언적 시인의 목소리'가 그렇다. 블레이크에게 예언의 계시는 우리의 귀를 통해 볼 수 있고, 우리의 눈을 통해 들을 수 있는 그런 종류의 것이라 할 수 있다(Mitchell, "Visible" 86). 그의 시세계를 이해하는데 "혼성의 예술"(composite art)을 강조하는 이유가 바로 여기에 있다.

그러나 이것 때문에 시인으로서 블레이크의 의미가 축소되는 것은 바람직한 일이 아니다. 궁극적으로 우리가 주목해야 할 것은 그의 시이지 그림이 아니기 때문이다. 바람직한 것은 시 자체가 지니고 있는 '혼성성'(compositeness)에 주목하는 일일 것이다(Gleckner 432).

이처럼 '종합미학적 현상'(a synaesthetic spectacle)으로서의 글쓰기 과정을 블레이크는 지옥 인쇄소에서의 작업을 통해 보여주고 있다(Mitchell, 1986, 85). 여기에 등장하는 용, 뱀, 독수리, 사자 등은 모두 무한한 자연의 정력 및 상상력과 연관되는 존재들로 역동적인 창조작업을 수행한다. 그들이 하는 주요작업은 우리의 인식을 제한하는 그릇된 생각("the rubbish")을 제거하고, 감각의 영역을 확대하여("hollowing the cave") 인식의 차원을 무한으로 확장시키는 일이다.

그런데 그 결과물은 아니러니칼하게도 '책'의 형태를 띨 수밖에 없다. 책은 규격화되고 제한적이어서 오히려 우리의 창조적 작업을 방해한다. 창조적 예술가들의 작업이 우리의 역동적 인식을 방해하는 것으로 기능할 수도 있는 것이다. 블레이크의 고민을 우리는 여기서도 읽을 수 있다.

창조적 글읽기가 전제되지 않는 경우 예술가들의 창작행위는 단순 기능인의 작업과 구분될 수 없다. 산업사회의 발전과 더불어 기능적 부분이 강조되는 것은 당연한 일이다. 이러한 기능적 요소가 가장 먼저 밀고 들어오는 곳이 바로 문화와 예술, 즉 창조적인 능력이 소요되는 영역이다. 그러나 자칫 이 분야의 종사자들은 창조의 자유보다 훈련을 통한 숙련에 더 치우칠 위험이 있다. 블레이크가 조판공(彫版工: engraver)으로서 느낀 위험이 바로 이것이다. 헤일리(William Hayley) 등 후견인들의 간섭에 못지 않게 자신의 창조적 작업의 위협요소로 느낀 것이 바로 이러한 기능주의에의 순응이다. 그가 레이놀즈의 왕립 아카데미를 거부하고 스스로 고안한 정교하면서도 엄청난 공력을 요하는 인쇄방법으로 제한된 부수의 시집 발간을 고집한 이유도 바로 여기에 있다.

김종철은, 기능을 중시하는 산업주의에 대한 반발로 낭만시인들이 생활과 예술을 분리하여 생각하게 되었으며 이로 인해 예술지상주의적 편향에 빠지게 되었다고 주장한다. 블레이크의 후기시가 극도로 난해하고 신비적인 상징 세계로 함몰하게 된 것도 이것과 연관된다는 것이다(김종철 209-27). 그러나 후기시의 난해성 원인이 어디에 있는지에 대한 논의는 차치하더라도 블레이크의 기능주의적 요소에 대한 대응을 이렇게 단순화하려는 태도에는 문제가 있다.[15] 이는 블레이크가 가진 변증법적 태도를 염두에 두지 않은 진단이다. 생산자로서의 예술가에 대한 생각은 로스를 중심으로 한 후기 서사시의 상징체계가 구축되면서 더욱 분명해지고 있다고 해야 할 것이다. 블레이크가 상상력을 방해하는 체계(system)에 반대하면서도 그것의 필요성을 강조하고 있는 점도 기억

15 이 난해성에 대한 논의로는 페버의 「블레이크의 난해성에 대한 소고」("A Note on Blake's Difficulty" 58-66) 참조.

할 만한 대목이다.

'다산자'(the prolific)와 '탐독자'(the devouring)의 변증법적 관계는 바로 이러한 예술적 생산물의 이중성을 축으로 하여 형성된다. 이 세상을 감각적 존재로 빚어낸 다산자는 구속의 상태에 있는 듯하지만 사실은 모든 생명과 행위의 원천이다. 능동적인 생산행위를 하지 않을 때 이들은 단순 기능인으로 전락하고 만다. 그 생산물을 향유하는 '탐독자' 들은 생산자들이 자신들의 손아귀에 있는 것으로 착각하고 있다. 그들의 손아귀에 놓여있다면 그들은 단순 기능인일 뿐이다. 양자사이의 갈등은 참된 창조적 생산자로 남아 있으려는 의지와 이들을 기능인으로 구속하려는 의지와의 틈바구니에서 생긴다. 참된 예술적 창조를 위해 예술가들은 '탐독자'의 구속에서 벗어나야 하지만, 동시에 예술적 창조물을 보전(소비)하기 위한 '탐독자' 들의 존재도 필요로 한다. 이들 관계는 적대적일 수 밖에 없다. 이들을 화해시키려는 노력은 각각의 존재를 공히 부인하는 결과를 초래할 뿐이다. 인습적 종교가 저지르고 있는 잘못이 바로 이것이다. 참된 예술가는 창조적 예술가의 풍모와 기능적 노동자로서의 모습을 동시에 지니고 있어야 한다.[16]

이것이 바로 자본주의의 산업화 과정에서 낭만시인들이 직면해야 했던 딜레마다. 그러므로 운이 다한 주변계급의 덧없는 향수를 노래한 쁘띠 부르조아로 규정하는 식의 속류 맑스주의의 환원주의적 단순성은 재고되어야 한다(Ferber 3). 적어도 블레이크 만큼은 그렇지 않았다. 그의 작업은 신비적 영감과 실제작업이 흘리는 땀을 모두 중시한다(Ferber 53). 그는 노동의 기능화 혹은 분업화 및 예술 생산품의 상품화 뿐만 아

16 이에 대한 구체적 논의로는 크레한의 「생산자와 탐독자」("Producers and Devourers" 83-102) 참조.

니라 예술지상주의의 편향성도 경계한다. 그가 실질적인 노동행위를 중시하는 것도 이 때문이다. 레이몬드 윌리암즈(Raymond Williams)의 지적처럼, 예술을 더 훌륭한 실체로 간주하는 낭만주의자들의 이념이 적극적으로는 산업화에 대한 비판의 근거를 제공해주지만 부정적으로는 예술을 실제세계로부터 고립시키는 우를 범하게 된다고 할 수 있는데(43), 블레이크는 특히 후자의 편향에 대한 경계심을 늦추지 않았던 것이다.

그러므로 예술가들을 단순 기능인으로 간주하려는 '탐독자'의 존재는, 그가 예술의 후원자이건 대중적 소비자(독자)이건 상관없이 예술생산에 필수적이라 할 것이다. 그가 바다처럼 흘러넘치는 기쁨을 받아주지 않으면 '다산자' 는 더 이상 생산적일 수 없다. 그런면에서 대중 독자들로부터 잘못 이해되거나 혹은 너무 잘 이해되는 것에 대한 예술적 생산자 시인의 두려움이 후기시가 갖는 난해성의 원인이라는 주장도 일면 일리가 있다. 그렇다고해서 블레이크가 독자들을 전면 부인하고(negate) 있는 것은 아니다. 그들이 역동적 반대의 위치를 점하고 있어야만 예술가의 생산행위가 가능하기 때문이다.

이 '다산자'와 '탐독자'의 이야기는 역동적 반대 없이는 진보가 있을 수 없다는 처음 명제의 구체적 실례에 다름 아니다. 바로 뒤따라 소개되는 천사와 악마에 관한 이야기도 이런 역동적 반대에 대한 예이다. "반대가 진정한 우정이다"(Opposition is true Friendship.)나 "사자와 황소를 하나의 법으로 다스리려 할 때 그법은 압제이다"(One Law for the Lion and Ox is Oppression.) 라는 말들도 이 명제의 변형인 것이다.

이처럼 압제적인 (율)법의 원천이 바로 인습적 교회에서 강조하는 초월적 존재로서의 신이다. 블레이크는 악마의 입을 빌어 이를 강하게 부인하고 있다. 그가 상정하는 신의 의미는 인습적인 그것과 사뭇 다르다.

> 신에 대한 경배는 다른 사람 안에 있는 그의 선물(재능)을 그의 천재성에 따라 존중해주는 것이며 가장 위대한 사람을 가장 잘 사랑하는 것이다. 위대한 사람을 시기하고 비방하는 것은 바로 신을 미워하는 것이다. 그외의 다른 신은 존재하지 않기 때문이다. (MHH22-3; E43)
>
> The worship of God is Honouring his gifts in other men each according to his genius, and loving the greatest men best, those who envy or calumniate great men hate God, for there is no other God.

이는 인습적 교회가 강요하는 억압적 윤리의 근거를 뿌리채 흔드는 분노의 포효다. 그러니 예수 그리스도에 대한 해석도 기존의 것과 다를 수밖에 없다. 악마의 입장에서 볼 때 해방자 예수는 도덕률(율법)폐기론자 바로 그것이다.

> ...... 예수가 만약 위대한 인간이라면 그대들은 그를 최고의 정도로 사랑해야 한다. 이제 그가 십계명을 어떻게 제재했는지를 들어보라. 그가 안식일을 경멸하지 않았던가? 그리고 그 안식일의 하느님을 경멸하지 않았던가? 그로 인해 살해당한 자들을 살해하지 않았던가? 간음한 여인으로부터 율법을 제거하지 않았던가? 자신을 지지하도록 다른 사람들의 노동을 훔치지 않았던가? 빌라도 앞에서 항변하지 않음으로써 거짓 증언을 한 것이 아닌가? 그가 자기의 사도들을 위하여 기도하고 또 그들에게 자신들을 받아들이지 않으면 발에 묻은 먼지를 털어버리라고 명할 때 탐욕을 부린 것이 아닌가? 그대들에게 이르노니, 이러한 십계명을 파하지 않고는 어떠한 덕도 존재할 수 없노라. 예수는 온통 덕으로 이루어졌으며 율법이 아니라 충동

에 따라 행동했느니라. (MHH; E43)

> ... if Jesus Christ is the greatest man, you ought to love him in the greatest degree; now hear how he has given his sanction to the law of ten commandments: did he not mock at the sabbath, and so mock the sabbaths God? murder those who were murderd because of him? turn away the law from the woman taken in adultery? steal the labor of others to support him? bear false witness when he omitted making a defence before Pilate? covet when he pray'd for his disciples, and when he bid them shake off the dust of their feet against such as refused to lodge them? I tell you, no virtue can exist without breaking these ten commandments: Jesus was all virtue, and acted from impulse: not from rules.

이는 물론 도덕이나 윤리 자체를 부인하는 말이 아니다. 로크리지가 지적하고 있는 것처럼 기존의 선악 이분법적 윤리의 정태성에 대한 반박일 뿐이다. 정신은 잃고 문자의 형태로만 남아 있는 율법 조항에 대한 비판인 것이다.

도덕률 폐기론적 입장이 지니는 논리적 모순 속에서 용서가 지니는 의미를 집요하게 추적하고 있는 모스칼은, 이 부분에 대한 해석에서 율법의 세움과 폐기가 상호공생적인 관계임을 들어 블레이크 태도의 애매함을 지적하고 있다. 예수가 '충동'의 인물로서 적극적 행위의 모범을 보여주고 있음을 인정할 수 있지만, 결국 율법을 폐하려는 욕망에 의해 촉발된 그의 행위는 결과적으로는 율법의 지배를 받는 행위라 볼 수 있다는 것이다. 율법의 파괴로부터 추동된 '충동'의 행위는 그 나름의 독립적인 동기를 갖고 있지 못하며 율법이라는 '숙주'에 '기생'하는 행위라 할 수 있다. 계속해서 그녀의 설명을 들어보자.

> 도덕률폐기론자들은 율법을 범함으로써, 그리고 용서가 율법을 세우는 자들에게 권력 강화의 수단을 제공해준다는 이유로 용서를 경멸함으로써 율법으로부터의 해방을 달성할 수 있으리라 기대했다. 그러나 도덕률폐기론이 그 행동이 근거하는 율법을 그 자체를 위해 범하는 것 말고 다른 독립적 원칙을 지니고 있지 않다면 진정한 의미의 자유가 성취될 수 없다. 율법과 별개의 원리를 발견하지 못하는 것이 비슷하게 용서하려는 사람을 구속하는 것이다. 그 독립적 원칙이 없으면 지속적인 용서는 지속적인 범법에 기생적으로 의존할 수 밖에 없다. 그리하여 블레이크는 도덕률폐기론의 논리적 한계에 봉착하게 된 것이다. 이는 성 바울의 "은총을 많이 받기 위해 우리는 계속해서 죄를 범해야 합니까?"(로마서 6장 12절) 라는 발언으로 구체화된 바 있다. (1994, 20)

그러나 그녀의 해석은 지나치게 형식 논리적인 면이 없지 않다. 블레이크 식의 표현에 따르면 '스펙터'(Spectre)적 분석이라 할 수 있다. 이 부분은 율법이 억압의 구조화에 기여하는 상황에서 그러한 율법의 역기능을 변증법적으로 이해해야 함을 강조하기 위한 것이다. 분명 예수의 행위는 율법의 파기를 지향하고 있다. 그러나 그의 '충동'이 율법의 존재를 전제로 한 부수적인 행위는 아니다. 그것은 새로운 윤리를 지향하는 능동적 행위이다. 인간해방을 위한 몸부림인 것이다. 다만 기존의 윤리가 인간해방에 걸림돌이 되기 때문에 이것의 타파를 우선 강조하는 것이다. 특히 이러한 율법이 거의 이데올로기화하여 무의식의 차원에서까지 사고방식을 옥죄고 있기 때문이다. 다시 '부정의 윤리학' 개념의 도입이 필요한 부분이다. 적극적으로 특정 윤리를 세우고 그것을 주창하려는 것이 아니라 그러한 윤리가 초래하는 부정적 결과를 적시하기 위한 작업이 필요하다는 말이다. 궁극적 윤리는 '숨은 신' 처럼 부재로 존재한다.

궁극적 원리는 다시, "모든 살아있는 것은 신성하다"는 것이다. 신성한 삶을 옥죄는 것은, 그것이 정치적, 종교적 제도이든, 도덕적, 윤리적 율법이든, 타기의 대상이 될 수밖에 없다. 자유가 소중한 것은 이 때문이다. 삶의 신성함을 내세우며 도덕률의 파기를 주장하고 있는 『천국과 지옥의 결혼』의 종장(coda)이 「자유의 노래」(A Song of Liberty)인 것은 이러한 차원에서도 의미심장하다.

이는 분명 자유의 억압에 대한 분노의 함성이다. 억압과 같은 오류에 대해 분노하는 것은 자연스러운 일이며 타당한 일이다. 그러나 그것으로 궁극적 해결을 담보할 수는 없다. 앞서 악마와 스스로를 동일시하다가도 그를 대상화하는 블레이크의 전략에서 확인할 수 있는 것처럼 악마가 대변하는 분노의 외침만으로는 한계가 있는 것이다. 블레이크가 작품의 말미에서 전혀 새로운 형태의 글쓰기를 시도한다거나 전혀 새로운 인물들을 등장시키는 것 또한 이러한 인식과 무관하지 않을 것이다. 이는 작품의 골간을 이루고 있는 역동적 반대라는 개념의 한계와도 연관되는 일이다. 아무리 복잡한 변증법적 수사학을 동원해도 이원론적으로 이해되기 십상인 것이다.

분명 이것은 『천국과 지옥의 결혼』을 이해하기 위해 가장 먼저 유념해야할 개념이다. 이는 존재론적 차원에서 뿐만 아니라 인식론적 차원에서도 핵심적인 것이다. 블레이크는 예술가와 그 향유자(후원자와 독자)의 관계를 설명하는 데에도 이 개념들을 사용한다. 또한 창조와 기능의 의미를 동시에 지니는 예술적 생산의 문제를 해명하는 데에 있어서도 이런 변증법적 태도를 기반으로 하고 있다.

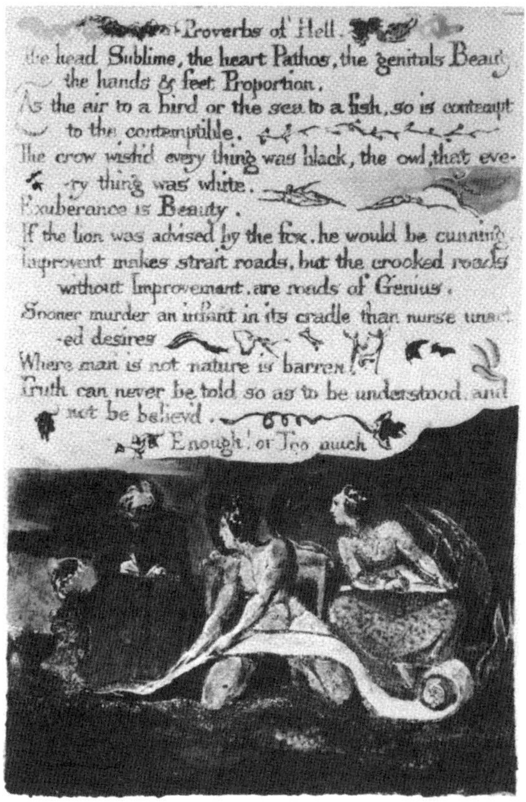

「천국과 지옥의 결혼」 제10도판

이처럼 다양한 차원의 관계를 이원론적으로 파악하려는 것에는 무리가 따른다. 이러한 개념에 대한 수정조짐이 『천국과 지옥의 결혼』의 종장인 「자유의 노래」에 나타난다. 더 정확히 말하자면 그것은 역동적 반대 개념의 수정이 아니라 확장이다. 후기시에서는 네 개의 조아(Zoas)의 개념이 이를 대신하게 된다. 역동적 반대의 개념이 '답이 아니라 문제'의 시작인 셈이다(Damrosch 75).

김종철의 지적대로 한편의 시는 그 자체로 역사적, 문화적 상황에 일정하게 관련을 맺지 않을 수 없다(226). 블레이크의 시도 당시의 시대적 배경과 밀접하게 연관되어 있다. 그것은 생산관계와 생산수단의 변화로 인한 의식의 변화를 반영하고 있으면서 동시에 예술 고유의 인습이나 전통의 계승과 그에 대한 반발을 동시에 내포하고 있다. 예술적 생산이 무주공산에서 이루어지는 것이 아니라 구체적인 삶 속에서 진행되기 때문이다. 그러므로 그에 대한 접근도 다차원적이어야 한다. 특히 블레이크처럼 변증법적 역동성을 강조하는 경우 이러한 자세는 필수적이라 하겠다. "공감과 적개심"을 동시에 지닌 "삐딱한 태도"만이 "삐딱한" 블레이크의 시세계에 대한 올바른 이해를 보장해줄 수 있는 것이다.(백낙청 184)

2. 정직한 분노 – 『앨비언 딸들의 비전』

억압의 계율에 대한 분노의 항거를 노래하면서도 용서의 주제를 함축하고 있는 작품이 바로 『앨비언 딸들의 비전』이다. 여기서 항거의 대상이 되는 것은 인간의 성을 죄악시하는 종교적 도덕적 계율이며, 인간을 단순 소유물로 여기게 하는 정치경제적 폭압이다. 이는 별개의 이야기가 아니다. 별개라 하더라도 하나의 뿌리에서 자라난 별개의 나무가지와 같은 것이다. 항상 그러하듯 블레이크는 하나의 이야기를 통하여 여러 층위의 의미를 동시에 함축하고 있다.

예를 들어, 블레이크의 작품에 대하여 꼼꼼한 역사적 읽기를 시도하는 어드만은, 기아나(Guiana)의 무시무시한 노예제도를 그리고 있는 스테드만(John G. Stedman)의 『체험기』(*Narrative*)와의 관련성을 지적하며, 성해방의 문제를 노예제도의 문제와 연결시켜 해석하고 있다(1977, 226-42). 블룸 또한 주인공 우순(Oothoon)이 주창하는 "성해방의 윤리"(ethics of sexual release)가 정치적 폭압을 비롯한 모든 압제로부터의 해방을 대변하는 것임을 지적한다(1963, 106). 이 작품을 "자유로운 사랑에 대한 찬양"(a celebration of free love)으로 규정하는 너미나, 인간의 "리비도적 자유"(libidinal freedom)에 대한 탄원으로 해석하는 페일리도 이 작품의 의미를 단순한 성해방 차원으로 제한하지 않기는 마찬가지이다(Nurmi, 103; Paley 1970, 35).

이야기는 비교적 단순하다. 우순은 순진한 처녀다. 그러나 그녀는 경험의 세계를 두려워하는 텔과는 다르게 자신의 구체적 욕망의 충족을 추구한다. 그녀는 사랑하는 세오토먼(Theotormon)을 찾아가다가 브로미언(Bromion)에게 겁탈 당한다. 처음 브로미언은 그녀의 비탄하는 모습에 내심 놀라기도 하지만, 이내 그녀를 창녀로 매도한다. 세오토먼도 브로미언 식 단죄의식에 사로잡혀 곤궁에 처한 애인을 도와주기는커녕 질투의 고통에서 헤어나지 못한다. 처음 우순도 절망과 회한에 시달리지만 차츰 이를 떨쳐버리고 자기 성의 정당함에 관하여 확신을 갖게 된다. 새로운 비전을 획득한 그녀는 이후 이들의 단죄와 질투에 대하여 분노에 찬 항거를 한다. 이 작품의 대부분은 이들 세 사람의 비탄(lamentation)으로 이루어져 있다.

이들의 비탄은 분노의 다른 표현이다. 카자르지안의 말을 빌면 분노는 무력감, 실망, 불안, 슬픔 등을 감추기 위한 가면이다(15-8). 브로미언의 분노는 겁탈을 통하여 우순과 그녀가 잉태한 아이를 소유하려던 욕망의 좌절에 기인한다. 그는 자신이 저지른 폭력의 희생자를 창녀라 매도하며 그녀가 저항하지 않으리라 기대했다. 그는 스스로 율법의 윤리를 어기며 겁탈을 하고도 그 희생자 우순을 오히려 단죄하고 있다.

그에게 율법은 자신의 지배권을 강화하기 위한 방편이다. 율법은 그 근본취지는 상실한 채 기득권자들이 현상유지를 위하여 이용하기 좋도록 형해화한 문자로만 남아 있다. 자신이 행한 폭력은 거론조차 하지 않으며 그 폭력의 희생자의 죄만을 문제삼는 것이다.

그는 경험의 논리에 갇혀있다. 그는 「경험의 노래」에서의 '지구'(Earth)처럼 오류의 경험세계를 어찌할 수 없는 현실로 단정하여 "별의 마루와/ 물의 해안이/ 동터올 때까지만 주어진" 것임을 인정하려 들지 않는다(SE: E18). 그에 의하면 이 세상에서는 지배와 피지배의 관계가 불가피한 일이다. 지배자의 강압이나 피지배자의 희생은 자연스러운 일이다. 이러한 윤리의 정당성은 그 근거를 신비화함으로써 확보된다. 알 수 없는 것으로 치부하는 것이다. 이성을 대변하는 그가 '알 수 없어요!'를 외치는 모습은 초월적 신을 상정하며 신비화하는 인습화된 교회의 전략 바로 그것이다. 이때 단죄의 논리는 현상태를 유지하는데 가장 편리하고 효율적인 방편이다. 사자와 황소를 함께 다스릴 수 있는 압제라는 '하나의 법'이 바로 그것이다.

이렇듯 그의 단죄는 자기 논리의 허약함을 호도하기 위한 하나의 방편에 불과하다. 이러한 브로미언의 발언에는, 어드만이 지적하듯 인종적,

VISIONS
of
the Daughters of
Albion
The Eye sees more than the Heart knows.
Printed by Will:m Blake : 1793.

「엘비언 딸들의 비전」 표지

성적 억압과 제국주의의 이데올로기가 스며있다(1977, 226-42). 이는 겁탈행위의 대상을 "자신의 것으로 낙인찍는 개인주의적 소유개념과 맞닿아 있다." 이는 다시 "여성을 독립적인 인격체로가 아니라 성적 욕망과 소유의 대상으로 보는 당대의 남성중심가부장적 성도덕과도 긴밀히 관련"되어 있다(서강목 60).

이러한 이데올로기의 근저에는 경험론적 인식태도가 내재하고 있다. 브래처(Mark Bracher)의 설명을 들어보자.

> 경험론은 무엇보다도 내적인 역동성이 내적이거나 궁극적이란 사실을 부정하며, 대신에 그것이 결정력을 지닌 일련의 실제상태에 의해 생산된 부대현상이라고만 주장한다. 이 관점에서는 실제상태만이 유일한 현실이다.... 강간은 경험주의의 본질을 보여주는바, 경험주의는 개인이 어떤 내적 존재 혹은 가치도 지니지 않는다고 본다. 그 유일한 존재나 가치는 외적이며, 개인이 이용되는 기능에 지나지 않는다고 가정한다. 이런 형이상학적 가정은 실제의 강간행위뿐만 아니라 노예제도와 땅의 강탈 등 사물에 대한 모든 탐욕적이고 약탈적인 이용행위에 깔려있다(167).

세오토먼 또한 이러한 한계를 극복하지 못하고 있기는 마찬가지다. 그는 자기 연인에 대한 브로미언의 단죄를 여과 없이 받아들이고 있다. 브로미언의 폭력행위에 대해서는 무기력하면서도 그가 강요하는 성의 윤리는 바로 수용하고 있다. 블레이크 식 도덕률폐기론과 연관지어 이 작품을 해설하는 모스칼의 의견을 빌자면, 이들은 법을 세우는 자(세오토먼)와 법을 파괴하는 자(브로미언)로서 상호 연루되어 있다(21-4).[17]

---

17 이들의 유사점은 이들이 공히 노예무역에 연루되어 있는 데에서도 확인된다. (Erdman 1977,

세오토먼 스스로 우순을 명시적으로 단죄하고 있지는 않지만 브로미언의 창녀라는 딱지에는 수동적으로나마 동조한다. 이러한 관점에서 보면 브로미언은 세오토먼의 억압된 욕망을 대신 행위로 옮기고 있다고 할 수 있다.

길햄(D.G. Gillham)이 이 둘을 동일한 인물의 다른 양상으로 설명하고 있는 것은 바로 이러한 근거에서이다. 세오토먼이나 브로미언과는 대조적으로 우순은 복잡하지만 통합된 자아의식을 갖고 있다. 길햄에 의하면, 블레이크는 이들 두 인물을 통해 당시 계몽주의라는 지배적인 철학의 흐름을 희화화하고 있다. 브로미언이 로크나 버클리(George Berkeley)에 빚을 진 '감각론자'(sensationalist)라면 세오토먼은 데카르트(René Descartes)나 라이프니츠(Gottfried Wilhelm von Leibniz)에 힘입은, '합리론자'(rationalist)를 대변하고 있다(205). 브래처의 관점도 비슷하다. 그는 브로미언을 '경험주의적 쾌락주의자'(empiricist-hedonist)로, 세오토먼을 '관념적 신(神)중심주의자'(idealist-theocentrist)로 규정하고 있다(195).

세오토먼은 이러한 자기중심성으로 인해 세상을 제대로 보지 못한다. 그는 자신의 상실과 비탄에 대해서만 이야기할 뿐 우순이 당하고 있는 슬픔과 고통에 대해서는 무감각하다. 고슬리(Nancy M. Goslee)가 지적하고 있는 것처럼 그의 이러한 상태는 "좌절된 소유욕"(frustrated possessiveness)에서 비롯한 것이다(108).

세오토먼의 이와같은 인식의 한계는 도판에 그려진 그의 모습에서 확연하게 드러난다. 표지 도판에서 그는 머리를 감싸안고 눈을 가린 모습

230-42 참조.)

「엘비언 딸들의 비전」 속표지

으로 나타나며, 네 번째 도판에서는 머리를 무릎 사이에 처박고 있는 모습으로 그려지고 있다. 여섯 번째 도판에 그려지고 있는 것처럼 자기자신을 학대하며 괴로워 할 뿐만 아니라 "심장을 갉아먹"는 독수리로 인해 괴로워하는 우순의 모습에 미소를 짓는 등 가학성을 동시에 보이고 있다(IB 125, 132, 135 참조).

우순의 분노는 이 둘의 그것과는 분명 달라 보인다. 욕망의 좌절이라는 측면에서는 유사점을 찾을 수 있겠으나 욕망의 성격 자체가 다른 것이다. 브로미언과 세오토먼의 욕망이 개인소유적이며 그래서 배타적인 성격을 띠고 있다면 우순의 그것은 인간 본연의 생명력을 충족시키려는 것이라 할 수 있다.

처음 그녀의 반응은 「순수의 노래」에 나오는 굴뚝청소부나 검은 피부의 소년과 같다. 열악한 '경험'적 상황에서도 파괴되지 않는 순수함에 대한 믿음을 대변해주고 있는 것이다.

> 우순은 울지 않는다, 그녀는 울 수가 없다! 눈물이 갇혀있기 때문이다.
> 다만 그녀는 자신의 부드럽고 하얀 사지를 뒤틀며 끊임없이 울부짖는다.
> 그러면서 자기 육신을 갉아먹으라고 세오토먼의 독수리를 부른다.
>
> 나는 성스러운 목소리로 부르노라! 소란스러운 공중의 왕들을,
> 더럽혀진 내 가슴을 찢어발기라고. 그리하여 보여줄 수 있도록,
> 내 순수하고 투명한 가슴에 새겨진 세오토먼의 모습을 (VDA2.11-6; E46)
>
> Oothoon weeps not: she cannot weep! her tears are locked up;
> But she can howl incessant writhing her soft snowy limbs.
> And calling Theotormons Eagles to prey upon her flesh.

I call with holy voice! kings of the sounding air,
Rend away this defiled bosom that I reflect.
The image of Theotormon on my pure transparent breast.

"자신의 더러움이 육신만의 문제라고 반응함으로써, 일면 자신의 온전한 존재를 부정하"는 것처럼 보일 수 있으나(서강목 60), 이는 획일적이고 폭압적인 브로미언과 세오토먼 식의 단죄에 대한 정직한 대응으로 보는 것이 타당할 것이다. 어찌할 수 없는 압제적 오류에 대해 저항하는 '정직한 분노'라는 말이다. 그녀가 세오토먼의 독수리를 부르는 것도 피가학적 태도라기 보다는, 겁탈의 결과가 결코 '없었던 일'로 치부할 수 없을 만큼 큰 상처도 아니며, 그러한 강압적 폭력에도 불구하고 자신의 온전함이 손상된 것이 아님을 증명하기 위한 처절한 몸부림의 하나로 볼 수 있다. 이는 『천국과 지옥의 결혼』에서 악마가 취하는 전략과 닿아 있다.

결국 우순도 블레이크가 궁극적으로 제시하려는 비전의 대변자가 되지는 못함을 의미한다. 이는 우순이 비전을 제시하지 못하고 있다는 의미가 아니다. 그녀는 나름의 비전을 제시하고 있다. 이 작품의 초점은 이에 귀를 기울이지 못하는 세오토먼의 완악함에 맞추어져 있다. 그러나 그녀가 제시하는 비전도 온전한 것이 아님을 유념해야 한다는 것을 지적하고 싶은 것이다.

그녀의 입장은 「경험의 노래」의 굴뚝청소부나 『천국과 지옥의 결혼』의 악마만큼만 정당성을 지닌다. 그들은 각기 자신이 처한 구체적 상황에서 상황이 야기하는 억압적 상태를 벗어나기 위해 최선을 다하고 있을 뿐이다. 그들이 제시하는 비전이 만병통치약과 같은 것은 아니라는 말이다. 블레이크는 만병통치약의 처방을 희구하기에는 너무도 현실적인 시인이었다. 이러한 초월적 처방이 또 다른 압제의 이데올로기를 만들어낸다는 것을 누구보다 절실히 느끼고 있기 때문이었다.

이런 의미에서 볼 때 "우순의 의식을 처리함에 있어 블레이크가 관념적 환상에 빠진 듯하다"는 에어즈(David Aers)의 주장은 재고되어야 할 것 같다. 블레이크는, 에어즈의 주장처럼, "혁명의식이 지배구조나 지배이데올로기에 의해 결코 오염될 수 없으리라"는 "환상"을 갖고 있지도 않았으며 우순을 그러한 존재의 예로 그리지도 않았다(31). 혁명이 일거에 모든 것을 해결해주리라 기대하지도 않았으며 우순의 혁명적 분노 역시 궁극적 문제 해결과는 거리가 있는 것으로 그리고 있다. 다만 유의할 것은 구체적인 역사적 상황에서 혁명이나 분노가 지니는 변증법적 정당성이 인정될 수 있음을 블레이크가 부정하고 있지는 않다는 점이다.

그녀의 분노와 탄식은 브로미언 식의 획일적 법칙으로는 포착할 수 없는 존재의 다양한 본래적 특성에 대한 믿음에 근거하고 있다. 각각의 존재들은 자기 나름으로 사랑의 대상을 취할 뿐만 아니라 그 사랑의 방식도 고유하다. 사랑은 모든 생명체의 존재의의를 구성하는 핵심요소이다. 생명의 원동력이 사랑을 통하여 발휘될 때 아무런 방해 없이 진행되기를 기대하는 것은 환상이다. 생명의 위대함은 오히려 이러한 장애물을 극복해나가는 데서 확인될 수 있다. 성경의 '돌아온 탕아'(prodigal son)[18]를 연상시키는 벌레먹은 과일의 비유는 바로 이러한 거듭남의 주제를 담고 있다.

---

18 누가복음 15장 11-32절 참조.

밤새 나는 서성거린다. 그리고 하루 종일 침묵할 수 있다.
만일 세오토먼이 다시 나에게 사랑의 눈길을 준다면.
"당신의 순수한 모습을 반영하고 있는데 어찌 내가 더럽혀질 수 있단 말인가요?
벌레 먹은 과일이 가장 달콤합니다. 비탄에 갉아 먹힌 영혼이 그러하듯
마을연기로 더럽혀졌다가 새롭게 씻은 어린 양이나 붉은 흙으로 더럽혀졌다가 불멸의 강으로 씻은 밝게 빛나는 백조처럼. 나는 내 날개를 씻습니다.
세오토먼의 가슴 주위를 서성이는 나는 하얗고 순수합니다." (VDA3.14-20; E47).

Silent I hover all the night, and all day could be silent,
If Theotormon once would turn his loved eyes upon me;
"How can I be defild when I reflect thy image pure?
Sweetest the fruit that the worm feeds on. & the soul prey'd on by woe
The new wash'd lamb ting'd with the village smoke & the bright swan
By the red earth of our immortal river; I bathe my wings.
And I am white and pure to hover round Theotormons breast."

만물이 본래의 고유한 속성을 지니고 있듯이 인간에게도 본연의 속성으로 성적 에너지와 이의 충족에서 얻어지는 희열이 있다. 그래서 "영원의 전당"(a palace of eternity) 현관에는 "오 인간이여 지복을 누릴지어다!"(Take thy bliss O Man!)라고 적혀 있는 것이다(VDA6.2; E49). 그런데 인간의 관계를 지배와 소유의 차원에서만 이해하려 하는 가부장적 이데올로기는 이를 죄악시하여 억압한다. 이러한 억압의 결과로 여성들은 정숙을 위장하는 방법을 익히게 되고, 기왕의 종교는 이러한 위

선을 정숙함이라는 덕목으로 합리화 해준다. 이러한 이데올로기의 사슬에서 벗어나지 못한 여성들은 어둠의 장막 뒤에서만 은밀하게 쾌락을 추구하게 된다. 이런 위선의 가면 속에서 "처녀의 즐거움"(virgin joy)은 창녀라는 이름으로 낙인찍힌다.

억압적 폭력과 위선에 정직한 분노로 맞선 우순은 이를 통하여 그 이데올로기적 허구성을 간파하게 된다. 그녀는 '위선적 정숙함'을 추구하는 세오토먼 식의 소유적 사랑이 질투의 원인임을 직시하며 이와 대조적인 해방의 사랑을 외친다.

> 나는 외치노라. 사랑! 사랑! 사랑! 산바람처럼 자유로운 사랑을!
> 스펀지가 물을 빨아들이듯 다른 사람을 빨아들이는 게 사랑일 수 있나?
> 밤에는 질투로 뒤덮이고 낮에는 비탄의 눈물에 사로잡히는 것이?
> 자기 주변에 회색빛 어두운 백발의 그물을 짜는 것이?
> 그리하여 눈앞에 매달려 있는 과일을 보고 눈이 메스꺼워하게 되는 것이?
> 그것은 모든 것을 시기하는 이기적 사랑! 싸늘해진 결혼침대를
> 화등잔의 눈으로 지켜보면서 주변을 기어 다니는 해골과 같은 것!
> (VDA7.16-21; E50)

> I cry. Love! Love! Love! happy happy Love! free as the mountain wind!
> Can that be Love, that drinks another as a sponge drinks water?
> That clouds with jealousy his nights, with weepings all the day;
> To spin a web of age around him. grey and hoary! dark!
> Till his eyes sicken at the fruit that hangs before his sight.
> Such is self-love that envies all! a creeping skeleton
> With lamplike eyes watching around the frozen marriage bed.

「엘비언 딸들의 비전」 제8도판

이렇듯 폭력과 위선의 희생자인 우순은 이에 굴하지 않고 분노로 저항함으로써 일정한 '눈뜸'을 겪게 된다. 그러나 분노에 의한 이런 식의 깨달음은 한정적일 수밖에 없다. 그녀 또한 자신이 저항하고 있는 이데올로기에서 완전히 자유롭지는 못하기 때문이다. 분노는 이를 야기한 그 한정적 상황에 대한 자연스러운 반응이다. 그것은 그 상황에 처해있는 브로미언이나 세오토먼을 향한 것이다. 그들에 대한 항의는 당연히 그들이 사용하는 언어를 통해 표출될 수밖에 없고 이 언어는 그들의 이데올로기에 의해 일정 수준 오염되어 있다. 이는 그녀가 완전한 성의 해방을 강조하면서 동원하는 언어에서도 확인할 수 있다.

> 그러나 우순은 비단 그물과 단단한 덫을 펼치리라
> 그리하여 당신을 위해 부드러운 은과 광폭한 금의 소녀들을 잡으리라
> 나는 강둑 위 그대 곁에 누워 그들의 음탕한 놀이를 구경하리
> 세오토먼과 사랑스런 성교를 하며 즐기는 모습을
> (VDA7:23-26; E50)

> But silken nets and traps of adamant will Oothoon spread,
> And catch for thee girls of mild silver, or of furious gold;
> I'll lie beside thee on a bank & view their wanton play
> In lovely copulation bliss on bliss with Theotormon:

그녀는 세오토먼과 사랑의 즐거움을 누릴 소녀들을 억압의 상징인 '그물'과 '덫'을 이용하여 강제로 구인하려 한다. 아무리 질투심에서 벗어나 있다 해도 이는 또 다른 의미의 폭력에 다름 아니다. 블레이크 식 도덕률 폐기론의 모순성에 초점을 맞추고 있는 모스칼도 이 부분에 대한

해석에서 우순이 가진 비전의 한계를 지적하고 있다. 그녀에 의하면, 우순은 본능적으로 관대하지만 자신의 용서의 비전을 전하는 데 있어서는 (율)법세움과 (율)법파괴의 담론으로부터 완전히 자유로운 것은 아니라는 것이다(1994, 25).

이처럼 자유로운 사랑을 강조하면서 브로미언처럼 소녀들을 덫으로 옭아매겠다는 것은 그녀가 제시하는 용서와 자유로운 사랑에 관한 비전의 한계를 가늠케 한다.[19] 자신이 분노했던 바로 그 강압에 의존하려 하는 것이다. 이는 분노의 정열로 인해 자기를 돌아보는 여유를 상실했기 때문일 것이다.

그러나 이것은 어쩔 수 없는 일이기도 하다. 이처럼 폭압적인 상황에서 자기 반성의 여유를 강조하는 것은 결국 기존 이데올로기에의 투항을 강요하는 것과 다르지 않다. 이러한 한계상황을 뛰어넘는 비전의 제시는 그러므로 관념적인 일이라 할 수 있다. 로크리지의 지적처럼 이러한 일은 정의(right)와 선(good) 사이에 질적인 불일치가 존재하지 않는 에덴 같은 곳에서나 가능하다. 유한한 실질세계에서는 사랑의 정의가 분노(악)로 표출되기 십상이고, 평화(정의)도 이의 유지를 위해 반란(악)의 형태를 취하며, 자유로운 행위(정의)조차도 남을 방해하는 반복적인 부분의 행위(악)를 동반하게 마련인 것이다(179).[20]

---

19 이처럼 우순이 사용하고 있는 용어—'덫'이나 '그물' 등—를 문자 그대로 해석하는 것은 물론 문제가 있다. 이를 단순한 시각에서 벗어나지 못하고 있는 세오토먼에 대한 우순의 배려로 볼 수도 있기 때문이다. 지적하고 싶은 것은 이러한 말들이 담고 있는 이데올로기적 함의로부터 우순이 온전히 자유로운 것은 아니라는 점이다.

20 그렇다고 하여 우순의 이런 식의 일탈 행위를 변태적이라 하는 것은 지나치게 성심리학적이라 할 수 있다. 질투에서 벗어난 자유로운 사랑과 용서의 주제를 강조하기 위한 것이지 '관음증'(voyeurism)의 징후는 아닌 것이다. Damrosch 197-8 참조.

이처럼 해방자 우순을 통해 블레이크가 제시하려는 성해방, 여성해방의 혁명적 비전은 그녀의 구체적 경험에 근거하고 있다. "현실에서 유리된 유토피아적 동경"이 "자칫 이데올로기에 함몰될 위험"이 있음을 블레이크 자신이 절실하게 느끼고 있었기 때문이다(서강목 71). 브로미언과 세오토먼으로 대변되는 폭압과 단죄 및 이에 대한 분노라는 구체적 경험을 통하여 획득한 우순의 비전은 그들의 관념적 이데올로기를 뛰어넘는다. 그러면서 그녀의 분노는 다시 이들에 대한 단죄의 모습을 띠고 있다. 단죄의 폭압성을 강조하면서도 그에 대한 대응이 단죄의 형태를 취하고 있다. 단죄의 잘못을 강조함으로써 용서의 필요성을 부각시키면서도 정작 자신은 용서를 온전하게 실천하지는 못하고 있는 것이다.

모스칼의 지적처럼, 브로미언의 행위가 가장 그럴듯한 용서의 기회를 제공해주고 있다고 할 수 있는데 블레이크는 이를 외면하고 있다(24). 이것은 도덕률폐기론에 대한 블레이크의 정리되지 못한 입장과도 관련이 있으며, 당시 '용서'가 블레이크의 주관심사가 아니었다는 점과도 무관하지 않다는 것이다(30). 블레이크에게 가장 근간을 이루는 윤리가 인간해방이라 할 때, 당시 그에게는 이를 방해하는 억압적 계율의 허위, 위선을 고발하는 것이 시급한 일이었다. 러베이터의 글에 대한 주석에서 뉘우침 없이는 용서가 불가능하다("Such a one I can never forgive while he continues such a one," E589)라는 주장을 편 것도 형해화(形骸化)한 '원수 사랑' 계명의 위선성을 꼬집기 위한 것이라 할 수 있는 것이다.

이처럼 세 인물 모두 용서의 윤리를 제대로 실천하지 못하는 것으로 그리고 있음에도 불구하고 이 작품에서 보여주고 있는 블레이크의 용서에 대한 생각은 후기 예언시의 중요한 주제를 예견케 해준다. 다른 사람을 단죄하는 것이야 말로 용서를 가장 필요로 하는 죄악이라는 역설 말이다. 비난받을 일이 없는, 오히려 칭송의 대상이 되어야 할 우순을 단죄의 오류에 연루시킴으로써 그녀 또한 용서의 대상이 되었음을 함축하고 있는 것이다.

03
이성의 타락
『유리즌 서』

영국의 전 역사를 통틀어 블레이크가 생존했던 시기(1757-1827)만큼 격변과 혼란으로 가득했던 시기도 흔치 않았다. 대서양 건너에서 불기 시작한 자유의 바람과 혁명의 기운은 인류 역사상 가장 중요한 전환기 중의 하나로 기록되는 프랑스 대혁명으로 계승되었는데, 이 커다란 변혁은 모두 블레이크가 살던 당시 영국과 매우 긴밀한 관계를 갖고 진행되었다. 이러한 혁명의 기운은 영국 내에 열광적인 자유주의자들("friends of freedom and writers in its defence")을 발생시킨 반면, 이러한 기운에 감염되어 기득권 체제에 위협이 닥칠 것을 염려한 지배세력들의 강한 경계심을 촉발하여 반동적인 탄압을 가속화시키는 결과를 낳기도 했다(Paley 78). 또한 영국 농촌의 풍경 및 도회지의 생활패턴을 완전히 변혁시킬 산업혁명이 진행 중이었으며 이와 더불어 자연과학의 발달은 전통적인 가치개념 내지는 행동 및 사고양식에 결정적인 변화를 초래하였다. 사람들은 자신의 운명을 결정해주는 초월적인 신의 존재에 회의를 품게 되었고 생계 수단조차 자연이나 신으로부터 받은 은총으로 여기지 않게 되어 스스로를 자기 운명의 지배자로 여기게 되었다. 일의 잘잘못이 자연이나 초월적인 신의 변덕이 아니라 개인과 사회구조적 모순에 기인함을 인식하기 시작한 것이다. 하여 이러한 사회구조의 모순을 제거하기 위한 끊임없는 항의가 이어졌고 이것이 관철되지 않았을 시 폭동의 형태로 나타나기도 했다.

난세의 모든 진지한 사람들이 그러하듯 블레이크도 이러한 자신의 시대를 거짓과 위선과 부패의 나락에 떨어진 말세로 간주했다. 그는 기득권 세력인 왕과 그 측근 귀족들에 의해 자행되는 폭정과 억압을 목격했으며, 또한 개개인의 행복과 구원을 돕기는커녕 기득권자들에게 빌붙어 폭정과 억압을 정당화하고 이를 위한 비인간적 계율을 강요하는 인습화한 교회와 성직자들의 위선도 목도했다. 타고난 자유주의적 기질과[21] 스웨덴보그를 비롯한 신비주의자들로부터 받은 영향은 이러한 오류를 더욱 절실하게 느끼게 해주었다. 그는 이러한 오류가 하루 속히 종식되고 새로운 세계가 도래하기를 간절히 바랐으며 또 그렇게 되리라 굳게 믿었다. 오류의 모습이 심각하면 할수록 그의 바람과 믿음은 더욱 강력해지고 급기야 주위에 일어나는 모든 일을 그것과 연관된 것으로 여기게 되었다. 즉 개개의 사건은 그 의미가 그 자체에 국한되지 않고 묵시록적인 것으로, 말세의 전조로 나타나게 된 것이다. 그리하여 그는 하나의 모래알에서 세계를 보고 굶주린 개를 통하여 제국의 멸망을 예견하게 된 것이다.

---

21 블레이크는 스스로를 '자유 소년'(Liberty Boy) 혹은 '자유의 충실한 아들'(a faithful Son of Liberty)이라 칭하였다(Gilchrist 80).

하나의 모래알에서 세계를 보고
하나의 야생화에서 하늘을 본다.
당신의 손바닥에 무한을 움켜쥐고
한 순간에 영원을 움켜쥔다.
……
주인집 대문 앞에서 굶주려죽은 개 한 마리가
제국의 멸망을 예언한다. (AI; E490)

To see a World In a Grain of Sand
And a Heaven in a Wild Flower,
Hold Infinity in the palm of your hand
And Eternity in an hour,
......
A dog starv'd at his Master's Gate
Predicts the ruin of the State.

이러한 예언자적인 자질(만연해 있는 오류를 들추어내고 모든 사람들로 하여금 진실을 볼 수 있도록 해줄 수 있는 능력)을 통하여 그는 신랄한 풍자의 시들을 발표하게 된다. 이 풍자는 닿는 것이면 무엇이든 부식시켜버리는 산(酸)과 같은 것이어서 대상이 갖는 오류들을 부식시켜 참된 진실의 모습을 보여주는 역할을 한다. 블레이크는『천국과 지옥의 결혼』에서 이를 본인이 고안해 낸 인쇄술과 연관시켜 보여주기도 한다(E 39).

이러한 풍자의 효과는「경험의 노래」속 여러 작품들에 의해 증명되기도 한다. 아이들의 즐거운 놀이를 질투하는 유모의 위선을 꼬집은

「유모의 노래」, 즐거움을 금지하고 억압적인 계율만을 강요하는 인습적 교회를 풍자한 「사랑의 정원」("The Garden of Love"), 즐거움은 없고 아이들을 괴롭히는 회초리와 금식만이 있는 교회를 그린 「어린 방랑자」("The Little Vagabond"), "다른 사람들의 비참함으로 천국을 건설하는 하나님과 그의 성직자 및 왕"을 숭배하는 기독교인들의 위선을 꼬집은 「굴뚝 청소부」, 타인을 가난하게 만든 상태에서만 가능한 '동정'과 '자비' 또 건전치 못한 상호간의 두려움에서 야기되는 '평화'와 '겸양'을 뿌리로 하는 "신비의 불길한 그림자"(the dismal shade of Mystery)에 지나지 않는 거짓 종교를 고발한 「인간 추상」, 위선적인 사랑이 어떤 파멸적인 결과를 야기하는지를 통해 원수를 사랑하라는 기독교 제일 계명을 풍자한 「독 나무」, 위선적인 '정숙'과 '겸손'으로 인하여 야기되는 병적인 상황을 간명하게 그려주고 있는 「아 해바라기」, 「백합」, 「병든 장미」 등이 그 좋은 예다.

또한 조금은 덜 신랄하지만 못지 않게 효과적인 예를 「순수의 노래」에서도 찾을 수 있다. 자기에게 가해지는 온갖 오류를 의식하지 못하는 듯, 그래서 전혀 원망의 마음을 갖지 않은 듯 "모두 다 책임을 다하면 손해를 두려워할 일이 없다"라고 말하는 순진한 굴뚝청소부를 통하여 기성세대의 오류를 드러내 주고 있는 「굴뚝청소부」, 평소에는 전혀 관심 갖지 않다가 특정한 날에만 적선하듯 자선을 베풀며 자기의 덕행을 시위하는 유한계층의 위선을 꼬집으며, 겉보기에는 단순한 듯 보이나 기실 날카로운 풍자가 담겨있는, "그러니 동정을 베풀라. 천사를 그대 문밖으로 내쫓지 않기 위해"라는 말로 끝을 맺고 있는 「성 목요일」 등이 그 좋은 예라 할 수 있다.

그러나 이러한 단편적인 풍자를 통해서는 오류의 구체적인 모습이나 진실의 단편들을 들춰 보여줄 수 있으나 그 포괄적인 양태를 나타낼 수는 없다. 그래서 그는 『순수와 경험의 노래』의 개개 작품을 발표하면서 오류의 포괄적인 양태 및 타락의 근원적인 원인을 제시하고, 그 오류로부터 해방될 수 있는 길 등을 포괄적으로 제시해줄 체계적인 신화의 필요성을 확인하게 된다. 그 자신도 비인간적인, 즉 인간의 욕구나 의지와 관계가 없이 자체의 논리에만 근거를 둔 법의 강제에 의해서만 가능한 체계(system)에 대하여 비판적이지만 결국 이러한 체계의 필요성에 굴복하고 만 것이다.

오류를 들추어내고 진실을 깨닫게 해주어야 하는 예언자로서의 소명의식과 체계적인 신화의 필요성에서 비롯된 작업의 결과가 바로 '예언시'(Prophecies)이다. 람베스에서 발표되어 〈람베스 서〉라 불리는 이들 일련의 작품들 속에서 이러한 블레이크의 사상체계를 살필 수 있다. 이들은 『순수와 경험의 노래』에 대한 심층적 이해의 실마리가 되는 동시에 후기 서사시 이해에 필요한 신화적 줄기를 찾는 데도 도움이 된다. 이들 '예언시'는 블레이크가 람베스로 이사한 2년 후인 1791년에서 1795년에 걸쳐 발표된 것들로 블레이크 자신이 『천국과 지옥의 결혼』에서 약속한 "지옥의 성경"(The Bible of Hell)에 해당하는 것들이다. 이들 중 가장 "야심적인" 작품이 바로 『유리즌 서』다(Damon 52). 이 작품을 통해 블레이크가 상정하고 있는 창조와 타락의 의미, 그리고 이성을 상징하는 유리즌과 그의 대항마이자 타락의 방조자인 로스 즉 상상력의 성격을 파악할 수 있을 것이다. 아울러 이 타락으로 생긴 '과학'과 '종교'의 개념도 유추할 수 있다.

블레이크의 신화속 인물에 대한 최선의 입문서로 간주되는 『유리즌 서』는 『유리즌 첫 번째 서』(*The First Book of Urisen*)라는 원제가 암시하듯 블레이크가 구상하던 거대한 신화체계의 첫번째 것으로 의도된 작품이다. 성경의 「창세기」가 '모세의 첫 번째 책'이듯 그것은 '지옥의 성경'에서 창조와 타락과정을 그린 '창세기'에 해당한다. 추후 블레이크가 원래 제목에서 '첫 번째'를 지워버리고 연이어 발표한 『어헤니아 서』(*The Book of Ahania*) 『로스 서』(*The Book of Los*)에서 순서를 나타내는 말들이 빠진것으로 볼 때 원래 구상에 상당한 수정이 가해졌음을 쉽게 유추할 수 있다. 그러나 이 세 개의 작품이 일련의 연관된 작업의 결과였다는 점 또한 쉽게 짐작할 수 있다. 프라이는 그 근거로 '독특한 운률'과 '주제의 통일성'을 들고 있는데, 그의 설명에 의하면 『어헤니아 서』는 『유리즌 서』의 연속이며 『로스 서』는 그것의 네 번째 장과 교차하는 것이다(254). 실제 블레이크가 이들 세 작품에서 사용하고 있는, 각운을 밟지 않는 '약약강 삼보격'은 다른 작품에서는 찾아볼 수 없는 독특한 형식이다.

『유리즌 서』의 표지에는 두 손으로 무엇인가 쓰고 있는 노인의 모습이 그려져 있다. 그 앞에는 십계명을 나타내는 석판이 있고 그 주위를 일련의 반원형 모양들이 둘러싸고 있다. 이 노인이 바로 블레이크 신화에서 가장 중요한 인물 중 하나인 유리즌이다. 유리즌이라는 이름은 '당신의 이성'(Your Reason)의 말장난(pun)이며 동시에 영어 단어 지평선(horizen)의 어원인 그리스어의 '한계를 짓다'라는 뜻의 단어에서 파생된 것이다. 대먼은 유리즌을 다음과 같이 설명하고 있다.

> 유리즌은 이성을 상징하는 남쪽의 조아다. 그러나 그는 보통 우리가 '이성'으로 이해하는 것 이상을 의미한다. 그는 열정의 제한자이며 법 제정자이자 복수의 양심이다. 그는 쟁기꾼이며 건설자이고 태양마차의 운전자다.

> 그의 기술은 건축술이며 그의 감각은 시각, 그의 금속은 금, 원소는 공기다. 그의 에머네이션은 어헤니아(쾌락)이며 그의 대항마는 북쪽에 위치한 우어소나(상상력)다 (419).

그러나 이러한 유리즌의 모습은 『네 개의 조아들』을 비롯한 후기 서사시들에 나타난 모습일 뿐 『유리즌 서』에서는 아직 이러한 특성을 갖추지 못하고 있다.

이 작품속에 유리즌의 모습을 추적해보자. 우선 서시(Preludium)에서는 "태초의 사제"(the Primeval Priest)로, 또 "영원한 존재들"(Eternals)로부터 추방당하는 '종교'의 근원으로 그려지고 있다. 이 때 '영원한 존재들'은 바로 시인 블레이크에게 이 작품을 불러주는(dictate) 영감의 주체로서, 모든 진리의 원천인 상상력을 의미하는 것이라 할 수 있다. 이들에 의해 배척되는 '종교'는 블레이크가 비판해온 '자연종교'(Natural Religion), '국가종교'(State Religion), 혹은 '이신론'(Deism)이다.[22]

우리는 이 '서시'에서 유리즌이 원래 자기 위치인 남쪽을 벗어나 북쪽을 차지하고 있으며 또 밀턴의 『실락원』에 나오는 사탄처럼 자신을 대단한 능력을 갖춘 존재라 생각하는 미망에 빠져 있음을 알 수 있다. 이러한 자기중심적인 '자기 본위'(Selfhood)가 바로 타락의 근원이다. 이러한 태도는 서로서로 대칭을 이루며 변증법적인 발전을 기해야 하는 상태에서 타인의 존재를 부인함으로써 분열을 초래한다. 이러한 분열에 의한 통일성의 상실이 타락의 과정으로 이어진다. 이러한 유리즌의 모

---

22 "자연종교는 없다" ("There Is No Natural Religion") "모든 종교는 하나다" ("All Religion Are One") 참조.

습을 시인은 "불투명하고, 어슴푸레하며, 공허하고, 외로운"(Obscure, shadowy, void, solitary)이라는 단어로 표현하고 있다.

이러한 유리즌에 대한 묘사는 분열과 타락, 그로 인한 혼돈(Chaos)을 그린 제1장의 첫머리에 계속되고 있다.

> 보라, 공포의 그림자가 솟아오른다,
> 영원세계에! 알려지지 않고 비생산적이며
> 스스로에 갇혀 모든 것을 배척하는: 어떤 괴물이
> 이 혐오스러운 공허를 빚었는가,
> 이 영혼 떨리게 하는 진공을? 어떤 이는 말한다,
> "그가 유리즌이다"라고. 그러나 알려지지 않았으며 추상적인,
> 음울하며 은밀한 어둔 세력이 숨어있다. (E70)

> Lo, a shadow of horror is risen
> In Eternity! Unknown, unprolific,
> Self-clos'd, all-repelling: what Demon
> Hath form'd this abominable void,
> This soul-shudd'ring vacuum? Some said
> "It is Urizen." But unknown, abstracted,
> Brooding, secret, the dark power hid.

여기에는 풍경에 대한 묘사가 없다. 판나넨(Victor N. Paananen)의 지적대로 유한적인 물질세계가 존재하기 이전의 상태이기 때문이다(35). 또한 블레이크에게는 미망의 근원인 정신적인 상태만이 의미가 있기 때문이기도 하다.

계속해서 유리즌은 알 수 없고 볼 수 없는 존재로 그려지는데, 이는 인습적인 교회에서 내세우는 초월적인 신의 모습과 흡사하다. 인습적인 교회에서는 기득권의 권위를 유지하기 위해 인간의 욕구나 의지와는 무관한 계율들을 내세우는데 이러한 계율들의 정당성은 보이지도 않고 알 수도 없는, 그래서 반박할 수도 없는 초월적 신의 권위에 의존했을 때 가장 쉽게 보장받을 수 있다.

이처럼 신비롭고 자기중심적인 유리즌의 상태가 바로 우리들 인식이 타락하는 원인이 된다. 이러한 상태에서는 유한적인 감각 및 경험에만 의존하게 되어 영원의 상태를 포착할 수 없게 된다. 로크가 대변하는 경험론적 인식 태도나 뉴턴이 펼치는 과학법칙에만 근거한 인식 태도가 "시적 천재성"(Poetic Genius)을 상실한 대표적인 예다. 이처럼 타락한 이성에 의한 인식의 자세를 블레이크는 다음과 같이 극명하게 그리고 있다.

> 그는 아홉겹의 어둠 속에서
> 보이지 않고 알 수 없는 상태에서
> 시간과 시간을 나누고 공간과 공간을 잰다. (E70)
>
> Times on times he divided & measur'd
> Space by space in his ninefold darkness,
> Unseen, unknown.

유리즌에 의해서 행해지는 작업 또한 보이지 않고 알 수 없다. 이 "무시무시한"(horrible) 작업의 결과로 탄생하게 되는 것이 바로 혼돈인데 '영원한 존재들'은 이를 피한다.

PRELUDIUM
TO
THE
FIRST BOOK OF
URIZEN
Of the primeval Priests assum'd power,
When Eternals spurn'd back his religion;
And gave him a place in the north,
Obscure, shadowy, void, solitary.
Eternals I hear your call gladly,
Dictate swift winged words, & fear not
To unfold your dark visions of torment.

「유리즌 서」 표지

그러나 영원한 존재들은 그의 방대한 숲을 지켜본다:
그는 폐쇄되고 알 수 없는 상태에서
심연에 갇힌 채 음울하게 영원히 누워있다. 모두가
이 석화되고 혐오스러운 혼돈을 피한다. (E71)

But Eternals beheld his vast forests;
Age on ages he lay, clos'd, unknown,
Brooding shut in the deep ; all avoid
The petrific, abominable chaos.

여기서 블레이크는 '혼돈'을 숲에 비유하는데, 숲은 바로 타락한 오류의 상태를 상징한다. 그러기에 타락한 성직자들이 "고독의 숲"(forest of solitude)에 성과 교회를 세우며(VDA; E49), 분노의 호랑이의 눈이 "밤의 숲"에서 빛을 뿜고 있고(SE; E24), 타락한 "프랑스의 숲"(the forests of France)이 혁명으로 뒤흔들리는 것이다(FR; E299). 이처럼 타락해가는 유리즌이 제2장에서는 자신의 원리를 선언한다. 앞서 타락 이전의 상태가 유리즌의 타락으로 말미암아 생긴 혼돈 상태와 대비되어 제시된다.

지구는 없었다. 끌어당기는 구체도 없었다.
불멸의 의지가 탄력적인 감각을
확장시켰다가 응축시켰다.
죽음은 없고 영원한 삶만이 솟아났다. (E71)

Earth was not: nor globes of attraction;

The will of the Immortal expanded
Or contracted his flexible senses ;
Death was not, but eternal life sprung.

영원의 세계는, 뉴턴의 우주관에서 주장하듯 확산이나 응축이 만유인력과 같은 비인간적인 법칙의 지배를 받는 것이 아니라, '영원한 존재들'의 의지에 따라 이루어지고 있다. 특기할 사항은 블레이크가 혼돈의 상태를 창조 이전이 아니라 타락 이후의 상태로 상정하고 있다는 점이다. 인습적인 기독교적 입장에서 볼 때에는 하나님이 우주를 창조하기 이전의 상태가 바로 혼돈이며 그 창조 작업의 결과로 우주(cosmos)가 생긴다. 그 우주의 주인인 인간이 마지막으로 창조되고 이들이 하나님의 계명을 거역함으로써 타락이 이루어지게 된다. 하지만 블레이크는 이를 부인하고 있다. 그에게 창조는 존재의 시발점이 아니다. 모든 것은 영원하기 때문에 무에서 유를 창조한다는 것은 불가능한 일이다. 다만 우리가 흔히 말하는 창조는 타락의 결과로 생긴 혼돈 즉 물질세계(physical world)의 탄생을 의미할 뿐이다. 그는 이런 기독교인들의 그릇된 사고방식을 『최후 심판의 비전』에서 다음과 같이 지적하고 있다.

많은 이들은 창조 이전에는 모든 것이 고독과 혼돈의 상태에 있다고 생각한다. 이것이야말로 인간이 생각할 수 있는 가장 유해한 생각이다. 이로 인해 성경의 모든 숭고함이 사라지며 모든 존재를 창조와 혼돈, 물질적인 식물적 눈으로 고착된 시간과 공간 세계에 한정시킨다.... 영원은 존재하며 영원세계의 모든 것들은 자비의 결과인 창조와 무관하게 존재한다. (E563)

Many suppose that before the Creation All was Solitude & Chaos. This is the most pernicious Idea that can enter the Mind, as it takes away all sublimity from the Bible & Limits All Existence to Creation & to Chaos, To the Time & Space fixed by the Corporeal Vegetative Eye,... Eternity Exists, and All things in Eternity, Independent of Creation which was an act of Mercy.

이처럼 영원한 의지에 의해 확산되고 축약되는 유연한 영원 세계를 떠나 "광대한 세계의 외로운 한 존재"(That solitary one in Immensity)가 된 유리즌은 모세가 시내산에서 십계명을 받을 때처럼 "하늘의 트럼펫"(a trumpet of the heavens) 소리를 통하여 "영원세계의 수많은 이들"(myriads of Eternity)을 스스로 창조한 "황량한 사막"에 모이게 한뒤 자신의 동기를 설명한다.

"어두운 고독의 심연으로부터,
내 신성함 속의 영원한 처소로부터
내 완고한 조력자들 속에 숨어 격리된 채,
미래의 날들을 위해 유보한 채,
나는 고통 없는 즐거움을 추구해왔노라,
유동성 없는 확고부동함을.
오 영원한 존재들이여, 왜 죽으려 하는가?
왜 꺼지지 않는 불구덩이 속에서 살려하는가? "(E71)

"From the depths of dark solitude, From
The eternal abode in my holiness,
Hidden, set apart, in my stern counsels,
Reserv'd for the days of futurity,
I have sought for a joy without pain,

For a solid without fluctuation.
Why will you die, O Eternals?
Why live in unquenchable burnings?"

이 부분에서 우리는 유리즌이 "신성함"을 내세워 자신이 신과 같은 존재라고 자만하는 모습을 보게 된다. 이때 신성함의 의미는 블레이크가 "모든 살아있는 것은 신성하다"(E45)라고 주장할 때의 의미와는 다르다. 이는 기존체계를 정당화하려는 사람들이 그 근거가 되는 여호와의 권위를 절대화하기 위하여 억지로 결부시키는 것으로 인간적인 자질과는 무관하다. 이처럼 유리즌이 신성함을 내세워 자신을 절대화하는 것은 이성을 절대적인 능력으로 옹립하려는 잘못된 성향을 의미하는 것이다.

자기중심적인 유리즌이 "고통이 없는 즐거움"이나 "유동성 없는 확고부동함"의 상태를 건설하겠다고 하는 것은, 그것이 선의에 의한 것이든 악의에 의한 것이든, 즉 진정으로 즐거움의 상태를 건설하고자 하는 의도에서 비롯된 것이든 아니면 자신의 권위체계를 정당화하기 위한 눈가림이든, 그의 정신상태가 바르지 못함을 암시해준다. 이는 즐거움과 고통이 삶의 존속을 위해 필수불가결한 상반 요소들이며 유동성이 없는 확고부동의 상태가 바로 죽음의 세계임을 모르는 소치이다. 유리즌은 "꺼지지 않는 불구덩이"를 지극한 고통의 상태로, 또 그런 상태에서 살고 있는 것을 죽음이라고 주장하지만 이것이야말로 스티븐슨(W.H.Stevenson)이 지적한 바와 같이, "끊임없는 충동과 욕망이 충족되었다가 좌절되기도 하는, 불 같은 흥분상태의 삶"인 것이다(252). 이처럼 살아 움직이는 거대한 파도와 같은 영원의 세계("the vast waves")를 배격하고 고통, 유동성, 죽음, 정열 등이 없는 단선적 세계를 구축하

Urizen C. V.
8. The globe of life blood trembled
Branching out into roots:
Fibrous, writhing upon the winds:
Fibres of blood, milk and tears:
In pangs, eternity on eternity.
At length in tears & cries imbodied
A female form trembling and pale
Waves before his deathy face
9. All Eternity shudderd at sight
Of the first female now separate
Pale as a cloud of snow
Waving before the face of Los
10. Wonder, awe, fear, astonishment
Petrify the eternal myriads;
At the first female form now separate

「유리즌 서」 第18도판

려는 시도는 결국 "굳건하게 차단된 광막한 세계"(A wide world of solid obstruction)만을 결과하게 된다.

유리즌은 자신이 구축한 세계에 홀로 서서 "비밀의 지혜, 비밀의 어두운 사색"(the secrets of wisdom, the secrets of dark contemplation)의 내용을 자신의 책에 기록한다. 이 부분은 여호와가 십계명을 주는 대목을 패러디한 것인데 그 결과로 "일곱 가지 치명적인 죄악"("Seven deadly Sins")이 탄생한다. 이 치명적인 죄악이 원래 존재한 것이 아니라 유리즌 혹은 초월적인 여호와가 내려준 계명으로 인해 생겨났다는 얘기다. 이러한 블레이크의 생각은 감옥이 법 때문에 만들어졌고 사창굴이 종교로 인하여 생기게 되었다는 주장과 맥을 같이한다. 이는 인간의 원죄를 강조하는 칼비니즘에 대한 반발로 해석될 수도 있다. 유리즌은 이런 계명을 "청동의 책"(Book of brass)에 기록해 펼쳐 보인다.[23]

"보라! 나는 내 어둠을 펼쳐 보인다, 이 바위위에.
나의 고독 속에서 강력한 손으로 기록한
영원한 청동의 책을:
평화와 사랑과 통일의 법을
연민과 동정과 용서의 법을;
각자 하나의 처소를 선택하여라
자신의 오래된 무한의 집을.
하나의 명령, 하나의 즐거움, 하나의 욕망을.

---

23 대본의 설명에 의하면 유리즌은 4종류의 금속으로 된 책을 갖고 있는데 금은 과학, 은은 사랑, 철은 전쟁, 청동은 사회학을 각각 나타낸다. 그 중 이 '청동의 책'이 이상적인 사회 건설을 위한 유리즌의 법칙이 기록되어 있는 것으로 가장 중요한 것이다(424).

하나의 저주, 하나의 저울, 하나의 자를
하나의 왕, 하나의 신, 하나의 법을" (E72)

"Lo! I unfold my darkness, and on
This rock place with strong hand the Book
Of eternal brass, written in my solitude:
Laws of peace, of love, of unity,
Of pity, compassion, forgiveness ;
Let each chuse one habitation,
His ancient infinite mansion,
One command, one joy, one desire,
One curse, one weight, one measure
One King, one God, one Law."

여기서 우리는 유리즌이 지향하고 있는 것이 무엇인가를 다시 한 번 확인하게 된다. 타락한 이성은 절대적인 권위를 앞세우는 압제자와 마찬가지로 삶의 다양한 양태를 용인하지 못한다. 개개의 삶에는 나름의 특성이 있으며, 각자 고유한 존재 의의를 갖게 되는 것인데 타락한 이성은 이 개별적 특성을 무시하고 모든 것을 추상화된 하나의 보편적 원리에 입각해 파악하려 한다. 이러한 태도는 만유인력이라는 하나의 추상적 원리로 전 우주를 설명하려는 뉴턴식 과학적 태도와도 통한다고 할 수 있다.

그러나 "보편적인 지식이란 바보들이나 갖고 있는 것이며" 획일적인 원리에 의해 "일반화하는 것은 바로 바보가 되는 길이다."(AnnRey; E641) "장미에게서 붉은 색을, 백합에게서 그 하얀 빛을, 또한 금강석에서 그 단단한 성질을 제거하여 버리는 것"은 바로 혼돈으로 돌아가는 것이다(AnnLac; E595). 블레이크에게 다양함이란 기형(deformity)이 아니라 아름다움 즉, 참된 삶의 요체다. 타락한 이성은 이를 파악하지 못하고 획일적인 하나의 원리를 내세우며 의기양양해 한다. 하나의 원리가 바로 억압을 의미하며 이 억압은 모든 질병과 오류의 원인이다.

제3장은 유리즌이 영원세계로부터 분열되어 "검은 구체"(a black globe) 즉 혼돈의 상태로 전락해가는 모습을 그리고 있다.

삶의 다양한 모습을 받아들이지 못하고 독선적 자아만을 고집하던 유리즌은 '영원한 존재들'의 분노를 야기하게 되며 결국 그들과 분리된다.

> 분열하며, 어두워지며, 천둥처럼 요란을 떨며,
> 무시무시한 소음을 내며 갈라져
> 영원세계가 멀리 떨어져 구른다.
> 넓게 분열되어 구르며
> 떨어져나가며, 떨어져나가며, 떨어져나가며
> 주변에 온통 엄청난 크기의
> 삶의 파괴적인 조각들
> 찡그리며 매달려 있는 절벽들을 남긴다.
> 그 사이에는 그 깊이를 헤아릴 수 없는
> 공허의 심연만이 드리워져 있고.(E73)

> Sund'ring, dark'ning, thund'ring,
> Rent away with a terrible crash,
> Eternity roll'd wide apart,
> Wide asunder rolling ;

Mountainous all around
Departing, departing, departing
Leaving ruinous fragments of life
Hanging, frowning cliffs, & all between
An ocean of voidness unfathomable.

여기서 우리는 통일을 추구하려다 분열을 자초하는 아이러니를 확인하게 된다. 영원한 상태의 통일된 다양성(variety in unity)을 혼돈으로 파악하는 유리즌이 획일적인 통일을 도모하려다 분열을 야기하고마는 것이다. 이러한 분열이 블레이크에게는 타락의 원인이자 결과다. 「창세기」에 나오는 천지창조의 과정을 타락의 과정으로 파악하는 그에게는 창조의 작업이 분열의 과정이다. 빛과 어둠의 분열로 시작되는 7일간의 천지창조는 하늘과 물(대양)의 분리, 대양과 육지의 분리를 가져올 뿐만 아니라 이브의 탄생으로 남자와 여자가 분열하고 선악과를 따먹음으로써 선과 악이 분리되며 에덴동산에서의 추방을 통해 인간과 행복이 분리되는 것이다. 대몬에 의하면, 이에 더하여 카인에 의한 최초의 살인으로 영혼과 육체가 분리되고 바벨탑으로 인한 언어의 혼란이 종족간의 분열을 초래한다는 것이다(94).

이러한 분열은 상대방의 존재를 인정하며 변증법적인 통일을 기하려 하지 않고 자신만의 원리를 고집하여 상대방을 부인하는 데서 원인을 찾을 수 있다. 이는 바로 블레이크가 『천국과 지옥의 결혼』에서 밝히고 있는, "역동적 반대 없이는 진보가 없다"는 명제에 어긋난다. 이성과 정열, 사랑과 증오 모두가 인간에게 필요한 것들이다. 영원의 세계를 회복하기 위해서는 이러한 분열이 먼저 극복되어야 한다. 블레이크가 천국과 지옥의 결합을 도모한 것도 이 때문이다.

분노한 '영원의 존재들'로부터 불의 세례를 받은 유리즌은 이를 피하려 사막의 바위틈으로 숨는다. 여기서 그는 흩어진 자신의 군대("self-begotten armies")를 다시 그러모아 거대한 역사를 도모한다. 그러나 결국 영원의 세계에는 존재하지 않는 시간을 탄생시키는 결과를 초래하고 만다.

불 같은 고통과 꺼지지 않는 화염 속에서
그는 격노하여 울부짖으며 숨기위해 사막과 바위로
달려갔다. 그러나 숨을 수 없었다. 결합하며
그는 거대한 힘으로 산과 언덕을 팠다.
울부짖으며 고통 속에서 격렬한 광기 속에서
끊임없는 노력으로 그는 그것들을 쌓았다.
타는 불길 속에서 노력하며 긴 세월을.
결국 백발이 되어 세월에 지치고 늙어
절망에 젖고 죽음의 그림자에 휩싸일 때까지.(E73)

In fierce anguish & quenchless flames
To the desarts and rocks he ran raging
To hide; but he could not: combining,
He dug mountains & hills in vast strength
He piled them in incessant labour,
In howlings & pangs & fierce madness,
Long periods in burning fires labouring
Till hoary, and age-broke, and aged,
In despair and the shadows of death.

이 작업의 결과로 유리즌의 무리들은 주위에 자궁(womb)과 같은 "딱딱하게 굳은 거대한 지붕"(a roof vast, petrific)을 건설한다. 그런데 그것은 영원세계("the infinite ocean")에서 보면 하나의 검은 구체로 인간의 심장과 같은 모습을 하고 있다. 여기서 우리는 유리즌의 세계에 대한 비유로 들고 있는 것들이 모두 "수축의 상"(an image of constriction)들임을 확인하게 된다(Stevenson 254). 어린아이가 살기 위하여 빠져나가야 하는 자궁, 그것은 바로 한정적이고 획일적인 억압이 지배하는 오류와 죽음의 세계인데, 외형상으로는 정연한 모습이지만 영원의 세계에서 볼 때는 형체가 헝클어지고 조직화되지 못한 세상이다.

이제 유리즌의 세계와 영원의 세계는 별들이 지구와 떨어져 있는 것만큼이나 멀어지게 된다. '영원의 존재들'은 이러한 타락의 분열이 더 이상 확산되지 않도록 로스를 파수꾼으로 배치한다. '영원한 존재들'이 죽음 혹은 "흙덩어리"(a clod of clay)라 부르는 유리즌의 세계를 바라보며 울부짖는다. 원래 하나였던 유리즌과 분열되어야만 하는 자신의 고통스러운 운명을 저주하는 것이다.

> 로스가 음울한 혼미상태에서 신음하다가
> 이를 갈다가 다시 신음하며 울부짖는다
> 떨어져 쓰린 부분이 치유될 때까지.
>
> 그러나 유리즌의 상처는 치유되지 않는다.
> 고통스러운 변화로 균열되어
> 차갑고 볼품없는 흙의 육신으로
> 그는 꿈 없는 밤을 견디며 누워있다.
> 고통스러운 가운데 로스가 그 형체 없는

헤아릴 수 없는 죽음의 상태에 불을 불러일으킬 때까지.(E74)

Los howl'd in a dismal stupor,
Groaning, gnashing, groaning,
Till the wrenching apart was healed.

But the wrenching of Urizen heal'd not.
Cold, featureless, flesh of clay,
Rifted with direful changes
He lay in a dreamless night,

Till Los rouz'd his fires, affrighted
At the formless, unmeasurable death.

여기에서 알 수 있듯이 로스는 자신들의 분열이 잠정적인 것으로, 즉 유리즌이 정상적인 상태를 회복하기만 하면 끝나는 것으로 기대한다. 그러나 그의 분열의 상처는 곧 치유가 되지만 유리즌의 것은 그렇지 않다.

로스는 블레이크 신화에서 '시적 천재' 즉 상상력을 나타내는 인물이다. 영원 세계에서는 그가 유리즌과 상반된 처지에 있는 어소나로 나타난다. 먼저 대몬의 설명을 들어보자.

그의 위치는 북쪽이다. 그는 대장장이로 일한다. 그의 감각기관은 귀, 그의 원소는 흙, 그를 구성하는 요소들은 그놈이다. 그의 여성 짝은 에니사먼이며 그의 행성은 (정신적) 태양인데 물질적 태양을 창조한다.(247)

여기서 보듯 그의 원래 위치는 북쪽인데 서곡에서처럼 전횡적인 지배를 꾀하는 유리즌에게 그 자리를 빼앗긴다. 이에 대해 팔리는 이렇게 설명한다.

> 로스는 '영원한' 어소나의 시간에 갇힌 모습이다. 어소나는 '원래의'와 '흙덩어리'를 뜻하는 그리스어의 합성어로 '땅 소유자'(Earth-owner)와 발음이 유사하다. 그는 한 때 타락하지 않은 아담, 연금술에서 말하는 '원초적 물질'로 대지를 소유한 자이다. 타락한 세상에서 그의 이름은 로스로 상실(loss)과 발음이 동일하다. 그러나 타락 이전의 통합은 다시 이룰 수 있다. 로스(Los)는 솔(Sol)의 철자를 바꾼 것이다. 벤틀리의 지적에 의하면 솔은 연금술사들에게는 최고 상태의 물질인 금을 의미한다. 하지만 뵈메는 솔이 인간(Man)을 의미한다고 주장한다. 금속 작업을 하는 로스는 대장장이 신 벌칸을 뜻하며, 파르셀수스는 이를 천상의 연금술사의 상징으로 간주한다. (64-5)

블레이크는 당시의 계몽주의, 이신론, 경험철학, 신고전주의 등을 심각한 오류로 간주하는데 이러한 오류의 원인은 바로 유리즌과 로스 즉 이성과 상상력의 분열 및 그로 인한 이성의 전횡적인 우위를 주장함에 있다는 것이다. 그의 이러한 주장은 인간의 상상력과 감성을 중시하는 여타의 낭만주의 시인들의 생각과 궤를 같이 한다. 그는 이 문제에 골몰하여 이 유리즌과 로스의 분열을 자기 신화체계의 근간으로 삼고 있다.

제 4장은 로스가 유리즌의 형체 없는 죽음의 상태에 겁을 먹고 그를 위해 "유기적 형태"(organic form)을 만드는 과정을 그리고 있다. 이는 타락의 재앙을 더 이상 확산시키지 않기 위한 의도에서이다. 또한, 형체 없는 상태로는 오류로부터의 거듭남을 위한 행동을 취할 수 없음을 암시하려는 예술가 블레이크의 저의가 담긴 것으로 해석될 수 있다. 순수

상태에서 '높은 순수상태'로 거듭나기 위해서는 구체적인 경험의 세계(Experience-Generation)를 거쳐야 한다. 거듭남이란 더 이상 어쩔 수 없는 오류의 상태에서 그것을 깨고 솟아오를 때 이루어지는 것이다. 역설적인 말이지만 진실의 세계에 이르기 위해서는 극한적인 오류의 상태에 빠질 필요가 있다. 사회적 모순의 극한점에서 혁명이 일어나듯, 또 타락의 극한점에서 천년왕국을 위한 대환란이 일어나듯 말이다. 로스가 유리즌을 위해 몸(형태)을 만들어주는 것은 자신이 유리즌의 타락에 동조했다는 의미에서 타락해 가고 있음을 뜻하며, 동시에 거듭남을 위하여 유리즌의 타락을 극한까지 몰고 가는, 조금은 의도적인 행위라 할 수도 있다. 자기 앞에서 아무런 의미도 없이, 마치 프로테우스(Proteus)처럼 변해가는 유리즌의 모습을 바라보며 로스는 하나의 구체적 형태를 부과함으로써 무의미한 변화를 종식시키려 하는 것이다.

그리하여 로스는 그물과 덫을 만들었다.
그 그물을 온 주위에 쳤다.

그는 어깨 떨리는 공포 속에
그 음울한 변화를 지켜보며 그 모든 변화를
철과 구리 못으로 구속했다.(E74)

And Los formed nets & gins
And threw the nets round about.
He watch'd in shudd'ring fear
The dark changes, bound every change
With rivets of iron & brass.

영원한 잠의 상태에 빠져있는 유리즌에게 형태를 만들어주는 과정은 다시 7일동안의 창조과정에 대한 패러디로 그려진다. 이처럼 블레이크는 성경으로부터 끊임없는 영감을 얻어낸다. 팔리의 주장대로 타락에 관한 첫 번째 신화인 『유리즌 서』의 근거를 영지주의에서 찾든(66-7), 올티처(T. J. J. Altizer)의 설명대로 정통 기독교에서 찾든(86-7), 블레이크에게 성경이 "좀 더 경건하고 심오한 영감의 원천"임을 부인할 수는 없다. 그것은 단순한 비유의 근원이 아니라 "총체적 비전과 상상력의 세계"를 제공해 준다(Holloway 16).

고통스러운 어둠 속에서 유리즌에게 형태를 부여해주는 작업을 하는 대장장이 로스가 이 과정에서 시간을 창조한다.

영원한 선지자는 어두운 풀무를 들어올리고
쉼 없이 집게를 돌리고 망치로
끊임없이 두드려 새로운 사슬을 빚고
고리를 통해 시간과 날들과 해들을 늘려나갔다. (E75)

The Eternal Prophet heav'd the dark bellows,
And turn'd restless the tongs, and the hammer
Incessant beat, forging chains new & new,
Numb'ring with links hours, days & years.

여기에서 로스가 처음으로 "영원한 선지자"로 불리는데 이는 이제 그가 시간의 지배를 받는 타락의 상태에 처해 있음을 암시한다. 영원의 세계에는 시간이 존재하지 않으며 들추어낼 오류도 없기에 예언이 불필요하다. 시간은 타락한 세계에 속하는, 또한 그러한 상태에서는 필수불가결한 요소이다. 그래서 그는 자신의 끊임없는 망치 소리에 맞추어 "시간과 날들과 해들"을 만들어낸다. 이제 시간의 제약마저 받아야하는 인간은 점점 더 상상력을 상실하게 된다.

망각과 무감각, 그리고 필연,
서로 움츠러드는 얼음 수갑과 같은
마음의 사슬에 갇히어
형체를 잃은 채 영원세계와 떨어져
로스는 계속 쇠 족쇄를 내려쳤다.
용광로를 달궈
쇠와 구리의 덩어리를 쏟아냈다. (E75)

Forgetfulness, dumbness, necessity,
In chains of the mind locked up,
Like fetters of ice shrinking together,
Disorganiz'd, rent from Eternity,
Los beat on his fetters of iron,
And heated his furnaces, & pour'd
Iron sodor and sodor of brass.

이러한 과정을 통하여 맨 처음 만들어지는 것이 사고력의 원천인 두개골("a roof, shaggy wild")이며 이어 거대한 등뼈와 갈비뼈가 만들어지고 첫째 날이 지나간다. 둘째 날에는 심장("a red round Globe")과 혈관("ten thousand branches")이 만들어지고 다음날에는 신경조직과 눈이 완성된다. 계속해서 두 귀와 코 그리고 소화기관("A craving Hungry Cavern")이 목과 혀와 더불어 만들어지고 마지막 날에 팔 다리가 완성된다.

제 5장은 로스 자신의 타락과 분열을 그리고 있다. 유리즌에게 몸을 만들어 준 그는 이제 더 이상 영원의 세계를 감지할 수 없다. 그는 창조적인 상상력 대신 "감각이라는 혼돈의 바다"(the chaotic sea of sensation)만 갖고 있다(Paananen 41). 그리하여 물질세계에서의 악몽같은 삶이 영원세계에 대한 역동적 꿈을 대신하고 그의 영원한 세계의 삶도 완전히 자취를 감춰버렸다.

'시적 천재'를 상징하는 로스는 자신이 했던 작업의 결과를 보고 당황하여 오랫동안("ages on ages") 아무 것도 하지 않은 채 머무르게 된다. 그러는 동안 그의 창조적인 상상력("his fires")은 쇠퇴하고 근심에 찬 욕망으로 영원의 세계를 뒤돌아보지만 이제 그 간격은 건널 수 없을 만큼 아득하다. 이와 같은 자신의 처지를 한탄하면서 한숨만을 내쉬던 로스는 "무시무시하게 검은" 유리즌을 보고 동정을 느낀다. 이 동정은 상상력이 허약해졌음을 증명해주는 정서로서 블룸이 밝힌 대로 "재앙에 직면하여 겪는 수동적 무력증"에 다름 아니다(1971, 71). 이것은 또 다른 분열의 원인이 되는 바 자기기만에 근거하는 동정은 동정 그 자체와 대상이 요구하는 행위 사이에 간극이 생기게 되어 결국 분열을 초래하게 된다. 『경험의 노래』의 「인간 추상」은 동정이 수동적인 덕목임을 잘 드러낸다. 다른 사람이 비참한 상태에 놓여있지 않으면, 즉 사회가 타락하지 않은 건전한 상태를 유지한다면 동정은 불필요하다. 정상적인 상태가 아님에도 불구하고 그저 연민의 정을 느껴 동정하는 것은 근원적인 해결책이 아니라 얄팍한 미봉책에 불과한 것이다.

이러한 동정으로 인한 로스의 분열로 최초의 여성인 에니사먼이 탄생하며 처음으로 성(sex)이 존재하게 된다. 이 상태가 블레이크가 말하는 생식(Generation)의 상태다. 영원의 세계에는 성이 존재하지 않으며 인간은, 뵈메나 『향연』에서 아리스토파네스가 지적하듯, 원래 성적 자유("libidinal freedom")를 상징하는 양성의(androgynous) 육신을 갖고 있었다(Paley 69). 이러한 상태를 상실함으로써 인간은 영원한 성적 즐거움 대신 끊임없는 갈망과 놀림("yearning and teazing")에 시달리게 된다(Paley 70). 이러한 성의 분열로 인하여 인간은 결코 충족시킬 수 없는 욕망에 사로잡히게 되고 이것이 모든 질병의 원인이 된다. 『경험의 노래』에 실려있는 「아! 해바라기」나 「병든 장미」 등은 바로 이러한 병적 상태를 드러내는 작품들이다.

이러한 성의 분열은 타락의 마지막 부분에 해당한다. 영원의 세계는 이로써 더욱 멀어지게 되었다. 그들은 이 타락의 결과로 만들어진 여인의 모습에 전율을 느끼며 그녀를 동정(Pity)이라 부르고 도망쳐버린다. 이런 극심한 타락의 현장에서 더욱 멀어지기 위해 그들은 천막("a Tent")을 만들게 되는데 이것이 바로 과학("Science")이다.

이로써 영원의 세계와 타락한 세계 사이의 구분은 더욱 확연해졌다. 유리즌이 타락할 때 확산을 막고자 만든 "거대하고 딱딱한 지붕"(a roof vast, petrific)으로 시작된 이 구분이 이제 과학이라는 장막으로 더 분명해진 것이다. 이때 과학은 폭압정치나 악한 정부를 붕괴시키는 힘을 제공하는 '참된 과학'(E636)이 아니라 타락한 이성 즉 상상력과 분리되어 그 위에 전횡적인 압제를 가하는 이성에 의해 조작된 과학이다. 이것은 인간의 의지나 욕구와는 무관한, 비인간적인 법칙의 논리에 의해서 지배되는 과학을 뜻한다. 이러한 과학은 진실에 이르도록 도와주기는커녕 참된 인식의 주체를 호도하는 역할까지 하게 된다.

제 6장은 로스와 에니사먼의 분열로 인해 생긴 생식세계와 이러한 오류의 상태로부터 벗어날 수 있는 가능성을 함축하는 오르크의 탄생을

Urizen C IX
They lived a period of years
Then left a noisom body
To the jaws of devouring darkness
5 And their children wept & built
Tombs in the desolate places
And formd laws of prudence, and
call'd them
The eternal laws of God
6. And the thirty cities remaind
Surrounded by salt floods now call'd
Africa: its name was then Egypt
7. The remaining sons of Urizen
Behold their brethren shrink together
Persuasion was in vain.
For the ears of the inhabitants
Were witherd & deafend & cold:
And their eyes could not discern
Their brethren of other cities
8 So Fuzon call'd all together
The remaining children of Urizen:
And they left the pendulous earth:
They called it Egypt: & left it.
9. And the salt ocean rolled englob'd
The End of
first book of Urizen

「유리즌 서」 제28판

다룬다. 분열된 로스는 에니사먼에게 참된 사랑보다 동정을 느끼며 그녀의 거부로 인하여 충족되지 않는 욕구에 시달리게 된다. 『실락원』에서 맨 처음 이브가 아담을 피해 달아나듯 그녀도 로스의 손아귀에서 벗어나려 하는 것이다.

그러나 로스는 여인을 보고 동정을 느낀다
그가 그녀를 껴안자 그녀는 울며 거부한다
뒤틀리고 잔혹한 즐거움을 느끼며
그녀는 그의 팔에서 달아나며 그가 쫓아간다. (E79)

But Los saw the Female & pitied ;
He embrac'd her ; she wept, she refus'd;
In perverse and cruel delight
She fled from his arms, yet he follow'd

이러한 타락의 상태에서는 새로운 창조가 불가능하다. 단순한 모사가 반복될 뿐이다. 사랑의 행위도 영원의 세계에서처럼 두 사람의 완전한 결합을 의미하는 것이 아니라, 자기 자신의 욕구 충족을 위한 방편에 지나지 않는다. 이제 그것은 상대에 대한 사랑이 아니라 신에 대한 사랑의 가식적 표현에 지나지 않는다. 이러한 사랑행위의 결과로 나타나는 것이 바로 자기 모습을 닮은 자식이다. 즉 끊임없는 생식의 반복인 것이다.

영원세계는 몸서리친다
인간이 자신의 분열된 모습을 닮은

자식을 낳는 것을 보았을 때. (E79)

Eternity shudder'd when they saw
Man begetting his likeness
On his own divided image.

로스와 에니사먼의 비정상적인 사랑의 결과로 탄생한 것이 오르크다. 오르크는 블레이크 신화에서 혁명 세력을 대변하는 인물이다. 이처럼 생식의 사슬을 깨뜨리고 영원의 세계로 나갈 수 있는 계기로서의 혁명, 그 정신을 나타내는 오르크가 타락의 결과로 생기게 된다는 것은 블레이크 신화가 안고 있는 또 다른 아이러니이다. 오르크는 이미 『아메리카』나 『천국과 지옥의 결혼』에서 미국 독립혁명 세력 및 프랑스 혁명 세력을 대변하는 인물로 등장한 바 있다. 그에 대한 대몬의 설명을 들어보자.

오르크는 물질세계의 혁명세력이다. 그는 감정인 루바의 하위 형태다. 억압받은 사랑이 전쟁으로 변한다.... 그는 로스와 에니사먼의 장자로... 오르크라는 이름은 심장을 뜻하는 cor의 철자 순서를 바꾸어 만들어졌다. 그는 에니사먼의 심장으로부터 태어난 것이다. (309)

맨 처음 "유충"(a worm)의 형태로 에니사먼의 자궁에 생긴 오르크는 곧 뱀의 모습으로 변한다. 뱀은 「창세기」에서와 같이 유혹자(temper)를 뜻하는 바, 블레이크에게는 억압받는 욕망의 충동이 바로 "메시아 혹은 사탄 혹은 유혹자"(Messiah or Satan or Tempter)"다(E40). 오르크는 또 다시 여러 모습으로 변화를 겪다 마침내 하나의 어린아이로 탄생한다.

에니사먼의 자궁에서 똬리를 틀고 있던
뱀이 비늘을 벗어던지고 자라난다.
날카로운 고통과 더불어 쉿쉿 소리가
거슬리는 울음소리로 변하기 시작한다.
많은 슬픔과 울적한 산고들,
많은 형태의 물고기, 새 그리고 짐승이
예전에 유충이 있던 곳에
한 어린아이를 낳게 된다. (E79)

Coil'd within Enitharmon's womb
The serpent grew, casting its scales ;
With sharp pangs the hissings began
To change to a grating cry :
Many sorrows and dismal throes,
Many forms of fish, bird & beast
Brought forth an Infant form
Where was a worm before.

대몬은 이 부분을 "현대의 계통발생 이론에 대한 놀라운 예측"이라 설명하고 있다(73). 하지만 "숭고한 분노의 현현"인 오르크가 이처럼 다양한 형태로 나타나는 것은 블레이크 자신이 아직 혁명 세력의 구체적인 실상에 대하여 확실한 믿음을 갖고 있지 못함을 암시하는 것으로도 설명될 수도 있다(Paley 73). 팔리는 이러한 오르크의 애매성이 의도적인 것임을 다음과 같이 밝히고 있다.

이러한 애매성은 의도적이다. 캐머스가 지적한대로 블레이크의 중요한 주제는 '낭만 영웅이 ... 선과 악의 심오한, 말하자면 종교적인 혼융을 초래한다' 는 것이다. 캐머스는 이러한 혼융의 결과를 '운명성'이라 칭한다. 낭만 영웅은 운명적이다. 왜냐하면 '인간이 스스로를 방어할 수 있는 능력을 갖추기 전에 운명이 선과 악을 섞어버렸기 때문이다.... 그리하여 오르크의 모습은 숭고한 것과 괴기한 것 사이에서 왔다 갔다 한다. 이것은 인간의 열정을 구원으로 이끌 수도 있고 배신하여 역사의 순환고리에 내맡길 수도 있는 그의 모순적 잠재력을 반영해주는 것이다. (74)

이처럼 모호한 성격을 지닌 오르크의 탄생으로 영원 세계와의 간격은 점점 더 벌어지고 로스는 더 이상 그것을 볼 수 없게 된다.

영원의 존재들이 장막을 닫아버렸다.
영원세계를 보호하기 위해
말뚝을 두드려 박고 밧줄을 펼쳤다.
더 이상 로스는 영원을 볼 수 없게 되었다. (E79-80)

The Eternals, closed the tent
They beat down the stakes, the cords
Stretch'd for a work of eternity.
No more Los beheld Eternity.

제 7장은 이러한 과정을 통하여 탄생한 오르크가 질투의 사슬에 의해 결박당하고 이로 인해 유리즌이 죽음의 잠에서 깨어나게 되는 과정을 그리고 있다.

로스는 오르크의 모습을 보고 가슴을 죄는("tightening") 질투를 느낀다. 오이디푸스 콤플렉스를 연상시키는, 이 질투의 '허리띠'를 눈물을 흘리며 가슴에서 떼어내지만 또 다른 '허리띠'가 로스의 가슴을 억누른다. 낮에 생성되어 밤에 제거되는 이 질투의 '허리띠'가 바위 위에 쌓여 하나의 '철 사슬'을 형성하게 되는데 로스와 에니사먼이 오르크를 결박할 때 사용하는 것이 바로 이 '질투의 사슬'이다.

그들은 오르크를 산꼭대기로 끌고 갔다.
오 에니사먼이 얼마나 울었던가!
그들은 질투의 사슬로
그 젊은이의 사지를 바위에 묶었다
유리즌의 죽음과 같은 그늘 아래에서. (E80)

They took Orc to the top of a mountain.
O how Enitharmon wept!
They chain'd his young limbs to the rock
With the Chain of Jealousy
Beneath Urizen's deathful shadow.

질투심은 십계명을 내려준 여호와의 특징적 자질이다. 이 여호와는 스스로를 질투의 신("a jealous God")이라 밝힌 바 있는데(「출애굽기」 20장 5절) 블레이크는 이를 참다운 하나님으로 받아들이지 않고 타락한 유리즌과 유사한 노바다디(Nobadaddy)로 간주한다(E471). 질투심은 사랑을 소유행위로 생각하는 이기심의 발로이며 두려움의 원인으로서 진정한 사랑의 적이다.

그렇기 때문에 자기만을 내세우는 이기심(Selfhood)으로부터 생긴 질투가 바로 타락의 원인으로 간주되는 것이다. 블레이크의 미완 서사시의 제목인 『네 개의 조아들, 옛사람 엘비언의 죽음과 심판에 나타난 사랑과 질투의 고통』(*The Four Zoas, The Torments of Love & Jealousy in The Death and Judgment of Albion, the Ancient Man*)은 이러한 블레이크의 생각을 단적으로 나타내주는 것이라 할 수 있다.

또 하나 지적할 것은 오류를 타파할 혁명세력이 유리즌이 아니라 로스에 의해 탄압을 받는다는 점이다. 분명 오르크가 극복해야 할 가장 커다란 오류는 바로 타락한 유리즌으로 대변된다. 그러나 유리즌의 타락 못지않게 심각한 것이 바로 그 오류로부터 해방을 가져다 줄 수 있는 로스의 타락이다. 유리즌의 타락에 일조를 했을 뿐만 아니라 그것을 더욱 심화시키는 역할을 한 로스가 자신의 처지를 기득권적인 것으로 받아들여 새로운 변화의 가능성을 두려워하고 그것을 억제시키려 부심한다는 것은 그럴 듯한 얘기다.

그러나 어떠한 탄압도 죽음의 잠을 거부하는 힘찬 외침을 완전히 잠재울 수는 없다.

> 죽은 자들이 어린아이의 목소리를 듣고
> 잠에서 깨어나기 시작한다.
> 모든 것들이 어린아이의 목소리를 듣고
> 생명세상으로 깨어나는 것이다. (E80)

> The dead heard the voice of the child
> And began to awake from sleep ;
> All things heard the voice of the child
> And began to awake to life.

Urizen. C:IV
From the caverns of his jointed Spine
Down sunk with fright a red
Round globe hot burning deep
Deep down into the Abyss:
Panting: Conglobing, Trembling
Shooting out ten thousand branches
Around his solid bones.
And a second Age passed over,
And a state of dismal woe.
8. In harrowing fear rolling round;
His nervous brain shot branches
Round the branches of his heart
On high into two little orbs
And fixed in two little caves
Hiding carefully from the wind.
His Eyes beheld the deep.
And a third Age passed over:
And a state of dismal woe.
9. The pangs of hope began.
In heavy pain striving, struggling.
Two Ears in close volutions,
From beneath his orbs of vision
Shot spiring out and petrified
As they grew. And a fourth Age pa
And a state of dismal woe.
10. In ghastly torment sick;
Hanging upon the wind;

「유리즌 서」 제11도판

이 오르크의 외침은 죽은 자들, 실제로는 살아있으면서 오류의 잠에 빠져있는 자들을 잠에서 깨어나게 할 뿐 아니라 유리즌 자신도 휴식의 잠에서 깨어나게 하며, 자신의 세계에 대한 체제 정비(결국 그것이 타락을 더 심화시키는 일이겠지만)를 하는 계기가 된다. 유리즌은 이제 창조적인 상상력과는 무관한 존재가 되어 분열의 자("a dividing rule")를 준비하며 이러한 제한적인 척도를 통해 세상을 파악하려 한다.

죽음의 잠에서 깨어난 유리즌이 자신의 세계를 돌아보는데, 제 8장은 이 주유과정과 물질세계의 모습 그리고 그 모습에 스스로 절망하여 저주와 동정 사이를 반복하는 유리즌의 비극적 상황을 그려준다. 유리즌이 자기 세계를 둘러보는 장면은 마치 사탄이 자신의 왕국인 지옥을 돌아보는 장면(『실락원』 제 2권)을 연상시키는데, 이 부분을 통하여 우리는 유리즌이 만든, 아니면 그의 타락으로 생기게 된 타락한 세계를 다시금 확인하게 된다.

유리즌이 구 모형의 불로 여정을 밝히며
자신의 동굴을 탐험한다
산과 황야와 황무지를.
그것은 공포의 여정이다.
버려진 산위의 삶의 형태들
그 잔혹한 모습들 때문에 곤혹스러운 (E81)

Urizen explor'd his dens,
Mountain, moor & wilderness,
With a globe of fire lighting his journey,
A fearful journey, annoy'd

By cruel enormities: forms
Of life on his forsaken mountains.

플라톤은 이 세상의 모든 것들이 영원 세계에 있는 이데아의 모사품에 지나지 않는다 했는데 유리즌의 세계를 형성하고 있는 것들 역시 참다운 존재가 아니라 물질적인 모사품("similitudes")에 지나지 않는다. 이러한 유리즌의 자식 가운데에는 4원소 중 공기를 나타내는 티리엘(Thiriel), 물을 나타내는 우타(Utha), 땅을 나타내는 그로드나(Grodna), 그리고 불을 나타내는 퓨전(Fuzon)이 있다.

유리즌은 자기 자식들의 비참한 모습들을 보고 마음이 울적해진 가운데 결국은 그들에게 저주를 내린다.

그는 어둠속에 갇혀 그의 모든 종족을 살핀다
그러자 영혼이 울적해져 자신의 아들과 딸들을
저주한다. 그도 알게 된 것이다
어떤 육신도 어떤 정신도 자신의 철의 법을
한순간도 지켜주지 못한다는 것을 (E81)

He in darkness clos'd view'd all his race,
And his soul sicken'd! he curs'd
Both sons & daughters; for he saw
That no flesh nor spirit could keep
His iron laws one moment.

여기서 우리는 유리즌의 비극을 목도하게 된다. 그는 "고통 없는 즐거움"(a joy without pain)의 이상적인 삶을 꿈꾸며 통합의 법("Laws of peace, of love, of unity")과 획일적 원칙("One King, One God, One Law")을 내세우지만 이러한 것이 타락한 세상에서 통용될 수는 없다. 하나의 획일적인 원리가 다른 모든 원리의 폐기에 의해서만 가능하듯 한 사람의 행복도 다른 사람들 행복의 희생에 의해서만 가능하기 때문이다. 따라서 이러한 세상에 유리즌이 의도했던 행복은 불가능하다. 이러한 잘못이 자신의 타락에서 기인한 것임에도 그는 잘못을 반성하기는 커녕 오히려 자식들을 저주하며 참담한 모습에 동정의 눈물을 흘리기도 한다.

삶이 죽음에 근거한다는 것을 그가 알게 되었기 때문이다
황소가 도살장에서 신음하고
개가 겨울 문가에서 울부짖는다는 것을
그는 흐느끼며 그것을 동정이라 불렀다
그의 눈물이 바람에 흘러내렸다. (E82)

For he saw that life liv'd upon death:
The Ox in the slaughter house moans,
The Dog at the wintry door;
And he wept & he called it Pity,
And his tears flowed down on the winds.

그런데 이러한 동정의 눈물이 『경험의 노래』의 「인간 추상」에서 그리는 것처럼, 타락한 종교의 발생 원인이 된다. 동정의 눈물을 흘리며 자신의 세계를 돌아보는 유리즌의 마음 속에 거미줄("a spider's web")

과 같은 "차가운 그림자"(A cold shadow)가 자리를 하게 되며 이것이 시간이 지남에 따라 구체적인 모습을 갖추게 되어 급기야는 "종교의 그물"(The Net of Religion)을 형성하게 된다.

자신의 법 혹은 원리가 자신의 의도를 충족시켜 주지 못함을 알게 된 유리즌은 이제 종교가 그에 대한 보상을 해줄 것이라 기대하게 된다. 이때의 종교는 인간의 진정한 행복을 보장해주는 동포애를 전제로 한 종교가 아니다. 그것은 초월적인 신을 내세워 그 불가사의한 존재로부터 일방적으로 주어지는 비인간적인 계율들을 근거로 생긴 종교다. 블레이크 생존 당시 왕이나 성직자들과 같은 기득권자들이 현 상태를 유지하기 위하여 강요하는 국가종교(State Religion) 바로 그것이다.

이로 인하여 영원의 세계 사이에는 이중의 장막이 드리워지게 된다. 인간의 인식을 호도하는 과학의 장막("Tent of Science")이 그 하나요, 유리즌의 저주와 동정으로부터 생긴 이 종교의 그물("The Net of Religion")이 다른 하나다.

이리하여 타락의 정도는 극에 달하게 되며 이러한 상태에서 인류 최초의 문명이 시작되는 과정을 제 9장에서 그리고 있다. 블레이크는 이집트를 무대로 택하는데 이는 모세에 의한 출애급 이전 상태를 이와 대비시키려는 의도가 숨겨져 있다.

타락한 도시의 주민들은 감각이 마비되어 종교의 허위("the woven hipocrisy")도 깨닫지 못하며, 이로 인하여 더욱 더 왜곡된 감각("narrowing perceptions")은 영원의 세계("their heavens")도 감지할 수 없게 된다. 파충류처럼("in reptile forms") 지상적인 혹은 물질적인 것에만 얽매이게 된 타락한 도시 주민들은 타락한 세상에서 창조적인 삶을 영위하려는 위험을 무릅쓰기 보다는 신중한 처세술을 택하게 된다. 블레이크에게는 "무능의 구애를 받는 부자이지만 못생기고 늙은 하녀"(E35)와 같은 신중함의 법을 신이 내려준 영원불변의 법으로 받아들이게 되는 것이다.

그러나 모든 주민이 이것을 감수하려 하는 것은 아니다. 몇몇 이러한 억압과 위선의 상태를 거부하려는 사람들은 이들 타락한 주민들을 설득하여 오류를 깨닫게 하려하지만 실효를 거두지는 못한다.

유리즌의 남아있는 아들들은
유리즌의 그물 아래에서
서로 오그라드는 형제들을 본다
설득을 해보지만 성공하지 못한다
주민들의 귀가 말라비틀어지고 먹고 차가워졌으며
그들의 눈은 다른 도시의 형제들을
식별하지 못하기 때문이다. (E83)

The remaining sons of Urizen
Beheld their brethren shrink together
Beneath the Net of Urizen.
Perswasion was in vain;
For the ears of the inhabitants
Were wither'd & deafen'd & cold,
And their eyes could not discern
Their brethren of other cities.

결국 유리즌 자식 중의 하나인 퓨전이 이들을 이끌고 이집트를 탈출하면서 『유리즌 서』는 끝을 맺게 된다.

그래서 퓨전은 모두를 불러 모았다
유리즌의 남은 자녀들을.
그들은 축 늘어져 대롱거리는 땅을 떠났다
이집트라 부르는 그곳을 떠난 것이다. (E83)

So Fuzon call'd all together
The remaining children of Urizen,
And they left the pendulous earth.
They called it Egypt, & left it. (K.237)

이때 퓨전이 이집트로부터의 탈출을 인도했던 모세를 상징한다는 것은 쉽게 알 수 있다. 그러나 탈출이 곧 문제의 해결일 수는 없다. 모세가 시내산에서 십계명을 받아 자신이 그토록 거부했던 권위적인 존재가 되어버림으로써 한계를 드러내는 것처럼 퓨전이 타락한 세계를 회피하여 탈출을 시도한 것은 내재적 한계만 드러내는 것으로, 영원의 세계에 이르기 위한 참다운 거듭남이 될 수는 없다. 이를 이끄는 혁명세력은 사슬에 묶인 오르크다. 물론 오르크만으로 거듭남이 완성되지는 못한다. 그는 단순한 촉발제의 역할을 할 뿐이다. 블레이크가 여기에서 퓨전을 등장시킨 것은, 그리고 『어헤니아 서』에서 변모하는 모습을 그리고 있는 것은 변질된 프랑스 혁명을 염두에 둔 것이리라.

이상에서 우리는 유리즌의 타락과 이와 더불어 진행되는 로스의 타락과정, 그로 인한 에니사먼과의 분열과 오르크의 탄생 및 퓨전의 탈출과정 등을 살펴보았다. 블레이크가 이를 통해 보여주려 했던 것은 당시 만연했던 갖가지 오류들의 원인이다. 그는 이것을 역사적, 심리적, 우주적인 차원에까지 끌어올려 포괄적으로 규명하려 하였다. 그리하여 그는 성경 및 기독교에 대한 해석을 재시도하고 로크의 경험주의 인식론 및 뉴턴의 과학적 사고방식에도 이의를 제기했다. 이는 정치적인 압제, 종교의 타락 및 왜곡된 인식론 등의 오류가 개별적인 것으로 생성되는 것이 아니라 어떤 포괄적인 시각에서 기인한다는 예언자적인 식견에 의해 비롯된 것이다. 그가 이 "사상과 종교의 율법주의에 대한 공격"을 통해서 밝힌 주된 내용은, 창조가 결코 존재의 시작이 아니라 타락의 결과라는 사실(Stevenson 248), 또한 타락은 영원한 상태에서의 역동적인 통합상태가 파기되었기 때문에 생긴 것이며, 그 분열의 원인은 자기의 우위권만을 주장하는 이성(유리즌)의 이기심 혹은 자기본위에 있다는 사실, 이성과의 분열로 인해 타락하기 시작한 상상력은 자신의 에머네이션인 에니사먼과 분열하게 되고 이리하여 이 세상이 형성되었다는 사실, 또 이러한 세상에 대한 지배력을 강화하기 위하여 과학 및 종교가 만들어지게 되었다는 사실 등이다.

그러니까 블레이크가 이 작품에서 다룬 내용은 프라이가 지적한 네 개의 "분계선"(boundaries) 중 창조와 타락의 과정이라 할 수 있다. 나머지를 포함한 포괄적인 신화체계는 『네 개의 조아들』에서 시도된다. 프랑스 혁명을 "천년왕국에 대한 기대"와 연결시켰던 그는 1790년대 말 그 혁명의 변질을 목격하고 자신의 희망을 버리게 된다(Paley 88). 그러나 천년왕국에 대한 희망까지 완전히 버린 것은 아니다. 동시에 자기 작품의 예언적 기능도 포기하지 않았다. 포기대신 그는 이 세계가 거듭나기 위해 거쳐야할 전 과정을 포괄하는 신화의 구축을 시도했다. 물론 그 가운데 퓨전과 같은 세력의 잠정적인 실패도 포함될 수밖에 없을 것이다. 이것이 바로 후기 대 서사시, 특히 『네 개의 조아들』인 것이다.

04
혁명의 계시적 의미
〈람베스 서〉

혁명의 시인 블레이크가 살았던 시기는 말 그대로 격변의 혁명시대였다. 미국독립혁명과 프랑스혁명이 일어났고 산업혁명이 진행 중이었으며 국제적인 이권다툼으로 인한 전쟁들도 빈번했다. 더불어 자연과학의 발달은 전통적 가치개념 내지는 행동 및 사고 양식에 큰 변혁을 가져왔다. 사람들은 자신의 운명을 결정해주는 외부 존재로서의 신을 거부하고 자기 스스로를 자기 운명의 주체로 여기기 시작했다. 일의 잘잘못이 신이나 자연의 변덕이 아니라 개인 및 사회구조의 모순에 그 원인이 있다고 여기게 된 것이다. 그래서 사람들은 이 모순을 해결하기 위하여 끊임없이 항의를 하였고 관철되지 않을 때에는 폭동의 형태로 나타나기 도 했다. 또한 잦은 전쟁으로 인한 기근 및 경제적 불황은 사회의 커다란 불안요소로 등장하게 되었다.

'궁핍한 시대'의 모든 진지한 사람들이 그러하듯 블레이크도 이러한 자신의 시대를 거짓과 부패의 나락에 떨어진 말세로 보았다. 그는 거짓과 부패의 원인이 근본적으로 왕과 정부의 억압 및 폭정에 있는 것으로 간주했다. 또한 인습화한 교회나 성직자들이 강요하는 비인간적인 도덕이 이러한 억압과 폭정을 정당화시켜주고 있음도 확인하게 되었다. 그는 이러한 오류가 하루속히 종식되고 새로운 세계가 도래하기를 바랐으며 또 그렇게 되리라 믿었다. 오류의 모습이 심각하면 할수록 이러한 바람과 믿음은 더욱 강렬해졌고 급기야는 주위의 모든 일을 이와 연관하여 파악하기에 이른다.

미국독립혁명과 프랑스혁명은 바로 이런 소망과 믿음의 구현이었다. 그는 여기서 혁명을 달리 어찌할 수 없는 오류로부터 벗어나기 위한 몸부림으로 간주하게 되며 이와 관련하여 예언자적 소명의식까지 느끼게 된다. 여기서 예언자는 단순히 미래를 예견하는 존재가 아니다. 그는 만연한 오류를 들추어내고 모든 사람들로 하여금 진실을 깨닫도록 인도해주는 다소 광적인 고집을 가진 사람이다. 이러한 광적인 고집 없이는 다른 사람으로 하여금 "무한세계에 대한 인식"(Perception of the infinite: MHH; E39)에 이르게 할 수가 없기 때문이다.

이렇듯 예언자로서의 소명을 느낀 블레이크는 상상력을 통하여 포착한, 오류 가득한 세계의 모습과 이에 대비되는 진실한 세계의 모습을 비전의 형태로 펼쳐 보인다. 이것이 그의 예언시들이며 결국 이것들은 혁명에 대한 바람과 믿음에서 출발했다고 할 수 있다. 그는 시를 통해 혁명이 정화시키고자 하는 세상의 오류와 그 오류에서 벗어나 최후 심판에 이르는 과정을 그리고 있다. 더 나아가 왜 이러한 오류로 타락하게 되었는가를 숙고하고 타락 이전의 상태는 어떠했을까, 또 혁명에 의하여 성취되는 세상은 타락 이전의 상태와 어떠한 관계를 갖는 것일까, 하는 문제들을 고민하게 된다.

그러므로 혁명의 의미에 대한 연구가 블레이크 사상을 이해하는 실마리가 될 수 있으리라는 가설이 가능한 것이다. 실제로 그는 후에 존 플랙스만(John Flaxman)에게 보낸 편지에서 자신에게 심각한 영향을 미친 사람과 사건들을 밝히고 있는데 여기에는 미국독립혁명과 프랑스혁명도 포함되어 있다(E708).

물론 이 두 혁명에서 묵시록적인 의미를 발견한 것이 블레이크에게만 한정된 것은 아니다. 워즈워스도 그랬고 콜리지도 그러했다. 뿐만 아니라 당시 대부분의 젊은이들에게도 그것은 새로운 세계의 도래를 알리는 전조로 받아들여졌으며, 많은 사람들이 앞 다투어 혁명을 지지하는 글을 썼다(Bronowski 80-84). 혁명 옹호자들에게 이 사건들은 단순한 정치 사회적 위기 이상의 의미를 갖는 것으로 간주되었다.

> 마음의 모든 역량들이 깨어났다. 모든 감정이 강렬한 관심으로 고조되고 모든 원칙과 정열이 초인적인 분투로 모아졌다. 어느 순간 모든 것이 희망이요 환희요 황홀경이었다. 꿈과 같은. 구름 한 점 없는 하늘이 지상의 평화와 인류에의 선의를 찬양하는 합창과 더불어 다시 울려 퍼지는 듯했다. 권력을 갖춘 막강한 국가정신이… 소박한 장엄함 속에 즐거워하는 하늘로부터 새로운 영감을 이끌어내는 듯했다. 가장 찬란한 희망을 간직하고 신선한 전망이 매일 열렸다. 그것은 우리를 고통스러운 환희와 어지러운 황홀경으로 가득 채워주었다. (Talfound 329-30)

이처럼 정치, 사회적 위기 이상을 함축하는 혁명은, 구체적으로 블레이크의 작품에서 어떠한 의미를 갖고 나타나는가? 한 마디로 말하면, 그것은 오류로부터의 자유를 위한 재생으로의 길이다. 그것은 요한 계시록에 나오는, 최후의 심판이 오기 전의 무시무시한 거듭나기와 같은 의의를 지닌다. 그가 후기시에서 그리고 있는 새로운 예루살렘(New

Jerusalem)은 바로 자유의 현현이며, 이러한 그를 그의 전기 작가인 길크라이스트는 "자유소년"이라 칭한 바 있다(80). 물론 이때의 자유는 정치, 사회적 의미가 강하기는 하지만, 블레이크에게 정치는 여타의 것들과 구분되어 나타나지 않기 때문에 정치적 자유란 곧 종교적 자유를 뜻하며 나아가 모든 오류로부터의 자유를 의미한다. 그래서 정치적인 태도가 정치와 관계 없는, 아니면 유사 정치적인 정서나 이미저리로 나타나는 것이다.

> 낭만주의 시는 내부로부터 정치적 행위를 드러내는 일이 거의 없다. 낭만주의의 성취는 정치적 태도들을 비정치적이거나 유사 정치적인 경험의 깊은 샘에서 길어 올린 정서와 이미저리로 흠뻑 적시는 데 있는 것이다. (Woodring 10)

그렇다면 오류로부터의 자유를 가져오는 재생으로의 길은 구체적으로 어떻게 나타날까? 정치적, 종교적 측면에서 볼 때 그것은 해방(liberation)으로의 길이며 심리적 혹은 인식론적 측면에서 볼 때 그것은 통합(integration)으로의 길이다.

정치적으로 볼 때 그것은 폭군의 압제로부터의 해방이고 종교적으로 볼 때 그것은 인습적인 교회와 성직자들의 압제로부터의 해방이며, 욕망의 억제로부터의 해방이고 도덕적 계율로부터의 해방이다.

심리적 측면에서 볼 때 타락은 곧 분열을 의미한다. 예를 들어 이성이 상상력으로부터 분리되어 자기의 우위를 주장하고 기계론적인 자연과학의 법칙을 영원한 진리인 양 강요하는 것이 그것이다. 이러한 오류에서 벗어나 분열을 깨치고 새로운 통합으로의 길이 혁명에 의해 가능해진다.

또 이러한 오류에서 벗어나 진실을 받아들일 때 최후의 심판이 있는 것이니 혁명의 의미는 곧 최후의 심판이라는 의미와 연결되는 바, 그것은 최후의 심판의 전조라는 뜻을 갖게 되는 것이다.

여기서 우리는 쉽게 오류의 상태를 추정할 수 있다. 그것은 억압과 분열의 상태다. 이것은 곧 경험의 세계이며 「경험의 노래」에서 그리고 있는 것은 바로 이러한 세계의 모습과 이러한 오류에서 벗어나기 위한 거듭남의 필요성이다. 이와 대비되는 상태가 「순수의 노래」에서 표현하는 열린 세계, 조화의 세계, 영원의 세계라 할 수 있다. 반면 혁명에 의하여 추구되는 상태는 '유기적 순수상태'(Organized Innocence)라 할 수 있다. 전자를 달의 세계로 비유할 수 있다면 후자인 유기적 순수상태는 태양의 세계에 해당한다. 앞의 것이 여성적이며 정적인 반면 나중 것은 남성적이고 역동적이다. 블레이크에게 중요한 것은 대극적인 것들이 변증법적인 조화를 이루는 역동적 세계다. "갈등에도 불구하고의 조화"(harmony in spite of conflict)가 아니라 "어느 정도의 갈등을 통한 조화"(harmony through some kind of conflict)의 상태다.(Paley 1970, 13)

그러면 혁명은 매번 최후의 심판을 가져오는가? 항상 그렇지는 않다. 프랑스에서는 루이 16세라는 폭군이 제거되면서 다시 로베스피에르라는 또 다른 폭군이 등장했다. 애급에서 이스라엘 민족을 인도하여 해방시켰던 혁명아 모세도 시나이 산에서 십계명을 받은 이후 억압하는 폭군의 모습으로 변한다.

우리는 여기서 원래 영어로 '혁명'(revolution)이라는 단어가 암시하는 주기성 혹은 순환성의 한계를 본다. 혁명세력은 그것이 반대하여 일어섰던 바로 그 세력으로 바뀌어 또 다른 혁명을 불러일으키게 되는 바

「예언시 유럽」의 제1도판

「정신 여행자」("The Mental Traveller")에서 그리고 있는 "아이러니 순환"(ironic cycle)을 형성하는 것이다.(Bloom 1971, 56)

이러한 모든 것이 우주적 입장에서 포용되어 하나의 신화적 체계를 형성한다. 블레이크는 끊임없이 이러한 신화체계 구축을 추구하는데 그것은 후기의 서사시에 이르러 달성된다. 그러나 아이러니컬하게도 블레이크 천재성이 가져온 약점으로 이러한 체계의 부족이 지적된다. 그리고 또 다른 아이러니는 블레이크 자신 역시 이러한 체계를 매우 싫어했다는 점이다. 체계는 어떤 비인간적인 법의 강제에서만 가능하기 때문이다. 거기에는 인간적인 의지나 욕구는 없고 자체를 위한 논리만 있다. 그러나 결국 블레이크도 이러한 체계의 필요성에 굴복하고 마는 것이다.

1. 해방으로의 혁명 (Revolution towards Liberation)

블레이크에게 혁명은 거듭남을 위한 것이다. 이때의 거듭남이란 단테의 연옥에서와는 다르게 이 세상에서의 거듭남 즉 사회적 존재로서의 거듭남을 의미한다. 그것은 정치적, 사회적 압제로부터의 해방에 의하여 가능하다. 블레이크가 혁명에 부여한 일차적 의미가 여기에 있다.

이는 구체적으로 전제군주의 압제로부터 해방을 꾀하는 모습으로 나타나는데 블레이크에 의하면 전제군주야말로 모든 악의 근원이다. ("A Tyrant is the worst disease & the Cause of all others." AnnBac; E625). 그것은 전쟁의 원인이며 기근과 불황을 가져오기도 한다. 또한 전제주의는 기존의 상태(*status quo*)를 유지하기 위하여 억압을 하고 폭력을 휘두르게 되는데 이러한 폭력과 억압에 대한 공포는 사람들을 소극적이고 수동적으로 만들기 일쑤이다. 그런데 블레이크에게는 "적극적인 악"(Active Evil)이 "수동적인 선"(Passive Good)보다 더 바람직한 것이다(AnnLav; E592).

이러한 전제군주에 대한 비난은 그의 초기작 『시적 소묘』(*Poetical Sketches*)에서도 확인할 수 있다.

> "땅은 황폐해졌다. 부인들과
> 어린아이들이 빵을 달라고 울부짖는다
> 일어나 폭군을 끌어내려라
> 그윈으로 하여금 굴복하게 하라" (PS; E417)

> "The land is desolate; our wives
> And children cry for bread;
> Arise, and pull the tyrant down!
> Let Gwin be humbled!"

나라가 황폐해지고 식량이 부족하게 된 것은 전제군주의 수탈 때문이다. 이에 프로메테우스와 같은 거인 고드레드(Gordred)가 폭군 그윈에 반항하여 혁명을 일으킨다. 그윈은 이를 핑계 삼아 전쟁을 선포하고 징집함으로써 많은 사람들이 생업을 버리고 "피의 골짜기"로 나아가야만 한다. 이런 무의미하고 잔인한 전쟁은 결국 기근과 황폐를 낳을 뿐이다.

> 거친 바다의 가장자리에서
> 기근과 죽음이 울부짖는다.
> 여인과 아이들의 비명소리가

들녘 위에 울려 퍼진다. (PS, E419)

And on the verge of this wild sea
Famine and death doth cry;
The cries of women and of babes
Over the field doth fly.

미국 독립혁명은 역사적으로 조지3세를 뜻하는 "엘비온의 화난 군주"(Albion's wrathful Prince)의 압제로부터 해방을 꾀하면서 시작된다. 대서양으로부터 솟아오른 "강렬하고 벌거벗은 인간의 불길"인 오르크가 영국의 압제에 항거하여 일어난 워싱턴 등을 지지하며 이렇게 외친다.

"방앗간에서 밀을 빻고 있는 노예로 하여금 들판으로 나오게 하라
그로 하여금 하늘을 보고 밝은 공기 속에서 웃게 하라
어둠과 신음 속에 갇혀 30년 동안 미소를 지은 적이 없는
쇠사슬에 묶인 영혼들로 하여금 일어나 밖을 보게 하라
그의 쇠사슬은 느슨해졌고 감옥의 문도 열렸나니
그의 아내와 자녀들로 하여금 압제자의 채찍에서 돌아오게 하라" (A; E53)

"Let the slave grinding at the mill run out into the field,
Let him look up into the heavens & laugh in the bright air;
Let the inchained soul, shut up in darkness and in sighing,
Whose face has never seen a smile in thirty weary years,
Rise and look out; his chains are loose, his dungeon doors are open;
And let his wife and children return from the oppressor's scourge...."

이는 미국 독립선언서를 "시적으로 풀어 쓴 것"(poetic paraphrase) 중 자유에 관한 부분이라 할 수 있다(Erdman 24). 오르크는 이어 전제군주에 의한 제국의 종식을 선언하고, '율법의 파괴자' 라는 비난에 대해 자기는 그러한 것들을 파기하러 왔노라고 외친다.

"나는 저주받은 나무들에 둘러싸여있는 오르크
이제 시간이 다되어 그림자는 사라지고 아침이 밝아오기 시작한다
유리즌이 십계명으로 왜곡한 격렬한 즐거움
그가 광막한 황야로 별 같은 무리들을 이끌던 밤에
나는 그 돌덩어리 법을 먼지로 짓밟고 종교를 밖으로 흩뿌리리라" (A; E54)

"I am Orc, wreath'd round the accursed tree:
The times are ended ; shadows pass, the morning 'gins to break ;
The fiery joy, that Urizen perverted to ten commands,
What night he led the starry hosts thro' the wide wilderness,
That stony law I stamp to dust ; and scatter religion abroad..."

이에 화가 난 '엘비언의 천사'가 전쟁을 선포하고, 영국이 식민지에 파견한 13개 주의 총독을 뜻하는 '열 셋의 천사'들에게 혁명군에 대항하여 싸울 것을 명한다. 그러나 보스턴 총독이 "더 이상 복종하지 않겠다!"("no more obedience pay!" E55) 선언하며 이에 불응한다. 이때 전쟁이 불러온 역병("plagues")이 새싹이 돋아나는 것을 시기하는 꽃샘추위처럼 찾아와 혁명의 불꽃을 꺼버리려 한다.

역병이 그의 말에 순종하여 구름 밖으로 흘러넘쳐
미국 위로 떨어진다. 마치 구름을 제거하려는 폭풍처럼

싹이 트기 시작하자 병충해가 그 부드러운 옥수수를 해치려는 듯 (A; E56)

His plagues, obedient to his voice, flew forth out of their clouds,
Falling upon America, as a storm to cut them off,
As a blight cuts the tender corn when it begins to appear.

이처럼 블레이크에게 전쟁은 항상 역병의 원인이다. 그에게는 인명을 앗아간 흑사병의 원인도 에드워드 3세(Edward III)가 시작한 백년전쟁(1338~1453)에 있다(Erdman 73-9). 이때 역병은 묵시록적 의미를 띠는 바 그것은 곧 심각한 오류에 대한 일종의 심판으로 나타나는 간주되는 것이다. 위의 시에서도 오르크에 의해 방향이 바뀐 역병이 영국군과 배후 압제세력들을 패퇴시킨다. 이것은 모세가 이스라엘 민족의 해방을 위하여 애급에 퍼뜨린 역병과도 일맥상통한다.

하지만 혁명의 결과가 이처럼 정치적인 차원에만 머무르는 것은 아니다. 그것은 종교적 해방이라는 의미로 확산된다.

종교의 굴레에서 신음하던 죽은 여성 정령들이 붉게 물든 족쇄로부터
벗어나 달아나며 길게 드리워진 둥근 문에 앉아
청춘시절의 신경과 옛날의 욕망들이 창백해진 사지 위에 되살아나는 것을
느낀다
마치 여린 포도가 나타나는 포도덩굴처럼 (A; E57)

For the female spirits of the dead, pining in bonds of religion,
Run from their fetters reddening, & in long drawn arches sitting,
They feel the nerves of youth renew, and desires of ancient times

Over their pale limbs, as a vine when the tender grape appears.

프랑스혁명도 전제군주인 루이 16세뿐 아니라 그 주변 귀족들과 고위 성직자들에 대한 항거의 형태로 나타난다. 처음 5천년 역사의 오류라는 잠에서 깨어나 새로운 세계의 도래가 임박하였고, 전제군주의 상징인 왕홀을 더 이상 인간이 쥐기("mortal grasp")에 적합하지 않게 되자 귀족들이 군대를 거느리고 루브르로 모여든다. 버건디 공작(Duke of Burgundy)이 현 상태유지를 위한 전쟁을 제안하고 탄핵으로 인해 반귀족적 경제 개혁가인 넥커(Necker)가 추방된다. 이에 사탄의 모습을 연상시키는 파리의 대주교가 일어나 제국의 멸망을 예언하는 비전을 꿈에서 보았노라 말한다. 그러나 그는 여기에 굴하지 말고 혁명세력을 분쇄하기 위한 전쟁을 수행하자고 제안한다.

"그대들의 군대로 하여금 역도들의 도시를 점령케 하라, 심장과 머리를 짓밟으며
귀족들의 피로 자신들의 발을 물들이겠다는.
바스티유가 그들 반역의 선동적인 무리들을 삼키게 하라
기름 부은 이들이여 그들을 영원한 쇠사슬로 묶어버려라" (FR; E293)

"Let thy soldiers possess this city of rebels, that threaten to bathe their feet
In the blood of Nobility, trampling the heart and the head; let the Bastile devour
These rebellious seditious; seal them up, O Anointed, in everlasting chains."

여기서 알 수 있는 바와 같이 고위 성직자들도 전제군주와 마찬가지

로 압제 세력으로 나타난다. 그러나 귀족들이 모두 그러했던 것은 아니다. 앞서 언급한 넥커도 그러하지만 "산처럼 관대한" 올리언스(Orleans)도 민중의 편에 서서 자기들과 평등하게 대하라고 충고 한다. 왜냐하면 진정한 자유는 평등을 전제로 해서만 가능하기 때문이다(Schorer 43).

혁명군의 대사로 세예스(Abbe de Seyes)가 들어와 인간의 부활과 구원에 대한 예언을 전한다. 그의 예언에 따르면, 이제 군인들은 무기를 버리고 생업으로 돌아가게 되고 귀족들은 "공포의 붉은 도포"와 "억압의 관" "경멸의 신발"을 벗어던지게 되며, 이때가 되면 사제도 울면서 다음과 같이 회개하게 될 것이란다.

> "나는 더 이상 그대들을 저주하지 않으리. 이제 나는 그대들을 축복하리.
> 더 이상 무서운 검은 옷을 입고 그대들 노동을 갉아먹지 않으리.
> 근면한 농부들이여 그대들의 하늘에 구름도 피워 올리지 않으리.
> 숲에서 방황하고 법으로 황폐해진 황야에서 울부짖는 수백만 민중들이여.
> 노예제도에 분노한 힘센 이들과 미신의 소굴에 갇혀있던 정직한 이들이
> 마을에서 노래하고, 추수하면서 외치고, 지식으로 빛나며 점잖은 경외감으로 장식된
> 즐거운 정원에서 한때 "야만적이었던 사랑을 구하리." (FR; E296)

> "No more I curse thee ; but now I will bless thee : No more in deadly black
> Devour thy labour ; nor lift up a cloud in thy heavens, O laborious plow,
> That the wild raging millions, that wander in forests, and howl in law blasted wastes,
> Strength madden'd with slavery, honesty bound in the dens of Superstition.
> May sing in the village, and shout in the harvest, and woo in pleasant gardens

Their once savage loves, now beaming with knowledge, with gentle awe adorned."

블레이크가 혁명에서 찾은 해방의 의미는 모든 비인간적인 압제로부터 벗어나는 것이다. 이러한 압제의 정치적인 구현이 전제군주라 할 수 있으며 내세를 강조하는 인습화한 종교도 전제군주의 수단일 뿐만 아니라 그 자체가 억압의 구체적 형태이기도 하다.

이러한 종교는 초월적인 신을 숭배한다. 이 신은 인간이 이해할 수 없으며 볼 수도 없는 존재다. 인간은 다만 그의 존재와 그가 주었다고 하는 율법을 믿도록 강요될 뿐이다. 이러한 것은 현 상태의 유지를 원하는 계급에 의하여 조작된 것이다. 아니, 이러한 신 자체가 "왕들이 꾸며낸 우화일 뿐"(only an Allegory of kings & nothing Else)이며, 아니면 "사제와 왕의 유령"(the Ghost of the Priest & king)에 불과하다(AnnThorn; E669). 이들은 자신들의 근거 없는 압제적 법을 정당화하기 위하여 이 신을 알 수 없는 존재로 만들고 자기들의 법을 이 신비의 신에 의해 무조건적으로 부과된 것으로 설명한다. 그래서 신에 대하여 이의를 제기하거나 그 존재를 의심하는 것은 커다란 죄악이 된다. 「경험의 노래」에서 '길 잃은 작은 소년'(A Little Boy Lost)은 이런 죄악을 범하여 사제로부터 탄압을 받는다.

제단 위에 높이 서서 그(사제)가 외친다
"보라 이 사악한 악마를!
그는 가장 성스러운 신비를
판단하려 이성을 내세운다."

우는 어린이 소리는 들을 수 없고
우는 부모도 헛되이 눈물만 흘릴 뿐
그들은 그를 쇠사슬로 묶고
성스러운 곳에서 화형에 처한다. (SE; E29)

And standing on the altar high,
"Lo! what a fiend is here!" said he
One who sets reason up for judge
Of our most holy Mystery."

The weeping child could not be heard,
The weeping parents wept in vain;
They strip'd him in an iron chain;
And burn'd him in a holy place,

이처럼 인습화한 기독교의 신관에 대해 블레이크는 강한 반발을 느낀다. 그는 인간과 다른 차원의 신은 생각할 수가 없었다. 『천국과 지옥의 결혼』 등에서 밝히고 있는 것처럼, 신에 대한 경배는 인간에게 준 신의 선물 즉 그 재능을 존중하는 것을 의미한다(MHH22-3; E43). 신은 인간 안의 성령이며 "지적 원천"이다(J91:9-10; E251)

그러나 인습적인 교회에서는 이러한 신이 아니라 '이 지상의 신'인 사탄을 섬긴다. 이런 교회를 통하여 전제군주와 성직자들은 현 상태를 유지하려 한다. 그들은 가난을 미덕으로 설교하고 이 가난을 전제로 했을 때 가능한 자비를 베풂으로써 체제 유지의 기틀을 다진다.

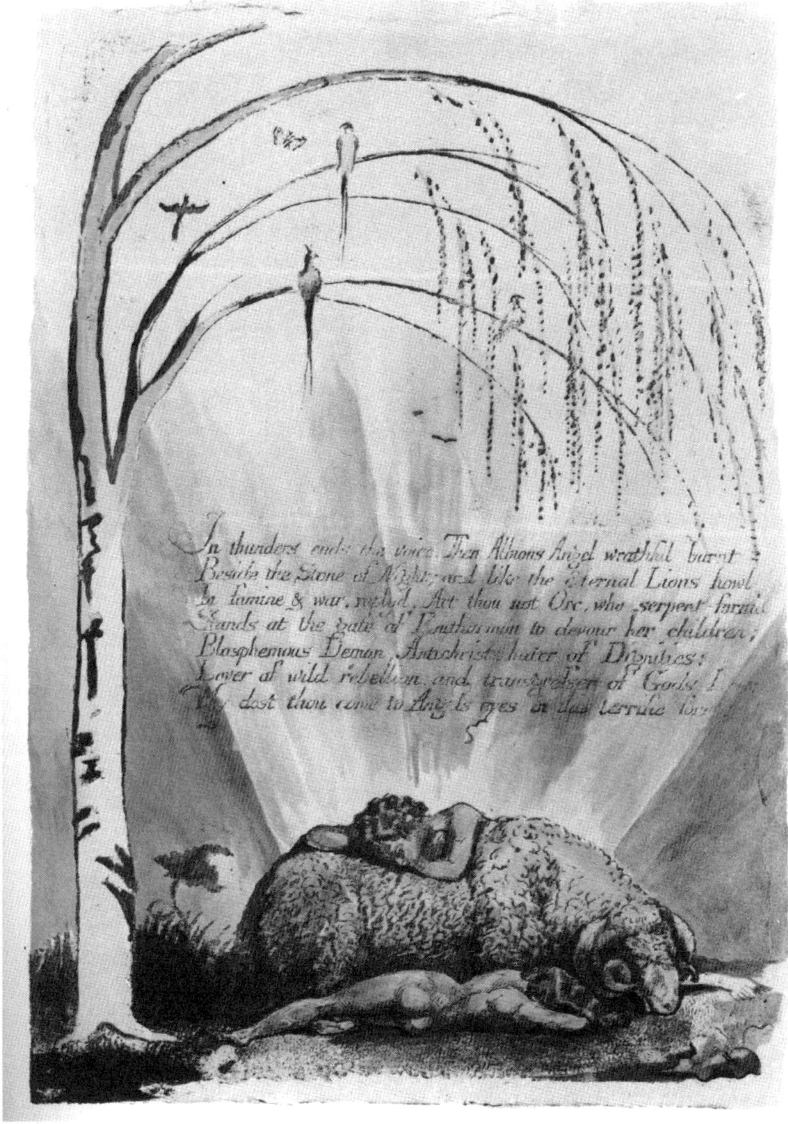
In thunders ends the voice. Then Albions Angel wrathful burnt
Beside the Stone of Night; and like the Eternal Lions howl
In famine & war, reply'd. Art thou not Orc, who serpent-form'd
Stands at the gate of Enitharmon to devour her children;
Blasphemous Demon, Antichrist, hater of Dignities;
Lover of wild rebellion, and transgresser of Gods
dost thou come to Angels eyes in this terrific

「아메리카」의 제7도판

"그들은 부드럽고 온화한 방법으로 가난한 사람들이 빵부스러기로 연명케 한다.
사람들을 결핍에 찌들게 한 후 당당하게 격식을 갖추어 베풀어준다.
여호와에 대한 찬양이 굶주리고 목마른 사람들의 입술로부터 울려 퍼진다." (J44:30-2; E193)

" They compell the Poor to live upon a crust of bread by soft mild arts :
They reduce the Man to want, then give with pomp & ceremony :
The praise of Jehovah is chaunted from lips of hunger & thirst."

그들은 일일 노동자들의 임금을 올려주려 하지 않았다. 임금을 올려준들 더 잘 살게 되는 것도 아니고 오히려 게으름에 젖어 품성만 나쁘게 만들기 때문이다. 또 공장에서 임금을 낮추면 국가적으로도 이익이고 가난한 노동자들에게도 진정한 의미에서 손실이 아니라는 것이 그들의 논리다. 이처럼 그들은 절제, 자비, 연민, 겸손 등과 같은 추상적이며 수동적인 덕목만을 내세우며 "우의적 부" (allegoric riches)로 그들의 불만을 해소시키려 했다(SL6:18; E68).

예술가들의 경우에도, 천재성이나 재능의 여부보다는 순종적인가를 문제삼아 수동적이고 점잖은 "덕스러운 바보"(a Virtuous Ass)인 경우에는 "선한 사람"(Good Man)이라고 평가하지만 그렇지 않을 경우 굶주리게 하는 것이다(AnnRey; E642). 이처럼 그들은 수동적인 덕만을 강조하며 인간 구원의 문제도 개인의 노력에는 관계없이 이미 결정되어 있다는 입장을 취한다. 블레이크가 초기에 영향을 많이 받았던 스웨덴보그에게서 멀어지는 이유 가운데 하나가 바로 그의 운명예정론이다 (AnnSwed; E609-11).

이 같은 압제적 권위를 지닌 인습적 교회에 대한 블레이크의 공격을 올티저는 급진적 기독교 운동의 맥락에서 규명하고 있다.

> 급진적 기독교인들은 기존의 전통적인 교회를 정치 사회적 압제의 수단일 뿐만 아니라 모든 형태의 구체적인 압제 그 자체로 간주했다. 억압적인 교회의 권위야말로 인간의 모든 행위에 대한 저주, 인간존재를 어둡고 격동적인 죄의식의 바다로 위축시키는 저주의 원천으로 간주한 것이다. (41)

이와 같은 인습적 교회가 갖는 또 하나의 특징은 즐거움을 금기시한다는 것이다. 그것은 인간의 영혼과 육체를 별개의 것으로 여기어 육체적인 것은 모두 금지하고 영혼에게도 수동적이고 소극적인 덕목만을 강요한다. 그러한 맥락에서 여인의 사랑 역시 죄악시 하는데, 블레이크에 의하면 이는 모든 오류의 출발이다.

> 험담하기, 깎아내리기, 제한하기 등 모든 수동적인 것은 악이다. 그런데 라바터와 그 동시대인들의 이런 오류의 기원은 바로 여인의 사랑을 죄로 여기는 데 있다. 그 결과로 여인들의 모든 사랑과 아름다움이 죄악시되는 것이다. (AnnLav; E601)

> Backbiting, Undermining, Circumventing, & whatever is Negative is Vice. But the origin of this mistake in Lavater & his contemporaries is, they suppose that Woman's Love is Sin ; in consequence all the Loves & Graces with them are Sin.

『예언시 유럽』(*Europe, a Prophecy*)에서도 예수의 탄생으로 천년왕국이 찾아오는듯하지만 상상력인 로스가 다시 잠듦으로써 공인 기독교는 물질주의의 오류에 빠지게 된다. 이때 에니사먼이 여성에 의한 지배체계를 완성하는데 그녀는 이러한 체계의 근간이 되는 계율을 아들인 린트라와 팔라마브론에게 다음과 같이 전한다.

> "가서 인간들에게 전하라, 여인의 사랑이 죄라고
> 영생이 결코 존재하지 않는 우의적 처소에서
> 모든 즐거움을 금지하노라, 하여 여인들은 어린 시절로부터
> 모든 은밀한 길에 그물을 펼치게 되리라." (EP5:5-9; E62)

> "Go! tell the Human race that Woman's love is Sin;
> That an Eternal life awaits the worms of sixty winters
> In an allegorical abode where existence hath never come,
> Forbid all Joy, & from her childhood shall the little female
> Spread nets in every secret path."

존재하지도 않는 내세에서의 지복을 내세워 현세에서는 금욕만을 강요하는 것이다. 그러나 블레이크에 의하면 신은 원래 인간을 행복하고 부유하도록 만들었다(AnnWat; E612). 이러한 인간의 행복을 억제시키는 것은 야비한 일이다. 인간 행복의 근원인 욕망을 억제시키는 것은 곧 질병을 불러일으키는데, 유리즌의 에머네이션인 어헤니아가 "질병의 어머니"가 되는 것도 바로 이 때문이다. 이는 프로이드의 신경증이론과도 통한다고 할 수 있다.

원래 욕망을 억제시키는 사람은 타인에 의하여 억제될 만큼 욕망이 약하기 때문이다. 일단 억제되기 시작하면 점점 더 수동적이 되어 결국

에는 "욕망의 그림자"가 되어 버린다. 블레이크는 이러한 과정의 역사를 다룬 것이 『실낙원』 이라며 그 오류를 지적하고 있다(MHH5; E34). 앞서 살핀 바와 같이 『천국과 지옥의 결혼』에는 이러한 수동적이고 금욕주의적인 '천국'의 덕목에 반대하여 적극적이고 능동적인 '지옥의 잠언'이 다양하게 제시되고 있다.

그에게 "참된 기독철학"은 바로 "가장 세련된 향락주의"(the most refined Epicurism)이다(AnnLav; E591). 지상적인 억압에서 벗어나 영원의 세계에 이르는 것은 바로 "감각적 즐거움의 증진"을 통해서 가능해진다(MHH14; E39). 이때 창조에 의한 모든 오류는 불에 타 없어지고 원래의 무한하고 성스러운 모습으로 나타나는 것이다.

『유럽』에서도 이러한 육신의 감각을 통하여 영원의 세계에 이를 수 있음을 요정의 입을 빌어 말하고 있다.

> "다섯 개의 창이 동굴모습의 인간에 빛을 비춘다. 하나로는 공기를 호흡하고 다른 하나로는 우주의 음악을 들으며 또 다른 하나로는 영원한 포도넝쿨이 잘 자라고 있어 그가 포도를 받아들일 수 있다. 또 하나로는
> 영원히 자라나는 영원세계의 작은 부분을 눈여겨 볼 수 있고
> 또 하나로는 언제든 원할 때 스스로를 벗어날 수 있다. 그러나 하려 하지 않는다. 훔친 환희와 은밀한 기쁨 속에 먹는 빵이 더 맛있으니까."
> (EPiii:1-6; E60)

> "Five windows light the cavern'd Man; thro' one he breathes the air ;
> Thro' one hears music of the spheres ; thro' one the eternal vine
> Flourishes, that he may receive the grapes ; thro' one can look
> And see small portions of the eternal world that ever groweth ;

Thro' one himself pass out what time he please; but he will not,
For stolen joys are sweet & bread eaten in secret pleasant."

마지막 창은 제5감 즉 촉각으로, 밀턴이나 스웨덴보그에게는 성(sex)에 해당하며(Damon 364), 이것이 바로 "에덴천국으로 통하는 문"이다(Altizer 19). 종교의 율법은 바로 이를 억압해왔으며, 이것이 인류역사를 지배해온 "잔인한 죽음의 원천"이다(Altizer 20).

이처럼 비인격적인 신의 존재를 내세워 압제를 가하고 또 인간적인 욕구도 억압하는 인습적 교회는 효율적인 압제를 위하여 하나의 체계 즉 국가종교(State Religion)를 세우고, 이 체계를 가능케 하는 법을 제정한다. 이 법은 인간의 의지나 욕구와는 별개로 인간적인 다양성을 희생하여 탄생한다.

타락한 유리즌도 이러한 획일적인 원리를 선언하는데 이 "하나의 법"이 곧 압제자들의 전형적 원리이다. 여기서 그가 말하는 "하나의 법"이란 다름 아닌 압제이다. "사자와 황소를 위한 하나의 법은 압제인" 것이다(MHH24; E44).

인간을 이 하나의 법으로 통치하려 했던 티리얼도 자기 자식들에게서 쫓겨나 다음과 같이 한탄하며 죽는다.

"무법 종족의 나약하고 오도된 아버지
오 하르여, 당신의 법과 티리얼의 지혜는 모두 저주로 끝납니다.
사자와 인내심 강한 황소에게 하나의 법을 주었는지요?
[당신은 인간 모두가 같은 모습으로 만들어질 수 없다는 것을 몰랐단 말입니까?]" (Tiriel8:7-10; E284-5)

" O weak mistaken father of a lawless race,
Thy laws , O Har, & Tiriel's wisdom end together in a curse.
Why is one law given to the lion & the patient Ox?
[Dost thou not see that men cannot be formed all alike, . . . ?]"

블레이크는 "인간은 그 형태나 사지, 감각에서 다른 것처럼 그 본질에서도 다르다"라는 라바터의 말에 "어떤 추상적 논의보다도 뛰어난 참된 기독철학"이라고 평한바 있다(AnnLav; E583-4). 개별성을 중시하지 않는 모든 일반화된 지식은 바보들의 것이며(AnnRey; E641) 진정한 예지와 행복도 오직 개별화된 것에서 찾을 수 있다. 천재들은 그 나름의 천재성을 지니고 있어, 라파엘이 미켈란젤로를 가르칠 수 없는 것처럼 미켈란젤로 역시 라파엘을 가르칠 수 없다. 이는 장미가 백합에게 자라는 방법을 가르칠 수 없는 것이나, 사과나무가 배나무에게 어떻게 열매를 맺는가를 가르칠 수 없는 것과 같은 이치이다(AnnRey; E643). 이처럼 살아있는 모든 것은 각자의 고유한 의의를 지니며, 그렇기 때문에 성스러울 수 있는 것이다 .

이러한 고유한 자질을 무시한 채 추상화하면 죽음의 세계, 타락의 상태, 즉 혼돈에 이르게 된다.

장미에게서 붉음을, 백합에게서 흼을, 다이아몬드에서 단단함을, 오크나무에서 높음을, 데이지 꽃에서 낮음을 빼서 철학자들이 그러하듯 자연에서 교정을 해버리면 우리는 혼돈으로 되돌아가게 된다. (AnnLav; E595)

Deduct from a rose its redness, from a lilly its whiteness, from a diamond its hardness, from a spunge its softness, from an oak its height, from a daisy its lowness, & rectify every thing in Nature as the Philosophers do, & then we shall return to Chaos.

혁명은 이러한 고유의 자질을 무시한 채 획일화된 법의 압제로부터의 해방을 꾀한다. 혁명아 예수는 이러한 압제의 (율)법이 아니라 충동에 따라 행동한다. 그는 겸손하지도, 스스로를 낮추지도 않으며 순결을 강조하거나 점잖음을 표방하지도 않는다. 오히려 그는 이러한 위선적 도덕률 압제로부터의 해방을 주장하며 "가장 야비하고 가장 억압적인"(the basest & most oppressive) 유태의 법을 파기한다(AnnWat; E618). 이 율법의 파기 없이는 진정한 의미의 어떤 덕도 있을 수 없기 때문이다. 물론 여기서 말하는 것은 모세의 십계명만을 지칭하는 것은 아니며 인간의 욕구와 본능을 억압하며 인간의 의지와는 관계없이 작용하는 모든 도덕률을 뜻한다. 이는 왕과 성직자들에 의하여 고안된 것으로, 그들은 이러한 도덕률을 보전하기 위하여 그것을 싫어하는 인류의 절반 이상을 노예로 삼아야 한다고 믿는다. 이러한 압제로부터의 해방이 혁명에 부여된 첫 번째 의미이다.

2. 통합으로의 혁명 (Revolution towards Integration)

혁명이 오류로부터의 탈피라고 할 때 그 오류로의 타락을 살펴봄으로써 그 의미가 규명될 수 있을 것이다. 그런데 블레이크는 타락의 과정을 창조의 과정으로 간주한다. 성경의 창세기에 기록된 내용이 그에게는 타락의 과정이다. 그에 의하면 모든 것은 영원하기 때문에 무에서 유를 만들어낸다는 의미에서의 창조란 있을 수 없다. 다만 일반적으로 창조라 불리는 것은 이 영원한 것에 어떤 굴레가 가해지고 원래 있던 통일이 파괴되는 과정을 의미한다.

이러한 관점에서 창세기의 창조 과정은 다음과 같은 여러 단계에 걸친 분열과정으로 설명할 수 있다.

> 창조의 과정은 원래의 통일이 깨어지는 과정이다. 처음 빛과 어둠의 분리로 시작하여 6일 동안의 창조과정으로 이어지는데 인간과 신의 분열로 절정에 이른다. 그 후에 이브의 탄생으로 성이 분화하고 선악과를 먹음으로써 선과 악이 분열하며 에덴에서 쫓겨남으로써 인간과 행복이 나뉘고 최초의 살인을 통해 영과 육이 나뉘며 바벨탑에서의 언어의 혼란을 통해 인간은 형제로부터 분리된다. (Damon 94)

혁명은 이 깨어진 통일을 다시 회복하기 위하여 방해요소들을 제거하는 과정이다. 여기서 통합으로의 혁명이라는 말이 제기된다.

파라셀수스(Paracelsus)의 연금술에 의하면 금속의 "변성"(transmutation)은 서로 대립되는 화학물질들이 여러 번에 걸친 "결합"(marriage)에 의하여 일어나는데 이때 정련 작용을 하는 것이 불이다. 이 불에 의한 파괴행위가 "위대한 일"(Great Work)의 완성을 가능케 한다.

> 파괴는 선을 완벽하게 해준다. 선은 그것을 덮고 있는 것들 때문에 모습을 드러낼 수 없다. 그렇게 은폐되어 있는 동안의 선은 선이 아니다. 선이 원래 고유한 밝음을 나타낼 수 있기 위해서는 이 은폐물이 제거되어야 한다.... 불의 원소에 의해 모든 불완전한 것들이 파괴되고 제거된다. (Paley 14)

혁명은 바로 이런 파괴 작용을 하는 불의 역할을 한다. 혁명은 통합을 방해하는 오류의 껍질을 파괴하여 통합에로의 길을 닦아주는 것이다. 『천국과 지옥의 결혼』에서 블레이크가 밝히고 있는 동판 부식에 의한 인쇄 방법도 이러한 연금술의 과정과 연관하여 설명될 수 있다. 즉 부식성 산(酸)에 의하여 오류의 표면을 녹여서 숨겨져 있는 영원한 모습을 드러내는 것인데 이때 동판을 부식하는 산은 불, 혁명과도 같은 역할을 한다(E39).

블레이크에 의하면 인간은 네 가지 요소로 이루어져 있는데, 몸, 이성, 감성, 상상력이 그것이다. 그의 신화에서 그것들은 각각 타마스, 유리즌, 루바, 어소나로 나타나며 이들이 차지하고 있는 위치는 각각 서, 남, 동, 북이다. 영원의 상태에서는 이것들이 조화를 이루는 통합의 상태로 하나의 완전한 인간, 즉 엘비온을 이룬다. 이들은 각각 에니언(Enion), 어헤니아, 발라(Vala), 에니사먼이라는 여성 에머네이션과 상응하며 엘비온의 에머네이션은 신 예루살렘이다.

원래 4라는 숫자는 근본을 이루는 수로 에스겔이 본 성 마차(Holy Chariot)도 네 겹이고, 피타고라스(Pythagoras)의 정사면체도 성스러운 것으로 영원한 자연의 근원이다. 타로 카드(Tarot cards)의 기본을 이루는 수도 4다. 방위도 동서남북의 네 개가 있고 계절도 사계절이며 물질세계도 네 개의 기본 원소로 이루어진다. 블레이크에게는 이 네 개의 조아들, 그리고 이들과 쌍을 이루는 네개의 에머네이션, 여기에 엘비온과 에머네이션 신 예루살렘을 합치면 10이라는 완벽한 수("the perfect and complete number")를 이루게 된다(Percival 16).

이처럼 네 개의 조아로 이루어진 엘비온은 타락에 의해 조아들이 분열하게 되고 서로 주도권을 잡으려 싸움을 벌인다. 『네개의 조아들』은 조아들이 분열하여 서로 싸우다가 최후의 심판에 이르러 다시 화합하는 과정을 그리고 있다. 작품의 첫 부분에는 이 같은 주제가 잘 요약되어 있다.

> 뷸라의 딸이여 노래하라
> 그[엘비온]의 분열과 통일로의 거듭남을
> 그가 부패와 죽음의 생식상태로 타락했다가
> 죽음으로부터 부활함으로써 거듭나는 것을 (FZ; E301)

> Daughter of Beulah, Sing
> His [Albion's]fall into Division & his Resurrection to Unity ;
> His fall into the Generation of decay & death, & his
> Regeneration by the Resurrection from the dead.

〈람베스 서〉에서는 아직 이 네 개의 조아들과 그들의 에머네이션이 모두 등장하지 않고 유리즌과 로스(어소나의 타락한 모습), 오르크(루바의 타락된 모습)만이 나타나는데 『유리즌 서』에서 그리고 있는 것도 바로 이 유리즌(이성)과 로스(상상력) 그리고 로스와 에니사먼의 분열이다.

유리즌은 "하나의 왕, 하나의 신, 하나의 법"을 내세우며 나름의 통일을 추구하지만 오히려 영원세계의 통일이 파괴되고 "딱딱하고 혐오스러운 혼돈"("The petrific, abominable chaos" BU3:26; E71)만 야기할 뿐이다.

로스는 유리즌이 "어두운 악마"("the dark Demon" BU6:2; E73)의 모습으로 자신에게서 분리되어 나가는 것을 보고 울부짖는다. 이제 유리즌은 혼돈 상태에 빠져 영원의 세계와 분리되어 곤한 수면에 잠기게 된다.

이성과 분리된 상상력도 멍한 상태이기는 마찬가지이지만 분열로 인한 상처는 어느 정도 치유가능하다. 상상력 속에서 구원의 가능성을 찾는 것이다. 이성이 "형체 없는 죽음"의 상태에 잠겨있는 모습을 보고 "영원한 예언자"인 로스는 유리즌을 위한 신체의 창조를 시작한다. 앞에서 밝힌 바와 같이 블레이크는 이를 타락의 과정으로 그린다. 로스의 이러한 노력은 결국 유리즌의 몸을 사슬로 묶는 결과를 가져온다. 타락한 상태에서 육체는 영원한 영혼을 구속하는 하나의 사슬과도 같다. 창조의 노력에 지친 로스는 유리즌의 처참한 모습을 보고 동정심을 느끼는데 이 동정심이 또 다른 자기 분열의 원인이 된다. 그의 에머네이션인 에니사먼과 분열하게 되는 것이다.

영원의 세계는 "눈구름처럼 창백한" 최초의 여성 에니사먼을 보고 동정심을 느끼게 되고, 이 처참한 타락의 세계를 보지 않기 위하여 장막을 치는데 이 "어둠의 장막"이 곧 과학이다. 그러니 타락한 세계의 과학은 영원세계를 보지 못하게 하는 장막에 불과한 것이다.

이처럼 타락이 심화되는 동안 에니사먼은 로스로 인하여 오르크 즉 혁명을 잉태하게 된다. 혁명은 장차 타락의 오류를 깨치는 역할을 할 힘인데, 타락의 과정에서 탄생한것이다. 이것은 다시말해, 타락의 과정에 이미 그것으로부터 해방될 가능성이 주어진다는 것을 의미한다. 인간은 이중적 존재라서 악한 일을 할 수도 있고 선한 일도 할 수 있는데 바로 여기에서 재생의 가능성을 확인할 수 있다.

인간은 투쟁을 통해서만 오류의 늪에서 벗어날 수 있다. 왜냐하면 "스스로의 올바름만을 믿는 세력들"(the self-righteous forces)은 그것에 반대하는 세력이 없을 경우 영구히 그 지배력을 잃지 않을 것이기 때문이다 (Percival 190).

타락한 이성인 유리즌은 자기만의 세계를 건설한다. 이것이 블레이크가 살던 당시의 지배적인 사상인 합리주의, 혹은 로크의 경험철학 내지는 뉴턴의 자연과학의 세계이다. 그것의 원리는 "분열의 법"(a dividing law)이다. 즉 그것은 어떤 포괄적인 것으로 무엇을 포착하는 것이 아니라 개별적인 것으로 분석하고 컴퍼스와 같은 한정적 척도로 측정을 한다.

『유럽』의 겉표지에 등장하는 유리즌은 바로 이 컴퍼스를 들고 있다. 1795년에 그려진 그림에서도 뉴턴은 커다란 컴퍼스를 들고 영원 세계에 등을 돌린 채 한정적인 세계에만 자신의 시야를 고정시키고 있다. 『유럽』에서 오류의 극치에 나타나는 최후의 심판, 그것을 알리는 트럼펫을 피트나 조지 3세와 같은 압제적 세력이 아니라 뉴턴이 분다는 것은 시사하는 바가 크다.

붉은 사지의 천사[피트 혹은 조지3세]가 공포와 고통 속에 최후의
트럼펫을 쥐고 있다. 그러나 그는 그 철관악기를 불 수 없다,
그는 주제넘게 죽은 자들을 최후심판으로 깨우려 세 번이나 시도했다.
막강한 정령이 엘비온의 땅에서 뛰어올랐다.
그의 이름은 뉴턴, 그는 이 트럼펫을 잡고 엄청난 바람으로 불었다.
가을 나뭇잎처럼 노란 수많은 천사의 무리들이
자신들의 무덤을 찾으며 하늘에서 떨어졌다.
울부짖음과 비탄 속에 텅 빈 뼈를 달가닥거리며. (EP13:1-8; E65)

The red limb'd Angel (Pitt or George III) siez'd in horror and torment
The Trump of the last doom; but he could not blow the iron tube!
Thrice he assay'd presumptuous to awake the dead to Judgment.
A mighty Spirit leap'd from the land of Albion,
Nam'd Newton: he siez'd the trump & blow'd the enormous blast!
Yellow as leaves of Autumn, the myriads of Angelic hosts

Fell thro' the wintry skies seeking their graves,

Rattling their hollow bones in howling and lamentation.

블레이크에게 진실은 이러한 분석적 이성에 의해서 추론적으로 얻어지는 것이 아니라 포괄적적인 상상력과 감각에 의해 즉각적으로 포착되는 것이다(AnnBerk; E664). 분석이나 추론에 의하여 얻어진 법이나 규칙은 인간의 의지와 욕구와는 관계없이 작용하는 비인간적인 것이다. 이것을 신봉하는 합리주의적 세계관은 곧 기계론적 우주관과 통하며 이것이 블레이크가 파악한 당시 모든 악의 근간이 된다. 그가 이신론이라 부르는 이것은 국가종교의 근거가 되어 압제와 금욕적 억압의 도덕률을 옹호해 주며 결과적으로 잔인함의 원천이 된다. 그의 "모든 잔혹함의 원천인 국가종교"라는 진술은 이런 식으로 이해할 수 있다(AnnWat; E618).

이러한 과정은 『유리즌 서』 후반에서도 계속된다. 유리즌은 네 개의 원소로 이루어진 자신의 물질주의적 세계를 주유한다. 그러나 그는 곧 획일적이고 억압적인 법에 의해서는 통치가 불가능하다는 것을 발견하고 자기 자식들을 저주한다.

그는 이 과정에서 자식들의 측은한 모습에 눈물을 흘리는데 이 연민의 눈물이 하나의 그물을 형성하는바 곧 종교라는 그물이다. 그의 자식들은 이 종교에 매달려 점점 눈이 어두워져 진실과 거짓도 구분하지 못하게 된다.

그들은 신중한 법("laws of prudence")을 만들게 되고 이것을 신의 영원한 법이라 부르며 떠받들게 된다. 이것이 곧 이집트의 세계다. 그러나 오류는 여기에서 끝나지 않는다. 유리즌의 자식 중 퓨전(구약에 나오는 모세)이 자기형제들을 규합하여 이러한 유리즌의 압제에 항거하는데 그의 공격으로 유리즌이 자신의 에머네이션인 어헤니아와 분열한다.

즐거움이야말로 "지성의 양식"("the food of Intellect" ToCum; E700) 임을 깨닫지 못한 유리즌은 쾌락 혹은 욕망을 나타내는 어헤니아를 죄악이라 부르며 탄압한다. 『어헤니아 서』는 욕구를 충족시키지 못해 "질병의 어머니"가 된 그녀가 이러한 분열에 의하여 생긴 오류를 한탄하며 끝을 맺는다(BA3:39-47; E90).

이러한 분열상태가 바로 현대 정신의학에서 말하는 정신분열증에 다름 아니다. 조화로운 통일을 형성하지 못하기 때문에 상대방을 지배하려는 태도로 나타난다. 로스에서 분열되어 생긴 에니사먼은 여권에 의한 지배를 선포하며 질투심 때문에 모든 여인의 사랑을 죄악시 한다. 그녀는 또 미래 세계의 즐거움을 기약하며 현세에서의 모든 즐거움을 금지시킨다. 그러나 미래 세계라는 것은 존재하지 않는 하나의 '우의적 장소'에 불과하다. 이를 강조하며 내세우는 것은 현재의 즐거움을 억압하고 그로 인한 불만을 해소시키기 위한 방편이다.

이러한 오류에서 벗어나기 위해서는 상대를 지배하고자 하는 이기심을 버리고 재결합해야 하는데, 이는 결코 쉽게 이루어지지 않는다. 이기심을 버린다는것은 혁명과도 같은 과정을 통해서만 가능하다.

그러나 타락에 의한 오류가 남성과 여성의 분열에 한정되는 것은 아니다. 신과 인간의 영역이 차별화되면서 억압을 당한 인간은 다시 선과 악의 구분이라는 편협한 사고에 빠지게 된다. 원래 선은 이성에 굴복하여 나온 수동적인 것이고 악은 정력에서 나온 능동적인 것이다. 그런데 이성과 정력이 각각 영혼과 육체에서 나왔고 영혼과 육체도 별개의 것이 아니니 이성과 정력도 분리될 수 없는 것이다. 따라서 선과 악도 따로

PRELUDIUM 1

The shadowy daughter of Urthona stood before red Orc:
When fourteen suns had faintly journeyd o'er his dark abode;
His food she brought in iron baskets, his drink in cups of iron.
Crownd with a helmet & dark hair the nameless female stood;
A quiver with its burning stores, a bow like that of night.
When pestilence is shot from heaven; no other arms she need:
Invulnerable tho' naked, save where clouds roll round her loins.
Their awful folds in the dark air; silent she stood as night:
For never from her iron tongue could voice or sound arise;
But dumb till that dread day when Orc assayd his fierce embrac

Dark virgin; said the hairy youth, thy father stern abhorrd;
Rivets my tenfold chains while still on high my spirit soars;
Sometimes an eagle screaming in the sky, sometimes a lion.
Stalking upon the mountains, & sometimes a whale I lash
The raging fathomless abyss, anon a serpent folding
Around the pillars of Urthona, and round thy dark limbs,
On the Canadian wilds I fold, feeble my spirit folds.
For chaind beneath I rend these caverns; when thou bringest food
I howl my joy and my red eyes seek to behold thy face
In vain! these clouds roll to & fro, & hide thee from my sight.

「아메리카」의 제1도판

존재하지 않는다. 그러나 오류의 세계에서는 수동적인 것이 능동적인 것을 탄압하여 선을 악이라 여긴다. 이러한 것들이 서로 상대방을 지배하려 하지 않고 대응관계를 형성하며 변증법적 진보를 꾀하게 될 때 타락의 상태는 극복된다. 그러나 오류의 상태에서는 능동적인 정력이 철저히 탄압을 받기 때문에 여기서 벗어나기 위해서는 혁명과 같은 정력의 폭발 과정을 거쳐야 한다. 『천국과 지옥의 결혼』에서는 그 제목이 암시하듯 수동적인 이성을 나타내는 천국과 능동적인 정력을 나타내는 지옥이 결합되어야 한다는 새로운 복음을 펴고 있는데, 블레이크는 미국 독립혁명과 프랑스 혁명에서 이러한 결합의 징조를 발견했던 것이다.

6천여 년에 걸친 오류의 세계는 불의 혁명에 의해 소멸될 것이다. 그리하여 한정적이고 부패한 상태로 남아있는 모든 것이 무한하고 성스러운 원래 모습으로 나타날 것이다. 이러한 것은 억압을 받아온 감각적 즐거움의 증진을 통해 일어날 것이며 그러기 위해서는 육체와 영혼이 별개라는 생각부터 떨쳐야 한다. 이러한 그릇된 생각을 갖게 하는 인식의 문이 정화되지 않고는 인간의 원래의 모습, 즉 무한하고 영원한 상태의 모습을 결코 볼 수 없기 때문이다. 블레이크는 혁명의 불꽃과 같은 부식성의 산으로 오류의 때를 없애려 한다.

원래 육체와 영혼이 별개라는 그릇된 개념은 "간계에는 능하나 용기에는 약한" 사람들이 현상유지를 위하여 꾸며낸 허구다. 그들은 정력에 대항할 힘이 없어 사슬로 억압하려 하고, 또 그것을 사슬에 묶었다고 자부한다. 그러나 그들은 존재의 일부분을 전체로 생각하기 때문에 이와 같은 자만에 빠진 것이다. 모든 존재에는 생산자("the Prolific")와 탐식자("the Devouring")가 있으며 이중 어느 하나가 없어질 경우 다른 존재도 종식되게 된다.

지구상에는 이러한 두 종류의 사람이 있으며 이들은 상호대칭적 관계를 유지한다. 이들을 화해시키려는 노력은 마치 존재를 파괴하는 것과 같으며 인습화한 종교가 하는 일이 바로 이것이다. 여기서 화해란 관계를 대칭(Contrary)으로 여기지 않고 하나를 다른 하나의 부정(Negation)으로 여기는 것을 말한다. 즉 지옥을 천국의 대칭이 아니라 부정으로 간주하여 죄악시하는 것이다. 천국과 지옥은 함께 태어나는 것이기 때문에 하나가 다른 하나의 부정일 수 없다.

분열의 오류는 이러한 대칭적 관계를 부인하는 것이다. 오류로부터 벗어나기 위해 혁명은 부정에 의한 관계를 청산하고 대칭의 관계를 재정립하는 역할을 하는 것이다. 블룸은 다음과 같이 이를 요약하고 있다.

> 존재가 인간적이려면 대칭 혹은 창조적 대립이 필요하다. 블레이크에게 인간적인 것은 "철학적 혹은 실험적"일 뿐만 아니라 "시적 혹은 예언적"이다. 인간적인 것은 가만히 있으면 동일한 따분함만 되풀이하는 것 이상은 하지 못하는, 전적으로 자연적인 것이 되고 만다. 진보란 더욱 인간적으로 되는 것을 의미하며 이런 발전의 최종 목표는 모든 대칭을 화해가 아니라 결혼을 시키는 것이다. 블레이크 변증법에서 합 혹은 대칭의 지양은 없다. 창조적 투쟁의 상호적 내재화, 그 활기 넘치는 진전을 추구할 뿐이다. 결혼이란 서로 흡수하지도 않고 그렇다고 배척하지도 않도록 이성과 정력의 대칭을 배치하는 것을 의미한다. (1971, 66)

인습화한 종교는 이러한 대칭 관계를 화해시키려 한다. 이것은 곧 부정의 관계를 정립하려는 것이며 이로 인해 수동적이며 기계론적인 것을 강요하는 종교의 출현이 이어진다. 블레이크는 천사와 악마가 등장하는 『천국과 지옥의 결혼』의 '기억할 만한 환상'에서 여러 상징물을 통해 기독교가 점점 기계론적으로 변해가는 모습을 보여주고 있다(MHH17-20; E41-2).

그 둘은 상대에게 서로의 운명을 보여주는데 이는 각자의 환상을 상대에게 강요하는 일이다. 그러나 전혀 무익한 일만은 아니다. 왜냐하면 진정한 친교란 반대에서 나오기 때문이다(E42). 결과적으로 천사는 혁명의 불을 껴안아 연소되어 엘리아로 재생되며 악마를 대변하는 블레이크의 특별한 친구가 되어 지옥의 입장에서 성경을 읽게 된다.

이상에서 살핀바와 같이 처음의 통일 상태에서 분열의 오류에 빠졌다가 새롭고 더 높은 차원의 통일로 발전한다는 생각은 블레이크에만 한정된 것이 아니다. 다른 낭만주의 시인들도 같은 비전을 갖고 있다. 브라운은 이를 다음과 같이 정리한다.

> 인류의 역사가, 자신은 물론 자연과도 소원하지 않은 원초적 통일 상태에서 출발하여 인간의 힘이 자신 및 자연과 소원 혹은 소외되는 중간단계로 진전되었다가 최종적으로 더 높은 단계의 통일 혹은 조화의 상태로 되돌아간다는 생각은, 1793년 이미 실러나 헤르더에 의해 분명한 모습으로 형성되어 헤겔과 마르크스의 체제에서도 생생하게 살아남은 위대한 낭만적 비전의 하나다. (Paley 30)

3. 최후심판으로의 혁명(Revolution towards the Last Judgment)

난세의 모든 진지한 사람들이 그러하듯 블레이크도 자신의 시대를 거짓과 부패에 빠진 말세로 보았다. 그는 압제적인 전제군주에 의하여 자행되는 전쟁의 참혹함과 그 결과 생기는 기근 및 불황을 목격했으며, 기득권 유지를 위해 전제군주들을 돕는 성직자들의 위선과 압제도 보았다. 또한 그들에 의해 강요되는 비인간적 도덕률과 그것을 정당화시켜주는 이신론의 오류도 확인할 수 있었다.

그는 이러한 오류가 하루 속히 종식되기를 바랐으며 또 그렇게 되리라 믿었다. 오류가 심해지면 심해질수록 이 같은 그의 바람도 커졌고, 결국에는 주위의 모든 일이 이와 연결된 것으로 간주하기 이르렀다. 즉 개개의 사건은 그 의미가 자체에 국한되어 파악되지 않고 바라고 믿는 최후심판의 전조라는 의미를 띠게 된 것이다. 결국 그는 하나의 모래 속에서 우주를 보고 또 한 송이의 들꽃에서도 천국을 발견할 수 있는 선지자가 된 것이다(AI; E490). 그러기에 미국 독립혁명은 오류로부터 해방을 가져오는 최후심판의 전조로 나타났던 것이다.

"아침이 오고 밤이 물러났다. 파수꾼도 자리를 떠났다.
무덤이 깨지고 향신료가 뿌려지고 침구류가 치워졌다.
죽은 자들의 뼈와 그것을 뒤덮은 살, 그리고 근육들이 오그라들고 말라버렸다.
되살아나며 흔들리고, 숨을 불어넣으며 움직이고, 호흡하면서, 깨어나면서,
수갑과 빗장이 부서졌을 때 해방된 포로들처럼 일어났다.
방아를 돌리던 노예들로 하여금 들로 나가게 하라.
하늘을 올려다보고 밝은 공기 속에 숨 쉬게 하라.
어둠과 한숨에 갇혀있던, 지친 30년 동안 얼굴에서
미소를 볼 수 없었던 수갑 찬 영혼들로 하여금 일어나
밖을 보게 하라. 수갑이 풀렸고 감옥의 문도 열렸나니
그들의 아내와 아이들도 압제자의 채찍에서 돌아오게 하라."
(A6:1-11; E53)

"The morning comes, the night decays, the watchmen leave their stations;
The grave is burst, the spices shed, the linen wrapped up;
The bones of death, the cov'ring clay, the sinews shrunk & dry'd
Reviving shake, inspiring move, breathing, awakening,
Spring like redeemed captives when their bonds & bars are burst.
Let the slave grinding at the mill run out into the field,
Let him look up into the heavens & laugh in the bright air;
Let the inchained soul, shut up in darkness and in sighing,
Whose face has never seen a smile in thirty weary years,
Rise and look out; his chains are loose, his dungeon doors are open;
And let his wife and children return from the oppressor's scourge:"

블레이크는 그 당시 혁명적 사상가였던 페인과 마찬가지로 미국 독립 혁명을 "세속적 종말"(secular apocalypse)로 보았고 또한 "영국에 가해진 최후의 심판"으로 간주하였다(Erdman, 50, 55).

이 혁명세력은 그곳에만 머무르지 않고 전 유럽으로 확산되어, 프랑스에서 그 불꽃을 이어 받아 구체제의 몰락을 가져온다. 그것은 단순한 부르봉왕조의 몰락으로만 간주하지 않고 5천년에 걸쳐 진행된 전제군주제라는 잠에서 깨어나는 것으로 여겼다. 동시에 6천년 오류의 역사가 종식되는 것이라고도 믿었다. 정통 기독교적 입장에서 보면 기원전 4004년에 천지가 창조되어 인류역사가 시작되고 6천년이 지난 뒤 최후의 심판이 있게 된다. 블레이크는 물론 천지창조의 신화를 받아들이지는 않지만 이러한 전통적 신화를 이용하고는 있다.

여기서 알 수 있듯이, 프랑스 혁명도 단순히 지배계급의 뒤바뀜과 같은 정치적 변혁의 의미를 넘어 타락과 오류의 역사에서 벗어나 제3단계로 나아가기 위한 탈바꿈으로 그려진다. 즉 천년왕국으로 이어지는 최후심판의 전조로 포착되는 것이다.

정통 기독교의 입장에서 볼 때 최후심판은 이 세상의 종말에 일어나는 것으로 그때가 되면 예수가 재림하여 인류를 심판하게 되는데, '선한 양'과 '악한 염소'로 구분되어 전자는 구원을 받아 영원한 지복의 상태에 머무르게 되고 후자는 저주를 받아 영원한 고통 속에 시달리게 된다 (Damon 235).

그러나 블레이크가 생각하는 최후심판의 개념은 이와 다르다. 우선 그가 믿는 예수의 특성이나 가르침이 정통 기독교의 입장과는 거리가 있다. 그에 따르면 예수는 선악을 심판하는 초월적인 신의 아들이 아니라, 인간의 참된 행복을 방해하는 수동적 덕목을 거부하고, 오히려 이러한 오류를 타파하기 위하여 재림하는 혁명아로서 참된 인간을 나타낸다. 영원한 지복의 천국이나 영원한 저주의 지옥도 압제자들이 지어낸 '우의적 장소'에 불과하며, 최후심판은 선인과 악인을 구분하여 심판하는 것이 아니라 오류를 제거하여 새로운 세계의 도래를 꾀하는 것이다. 오류가 거부될 때 언제나 최후심판이 있다는 말은 개인적 차원뿐 아니라 사회적 측면에서도 그러하다. 즉 사회 내에 편재해 있는 오류가 거부되고 진실에 근거한 새로운 세계의 도래는 이 최후심판으로 인해 가능하며 혁명은 그 전조로 나타나는 것이다. 여기서 주의할 점은 개인적 차원과 사회적 차원이 별개가 아니라는 점이다. 블레이크는 뵈메나 윈스탄리(G. Winstanley, 청교도혁명 당시 급진파 지도자)등의 기독교 신비주의자들과 같이 사회역사적 사건을 인간의 심리적 변화와 밀접한 관련이 있는 것으로 파악하는 바, 그들에 의하면 모든 성경의 역사는 인간 내부에서 일어나는 심리적인 구현에 다름 아니다. 그러므로 천국과 지옥도 어떤 외부적 장소가 아니라 인간 마음의 상태인 것이다(Abrams 49).

그러므로 미국 독립혁명이나 프랑스 혁명의 의의는 정치, 사회적 및 종교적 차원을 넘어 인간의 심리내지는 인식론 차원까지 확산되는 것이다. 사실 역사적 측면에서 볼 때 두 혁명은 다분히 경제적인 이유로 발생했으며 — 미국독립혁명은 보스톤 차 사건이 계기가 되고 프랑스혁명은 전제군주나 귀족 및 성직자들에 의한 경제적 수탈과 압제에 못 이겨 발생한 것이라 볼 수 있다 — 따라서블레이크나 당시 혁명 사상가들이 부여했던 모든 의미를 갖는다고 볼 수만은 없다. 그러나 블레이크는 이 두 혁명을 자기가 보았던 제반의 오류로부터 벗어나기 위한 시도로 파악했다. 블레이크가 싫어한 이신론과 계몽사상이 두 혁명이 일어난 사상적 배경이었다는 점이나, 실제 바스티유감옥이 함락되었을 때 그곳에 다섯 명의 사기 범죄인과 두 명의 정신이상자가 있었다는 역사적 사실이 이 혁명이 지니는 상징적 의미에 아무런 손상도 입히지 못했던 것이다.

『프랑스혁명』이라는 작품 속에서 일곱 명의 죄수는 오히려 구체제에서 탄압받던 상징적 인물로 바뀌어 일곱 종류 탄압의 희생자로 각각 그려지고 있다. 이들 모두 역사적 실재성을 띠기보다는 상징적 인물들로 등장하고 있는 것이다.

혁명이 가져온 역병 역시 묵시록적인 의미를 지닌다고 볼 수 있다. 오류에서 벗어난다는 것은 단순한 일이 아니다. 거기에는 격렬한 오류의 파괴과정이 선행되어야 한다. 저주가 욥이 구원되는 계기가 되듯, 또 풍자가 진실을 드러내주는 부식성 산과 같은 역할을 하듯, 최후심판에 이르기 위해서는 격렬한 오류의 파괴가 선행되어야 한다. 역병은 이러한 오류 파괴 과정 중 하나로 혁명의 일부가 되는 것이다. 물론 여기서의 파괴는 도덕률, 잔인한 법, 인습화된 교회, 왕권 등과 같은 오류의 파괴를 뜻할 뿐 모든 것의 파괴를 뜻하는 것은 아니다. 진실로 존재하는 것은 영원한 것이기에 어떠한 것도 파괴될 수 없다.

이 타락의 세계는 죽음의 세계이니 이 상태에서 벗어난다는 것은 생명의 세계로 옮아가는 것을 뜻하는 바 오르크의 탄생은 바로 모든 것들이 죽음의 잠에서 깨어나는 계기가 된다.

죽은 자들이 아이의 목소리를 들었다.
그리고 잠에서 깨어나기 시작했다.
모든 것들이 아이의 목소리를 듣자
모두 생명 세계로 깨어나기 시작했다. (BU20:26-9; E80)

The dead heard the voice of the child
And began to awake from sleep;
All things heard the voice of the child
And began to awake to life.

또 이러한 죽음의 세계에 생명을 불러일으키는 이가 예수이니 그의 탄생은 바로 오르크의 탄생과도 연결된다. 실제로 『유럽』에서 그려지는 오르크의 탄생 모습은 밀턴이 「성탄 아침에」("On the Morning of Christ's Nativity")에서 그리고 있는 예수 탄생을 연상시킨다.

겨울의 심연이 다가온다.
비밀의 아이가 영원한 날의
동쪽 문을 통해 하강할 때.

전쟁은 멈추고 모든 군대도 그림자들처럼 자신들의 움막으로 달아났다. (EP3:1-4; E61)

The deep of winter came,
What time the secret child
Descended thro' the orient gates of the eternal day:
War ceas'd, & all the troops like shadows fled to their abodes.

그는 또한 예수가 모세의 십계명을 거부했듯(MHH23; E43) 유리즌의 "돌에 새긴 법"을 파기하기 위해 왔노라고 선언한다(A8; 54). 이처럼 혁명은 십계명과 같은 도덕률의 압제로 이루어진 경험세계의 오류로부터 벗어나기 위한 투쟁의 형태로 나타난다.

『엘비온 딸들의 비전』에서는 압제적인 도덕률에 얽매여 진정한 행복을 추구하지 못하는 쎄오토멘에게 "아메리카의 부드러운 영혼"인 우순이 그러한 죽음의 압제에서 벗어나기를 탄원한다.

"나는 외치노라. 오 세오토먼이여 일어나시오. 마을 개들이
새벽이 되어 짖고 있소. 나이팅게일도 슬퍼하기를 멈추었고
종달새도 무르익은 밀밭에서 바스락거리오. 독수리도
어둠의 먹잇감에서 돌아와 순수한 동쪽을 향해 황금부리를 들고 있소,
너무도 오랫동안 잠들어 있는 태양을 깨우기 위해 불멸의 깃털 먼지를 털면서." (VDA2:23-7; E47)

"I cry : arise, O Theotormon! for the village dog
Barks at the breaking day; the nightingale has done lamenting

The lark does rustle in the ripe corn, and the Eagle returns
From nightly prey and lifts his golden beak to the pure east,
Shaking the dust from his immortal pinions to awake
The sun that sleeps too long."

새벽에 개가 짖는다는 것은 어두운 죽음의 세계가 지나고 밝은 낮의 세계가 도래함을 알리는 것으로 묵시록적 의미를 지니다. 한 알의 모래에서 우주의 모습을 보는 선지자의 상상력에는 개의 짖음조차 최후심판의 전조로 나타나는 것이다.

그런데 이 최후심판은 오류의 극한에서부터 온다. 압축된 스프링이 그 압축을 이기지 못해 튀어 오르는 것처럼 오류가 극에 달할 때 혁명의 폭발이 있고 이 혁명이 바로 최후심판의 전조가 된다. 블레이크에게 이 오류의 극한은 뉴턴의 자연과학과 로크의 경험철학을 근간으로한 이신론으로 나타난다. 베이컨의 고향에 이신론이라는 "뱀의 사원"이 세워지고 금기의 억압적 계율과 공포에 의한 국가종교가 "철의 수갑"으로 사람들을 억압할 때 뉴턴이 최후심판의 나팔을 부는 것이다(EP12; E64).

그러므로 최후심판은 정치적 종교적 압제와 심리적 인식론적 분열과 같은 오류에서 벗어나 진실을 받아들일 때 비로소 가능해지며 그래서 해방으로의 혁명이 곧 통합으로의 혁명으로 기능하게 되는 것이다.

4. 혁명의 순환성 및 한계

1793년 1월 21일에 있었던 루이 16세의 처형은 프랑스 혁명이 변질될 조짐을 보여준다. 많은 프랑스인들이 국왕의 처형이라는 잔혹한 일에는 찬성하지 않았으나 실권을 잡은 로베스피에르 영도 하의 산악파는 이를 감행했고 반대한 사람들 역시 반혁명분자로 몰아 처형했다. 이리하여 1년여 (1793년 6월 - 1794년 7월)에 걸친 공포정치의 막이 오른 것이다. 결과적으로 전제군주를 제거한 프랑스 국민은 로베스피에르라는 또 다른 폭군을 맞이하게 된 것이다.

이 사건은 영국 대부분의 혁명 옹호론자들의 후퇴를 가져왔다. 반혁명적 주교 왓톤을 비판하는 편지글(1793)을 쓴 바 있는 워즈워스는 개인적 정적주의(Individual Quietism)로 후퇴하였고(Abrams 338), 프랑스 혁명을 열렬히 환영했던 콜리지의 이상주의도 버크(Edmund Burke)와 유사한 보수주의적 색채를 띤 것으로 변질되었다(Woodring 49).

일련의 사건이 블레이크에게도 일정 영향을 미쳤으리라는 것은 쉽게 짐작할 수 있는 일이다. 공포정치가 끝난 다음 해에 발표한 『어헤니아 서』는 특히 혁명세력의 아이러니컬한 변모를 잘 부각시키고 있다. 이 작품에서 유리즌의 아들인 퓨전이 혁명아로 등장한다. 퓨전이 만든 "분노의 구체"(The Globe of Wrath)가 유리즌의 방패와 몸을 꿰뚫어 유리즌과 어헤니아의 분열을 가져온다. 여기에서 혁명아 퓨전의 한계를 확인할 수 있다. 진정한 혁명이 가져와야 할 통합 대신 분열을 초래하고 있는 것이다. 이 분열에 의해 생긴 어헤니아(쾌락 혹은 욕구)는 유리즌에 의하여 죄악시되고 질투의 산에 갇혀 '질병의 어머니'가 된다.

유리즌이 복수의 반격을 준비하는 것도 모른 채, 퓨전은 유리즌이 '분노의 구체'에 의해 죽었으리라 믿고 "내가 최고 존재인 왕이다!"라고 선언한다. 하나의 폭군을 제거한 혁명세력이 새로운 폭군으로 등장한 것이다. 이는 루이16세를 제거하고 또 다른 폭군이 된 로베스피에르나 이스라엘 민족을 이집트에서 해방시키기 위해서 파라오에 반항했던 혁명아 모세가 이러한 목적을 달성한 후 또 다른 파라오로 변하는 아이러니와 연결된다. 실제로 『어헤니아 서』에서는 반격을 시도하는 유리즌이 쏜 바위가 시나이산에 떨어지는 것으로 묘사되고 있다(BA3:45-6;E86).

한편 유리즌은 타락에 의하여 영원세계로부터 추락하여 화석화되면서 눈물을 흘리는데 이 눈물이 나무하나 자라게 한다. 이것이 바로 '신비의 나무'(Tree of Mystery)로 유리즌은 여기에 퓨전의 시체를 매단다. 이로써 하나의 순환주기가 완성되지만 혁명세력이 완전히 죽은 것은 아니다. 그들은 나중에 최후심판이 올 때 '신비의 나무'를 태우는 불씨의 역할을 하게 되는 것이다.

이처럼 하나의 혁명세력이 그들이 반대했던 세력처럼 변한다는 것은 영어로 혁명(revolution)이라는 단어가 품고 있는 "비극적 아이러니"(tragic irony)를 보여준다(Frye 218). 이 단어의 동사형은 원래의 위치로 다시 돌아간다는 의미를 갖고 있어 혁명이라는 단어 역시 순환성의 의미가 포함되어 있다고 하겠다.

혁명의 순환성은 '피커링 수고'(The Pickering Manuscript)에 실려 있는 「영적 여행자」("The Mental Traveller")의 인간역사에 대한 우화에서도 확인할 수 있다. 예수-프로메테우스로 연결되는 혁명아가 남자아이로 태어나 이 세력을 억제하는 여인의 수중에 들어가게 된다.

> 만약 아이가 소년으로 태어나게 되면
> 그는 나이 많은 여인에게 주어진다.
> 그녀는 그를 바위에 못 박아
> 그의 비명을 황금 컵에 받아낸다. (MT:9-12; E484)

> And if the Babe is born a Boy

He's given to a Woman Old,
Who nails him down upon a rock,
Catches his shrieks in cups of gold.

아이는 청년으로 자라면서 혁명세력이 자신을 묶었던 사슬을 풀어 점점 젊어지고 있던 여인을 묶는다. 다시 세월이 지나 청년이 나이 든 허수아비와 같은 존재("An aged Shadow")가 되었을 때 아이의 형상으로 나타난 여인은 그가 준 기저귀("Swadling-band")의 억압을 받는다. 이제 반대로 늙은 남자가 점점 젊어져 제멋대로의 아이("a wayward Babe")가 되는데 이 아이가 바로 오르크로 현상유지를 바라는 사람들에게는 공포의 대상이 된다.

그러나 그들이 찡그린 아이를 발견했을 때
공포가 광대한 지역을 강타한다.
그들은 "그 아이다! 그 아이가 태어났다!" 외치며
사방으로 달아나 버린다. (MT:93-96; E486)

But when they find the frowning Babe,
Terror strikes thro' the region wide:
They cry "The Babe! the Babe is Born!"
And flee away on Every side.

이처럼 혁명세력으로 탄생된 아이는 다시 맨 처음의 아이와 같은 과정을 겪는다.

아무도 그 찡그린 아이를 만지지 못한다.
늙은 여인을 제외하고는

그녀는 그를 바위 위에 못 박고
이제까지 말한 대로 모든 것이 진행된다. (MT:101-4; E486)

And none can touch that frowning form,
Except it be a Woman Old;
She nails him down upon the Rock,
And all is done as I have told.

이처럼 완성된 순환형태를 보이지는 않지만 퓨전과 같은 혁명세력의 변질은 「회색 수도승」("The Grey Monk")에 더 확연한 모습으로 그려져 있다.

복수의 손이 자주색 폭군이 달아난
침대를 찾아냈다.
쇠 손이 폭군의 머리를 짓이기고
그 대신 폭군이 되었다. (GM:33-36; E490)

The hand of Vengeance found the Bed
To which the Purple Tyrant fled;
The iron hand crush's the Tyrant's head
And became a Tyrant in his stead.

혁명의 순환성에 대한 언급은 『아메리카』에서도 찾을 수 있다. 오르크가 오류의 시간이 다 끝났다("The times are ended")고 선언하지만 (A8:2; E54) 엘비온의 천사는 그 시간이 다시 돌아올 것이라("the times are return'd upon thee")며 반발한다(A9:19; E54). 혁명이 있었지만 최후심판에 온전히 이르지 못했음을 함축한다. 사실 천사의 역병을 오르크가 영국으로 돌려 혁명에 성공하는듯하지만 하늘의 유리즌은 완전히 굴복하지 않고 오히려 축적된 눈("stored snows")과 얼음 잡지("icy magazines")로 혁명의 불꽃을 꺼버리려 한다(A16:9; E57). 12년 후에야 이 혁명의 불씨가 프랑스로 옮겨지지만 프랑스혁명도 위에서 언급한 바와 같이 새로운 폭군을 낳고 끝나버린다.

혁명이 이처럼 변질되는 것은 한두번의 일은 아니다. 그리스 신화에서 제우스에 대항하여 불을 훔쳤다가 바위에 묶인 혁명아 프로메테우스도 결국 제우스에게 영생의 비밀을 알려주고 풀려난다. 기득권 세력과 결탁 하는 것이다. 혁명아 모세도 시내 산에서 십계명을 받아오면서 새로운 압제자로 변한다. 혁명아 예수의 교회도 마찬가지, 곧 로마라는 거대한 정치권력의 비호 하에 인습화되어 오히려 인간의 의지와 욕구를 억압하는 세력으로 변해 버린다.

그러면 언제나 변모와 좌절로 끝나버리는 혁명을 표현하는 블레이크는 비관적인걸까? 그렇지 않다. 수많은 역사적 경험에도 불구하고 혁명 과 최후심판에 대한 믿음에는 변화가 없다. 정통 기독교에서 하나님의 섭리를 믿듯 그도 하나님 즉 참 인간의 영원성을 믿는다. 또 이 세상이 원래 타락에 의해 생긴 오류의 세상이므로 혁명은 곧 희망이자 구원이다. 이는 일출이나 동지(冬至)와도 같은 것이다. 자연계에는 이처럼 많은 순환이 있다. 오르크는 아침에 떠오르는 태양처럼, 겨울의 찬 눈을 녹이는 봄바람처럼, 끝없는 나락으로 잠기는 듯할 때 희망이요 구원으로 나타난다. 프라이는 혁명세력인 오르크의 의미를 다음과 같이 정리하고 있다.

Thus wept the Angel voice & as he wept the terrible blasts
Of trumpets, blew a loud alarm across the Atlantic deep.
No trumpets answer; no reply of clarions or of fifes,
Silent the Colonies remain and refuse the loud alarm.
On those vast shady hills between America & Albions shore;
Now barr'd out by the Atlantic sea: call'd Atlantean hills;
Because from their bright summits you may pass to the Golden worl
An ancient palace, archetype of mighty Emperies,
Rears its immortal pinnacles, built in the forest of God
By Ariston the king of beauty for his stolen bride.
Here on their magic seats the thirteen Angels sat perturb
For clouds from the Atlantic hover over the solemn roof.

「아메리카」의 제10도판

> 오르크는 블레이크의 프로메테우스일 뿐만 아니라 아도니스, 즉 그의 신화에서 죽어 다시 살아나는 신이다. 오르크는 새벽과 봄의 회복 그리고 모든 인간적 귀환의 비유이다. 지속적인 새 생명의 도래요 그것이 가져다주는 성적 그리고 재생적 힘의 거듭남이며 사회적 폭정의 주기적 전복이다. (207)

인류의 역사는 이러한 순환의 연속이다. 블레이크의 〈람베스 서〉에는 아프리카, 아메리카, 유럽, 아시아의 순서로 혁명의 순환이 진행된다. 실제 『로스의 노래』의 아프리카 편 마지막 행은 『아메리카』의 첫 행과 동일하다.

이와 같은 순환적 요소 이외에 오르크에게는 또 하나의 한계가 있다. 그것은 곧 잔인함이다. 그가 유리즌 즉 이성의 반대세력에서 등장한 것에서 유추할 수 있듯이 그에게는 열정의 열은 있으나 이성의 빛이 없다. 진정한 구원의 불이 되기 위해서는 열과 빛을 동시에 지니고 있어야 하는데 열은 있으나 빛은 없는("heat but not light")것이다(A4:11; E53). 때문에 오르크는 항상 전쟁을 수반한다. 전쟁을 노예화한 정열("energy Enslav'd")이라 부르는 것은 이 때문이다(FZ120:42; E390). 미국 독립혁명이나 프랑스 혁명 모두 전쟁을 수반했다. 그런데 이 전쟁은 수많은 인명피해는 물론이고 농토를 황폐화하고 결국에는 기근과 불황까지도 가져온다. 물론 블레이크는 전쟁의 책임은 오르크가 아니라 반혁명세력 즉 군주와 같은 압제세력이 져야한다고 생각하지만, 그럼에도 혁명이 전쟁에 의한 폭력을 수반한다는 한계를 부인할 수는 없다. 그러나 이는 어쩔 수가 없는 일이다. 오류의 도가 너무 심하기 때문에 커다란 파괴가 선행되지 않고는 진실이 드러나지 않고 그래서 받아들일 수도 없게 된다. 파괴성은 혁명의 어쩔 수 없는 속성으로 받아들여져야만 하는 것이다. 이러한 영웅적 한계("heroic fatality")는 곧 비극의 주인공들이 갖추고 있는 숭고함과 통한다(Paley 61). 불가항력적인 힘에 대항해 싸우다가 어쩔 수 없이 굴복하고야 마는 운명적 주인공들의 비장함을 혁명세력 역시 가지고 있는 것이다. 이로 인해 인류는 오류의 나락에 영원히 빠지지는 않게 되고 그래서 구원의 가능성도 열려있게 되는 것이다.

어떤 이는 블레이크가 정력에 의한 혁명에 한계를 느껴 후기시에서는 상상력에 더 관심을 갖게 되었다고 지적하고 있는데(Paley 88), 혁명이 상상력의 아들임을 고려해 볼 때 혁명에 부여한 블레이크의 기대가 완전히 쇠진할 수 없는 것임을 쉬 짐작할 수 있다. 또 다른 이는 혁명에 의한 종말에의 믿음이 상상력이나 인식의 변화에 의한 것으로 바뀌었음을 지적하고 있으나, 블레이크가 혁명에 부여한 의미가 이런 심리적, 인식론적 오류로부터의 해방을 포함하고 있음을 고려할 때 별개가 아니라 동일한 것의 두 가지 양태라 할 수 있는 것이다.

다만 블레이크는 혁명이 단순 외적활동에 그쳐 내적 거듭남을 수반하지 않을 경우 최후심판으로 이끌지 못하고 또 다른 혁명을 필요로 하는 오류에 빠진다는 것을 깨달았다. 때문에 내적 거듭남에 더 관심을 가졌을 뿐 혁명의 의미인 오류로부터의 해방을 부인했던 것은 아니다.

다음의 말을 정치적 희망의 '묘비명'으로 여기며 그가 정치혁명에 대한 기대에서 완전히 후퇴했다고 보는 사람들이 있는데(Bronowski 114), 이는 그가 방법상으로 해결될 수 없는 문제에 대해 일갈했을 뿐 정치 그 자체를 거부했던 것은 아니다.

나는 우리나라 사람들이 정치문제로 골머리를 앓는 모습을 보는 것이 유감스럽다. 현명한 사람이라면 아무리 제멋대로의 군주조차 그를 해칠 수 없다. 만약 현명하지 못하다면 아무리 자유를 존중하는 정부라도 폭정을 펼칠 수밖에 없다. 군주도 나에게는 바보로 보이며 하원이나 상원도 바보로 보일 뿐이다. 그들은 인간 삶이 아닌 다른 어떤 것으로 보이는 것이다. (PA19; E580)

I am really sorry to see my Countryman trouble themselves about Politics. If Men were Wise, the Most arbitrary Princes could not hurt them. If they are not wise, the Freest Government is compell'd to be a Tyranny. Princes appear to me to be Fools. Houses of Commons & Houses of Lords appear to me to be fools ; they seem to me to something Else besides Human Life.

블레이크가 이처럼 거듭남의 문제, 최후심판의 문제, 이에 연관된 혁명의 문제에 관심을 가지고 있었다는 것은 그가 얼마나 자기시대를 충실하게 살았으며 또 진지하게 고민했는가를 보여주는 증거가 되기도 한다.

그는 자기시대의 비인간적 오류를 절실히 느꼈고 이 오류에서 벗어나기를 그만큼 갈망했다. 그는 현 상태를 유지하려 하는 지배자들의 논리에 순응하지 않고 끝까지 인간적인 예언자의 소명을 버리지 않았다. 그러므로 하루 빨리 제거되어야 할 그에 관한 신화는, 그가 자기만의 세계에 침잠한 인물이라든가 역사적 현실에서 떠나 자기만의 망상 속에서 살아간 시인이라는 인식이다. 그러나 또 한가지 주의할 것은 그에 대한 이러한 신화를 깨기 위하여 시작된 연구가 블레이크 자신이 이미 자기화해버린 '근원자료'(sources)에만 몰두할 때 벌어진다. 이는 그를 하나의 실존적 인물로 부상시키지 못하고 다시 미궁 속으로 집어넣는 일이다. 한 작가나 시인에 대한 연구는 그 사람이 서 있었던 전통과 역사의 맥락 속에서 파악되어야 하지만 무엇보다 중요한 것은 작품을 통해서 그러한 작업이 이루어져야 한다는 것이다.

또 하나 지적할 것은 그가 뉴턴의 자연과학을 반대하기는 했지만 과학자체를 반대하지는 않았다는 점이다. 그는 후에 진정한 과학과 예술이 나라의 기초가 된다고 밝힌바 있다. 진정한 예술과 과학은 폭정과 나쁜 정부를 무너뜨리기 위한 초석이 된다(AnnRey; E636).

결국 그가 혁명을 통해 추구했던 것은 진정한 예술과 과학이 근간이 되는 사회의 건설이다. 이는 참된 상상력에 의해 가능한데, 이때의 참된 상상력이란 이성과 분리되지 않은, 그리하여 이성의 시녀노릇을 하지 않는 상태를 말한다.

이러한 상상력에 의하여 건설된 세계가 그의 후기시에 나오는 골고누자이다. 이 내용은 이 책의 후반부에서 자세히 다루게 될 것이다.

05
오르크에서 로스로
『네 개의 조아들』

『유리즌 서』, 『어해니아 서』 등 소위 〈람베스 서〉의 중심인물은 억압의 율법에 의거하여 단죄를 일삼는 유리즌과 이에 분노로 항거하는 오르크라 할 수 있다. 그러나 블레이크는 이런 식의 항거가 또 다른 억압의 세력을 양산하는 것이므로 이를 통하여 인간해방의 포괄적 비전을 제시하기는 어렵다는 생각을 하게 된다. 이에 이러한 분노의 항거와 궁극적 거듭남을 함께 아우를 수 있는 거대한 '체계'를 기획하게 된다. 그 결과가 바로 『네 개의 조아들』의 탄생이다. 그는 이 작품에서 거듭남을 위해 혁명으로 항거하는 오르크를 중심으로 한 〈람베스 서〉 식 이야기와, "자기 죽임"이라는 혁신의 창조적 생산활동을 통해 거듭나려는 로스 중심의 후기시의 이야기를 동시에 담으려 했다.

그러나 이 야심찬 계획은 미완성으로 끝나고 만다. 블레이크 스스로 예감하고 있었듯, 이런 식의 체계화가 그가 의도했던 비전의 세계와는 거리가 있었던 것이다. 체계화는 일반화의 다른 이름이다. 이는 또 다른 종류의 억압을 구조화할 뿐이다. 유의할 점은 이러한 거대 구조가 궁극적 종말을 전제로 해서만 가능하다는 점이다. 반복적인 종말을 상정하고 있는 블레이크로서는 이러한 비역사적인 태도를 수용할 수 없었을 것이다. 궁극적 종말은 '감미로운 황금나라'와 같은 내세(來世)를 가정한다. 내세는 초월적 신과 마찬가지로 현세에서 인간 본연의 욕망 충족을 억압하기 위해 기득권자들이 만들어낸 거짓 구호에 불과하다. '지금' '이곳'에서의 거듭남을 강조하는 블레이크로서는 이런 식의 체계화에 한계를 느낄 수밖에 없었다.

이 작품에서 로스가 본격적으로 등장한 시기는 오르크가 "뱀의 형상"을 띠면서부터이다(FZ7a-80.44; E356). 유리즌으로 대변되는 기존의 억압 논리를 "냉혹한 위선"(Cold hypocrisy: FZ7a-80.27; E356)이라 비판하며 혁명을 주도하던 오르크의 열정이 미래에 대한 전망이나 확신을 담보하지 못하여 파괴적 분노로 변질되어가는 시점이다. 이런 식의 분노는 오히려 지배세력의 현상유지를 돕게 된다. 비판세력 스스로가 비판의 빌미를 제공함으로써 결과적으로 그 비판 내용을 해체시키고 마는 것이다.

물론 로스도 오류로부터 온전히 자유로운 상태는 아니다.[24] 그는 에니사먼과의 분열로 인하여 "질투어린 탄식"(jealous lamemtation: FZ7a-81.22; E357)을 하고 있었다. 유리즌은 사탄이 되고 오르크는 신비의 나무에 올라 뱀의 형상으로 변해버렸으며 로스마저 질투에 휩싸여 있는 등 오류가 절정에 다다른 상황이라 할 수 있다. 블레이크의 변증법에 의하면 바로 이러한 극한의 상황이 바로 반전의 기회이다. 가장 약한 고리가 변혁의

---

24 나중에 로스의 한계를 다루는 대목에서 더 상세히 취급하겠지만, 이처럼 타락한 상태에서 온전히 자유로운 존재를 상정하는 것은 관념적이고 비역사적이다. 로스의 긍정적 의미는 오히려 스스로의 한계를 자신의 노력으로 극복해나가는 데 있는 것이다.

터전이 되는 혁명의 역설이 바로 이것이다. 실제 로스는 이러한 상황에서 이기심에 갇힌 자아를 소멸시키고 화합의 터전을 마련한다. 자신의 잘못을 뉘우치며 용서의 보시(布施)를 실천하는 것이다.

나 이제 준엄한 회개의 무게를 느낀다오
나의 에니사먼이여 그대의 애처롭게 부숴진 마음의 대문을 보고
그렇게 떨지마오 그대 존재의 바깥에서 스러지는
그림자처럼 보이니 오히려 보오! 쳐다보오! 안심하오!
그대의 시선 안으로 돌려 거기 하느님의 양을 보오
루버의 피묻은 옷을 입고 보속하기 위해 내려오는
오 어소나의 허상이여 안심하라 오 에니사먼이여
그대 공포와 전율과 경악을 멈출 수 없는가
나 이제 옛날의 악행 용서하고 그대 앞에 나타나니
왜 기억해내고 두려워하는가? (FZ7a-87.39-48; E369)

Now I feel the weight of stern repentance
Tremble not so my Enitharmon at the awful gates
Of thy poor broken Heart I see thee like a shadow withering
As on the outside of Existence but look! behold! take comfort!
Turn inwardly thine Eyes & there behold the Lamb of God
Clothed in Luvahs robes of blood descending to redeem
O Spectre of Urthona take comfort O Enitharmon
Couldst thou but cease from terror & trembling & affright
When I appear before thee in forgiveness of ancient injuries
Why shouldst thou remember & be afraid.

로스의 충고를 받아들인 에니사먼은 하느님의 어린 양을 발견하고 새로운 세계를 위한 골고누자의 건설에 기꺼이 동참하게 된다. 용서를 통하여 자신의 에머네이션과 조화를 이루게 된 로스는 놀랍게도 자신의 적인 유리즌에게 증오가 아니라 사랑을 느끼게 된다("he wonderd that he felt love & not hate": FZ7a-98.65; E371). '자기 죽임'을 통하여 영원세계에 다시 눈 뜨게 된 로스가 적을 용서하라는 예수의 가르침을 몸소 실천하게 된 것이다.

이후 이기적 자아로부터 해방된 조아들이 앨비언 안에서 다시 대통합을 이루어 거듭남의 종말에 이르는 것으로 『네 개의 조아들』은 끝을 맺는다. 그런데 여기서 우리가 유의할 점은 통합적 거듭남의 과정이 작품에서 매우 상세하게 그려지고 있다는 점이다. 이 점이 『예루살렘』과 독특하게 갈라지는 부분이라 할 수 있는데, 『예루살렘』에서는 마지막 거듭남의 순간이 비교적 간명하게 처리되고 있다. 앞서 밝힌 대로 『네 개의 조아들』이 인류의 타락에서 재통합의 거듭남에 이르는 전 과정을 포괄하려는 야심의 산물이라면, 『예루살렘』은 최후의 거듭남에 이르는 과정과 이를 위한 예술가 로스의 부단한 노력에 비중을 두고 있기 때문이다. 전자가 전체의 체계를 염두에 두고 조직적인 신화의 형상화에 초점을 맞추고 있다면 후자는 실제 역사의 현장에서 거듭남의 가능성을 견지하기 위하여 어떤 실천적인 자세가 필요한가에 더 많은 비중을 두고 있다. 전자가 추상적 철학을 지향하고 있지는 않더라도 그것을 결과했다면 후자는 현실세계에서 필요한 비전 제시를 그 목표로 하고 있는 것이다.

왜 블레이크는 중심인물을 분노의 정열 오르크로부터 용서를 실천하는 예술가 로스로 변경하였을까? 이 중심이동이 지니는 의미는 무엇인가? 블레이크의 사고에 획기적인 변화가 있었던 것인가? 이에 관한 논의가 그의 후기시 이해에 매우 중요하리라는 것은 빈도나 비중에서도 확인할 수 있다. 이를 정연하게 정리하는 것은 불가능한 것처럼 보인다. 그만큼 논의가 복잡하게 전개되고 있다는 말이다. 그러나 몇몇 문제점을 중심으로 중요한 논점들은 정리할 수는 있을 것이다.

우선 떨쳐버려야 할 '신화'는 오르크로 대변되는 혁명에 대한 환멸이 그 원인이라는 진단이다. 혁명의 한계에 대한 블레이크의 사유는 이미 『천국과 지옥의 결혼』 및 〈람베스 서〉 시절부터 잠재하고 있었다. 그것은 완악한 오류의 지배체제를 해체하는 데 일정부분 기여할 수 있다. 그러나 그것만으로 거듭남이 바로 보장되는 것은 아니다. 로스도 마찬가지이지만, 오르크도 처음부터 한계가 있는 존재로 등장하는 것이다.

오히려 이때 주목해야 할 점은 블레이크의 역사적이고 변증법적인 현실 인식이다. 오르크나 로스는 모두 블레이크가 파악하고 있던 당시의 역사적 현실에 대한 변증법적 대응의 산물이라 할 수 있다. 천국의 원리만이 강조되는 상황에서는 지옥의 원리를 강변해야 하는 것처럼, 구조적 변혁(혁명)의 무위성이 강조되고 있는 상황에서는 그 당위적 의미를, 전 사회적 대응(전쟁)을 강압하는 상황에서는 그 파행적 역기능을 드러내어 강조하는 것이 예언적 선지자의 역할이다. 블레이크의 예술적 노력은 이러한 구체적인 역사적 상황의 변화에 대한 역동적 대응과 연관되어 있는 것이다.

그러므로 이러한 중심이동으로 인해 "삶이 정치 사회적인 문제가 아니라 인간정신의 문제임을 주목"하고 종교로 관심을 전환하게 되었다고, 그리하여 후기 블레이크는 "세상을 일거에 초탈하려는 은자(隱者)나 현인(賢人)의 그것에 가까왔"다고 단정하는 것은 성급한 일이 될 것이다(김종철 254). 이러한 진단은 '최후의 심판'이 극적이거나 외적인 현상이 아님을 깨닫고 1804년 이후 "내면의 투쟁"(the struggle within himself)에 전념하게 되었다는 블룸의 진단과도 연결되는데(1963, 87), 블레이크는 내적인 것과 외적인 것이 불가분의 관계를 맺고 있으며 오히려 이런 식의 이분법적 사고가 오류의 출발점이라 여겼다. 마찬가지로 그는 종교도 정치, 도덕, 인간심리 등과 밀접한 관계를 갖는 것으로 간주하였으며, 이러한 것들과 무관하게 존재하는 인습적 종교, 종교를 위한 종교에 대한 분노는 후기시에 이르러 더 강화되고 구체화되었다.

다만 지적할 수 있는 것은, 명예혁명과 그 이후 '실패의 역사'에 직면하여 시인 자신의 역할에 대해 고민하게 된 밀턴과 마찬가지로 블레이크도 프랑스혁명의 변질과 점점 더 심화되어 가는 자본주의 및 산업화 과정에서 진정한 거듭남을 위한 시인 예언가의 역할에 대해 본격적인 고민을 하게 되었다는 것, 그 결과로 시인 예언자가 중심인물로 등장하는 『밀턴』이나 『예루살렘』이 탄생하게 되었다는 점이다.

오르크와 로스의 대비적 의미를 유럽문화의 두 축인 헬레니즘과 헤브라이즘에 연결시켜 설명하는 프라이의 설명은 이런 의미에서 볼 때 매우 시사적이다.

> 헬레니즘 문학은 호머의 명료한 비전으로부터의 점진적인 쇠퇴를 보여 준다...... 성경에서도 이와 유사한 것을 볼 수 있다..... 그러나 성경의 독특한 호소력은 그것이 지닌 추상적 사고에 대한 저항과 긴밀하게 연결되어 있다. 그리고 이 저항은 대부분이 헤브라이 예언가와 시인들이 오르크의 순환을 따라 유리즌의 정교한 타락으로 빠져들기를 거부하고, 역사적 · 종교적 비전을 지속적으로 재창조했다는 사실에 기인한다. 따라서 헬레니즘 문화가 오르크의 순환에 대한 블레이크의 이론을 설명해준다고 할 수 있다. 헤브라

「밀턴」의 제32도판

> 이 문화는 그의 다른 교리 즉 역사 및 전통을 영원의 비전과 결합시키는 것, 그의 상징 체계에서 로스에 의한 어소나 스펙터의 억제로 그려지는 시간의 잔해를 영원의 저택으로 구축하는 것을 예시해준다. (1947, 317-18)

오르크적 분노의 대응은 단죄로 흐르기 쉽다. 스스로가 비판하고 있는 대상과 흡사해지기 쉬운 것이다. 쇼어러가 적절히 지적하고 있는 것처럼 루소나 볼테르의 "자코뱅식 비판"은 사탄, 루터, 캘빈이 저지른 잘못을 새로운 형태로 반복하는 것이기 쉽다(353). 블레이크가 『예루살렘』의 곳곳에서 주장하고 있듯이 "그들은 자신들이 목격한 사람들을 닮아"(they became what they beheld; J30.54; E177; J32.9; J32.14; J32.15; E178)버리는 것이다. 이는 오히려 거듭남을 방해하는 것으로 기능한다. 응징의 대상들과 똑같이 단선적 시각에 사로잡히게 되기 때문이다. 이로부터 벗어나기 위해서는 변증법적 대응이 필요하다. 이는 창조적 상상력을 통해서만 가능하다. 응징의 분노가 아니라 감싸안으며 함께 거듭날 수 있는 용서의 작업이 요구되는 것이다.

오르크에서 로스로의 중심이동이라는 명제는 자연스럽게 블레이크 연구에서 중요한 쟁점중의 하나인 '내적 일관성' 유무에 관한 논의와 연결된다. 이 논의의 흐름은 매우 복잡한 형태로 진행되고 있어 일목요연한 정리가 불가능해 보인다. 그러나 그 대체적인 가닥을 추려보는 것이 아주 불가능한 것만은 아니다.

블레이크 시세계의 내적 일관성을 강조하는 이들은 대체로 소위 '블레이크 산업'(Blake Industry)의 견인차 역할을 해온 사람들이다. 독특하면서도 나름의 체계를 갖춘 상징세계를 상정하는 대몬이나, 블레이크 작품세계를 "통합된 하나"(a unified whole)로 간주하는 프라이 등 '내부적 분석'을 시도해온 비평가들이 바로 그들이다. 블레이크 연구사를 세 시기로 구분하여 정리하는 모스칼의 구분에 의하면 이들은 블레이크 연구에 있어 제2기에 속하는 사람들이다(1988, 6). 이들은, 초기 작품을 제대로 이해하기 위해서는 후기시에서 본격적으로 펼치고 있는 상징적 신화체계를 그 중요한 '문맥'으로 참조해야 한다고 주장한다.

심각한 변화가 있었음을 주장하는 부류는 다시 두 종류로 나눌 수 있다. 그 하나는 현실역사와의 깊은 관련성을 강조하는 브로놉스키, 어드만, 쇼어러, 미, 톰슨 등 소위 '외부적 분석'을 지향하는 평자들이다. 어드만과 쇼어러를 예외로 한다면 이들은 대부분 현실 역사에 대한 인유가 좀 더 분명한 형태로 드러나는 초기 작품들의 분석에 자신들의 관심을 한정시키고 있다. 기대했던 프랑스 혁명의 변질, 전시상황으로 인한 억압적 분위기의 심화, 블레이크 자신이 겪은 '선동죄 재판' 등이 원인이 되어 정치현실에 대한 관심을 거두게 되었거나 아니면 적어도 그 표현을 우회적으로 하게된 후기시에서는 초기시나 〈람베스 서〉에서 맛볼 수 있었던 당대 역사와의 활발한 조우를 확인할 수 없게 되었다는 것이다.

'내적 일관성'의 결여를 강조하는 또 하나의 부류는 종교와 예술에 대한 블레이크의 관심이 후기에 들어 강화되었다고 주장하는 이들이다. 이들은 다시 모스칼이나 로크리지처럼 작품의 윤리적 의미에 초점을 맞춘 분석을 시도하는 평자들과, 캔토(Paul Cantor)와 이브즈(Morris Eaves)처럼 블레이크의 미학 혹은 예술론에 관심을 집중하고 있는 이들로 대별할 수 있다. 여기서 다시 모스칼의 블레이크 연구사에 대한 시기 구분을 원용하면, 블레이크 시세계의 본질적인 변화를 강조하는 이들은 각각 제1기와 제3기에 속한다고 할 수 있다. 모스칼 자신은 에너지에 대한 강조에서 상상력을 중시하는 것으로 중심이동을 주장하는 미첼과 함께 제3기에 속한다는 것이다(1988, 6-7).

이러한 논의에 댐로쉬의 입장이 하나 더 추가될 수 있겠다. 그의 주장에 따르면 큰 변화가 없었다는 정통적 입장이나 변화가 있었으되 발전단계마다 나름의 일관성이 있었다는 '수정주의' 입장 모두가 핵심을 놓치고 있다. 블레이크 체계의 핵심은 그 안에 강한 모순을 내포하고 있으며 이러한 모순을 해소하기 위해 불굴의 노력을 아끼지 않는 데에 그 힘과 가치가 있다는 것이다. 서구사상의 핵심에 내재하는 해소되지 않는 긴장과 모순의 분열을 딛고 통합으로 거듭나려는 산물이 바로 블레이크 시세계임을 강조하는 그는 아울러, 이러한 모순에 대한 해명을 유보한 채 찬양에만 열심인 연구경향의 문제점을 지적하고 있다(2-4).

블레이크 연구에서는 '해독'(deciphering)보다는 '해석'(interpretation)이 필요하며, '열려라 참깨!'식의 결정적 열쇠("open-sesame formula")가 없음을 강조하는 댐로쉬도, 후기시의 특징을 "급진적이지만 정치적이지는 않은"(radical but not political) 것에서 찾는 등, '정치적 정적주의'로의 변화를 일정 정도 인정하고 있다(4-9, 341).

철두철미하게 변증법적인 블레이크에게 변화가 없었다고 주장하는 것은 시인 자신에게도 모욕적인 일일 것이다. 정태적 인식태도의 한계를 지적하며 스스로 이것에서 벗어나기 위해 끊임없는 자기반성을 겸하였던 그에게 변화는 당연한 것이다. 중요한 것은 무엇이 변하였는가 하는 점이다. 본질적인 것이 변한 것인가? 아니면 본질은 여전하고 그 외형적 형태나 방법론이 변한 것인가?

여기서 우리는 관련한 논의의 정치적 함의를 잠시 살펴볼 필요가 있겠다. 일관성을 강조하는 사람들은 블레이크에 대한 평가절하가 이루어지지나 않을까 하는 조바심에 사로잡혀 있던 것은 아닌가? 그를 미치광이 취급했던 전력이 변화의 가능성으로부터 눈을 돌리게 한 것은 아닌가? 일관성을 부인하는 사람들의 경우, 정치적인 요소를 부정적인 것으로 간주하는 보수적 문학 이데올로기가 작용하고 있었던 것은 아닌가? 정치적인 것을 중시했던 초기의 '오류'를 후기에 들어서 극복했다는 것을 증명함으로써 블레이크를 올바른 문학의 전범으로 내세우려는 의도는 아닌가? 반대로 정치 역사적인 것을 중시하는 경우, 전기의 작품을 바람직한 것으로, 후기의 작품을 퇴행적인 것으로 간주하고 있는 것은 아닌가? 김종철의 경우가 그렇고, 존 미나 톰슨이 『밀턴』이나 『예루살렘』에 대한 관심이 부족하고 그 평가에 있어서도 인색한 것은 이와 연관되는 것은 아닌가?

이런 식의 의문에 명쾌한 답을 제시하는 일은 물론 간단한 일은 아니다. 다만 지적하고 싶은 것은 다음의 사실들이다. 즉 변화는 인정하되 그것이 본질적인 것이 아니며, 어제가 잘못이고 오늘이 옳다는 식의 이분법적 차원이 아니라 초기의 것들을 더욱 심화 발전시킨 것이라는 점, 정치적인 것을 타기의 대상으로 여긴 것이 아니라 사회제도나 구조의 변화에 국한시키지 않고 복잡 미묘한 인간 심리와 연관하여 확대 해석하게 되었다는 점, 세상 모든 일이 서로 복잡하게 얽혀있기 때문에 단선적 차원의 해결책은 또 다른 문제를 야기한다는 깨달음과 이 변화가 깊은 연관이 있다는 점, 그래서 변증법적 시각의 확보를 역설하고 이를 위해 용서의 마음을 갖추는, 용서의 능력을 키워나가는 창조적 자세를 후기시에서 특히 강조하게 되었다는 점 등이다.

이를 다시 분노와 용서의 개념으로 정리해보자. 이때 유의할 점은, '분노의 역동성'에서 이미 살펴보았듯이, 분노가 용서의 적대적 개념이 아니라는 사실이다. 분노는 용서에 앞서 먼저 나타나는 정직한 정서적 반

거듭난 엘비언의 모습

응이다. 문제는 이처럼 정직하고 자연스러운 정서를 파괴적으로 흐르도록 방치할 것이냐 아니면 창조의 원동력으로 응집할 것이냐에 있다. 블레이크에게는 용서를 근거로 끊임없이 창조작업을 수행하는 로스가 새로운 메시아적 존재이며 오르크는 진정한 메시아의 출현을 예비하는 세례요한과 같은 존재라 할 수 있다. 따라서 오르크로부터 로스로의 중심이동을 단절이나 내적 일관성의 결여로 확대 해석할 일이 아니다. 이를 정치적인 헌신으로부터의 후퇴로 보는 것도 기능상의 유사점을 무시한 결과라 할 수 있다. 미가 지적하고 있는 것처럼, 후기시에서 그리스도나 기독교적 장치에 좀 더 적극적인 의미를 부여하고 있는 것은 사실이다 (1992, 106-7). 그렇다고 결코 인습적 교회에 대한 비판의 열기가 식은 것은 아니다. 『예루살렘』 곳곳에서 확인할 수 있듯이 '국가종교'에 대한 블레이크의 분노는 더욱 심화되고 그 비판도 구체화하고 있다.

또한 이러한 변화를 정치로부터 미학으로의 중심이동, 혹은 예술의 구원 기능에 대한 믿음으로의 방향전환으로 파악하는 캔토의 주장에도 무리가 있기는 마찬가지이다(60). 물론 로스는 예술가 즉 "옛시인적 존재"(bardic figure)이다. 그러나 옛날의 시인들이 공공의 정치적 역할을 수행했음을 간과해서는 안될 것이다.[25] 블레이크는 자본주의적 분업화의 심화과정에서 나타날 수 있는 시인 예술가들의 사회적 정치적 기능의 위축을 예감하고 있었던 것 같다. 오류의 잠에 빠진 앨비언이 더욱

25 대본이 지적하고 있는 것처럼 블레이크는 이 '옛시인'의 개념을 그레이(Thomas Gray)에서 빌어왔다. 이는 켈트족의 시인-예언자로 대단한 권위를 지닌 존재이다. 그레이의 '옛시인'은 에드워드 3세(Edward III)에 의한 살육에서 마지막까지 살아남은 자로 이 정복자의 패망을 예언하며 끝까지 대항하여 싸운 전사-시인이다. 블레이크가 이에 관한 그림을 여러장 그린 데에서도 이에 대한 그의 관심과 심도 있는 의미부여를 확인할 수 있다. 대본 36 참조.

심각한 타락의 상태에 빠져 깨어날 수 없는 지경에 이르는 것을 막기 위해 밤새워 불침번을 서는 이로 예언적 시인 로스를 내세운 것은 이러한 경계심과 무관하지 않다.

이런 의미에서 본다면 로스의 적대적 존재는 오르크가 아니라 퓨전이라 할 수 있다. 획기적 변화가 있었음을 강조하는 주장의 저변에는 이 퓨전과 오르크를 혼동하는 잘못된 전제가 자리하고 있다. 〈람베스 서〉에서 확인할 수 있듯이 이 둘은 전혀 다른 인물이다. 오르크가 정직한 분노 자체를 상징하는 인물이라면 퓨전은 그것이 부정적으로 퇴행한 인물이다. 블레이크 초기시의 중심인물은 퓨전이 아니라 오르크다. 중심이동이 퓨전으로부터 로스로 진행되었다고 주장하는 평자는 물론 없다. 문제는 오르크로부터 로스로의 중심이동을 역설하면서도 오르크의 성격이나 기능을 퓨전의 것과 혼동하여 정리하고 있다는 데 있다.

퓨전은 오히려 오르크가 대항하는 유리즌과 같은 존재이다. 『어헤니아 서』에서 그가 유리즌을 폐위시키는 데 성공하고 "나는 모든 것들의 최고인 신이다" (I am God..., eldest of things!; E86)라고 선언하는 부분에서도 확인할 수 있듯이 그의 승리는 "유리즌적 세계질서의 지속"(a continuation of the Urizenic world order)에 다름 아니다(Mee 1992, 194). 프라이와는 달리 퓨전의 로베스피에르와의 연계성을 부인하는 미는 시나이 산에서 십계명을 받고 '법을 세우는 자'(lawgiver)로 둔갑한 모세에게서 그 모델을 찾는다(Frye 214, Mee 1992, 191-14). 그녀의 설명에 의하면 이 작품에서 모세를 부정적으로 그리는 블레이크의 입장은, 모세를 "가장 극악한 잔학행위를 저지른 자"(the perpetrator of some of the worst atrocity)로 여기는 페인(Tom Paine)의 입장과 흡사하다. 페인에 의하면, 모든 인습화한 종교에는 신의 밀사임을 자처하는 퓨전적 인물이 있게 마련인데 이들이야말로 국가종교의 관행을 지속시키는 데 가장 중요한 역할을 한다는 것이다.

> 모든 국가교회 혹은 종교는 특정 개인들에게만 전달된 신의 특별 지령이 있는 양 가장함으로써 스스로를 확립시켜왔다. 마치 신의 길이 만인에게 똑같이 열려있지 않기나 한 듯이. 유태인들에게는 모세가 있고, 기독교도들에게는 예수와 사도들과 성자들이 있으며, 터키인들은 마호메트가 있는 것이다.[26]

프랑스 혁명과 미국 독립전쟁의 차이점을 각각 퓨전적인 것과 오르크적인 것으로 구분하는 페인의 입장을 적극 수용하는 미는 당시의 급진주의 논쟁에서 블레이크식 '수사법'의 문맥을 찾는다. 왕정복고 이후 위험시되어 오던 급진주의 전통은 미국 독립혁명과 프랑스 혁명을 거치면서 잠복기를 마감하고 논쟁의 표면으로 떠오른다. 미의 설명에 의하면 이 때 득세하기 시작한 것이 바로 "전(前) 지복천년설"(pre-millennialism)이다. 일반 민중들을 주 지지기반으로 하는 이 급진적 믿음은 세상의 급격하고 총체적인 변화를 신봉했으며 프랑스 혁명을 바로 그런 혁명적 변화의 전조로 여겼다. 페일리와 톰슨 등이 블레이크의 급진주의적 사고의 근거로 지목하는 랜터즈(Ranters)나 머글턴주의자들(Muggletonians)이 그 대표적인 예라 할 수 있겠는데(Paley 1983, 123-31; Thomson 1991, 411-40; 1993, 10-64), 엘리야와 같은 선지자의 즉각적인 출현을 기대했던 그들 사이에는 브라더즈(Richard Brothers)처럼 그

---

26 『토마스 페인 전집』(*The Complete Works of Thomas Paine*) ii, 465. Mee 1992, 198에서 재인용.

러한 선지자를 자임하는 사람들이 나타나게 마련이다.

그러나 프랑스 혁명세력들의 변질로 열기를 점차 잃어가던 그들은 점점 강화되는 정치적 탄압으로 인해 다시 잠복하게 된다. 페일리의 설명에 의하면, 이들에 적극 동조했던 블레이크도 브라더즈의 체포 이후 자신의 급진주의적 사고에 일정한 방향전환을 하게 된다는 것이다. 브라더즈와 같은 단죄의 대상이 될까 두려워한 블레이크는 이후 자신의 출판작업에도 신중을 기하게 되는데 그렇다고 급진주의 자체를 포기한 것은 아니다(1983, 131-2). 이때 그가 눈을 돌리게 된것이 진보적인 지식인들 사이에 널리 퍼져있던 "후(後) 지복천년설"(post-millennialism)이다. 세상의 점진적 변혁을 신봉했던 이들은 이 변혁 자체도 외부로부터 갑작스럽게 주어지는 것이 아니라 인간의 꾸준한 노력에 의하여 성취될 수 있음을 강조한다. 절망적인 상황에서도 이에 굴하지 않고 불굴의 의지로 거듭남의 변혁을 위한 창조작업을 지속하는 로스와 같은 인물의 등장은 이러한 사태의 변화와 밀접하게 연관되어 있다는 것이다. 미의 설명을 더 들어보자.

> 비록 그 수사학이 주로 묵시록의 보수적 판본에 맞서는 기능을 하고 있기는 하지만 그것은 기적적인 재림 예수의 많은 특질을 보유한 오르크에 의존하고 있다. 이와는 대조적으로 로스의 투쟁은 훨씬 인간화된 모습으로 펼쳐진다. 그는 용광로에서 작업하는 육체 노동자이며 유리즌을 극복하려는 그의 투쟁은 지연되고 있고 때로는 역효과를 낳기도 한다. 오르크와 로스의 구분은 상이한 종류의 지복천년설과 연계시킬 수 있다. 로스가 개념상 노동에 있어 인간 행위자의 실행을 강조하는 후-지복천년주의자이라면, 오르크는 세상의 급격한 총체적 변혁을 신봉하는 보다 대중적인 전-지복천년설과 더 근접해 있는 것이다. (1992, 184-5)

미의 지적에서도 확인할 수 있듯이 중심이 오르크에서 로스로 이동하였다고 하여 새로운 세상을 염원하는 블레이크의 진보적 사고에 근본적인 수정이 가해진 것은 아니다. 블레이크는 브라더즈처럼 급격한 변화가 일거에 이루어지리라 기대하는 것도 무망한 일이라고 비판한다. 또 하나 그가 우려했던 것은 그러한 조급함 속에 내재할 수 있는 단선적 사고와 그로 인한 독선(self-righteousness)과 단죄의 잘못이라 할 수 있다. 실제 브라더즈 처형 이후 급진주의적 전통은 파행적으로 흐르게 되는데, 스스로 실로(Shiloh)라는 구세주를 잉태했다고 주장한 사우스코트(Johanna Southcott)와 같은 인물의 등장도 이와 무관하지 않다(Paley 1983, 133-5). 이들은 브라더즈처럼 사회정의의 실현을 촉구하지도 않고 오로지 신앙을 통한 일신의 구원에만 관심을 기울이는 종교주의로 함몰된다.

로스의 등장은 이러한 퇴행적 행태에 대한 염려와도 연관된다. 인간의 의식적인 노력 없이는 어떠한 구원도 바랄 수 없다. 인간의 노력이 거듭남의 구원을 담보할 수 있는 충분조건은 아니지만 없어서는 안되는 필요조건이라는 것을 부인할 수는 없다. 대장장이 로스의 노력만으로 앨비언이 온전히 다시 태어나는 궁극적 구원이 찾아오는 것은 아니다. 그의 임무는 앨비언이 잠들어 있는 절망의 상황에서도 희망의 불씨를 꺼트리지 않기 위해 필사의 노력을 하는 것이다. 구원의 가능성을 열어놓는 것이다. 현실주의자인 블레이크에게는 궁극적 구원을 운위하며 인간적 삶의 조건을 무시하는 것이 인습화한 국가종교에서 자행하는 혹세무민(惑世誣民)의 하나일 뿐이다. 이는 인간 본연의 욕망과 정열을 억압하는 빌미가 된다. 그가 사우스코트의 처녀잉태설에 냉소적인 태도를 취했던 것도 그것이 독신생활을 암암리에 찬양함으로써 결과적으로는 인간의 감각적 즐거움을 매도하는 억압적 윤리와 연결될 수 있기 때문이다(Paley 1983,

134).[27]

블레이크는 오르크도 로스도 자신이 그리는 새로운 세상을 온전히 담보해주는 이상적 존재로 그리지는 않았다. 오류의 상황에 정직하고 성실하게 대응하는, 그러면서도 일정한 한계를 지니고 있는 존재로 상정하고 있을 뿐이다. 이들의 모습이 바로 격변의 상황에서 좀 더 나은 사회 건설을 위해 매진하는 유한한 우리 인간들의 모습이다. 오르크 중심으로 해방을 꿈꾸다가 이에 좌절하여 로스라는 인물을 창조해낸 것이 아니다. 사람들로 하여금 유리즌적 오류에 눈뜨게 하는 데는 오르크의 정직한 분노만큼 효과적인 것도 없다. 그러나 그것이 아무리 정직한 것이라 해도 분노만으로 문제가 해결될 수는 없다. 분노의 불길은 재창조를 위한 정화의 역할을 수행할 수도 있지만 파괴적인 것에 머무를 수도 있다. 모든 것이 양면적이듯 오르크 또한 양면적 속성을 동시에 지니고 있는 것이다.

로스도 한계를 지니고 있기는 마찬가지이다. 그 또한 언제라도 타락할 수 있는 존재이다. 타락한 상황에서는 예언적 시인인 예술가라고 해도 온전할 수 없다. 그 또한 그 타락한 조건에 끊임없이 영향을 받기 때문이다. 그의 존재가 의미있는 것은 그가 그 타락의 상태로부터 완전히 자유롭기 때문이 아니다. 그 상태에 좌절하거나 이를 회피하지 않고 맞서며 그 본질을 정확하게 인식하여 그로부터 벗어날 수 있는 길을 불굴의 의지로 모색한다는 데 있다. 더 이상 거듭남이 불가능한 상태--블레이크는 이를 울로(Ulro) 즉 영원한 죽음("Eternal Death")의 상태라 부르는데--로 빠지지

---

27 Paley 133-35 참조. 이에 대한 블레이크의 태도는 『예루살렘』에서 그웬돌렌의 처녀 잉태에 대한 묘사나 「처녀 마리아 조한나 사우스코트의 처녀성에 관하여」("On the Virginity of the Virgin Mary & Johanna Southcott")라는 제목의 출판되지 않은 시에서도 확인할 수 있다. J82:5-9; E239; E502 참조.

않도록 경계를 느슨하게 하지 않는 데 있는 것이다. 인간은 노력하는 한 방황하게 되어 있다. 방황을 한다는 것은 무엇인가를 위해 노력하고 있다는 증거이다. '난세'의 예언적 시인 로스의 의미는 바로 이처럼 끊임없이 방황하면서도 결코 절망하지 않으려는 데서 확인할 수 있다.

이때 로스에게 희망의 비전을 간직할 수 있게 해주는 것이 바로 "나는 부활이요 생명"(I am the Resurrection & the Life)이며 "내가 항상 그대와 함께 있겠노라"(I am always with thee!)라고 약속한 예수의 말이다. 그런데 예수의 정신은 바로 죄에 대한 끊임없는 용서에 있다("The Spirit of Jesus is continual forgiveness of Sin." J3;E145). 희망의 불씨를 유지하기 위해 필요한 것이 바로 용서인 것이다. 반면 로스의 다른 모습이라 할 수 있는 그의 스펙터는 절망의 화신이다("O that I could cease to be! Despair! I am Despair" J10.51; E153). 로스 내부에 절망으로의 유혹이 내재하고 있는 것이다. 그러나 로스는 이를 부단한 노력을 통해 극복한다.

여기에는 끊임없는 기대와 실망속에서도 언제나 희망을 버리지 않으려 발버둥 쳐온 블레이크 자신의 모습이 투영되어 있다. 작품 『밀턴』이 자신의 작품을 이해하지 못하는 당대의 독자들에 대한 블레이크의 실망과, 언젠가는 이 작품의 "무한한 속성"(infinite nature)을 그들이 수용하게 되리라는 희망에 근거하고 있다는 이어손의 주장이 타당성을 얻는 것도 이 때문이다(326). 다만 보충할 것이 있다면, 이것이 『밀턴』에게만 해당되는 것이 아니라는 점, 또 실망과 희망이 독자에게만 향한 것이 아니라는 점이다.

블룸은 『예루살렘』을 "타락한 상태에 대한 우주적 개관을 시도한 긴 경험의 노래"(a long Song of Experience that attempts a cosmic survey of the fallen condition)라 칭한 바 있다(1983, 365). 이때 '경험의 노래'라 함

아담과 이브에 대한 심판

은 이 작품이 환멸이나 좌절의 탄식으로 구성되어 있다는 의미가 아니다. 비록 더디고 힘들지만 앨비언은 결국 작품의 끝에 이르러 오류의 잠에서 깨어난다. 시 곳곳에서 확인할 수 있는 파편화와 고립화로 인한 고뇌에도 불구하고 궁극적인 재결합으로 마무리되고 있는 것이다. '경험의 노래'라 한 것은 그 재결합으로의 여정이 너무도 힘들고 절망스러울 정도로 지체되는 모습으로 그려지고 있기 때문일 것이다.

따라서 이 작품을 낙관적이라 평할 때 이러한 '행복한 끝맺음'(happy ending) 못지않게 비중을 두어야 할 점이 바로 블레이크의 분신인 로스의 좌절하지 않는 모습이다. 로크리지가 블레이크를 대표적인 낭만적 낙관론자로 단정할 수 있었던 것은 바로 이러한 점에 주목했기 때문이다(157-8). 인간이 빠질 수 있는 오류나 악은 본질적인 것이 아니라 우연한 것이다. 인간의 상상력을 통하여 얼마든지 극복할 수 있는 일시적 현상에 지나지 않는 것이다. 그러나 그 과정은 결코 만만치 않다. 후기시의 복잡한 구조와 수사법은 이러한 어려움과 무관하지 않다. 쉬운 길에 안주하려는 태도는 것은 또 다른 오류의 길로 빠지기 쉽다. 스스로에 대한 끊임없는 반성을 요구하는 것은 이러한 잘못에서 벗어나기 위해서이다. 후기시의 난해성이 쉽게 '반민중적'인 것으로 매도될 수 없는 이유도 여기에 있다.

06

밀턴을 향한 영적 여행

『밀턴』

1. 희망 윤리와 해방 미학

왜 블레이크가 그처럼 집요하게 용서를 강조하게 되었는가 하는 식의 문제제기는 전기(傳記)적 환원론에 빠질 위험성을 분명 지니고 있다(Kazin 50-5). 하지만 전기적 사실을 "실 뭉치로 감기만" 하면 "천국의 대문으로 이끌어줄" "황금 줄의 실마리"로 여기지만 않는다면 그것이 복잡한 후기시의 세계를 이해하는 데 중요한 단서를 제공해 주리라는 것을 부인할 수는 없을 것이다(J77; E231). 거의 동시대에 쓰인 『밀턴』과 『예루살렘』의 경우 비평가들이 작품에 대한 본격적인 논의에 앞서 탄생 배경부터 살피는 것은 이러한 이유에서라 할 수 있다.

당시 블레이크가 처한 상황을 요약하면, 그것은 기대와 낙담, 혹은 희망과 절망의 끊임없는 반복이라 할 수 있다. 좌절을 안긴 원인 제공자에 대한 분노와 단죄, 이러한 자신의 한계에 대한 반성과 후회, 이러한 것들이 펠팜에서 살다가 다시 런던으로 돌아와 의욕적으로 활동을 구상하던 1800년대 전후 블레이크의 전기를 구성하는 주된 인자들이다.

"육적인 친구"(corporeal friends)이자 "영적인 적"(spiritual enemies)(M4.26; E98, J44.10; E193)의 대표적 예로 그려지는 헤일리(William Hayley)의 후원 아래 한적한 바닷가에서 누린 삼년의 휴식은 블레이크의 생애에서 가장 중요한 전환기라 할 수 있다(J.3; E145). 북적거리는 런던에서 예술가로 입신하려던 블레이크의 꿈은 "우상 파괴적"이며 고집스럽고 독특한 그의 예술에 대한 세상의 몰이해로 인하여 좌절하고 만다.[28]

당시 그는 이미 『순수와 경험의 노래』를 비롯하여 소위 〈람베스 서〉라 불리는 '작은 예언시'들을 자신의 독특한 제작방법으로 출판하였다. 하지만 그의 주된 경제적 수입은 여전히 다른 시인들의 작품에 밑그림 도판을 제작하는 것에 의존하고 있었다. 그러나 예술혼을 온전히 표현할 수 없었던 이 도판 제작에서도 그는 크게 주목을 받지 못한다. 친구인 컴벌랜드(George Cumberland)에게 보낸 편지 등에서 그는 자주 자신의 불우함을 토로하곤 했다. 허나 절망에 빠지지 않으려 스스로를 추스르는 일도 잊지 않고 있다(ToCum, Aug. 26, 1799; E 704).

절망하지 않으려는 불굴의 의지에도 불구하고 그의 처지는 좀처럼 개선되지 않는다. 헤일리의 아들 알폰소(Thomas Alphonso)의 돌연한 죽음을 계기로 급격히 가까워진 헤일리와의 관계도 상황을 호전시키지는 못했다.[29] 그러다가 펠팜에 잠시 들러 헤일리와 같이한 작업이 다시 희망의

28 물론 여기에는 점점 보수화 혹은 반동화 되어가는 사회적 분위기의 변화가 중요한 인자로 작용을 한다. 블레이크는 이러한 변화에 순응하기는커녕 자신의 독특한 예술세계와 그 생산 방식에 고집스럽게 집착한다. 여건이 점점 어려워지면서 더욱 더 강한 소명의식을 느끼게 되는 것이다.

29 당시 가장 유명한 대중적 시인의 하나였던 헤일리의 귀족적이며 다소 딜레땅트적이라 할 수 있는 취향을 블레이크의 그림이 만족시켜줄 수 없었다. "착하고 정열적인 친구"(good enthusiastic Friend: BR 70) 블레이크의 성격을 잘 알고 있는 헤일리는 특히 조심스럽게 그를 대했다. 자신의 불만을 직접적으로 표현하지도 않았다. 그러나 블레이크가 이를 눈치 채지 못했던 것은 아니

단초를 제공해 준다. 이것을 계기로 두 사람은 블레이크 가족의 펠팜 이주에 동의하고, 이주를 결심한 이후 블레이크는 장래에 대한 기대가 컸었다.[30]

블레이크 부부가 기대했던 것 이상으로 헤일리는 형제와 같은 사랑을 베풀어 주었고 런던보다 "더 영적"(more Spiritual)인 펠팜도 예술적 탐구에 더없이 좋은 곳이었다. 게다가 블레이크에게 끊임없이 영감을 주던 "천상의 존재들"(Celestial inhabitants)도 밤낮으로 찾아오는(ToFlax, Sept. 21, 1800; E710)등 한마디로 "예술에 안성맞춤인"(propitious to the Arts) 곳이었다(ToButts, Sept. 23, 1800; E711).

이후에도 블레이크는 자신의 처지가 얼마나 행복한가를 곳곳에서 고백하고 있다. 심지어 그는 자신이 좀더 많은 일을 하기 위해 때때로 "비참해지기"를 바랄 정도였다. 자신이 처한 상태를 얼마나 만족스럽게 여기고 있는가를 반증해주는, 말하자면 '행복에 겨운' 투정이라 하겠다.[31]

다. 블레이크는 이로 인하여 원인을 알 수 없는 우울증("a Deep pit of Melancholy, Melancholy without any real reason for it": ToCum, July 2, 1800; E706)에 시달리곤 했던 것이다.

30 부인 캐서린(Catherine)이 플랙스만(John Flaxman) 부인에게 보낸 편지에 삽입되어 있는 블레이크의 시나 헤일리에게 이사를 준비하면서 보낸 블레이크 자신의 편지에서 그의 부푼 희망을 읽을 수 있다(E708; ToHayley, Sep. 16, 1800; E709). 블레이크를 헤일리에게 소개한 플랙스만은, 헤일리에게 보낸 편지에서 블레이크가 펠팜에 머무르기로 한 것이 아들을 잃은 헤일리에게나 런던에서 생계를 제대로 꾸려나가지 못하고 있는 블레이크에게 똑같이 위안이 되리라 기대한다고 밝히고 있는데, 여기에서도 블레이크가 처한 당시의 상황을 읽을 수 있다. Ackroyd 215-6 참조.

31 그러나 우리는 이러한 그의 말에서 그의 삶에 대한 태도의 하나를 읽을 수 있다. 그에게는 역경이 새로운 분발을 촉구하는 자극제로 작용하는 것이다. 그는 이처럼 일부러 불행해지려는 것이 "어리석은 실험"(a foolish experiment)에 지나지 않음을 고백한다. 행복이야말로 일을 하는 데 "날개와 바퀴"가 되어 주며 불행에 빠지는 것은 비상할 수 있는 날개를 부러뜨릴 뿐만 아니라 타고 전진할 "마차의 바퀴를 떼어내는" 것과 같다는 것이다. 그러나 이제까지의 곤궁했던 삶이나 그 이후에도 지속된 가난한 처지와 이러한 상황에서 더욱 강해진 창작에의 열정을 고려해 본다면 그

그러나 이 행복은 오래 지속되지 못한다. 이는, 후기시 탄생의 계기로 지목되곤 하는, 헤일리와의 갈등이 점점 심화되었기 때문이다. 헤일리와의 교제는 다른 시인들의 작품 출판을 위한 밑그림을 그려주는 것이 계기였는데, 이러한 상황이 펠팜에서도 지속되었기 때문이다. 나름의 창작활동을 계획했던 블레이크는 이러한 자신의 처지가 옹색스러웠을 뿐만 아니라 밑그림에서도 헤일리의 충고가 점차 노골화되어가면서 부담을 느끼게 되고 결국 적개심마저 갖게 된다.

블레이크를 출세시키고 싶어 하는 이 '마음씨 좋은' 예술 후원자는 블레이크 같은 천재적 예술가가 당시의 전반적인 통속적 흐름을 너무 무시한 채 자기 고집만을 내세우다 예술계에서 따돌림을 당하는 것이 아닌가 하고 안타까워했다. 밀턴과 마찬가지로 자유를 가장 중요한 덕목으로 여기며 예술가의 독창적 창의력에 대해 굳은 신념을 갖고 있던 블레이크로서는 그것이 아무리 선의일지라도 간섭을 곱게 수용할 수가 없었다. 이 지점에서 블레이크는 창조적 예술가인 시인이 자신의 천재성에 적대적인 사회에서 무엇을 어떻게 수행해 나가야 할 것인가에 대한 고민을 하고 그 고민을 신화적 차원으로 끌어올려 예언시의 형태로 승화시키게 되는데, 그 작품이 바로 『밀턴』과 『예루살렘』이다.

여기서 당시 블레이크가 처했던 딜레마 상황에 대해 좀 더 자세히 살펴보자. 당시 예술가들은 이제 영향력을 상실해가고 있는 이전 시대의 귀족 예술후원자와 새로운 시대의 후원자로 등장한 일반 독자들 사이에 처하게 된다. 모든 것을 상품화하는 자본주의 시장경제체제가 공고해지는

자신이 부인했던 말이 더 그의 처지를 올바르게 함축하고 있음을 알 수 있다 (ToHayley, Nov. 26, 1800; E714).

마당에 "예술과 '장사'의 결합"은 필연적인 것이었다(Butler 1981, 39). 블레이크는 이러한 상황에서 자신의 독특한 예술세계에 대하여 더 많은 이해심을 갖고 있다고 판단한 '마음씨 좋은' 후원자를 택한다. 민중의 예언자 시인이기를 바라던 그가 상류층 후원자를 선택하게 되었다는 것은 분명 아이러니이다. 밀턴 식 혁명의 전통 위에 서있는 급진적 예언자 시인인 블레이크에게 헤일리와 같은 후원자들은 분명 타기의 대상이다. 그런데 시장원리에 입각한 독자와의 만남은 스스로를 창조적 예술가가 아니라 단순기능인으로 전락시킬 위험을 안고 있었다. 이러한 고민은 『천국과 지옥의 결혼』의 '다산자'와 '탐학자'에 관한 부분에도 잘 나타나 있다.

크레한의 지적처럼 예술은 기본적으로 반자본주의적이다(6-7). 특히 거대한 상업도시에서 점점 자신의 위치가 위축되어가고 있다고 느끼는 블레이크와 같은 경우 더욱 그러하다.[32] 자본주의적 생산관계는 기술중심의 사회를 만들어 자발적인 인간정서를 왜곡 혹은 말살시킨다. 모든 인간행위를 소위 경제적 효용성을 향한 충동에 종속시키고 마는 것이다. 이러한 이윤추구의 경향성은 예술가로 하여금 창조성을 포기하고 단순한 기능인으로 안주하며 살아가기를 강요한다. 블레이크는 이러한 상황에 맞서 창조적이며 자발적인 삶을 옹호하기 위한 방편으로 예술을 내세우며 예언적 시인으로서의 소명의식을 느끼게 된다. 헤일리에게 의존한 상황이 어느 정도 이것을 가능하게 해주었다. 그러나 이 관계가 자유와 독창성이라는 예술가 고유의 영역을 보이지 않는 곳에서 조금씩 좀먹고

32 크레한의 지적에 의하면, 17,8세기 급진주의운동에 공감했던 산업부르조아나 소규모 자영생산자 모두 부르조아 민주주의의 발달에 일정한 기여를 하지만, 이후 새로운 자본주의 생산관계가 정착되면서 산업부르조아들이 이탈하게 되고, 개인적 자율을 중시하는 소규모 생산자들 또한 결속력이 급격히 약화되면서 급진주의 운동은 궤멸지경에 이르게 된다(6-10).

있었던 것이다. 후기시의 핵심적 주제 중의 하나가 이렇게 하여 구체화된다. "육적인 친구가 바로 영적인 적"이 되고 마는 것이다(M4.26; E98; J44.10; E193).

블레이크에게 참된 자유란 지배적인 이념으로부터 벗어남으로써만 확보되는 것이다. 그러나 어느 누구도 이 지배적인 이념으로부터 온전히 자유로울 수는 없다. 그것은 일상생활 속에 침투해 있을 뿐만 아니라 내면화되어 스스로가 그 이념의 지배를 받고 있다는 것을 의식하지 못하게 한다. 블레이크 자신도 헤일리를 매개로 무의식중에 이 지배이데올로기의 노예가 되고 있다는 사실을 염려하게 된 것이다. 여기서 벗어나는 길은 자기 스스로를 철저히 부정하는 방법뿐이다. 또 하나 후기시의 핵심적 주제 중의 하나인 "자기 죽임"의 창조성 역시 이러한 깨달음과 연관된다.

예술가가 단순한 기능인으로 전락하지 않기 위하여 독자적인 생계수단을 확보하는 것은 중요한 일이다. 그러나 이것이 예술가에게 가장 본질적인 것이라 할 수 있는 창조적 상상력을 옥죄는 방향으로 작용을 한다면, 이는 분명 본말이 전도된 일이다. 블레이크가 예술가로서 자기 정체성의 위기를 느낀 것은 바로 이러한 상황에서였다. 생계수단을 확보해주는 "육적 친구"가 상상력의 자유를 해치는 "영적인 적"이 되고 마는 것이다.

헤일리에게서 그러한 "가장 위험스러운 정신적 적"을 발견한 블레이크는 자신이 "매우 불행한" 존재라는 것을 느끼게 되며 1802년 후반에 이르러 자신의 감정을 그대로 드러내기 시작한다(Schorer 345; ToButts, Nov. 22, 1802; E719). 자신을 아끼는 친구들의 조언에 감사하며 그들이 지적하는 자신의 '잘못'에 대하여 끊임없이 '용서'를 구하면서도, 그것이 결국은 자신이 추구하는 "네 겹 비전"을 방해하는 뉴턴 식의 닫힌 시각임을 첨예하게 인지하기 시작하는 것이다.

MILTON
a Poem in 2 Books
The Author & Printer W Blake 1804
To Justify the Ways of God to Men

「밀턴」 표지

이제 아름답고 상서롭게만 보이던 곳이 부인 캐서린의 '학질'과 '신경통'을 유발하는 건강에 좋지 않은 장소로 변해버렸다. 블레이크 자신 또한 이처럼 불건전한 조건에서 벗어나려 발버둥을 치지만 "가공할 정도로 거대한 영적 적들"(Spiritual Enemies of such formidable magnitude) 속에 갇혀 옴짝달싹도 하지 못하게 되었다. "하늘의 보배를 쌓아올려야 하는"(to lay up treasures in heaven) 소명을 포기할 수 없었던 블레이크는 자신이 좋아하는 예술의 발전을 위해 모든 수단과 방법을 동원한다("leave no stone unturned & no path unexplord that tends to improvement in my beloved Arts"). 허나 비전과 상상력의 활동을 방해하는 즉물적 세상에서 벗어날 수 있는 묘방을 찾기란 쉽지 않았다. 런던으로 돌아가는 일 말고는 다른 선택의 여지가 없음을 절감하게 된 것이다. 이제 블레이크는 이를 하늘의 뜻으로 받아들인다(ToButts, Jan. 10, 1803; E723-25).

헤일리의 충고와 간섭을 친절함의 소산이 아니라, 자신의 시적 재능에 대한 시기심으로까지 여기게 된 블레이크는 친절했던 후원자를 자유를 억압하는 진짜 적으로 매도하기에 이른다(To James, Jan. 30, 1803; E725).

> 이제 나는 다른 누구에게도 감히 말하지 않을 것을 당신에게 말해야겠습니다...... "나와 함께 하지 않는 자는 나와 적대적인 자입니다." 중간 혹은 중도 상태란 없습니다. 나의 육적인 친구임을 가장한 채 내 영적 삶의 적인 사람이야말로 진짜 적입니다--내 육적 삶의 적으로 보이는 사람이 내 영적 삶의 친구가 될 수는 있으나 그 역은 있을 수 없습니다. (ToButts, April 25, 1803; E728)

> Now I may say to you what perhaps I should not dare to say to any one else. "He who is Not With Me is Against Me" There is no Medium or Middle state & if a Man is the Enemy of my Spiritual Life while he pretends to be the Friend of my Corporeal. he is a Real Enemy--but the Man may be the friend of my Spiritual Life while he seems the Enemy of my Corporeal but Not Vice Versa

그러나 항상 그랬던 것처럼, 위기는 블레이크에게 새로운 전환의 기회를 제공해준다. 역경은 새로운 의욕의 자극제일 뿐이다. 어떠한 어려움 속에서도 결코 그는 미래에 대한 기대를 포기하지 않는다. 회의적 이상주의자였던 셸리(P. B. Shelley)와 마찬가지로 그에게도 미래의 희망은 확신의 일이기보다는 도덕적 의무의 산물이다. 우리가 희망에 매달려야 하는 것은, 그 반대인 절망 즉 인간 가능성에 대한 포기는 스스로 힘을 키워 가는 능력이 있어, 처한 조건을 영원히 절망적인 것으로 만들어 버리기 때문이다. 이러한 상황에 처하면 열망 자체를 포기하게 된다. 희망이 스스로 무언가의 성취를 보장해주지는 않는다. 다만 성취의 가능성을 열어줄 뿐이다. 이러한 성취를 가능하게 해줄 유일한 수단은 인간 상상력의 창조적 힘을 해방시켜주는 일이다. 블레이크의 '희망 윤리'와 '해방 미학'이 연결되는 것은 바로 이 지점에서이다.

블레이크는 위 편지에서 새로운 런던 생활에 대한 자신의 "지나친 열정"(too great Enthusiasm)에 관하여 양해를 구하고 있지만, 그가 공연히 희망에 들떠 있었던 것만은 아니다. 그는 소위 '밀턴 전시회'(Milton Gallery)에 상당한 기대를 걸고 있었으며, "영적인 적들"에 둘러싸여 있던 펠팜에서의 절망적인 상황에서도 탄식만하고 있었던 것은 아니다.

위 편지의 후반에서 확인할 수 있는 것처럼 그는 당시 호머의 『일리아드』나 밀턴의 『실낙원』에 버금가는 장대한 주제의 시 『밀턴』을 거의 완성하였으며 또 하나의 "숭고한 알레고리"(Sublime Allegory)인 『예루살렘』을 준비하고 있었던 것이다. 그에게 역경은 새로운 창조의 밑거름이었을 뿐이다. 그는 진흙 속에서 피워낸 연꽃의 아름다움을 다음과 같이 자부하고 있다.

> 그리하여 3년에 걸친 우리의 모든 고통이 마침내 행운으로 끝나고...... 장래에는 나의 이해력에 의해 하나의 기념물로서 기억되고, 이제 하나의 장대한 시편으로 완성된 숭고한 알레고리로서 미래 세대에게 말해지기를 희망합니다...... 나는 이것이 이 세계가 지닌 최고의 시라고 생각합니다. 물질적 이해로부터 감춰져 있으되 지적 능력에 호소하는 알레고리가 장엄시에 대한 나의 정의입니다. (ToButts, July 6, 1803; E730)

> Thus I hope that all our three years trouble Ends in Good Luck at last & shall be ... rememberd by my Understanding to be a Memento in time to come & to speak to future generations by a Sublime Allegory which is now perfectly completed into a Grand Poem[.]... I consider it as the Grandest Poem that This World Contains. Allegory addressd to the Intellectual powers while it is altogether hidden from the Corporeal Understanding is My Definition of the Most Sublime Poetry.

이 편지를 쓸 때만 해도 블레이크는 헤일리 식의 "품위 있는 무지"(Genteel Ignorance)나 "점잖은 불만"(Polite Disappro-bation)에 더 이상 놀아나지 않으리라는 단호한 결의를 보여주고 있다(E730). 그러나 얼마 지나지 않아 전혀 예기치 않던 스콜필드(John Scolfield) 사건을 겪은 후 헤일리에 대한 태도는 완전히 달라진다. 절체절명의 위기라 할 사건을 처리하면서 그는 헤일리의 진정한 우정을 확인하게 된 것이다. 그는 헤일리에 대한 불만을 토로했던 편지를 태워줄 것을 친구 벗쯔에게 요구하며 악의적인 위해(危害)와 의도적이지 않은 실수를 구분할 수 있게 된다. 분노에 사로잡혀 친구를 단죄하는 것은 자신이 비판해온 뉴턴식의 단선적 시각의 결과에 다름 아니다. 위기를 통하여 '용서'의 비전을 획득한 그는 남의 잘못을 탓하기에 앞서 자신을 뒤돌아보는 자세가 우선적으로 필요하다는 것을 새삼 깨우치게 된 것이다(ToButts, August 16, 1803; E733).

이른바 '선동죄 재판'(Sedition Trial)으로 알려진 이 사건을 통하여 블레이크는 자신이 이전의 작품들에서 꾸준하게 지적해온 단죄의 위험성을 몸소 체험하게 된다.[33] 고의적인 "위증"(Perjury)으로 블레이크를 심각한 위험에 처하게 한 이 사건은 단순히 개인 신상의 안위와 관련된 일만이 아니다. 적어도 현상 이면의 본질적인 의미를 총체적으로 파악하려 하는 블레이크에게는 그러하다. 이것은 영국과 프랑스 사이에 전운이 감도는 가운데 조장된 위기의식과도 밀접하게 연관되어 있다. 전쟁은 상대편에 대한 단죄 의식에서 비롯된다. 또한 이로 인한 극한적 상황

---

33 이 사건을 계기로 블레이크의 상징이 좀 더 착잡해졌다는 지적은 그럴 듯 해 보이지만, 적어도 전기적인 입장에서 본다면 사실과는 거리가 멀다고 할 수 있다. 이 사건이 있기 전에 이미 『네 개의 조아들』 및 『밀턴』이 거의 완성 단계에 이르렀던 것이다. 『예루살렘』이 그 이후에 쓰인 작품이라 할 수 있겠는데, 여기에서도 현실 사회의 정치 종교에 대한 비판이 추상화되기는커녕 더 첨예해졌다. 다만 다른 점이 있다면 정치, 종교, 윤리, 미학 등을 망라하는 좀 더 포괄적인 형태를 취하게 되었다는 점일 것이다. 여기에서도 우리는 전기에 근거한 환원론적 접근의 한계를 목도할 수 있다.

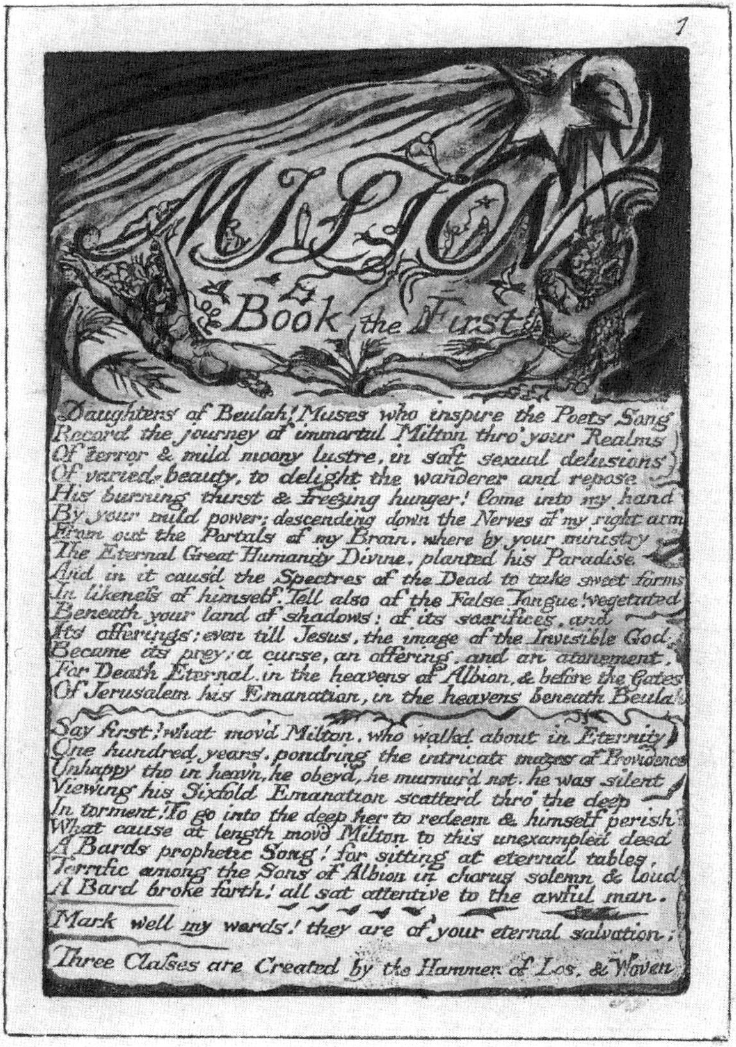

1

MILTON

Book the First

Daughters of Beulah! Muses who inspire the Poets Song
Record the journey of immortal Milton thro' your Realms
Of terror & mild moony lustre, in soft sexual delusions
Of varied beauty, to delight the wanderer and repose
His burning thirst & freezing hunger! Come into my hand
By your mild power; descending down the Nerves of my right arm
From out the Portals of my Brain, where by your ministry
The Eternal Great Humanity Divine, planted his Paradise,
And in it caus'd the Spectres of the Dead to take sweet forms
In likeness of himself. Tell also of the False Tongue! vegetated
Beneath your land of shadows: of its sacrifices, and
Its offerings; even till Jesus, the image of the Invisible God
Became its prey; a curse, an offering, and an atonement,
For Death Eternal in the heavens of Albion, & before the Gates
Of Jerusalem his Emanation, in the heavens beneath Beulah

Say first! what mov'd Milton, who walkd about in Eternity
One hundred years, pondring the intricate mazes of Providence
Unhappy tho in heav'n, he obey'd, he murmur'd not. he was silent
Viewing his Sixfold Emanation scatter'd thro' the deep
In torment! To go into the deep her to redeem & himself perish?
What cause at length mov'd Milton to this unexampled deed
A Bards prophetic Song! for sitting at eternal tables,
Terrific among the Sons of Albion in chorus solemn & loud
A Bard broke forth! all sat attentive to the awful man.

Mark well my words! they are of your eternal salvation:

Three Classes are Created by the Hammer of Los, & Woven

「밀턴」 제1도판

은 다시 단죄와 매도의 분위기를 고조시키며 감찰과 탄압의 여건을 조성하는 것이다. 이때에는 극단적인 선악의 이분법만이 횡행한다. 우리 편이 아니면 적이다. 자유와 평등에 기초한 새로운 사회에 대한 염원이 적의 이념에 동조한 것으로 불온시 될 수 있다. 이쪽이냐 저쪽이냐 하는 획일적 선택만이 강요된다. 다양성을 강조하는 것도 결국은 적을 이롭게 하는 것이다. 이처럼 질식할 것 같은 질곡의 상태에서 블레이크는 용서 없이 단죄만을 일삼는 나락의 끝을 목도했으며 그것이 자신의 구체적 신변까지를 위협하고 있음을 몸소 체험하게 된 것이다.

그러나 이 사건이 가지는 더욱 중요한 의미는, 블레이크가 이를 계기로 자기 스스로 스콜필드 식의 이분법의 오류로부터 자유롭지 못했다는 것을 깨닫게 되었다는 점에 있다. 앞에 인용한 4월 25일자 편지에서 블레이크 스스로 "나와 함께 하지 않는 자는 나와 적대적인 자"라고 단언하지 않았던가? 그는 자신을 선동죄로 단죄하는 스콜필드의 모습에서 헤일리를 비롯하여 자신을 돕기 위해 여러 가지 '간섭'과 충고를 아끼지 않던 친구들을 "영적인 적"이라 운위하며 쉽게 매도한 자신의 모습을 확인한 것이다.[34] 심지어 발표되지 않은 작품에서 블레이크는, 상업적 예술가가 되기를 강요하던 헤일리가 캐서린과 자신을 이간질하려 하다가 뜻대로 되지

34 이는 블레이크가 이 사건을 계기로 "육적인 친구"와 "영적인 적"이라는 개념 자체를 포기했다는 것을 주장하기 위함이 아니다. 이 개념은 『예루살렘』 전 작품을 통하여 심화 발전된다. 다만 지적하고 싶은 것은, 이 개념의 초점이 현상적인 것(육적인 친구)이 본질적인 것(영적인 적)과 다를 수 있다는 데 있는 것처럼, 블레이크 스스로가 자신이 비판하는 단선적 인식의 노예가 될 수 있음을 뼈저리게 반성하고 있다는 점이다. 단죄는, 유리즌의 그것이 그러하듯, 단선적 사고의 산물이다. 하나의 원리만이 강조될 뿐이다. 모든 것은 이 원리에 입각하여 선과 악으로 구분되며, 선은 찬양되고 악은 매도된다. 이 입장에서 보면 다양성은 혼돈이다. 블레이크는 이 사건을 통하여 획일적인 18세기적 사고의 전형을 확인한 것이며 자신도 이것에서 온전히 자유롭지는 못하다는 것을 새삼 깨우친 것이다.

않자 스콜필드라는 '불한당'을 매수했다고 힐난할 정도였다.[35]

또 하나 이 사건을 계기로 블레이크 사유의 중요한 요소로 등장한 것이 바로 '자기용서'의 문제이다. 헤일리는 블레이크의 선동죄 혐의를 없애기 위하여 그가 위험한 사고를 하는 사람이 아니라는 증언을 해줄 많은 증인들을 동원한다. 블레이크는 자신의 평소 사고방식과는 상당한 거리가 있는 이들의 증언을 자신이 처한 심각한 위기에서 벗어나기 위해 고스란히 참고 견디어야 했다. 더욱 중요한 것은 이들 증언에 적극 동조하며 자기 스스로를 부인했다는 점이다. 평소 프랑스에 대하여 적대적인 영국의 왕을 비롯한 지배세력이 블레이크 마음에 들었을 리가 없다. 그의 다혈질적인 성격으로 보아 일상 대화에서도 그들에 대한 비판이나 야유가 자연스럽게 끼어들었으리라는 것은 쉽게 짐작할 수 있는 일이다. 그것이 바로 자유주의자인 블레이크의 본 모습이며 그의 정체성과 관련된 것이다. 그런데 그는 살아남기 위하여 스스로의 정체성을 부인해야만 했다. 그것도 많은 증인들이 있는 공적인 재판정에서.

이러한 자신의 모습을 블레이크는 어떻게 수용했을까? 정직함을 최고의 미덕으로 여기는 블레이크의 입장에서 이처럼 자기 자신을 속였다는 것이 어떤 의미일까? 자신의 본질적인 정체성을 부인하고도 감추어진 진실의 비전을 전한다는 예언자적 소명의식을 실천할 수 있을 것인가? 그러한 자격이 여전히 유효한 것인가? 실로 심각한 정체성의 위기라 아니 할 수 없다.

---

35 "당신이 할 수 없는 일을 헤일리가 발견할 때/ 지옥이 시킨 일이 바로 그것이오..../ 내 아내에게 영향을 행사할 수 없게 되자/ 그는 나의 삶을 빼앗기 위해 불한당을 고용한 것이오"(When H[ayle]y finds out what you cannot do/ That is the Very thing hell set you to ...../ And when he could not act upon my wife/ Hired a Villain to bereave my Life (On H[ayle]ys Friendship; E506)

이러한 위기에서 벗어날 수 있는 것은 '자기용서'를 통해서만 가능하다.[36] 자신이 처했던 구체적 상황을 고려한다면 그 정도의 임시변통은 용납될 수 있다. 다른 사람의 행위를 평가할 때에도 그가 처한 구체적인 입장을 배려해야 하는 것처럼 자신의 처신에 대해서도 그러한 선택을 강요했던 불가피한 정황을 참조한다면 용납할 수 있을 것이다.

그러나 가까스로 위기에서 벗어나 벅찬 희망을 안고 돌아온 런던의 분위기는 또다시 블레이크의 기대를 저버리고 만다. 예술은 번성하고 도판화가도 많이 필요했지만 정작 그에게 일감을 주는 이는 거의 없었다. '물질적'(corporeal) 혹은 '식물적'(vegetative) 사고방식으로부터 자유롭지 못한 후원자의 성가신 간섭에서 벗어났는가 싶었는데, 상업화한 런던에서는 그 '물질적,' '식물적' 생계조차도 위협을 받게 된 것이다.

블레이크는 펠팜의 전원생활과 대비되는 런던의 반예술적 여건에 절망감을 느낀다(ToHayley, May 28, 1804; E751). 산업혁명을 계기로 더욱 심화된 자본주의 한복판에서 그는 비로소 훨씬 더 심각하게 상업주의에 휩싸인 예술의 현주소를 확인하게 된 것이다.

그러나 이러한 여건 속에서도 블레이크는 결코 좌절하지 않는다. 인생의 갖은 역경을 체험한 그는 이것을 자신의 운명으로 여기며 삶의 의미가 결코 '물질적'이고 '식물적'인 생존 자체에 있지 않음을 역설하고 있다. 자신을 "지상에서는 홀대 받더라도" 천상에서는 "군주 중의 군주"라

36 모스칼이 지적하고 있는 것처럼 이러한 주제의 발전이 단순히 전기적 체험에 근거하는 것으로 여기는 것은 다시 전기적 환원론의 오류에 빠질 염려가 있다. 『예루살렘』 작품 자체에 구체적으로 노정되는 로스의 '자기용서'와 마지막 앨비언이 오류의 잠에서 깨어나면서 수행하는 '자기용서'의 의미는 이러한 전기적 접근으로 해소될 수 없는 넓이와 깊이를 지니고 있다. 1994, 7 참조.

고 자임하는 것이다(ToHayley, Oct. 7, 180 3; E736-37).[37]

이처럼 희망의 시인 블레이크는 예술의 위기 속에서 예술의 참다운 가치에 대한 사유를 심화시키고 정체성의 위기마저도 자신의 예언적 예술가로서의 소명의식을 더욱 절실하게 확인하는 계기로 삼았던 것이다.

2. 자기 죽임의 길

블레이크 후기시에서 보이는 용서와 화해 및 절망에 굴하지 않는 예언자로서의 소명의식이라는 주제와 관련하여 또 하나 주목할 점은 정신적 스승인 밀턴에 대한 불만과 존경이라는 복합적 감정이다. 이는 물론 『밀턴』 탄생의 가장 직접적인 계기가 되기도 한다. 『예루살렘』도 블레이크 자신이나 로스와 동일시되는 밀턴의 자기희생(죽임)을 통한 용서와 화해에 관한 예언적 비전이라는 주제를 전 인류의 차원으로 확산한 것이라 할 수 있다.

다른 낭만시인들과 마찬가지로 블레이크는 밀턴을 존경하는 사표이자 뛰어넘어야 할 경쟁의 대상으로 여겼다. 블레이크의 모든 작품과 밀턴 작품 사이에 '발생학적' 연관관계가 있다는 주장은 이러한 관계에 주목한 것이라 할 수 있다.[38] 밀턴을 블레이크의 '정신적 아버지'라 칭하는

---

37 이 부분은, 블레이크 후기시의 주요 특성 중의 하나로 흔히 지적하는 "정치적 정적주의"에 대한 전기적 근거로 제시될 수 있는 내용을 분명 담고 있다. 그러나 이러한 발언이 있게 된 배경에 대한 세심한 귀 기울임이 있은 연후에 판단을 해도 해야 할 것 같다. 이는 기대했던 런던 생활의 물적 조건이 점점 더 절망적인 것으로 판명되는 상황에서도 용기와 희망을 버리지 않기 위한 자기다짐의 하나로 하게 된 발언이라는 점이 고려되어야 한다는 말이다.

38 대몬은 『순수의 노래』와 『경험의 노래』를 『랄레그로』(*L'Allegro*) 및 『일 펜세로소』(*Il Penseroso*)

쇼어러는 가시적인 영향으로는 밀턴 식의 시어, 조어법, 이미저리, 시적 장치, 서술기법과 실제적인 인용을, 비가시적 것으로는 주제와 사상적인 측면을 들면서 예술가로서의 강한 자부심과 혁명적 정치의식, 프로테스탄티즘에 대한 관심을 두 시인의 공통점으로 지적하고 있다(342-44).

그러나 보다 중요한 것은 블레이크가 밀턴의 급진적, 예언시적 혹은 묵시록적 전통을 가장 잘 계승하고 있는 시인이라는 점이다. 자신의 "정신적 군주"(Mental Prince)에 대하여 비판적 혹은 창조적, 심지어 우상파괴적이기까지 한 블레이크의 글읽기조차 밀턴식 전통의 올곧은 계승으로 파악하는 윗틀리히에 의하면, 밀턴의 시세계야말로 블레이크 작품의 이해를 위해 의존할 수 있는 가장 믿을만한 '문맥'이며 블레이크 또한 밀턴에 대한 "최초의 '적절한' 비평가"(first 'fit' critic)라 할 수 있다(186). 블룸과 대조적으로 디살보는 당시 자본주의 사회의 파편화라는 풍토에서 블레이크의 우상파괴적 자세를 이해하고, 특히 밀턴 식의 전통, 즉 사회 격변기마다 등장하는 일반민중들의 급진적인 천년왕국설 전통과의 관련 속에서 블레이크 시의 의미를 찾고 있다(3-7).

그런데 여기에서 우리가 주목할 것은 밀턴에 대한 블레이크의 입장이 그리 단순하지 않다는 점이다. 블레이크의 시적 노력은 다른 사람들의 작품에 대한 창조적 혹은 해체적 글읽기에서 시작한다. 『순수와 경험

와, 『텔서』(*The Book of Thel*)를 『코무스』(*Comus*)와, 『앨비언 딸들의 비전』을 밀턴의 '용감한' 이혼에 관한 팜플렛과, 『아메리카』(*America*)를 정치에 관한 글들과, 『천국과 지옥의 결혼』을 『기독교 원리』(*The Christian Doctrine*)와, 『유럽』(*Europe*)을 『탄생에 대한 찬가』(*Hymn on the Nativity*)와, 『네 개의 조아들』을 『실낙원』과, 『예루살렘』을 『영국의 역사』(*History of Britain*)』와 각각 연결시켜 설명하고 있다(274-75).

의 노래』가 아이작 왓트의 『어린이를 위한 성스러운 노래』의 창조적 변형이라면 『천국과 지옥의 결혼』은 스웨덴보그의 『천국과 지옥』에 대한 해체적 모방의 산물이다. 같은 맥락에서 그의 예언적 서사시 『밀턴』은 『실락원』을 비롯한 밀턴의 후기 서사시에 대한, 혹은 시인 밀턴 자신에 대한 창조적 재해석의 산물이라 할 수 있다.

이는 단순히 밀턴만의 이야기가 아니다. 바로 블레이크 자신의 이야기이다. 『밀턴』은 밀턴-블레이크-로스로 이어지는 예언적 선지자의 거듭남이라는 주제를 영국 혹은 기독교 세계, 더 나아가서는 우주 일반의 역사-신화와 연관지어 펼치고 있는 것이다. 버렌트(Stephen C. Behrendt)는 이러한 주제의 중층적 구조를 다음과 같이 설명하고 있다.

> 일차적 차원에서 보면 『밀턴』은 존 밀턴에 관한 정교하게 특화된 언어적, 회화적 '역사'이다. 그러나 블레이크는 이 밀턴 전기라는 표면적 주제에, 영국의 특별한 신화(앨비온을 중심으로 한)와 우주적 보편 역사와 신화(블레이크의 신화적 인물들의 투쟁을 중심으로 한)의 층위를 더했다. 그리고 예술(역사와 서사시의 전통을 중심으로 한)과 예술가(블레이크와 그의 신화적 표상이 로스, 그리고 영국의 선배 밀턴을 중심으로 한)의 신화라는 층위도 덧붙였다. (155)

그는 자신이 존경하는 혁명적 시인과 그의 예언적 서사시들이 잘못 받아들여지고 있는 당시 상황에 심한 불만을 느꼈다. 『실낙원』이나 『복낙원』 등의 작품이 밀턴 스스로가 비판했던 인습화된 기독교에 대한 정당화의 구실을 존슨(Samuel Johnson)과 같은 보수주의자들에게 제공해주고 있는 현실에 안타까움을 금할 수 없었던 것이다. 심지어 당시 밀턴 전통에 대하여 가장 잘 알고 있다는 평가를 받고 있었으며, 실제로 이와 관련하여 블레이크 자신에 적지 않은 영향을 주었을 것으로 여겨지는 헤일리에 의해서조차 밀턴의 작품을 잘못 해석되고 있었다. 그런데 문제는 블레이크가 후대 사람들의 잘못된 해석이 아니라[39] 밀턴 자신에게 문제가 있는 것이 아닌가 하는 생각을 하게 된 것이다(Wittreich 230-31). 디살보가 정확하게 지적하고 있는 것처럼 블레이크에게 밀턴은 "분열된(divided)" 모습으로 나타난다(9). 이러한 모습은 이미 『천국과 지옥』에서 함축적으로 그려지고 있다.

> 그러나 욥기에서는 밀턴의 메시아가 사탄이라 불린다.
> 이 역사를 양측에서 채택했기 때문이다.
> ……
> 밀턴에게 성부는 운명이요 성자는 오감의 비율이며, 성신은 진공이다.
> 주: 밀턴이 천사와 신에 대해서 쓸 때에는 구속당하여 자유스럽지 못한 상태에서 쓰고 악마와 지옥에 대해 쓸 때에는 자유로울 수 있었던 것은 그가 참된 시인이고, 자기도 모르는 사이에 악마의 당원이 되었기 때문이다.
> (MHH; E34-5)

> But in the Book of Job, Milton's Messiah is call'd Satan.
> For this history has been adopted by both parties.
> ...
> But in Milton, the Father is Destiny, the Son a Ratio of five senses,

39 블레이크를 밀턴 전통의 진정한 계승자로 파악하며 『밀턴』이나 『예루살렘』을 밀턴 식 비전에 대한 교정이 아니라 그것의 확장 및 심화로 파악하는 윗틀리히는 모든 원인을 밀턴에 대한 잘못된 해석 및 몰이해의 탓으로 돌린다. Wittreich 148-49, 249 참조.

& the Holy-ghost Vacuum!

Note: The reason Milton wrote in fetters when he wrote of Angels & God, and at liberty when of Devils & Hell, is because he was a true Poet and of the Devil's party without knowing it.

이것을 밀턴에 대한 블레이크 자신의 '분열된' 태도에 기인하는 것이라 할 수도 있다. 그렇다 하더라도 적어도 그 원인 제공자는 결국 밀턴 자신인 것이다.

우선 지적할 수 있는 밀턴의 불만스러운 점은 그가 너무 희랍 및 라틴 전통에 얽매여 있다는 것이다. 프라이의 표현을 빌자면 밀턴이 헬레니즘의 문화적 전통에 지나치게 예속되어 있다는 말이 된다(1947, 317-8). 이 점을 블레이크는 『밀턴』의 산문으로 된 서문에서 분명하게 밝히고 있다.

> 모든 사람이 경멸해야 할 호머와 오비드, 플라톤과 키케로의 왜곡된 훔친 글들이 기교에 의해 숭고한 성서에 맞서게 되었나니...... 셰익스피어와 밀턴도 어리석은 검(劍)의 노예인 희랍과 라틴의 이 보편적 질병과 감염으로부터 자유롭지 못했노라. (M; E95)

> The Stolen and Perverted Writings of Homer & Ovid, of Plato & Cicero, which all Men ought to contemn, are set up by artifice against the Sublime of the Bible.... Shakespeare & Milton were curb'd by the general malady & infection from the silly Greek & Latin slaves of the Sword.

"가장 위대한 자유의 사도"(the greatest apostle of liberty)인 밀턴이 상

상력이나 시정신(Poetic Genius) 보다는 이성에 의존함으로써 사람들을 참된 비전의 세계로 이끌지 못하고, 오히려 합리성을 구실로 한 각종 억압적 체제의 구축에 빌미를 제공해준 것이다(Blackstone 139). 블랙스톤이 적절하게 지적하고 있듯이 이 억압적 체제의 정치적 형태가 홉스(Thomas Hobbes)식의 절대군주제라면, 그 종교적 형태는 블레이크가 가장 집요하게 공격하는 인습화된 교회이며, 그 도덕적 형태는 인간의 성적 즐거움을 타락의 산물로 여겨 억압하는 금욕의 도덕률이다(139). 밀턴 스스로 이러한 억압적 체제의 근간이 되는 결정론, 물질주의, 합리주의에 대항하여 싸웠으면서도 상상력의 영감("the Daughters of Inspiration") 혹은 인간의 "내면의 빛"(inner light) 대신 기억력("the Daughters of Memory")에 근거한 권위에 굴복하는 오류를 『실낙원』에서 범하고 만 것이다(Blackstone 142). 1825년 12월 17일 일기에서 블레이크는 이점을 분명히 하고 있다.

> 나는 상상 속에서 밀턴을 보았다. 그는 자신의 『실낙원』에 의해 오도되지 않도록 주의하라고 말해주었다. 특별히 그는 성적 즐거움이 타락에서 생겨나온다는 자기 교의가 잘못된 것임을 밝혀주기를 원했다. 타락은 어떠한 즐거움도 생산할 수 없다는 것이다.[40]

> I saw Milton in Imagination. And he told me to beware of being misled by his Paradise Lost. In particular he wished me to shew the falsehood of his doctrine that the pleasures of sex arose from the fall. The fall could not produce any pleasure.

40 Blackstone 134에서 재인용.

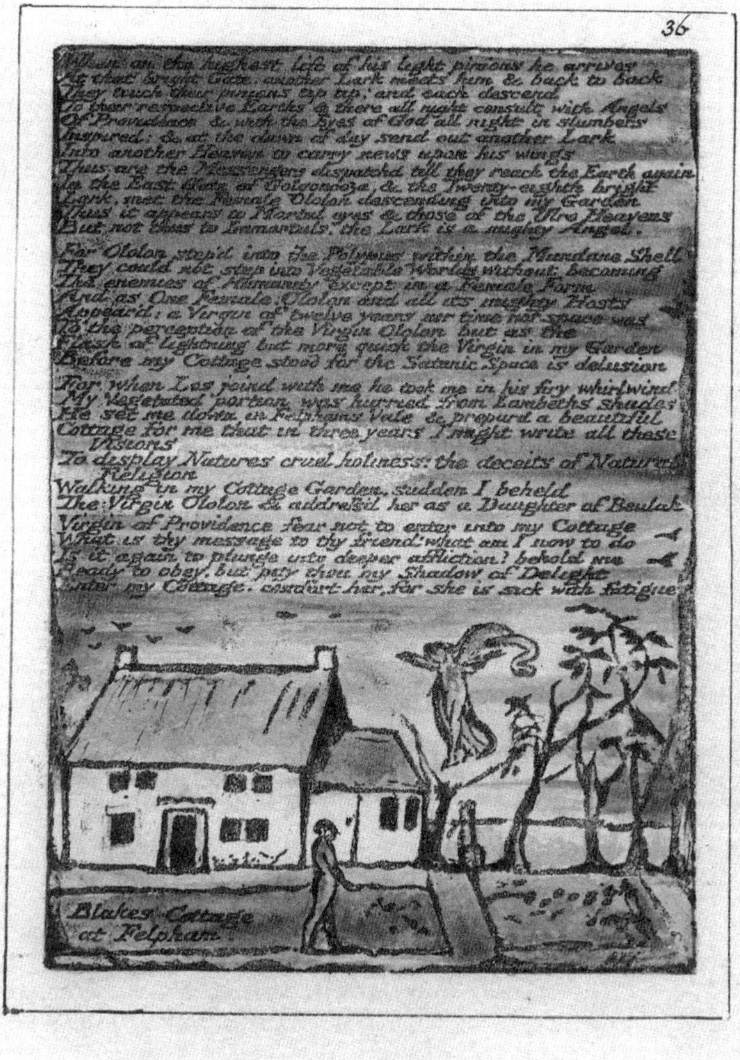
36

When on the highest lift of his light pinions he arrives
At that bright Gate, another Lark meets him & back to back
They touch their pinions tip tip: and each descend
To their respective Earths & there all night consult with Angels
Of Providence & with the Eyes of God all night in slumbers
Inspired: & at the dawn of day send out another Lark
Into another Heaven to carry news upon his wings
Thus are the Messengers dispatchd till they reach the Earth again
In the East Gate of Golgonooza, & the Twenty-eighth bright
Lark. met the Female Ololon descending into my Garden
Thus it appears to Mortal eyes & those of the Ulro Heavens
But not thus to Immortals. the Lark is a mighty Angel.

For Ololon step'd into the Polypus within the Mundane Shell
They could not step into Vegetable Worlds without becoming
The enemies of Humanity except in a Female Form
And as One Female, Ololon and all its mighty Hosts
Appear'd: a Virgin of twelve years nor time nor space was
To the perception of the Virgin Ololon but as the
Flash of lightning but more quick the Virgin in my Garden
Before my Cottage stood for the Satanic Space is delusion

For when Los joind with me he took me in his fiery whirlwind
My Vegetated portion was hurried from Lambeths shades
He set me down in Felphams Vale & prepard a beautiful
Cottage for me that in three years I might write all these
Visions
To display Natures cruel holiness: the deceits of Natural
Religion
Walking in my Cottage Garden, sudden I beheld
The Virgin Ololon & address'd her as a Daughter of Beulah

Virgin of Providence fear not to enter into my Cottage
What is thy message to thy friend: What am I now to do
Is it again to plunge into deeper affliction? behold me
Ready to obey. but pity thou my Shadow of Delight
Enter my Cottage. comfort her, for she is sick with fatigue

Blakes Cottage
at Felpham

「밀턴」 제36도판

블레이크에 의하면 밀턴이 의존하려 했던 헬레니즘적 사고는 바로 아리스토텔레스 식의 선악의 이분법에 근거하고 있다는 것이다.

> 아리스토텔레스는 성격체가 선하거나 악한 것이라고 말한다. 그러나 선과 악은 성격과 무관한 것이다. 사과나무, 배나무, 말, 사자는 성격체이지만 선한 사과나무 혹은 악한 사과나무 역시 여전히 사과나무이다. 마찬가지로 나쁜 말이라고 해서 그것이 사자가 되지는 않는다. 그것이 사물의 성격이다. 그것의 선함과 악함은 또 다른 고려의 대상인 것이다. (On Homers Poetry; E269)

> Aristotle says Characters are either Good or Bad: now Goodness or Badness has nothing to do with Character. an Apple tree a Pear tree a Horse a Lion, are Characters but a Good Apple tree or a Bad, is an Apple tree still: a Horse is not more a Lion for being a Bad Horse. that is its Character; its Goodness or Badness is another consideration.

예언시 『밀턴』은 이러한 자신의 잘못을 발견한 블레이크의 밀턴이 스스로를 반성하며 이기적 자아의 희생을 통하여 거듭남에 이르는 과정에 관한 것이다. 블레이크에 의해 재창조된 밀턴이 '자기 죽임'을 통해 독선을 떨쳐버리기 위해 행하는 화해와 용서의 "영적 여행"(a spiritual journey)을 그린 것이라 할 수 있는 것이다(Easson 135).

프라이의 지적처럼 『밀턴』에서 일어난 사건들을 투박하게라도 요약하는 것은 "가망 없는"(unpromising) 일이다(316). 그러나 이 작품의 독특한 구조를 논의하기 위해서 이러한 작업은 불가피한 일이다. 자기 나름의 해석이 끼어들어 있어 — 사실 이러한 해석을 배제한 요약이란 애초부터 불가능한 일이지만 — 문제가 없지 않겠지만 우선 프라이의 요약을 따라가보자.

> 그것은 『유리즌 서』와 『네 개의 조아들』에서 이어받은 창조의 소재로 시작하여 분명하게 펠팜에서의 블레이크와 헤일리 관계를 암시하는 팔라마브론과 사탄의 논쟁으로 넘어간다. 그때 영원세계의 밀턴이 "영원한 죽음의 세계로 갈" 결심을 한다. 이때 '영원한 죽음'은 실질적인 물리적 삶을 의미하며 오랜 노력을 통해 이 세상으로 들어와 블레이크로 현현한다. 첫째 권은 시인의 인식능력 속에 현실 전체가 흡수되는 모습을 보여주는 순간 끝이 난다. 그리고 우리는 듣는다. 밀턴이 다시 태어나려 하는 목적이 자신의 에머네이션인 울로론을 거듭나게 하기 위한 것임을. 그녀는 여섯 겹인데 이는 밀턴이 살아있는 동안 그에게 '여성의지'를 상기시켜준 그의 세 부인과 세 딸을 함축한다. 올로론의 하강, 이제는 로스와 결합한 밀턴-블레이크의 최종적인 구원, 그리고 적그리스도의 모습을 한 사탄-헤일리로부터의 벗어남이 제 2권의 주제를 이룬다. (316)

이 작품의 구조를 일목요연하게 제시하는 것도 '가망 없기는' 매한가지이다. 그러나 이러한 작업도 피할 수만은 없다. 대체적인 얼개라도 파악하고 있어야만 자칫 빠지기 쉬운 미로에서 벗어날 수 있기 때문이다.

블레이크의 의도를 헤아려 작품의 의미를 규명하려 한 본격적 연구가들이 제시한 이 작품의 대체적인 골격은 다음과 같다. 우선 이 작품은 크게 두 부분(제1, 2권)으로 나뉜다. 제1권은 다시 팔라마브론과 사탄의 갈등을 다룬 '옛 시인의 노래'(Bard's Song)(2:25-13:44)와 이에 깨달음을 얻어 실행하게 되는 '밀턴의 하강'(13:45-29:65)을 그 주요 내용으로 하고 있으며, 제2권은 밀턴의 하강에 영향을 받아 이루어지는 그의 에머네이션인 '올롤론의 하강' 및 로스가 창조한 세계(자연의 아름다움)에 대한 묘사의 부분(30:1-끝)으로 이루어져 있다.

첫 번째 부분에서는 시정신을 상징하는 '옛 시인'의 입을 통하여 천상에서 있은 갈등에 관한 이야기를 전해주고 있다. 이는 예언적 시인 밀턴으로 하여금 자신이 범한 오류를 스스로 깨닫게 하기 위한 것이다. 자신의 오류를 인식하는 것이 "영적여행"의 첫 번째 단계이기 때문이다(Easson 135). '옛 시인'은 죄악이 사탄의 반란과 타락에서 비롯되었다는 『실낙원』에서의 잘못을 지적한다. 사탄은 죄악을 저지른 것이 아니라 오류를 범한 것이다. 그의 오류는 스스로의 역할을 잘못 파악한 데서 비롯되었다. 그의 위치는 원래 방앗간(Mill)으로 그에게 주어진 역할은 분열과 죽음을 관장하는 일이다. 그런데 그는 써레(Harrow)를 끄는 팔라마브론의 역할을 떠맡으려 한다. 이 써레가 하는 일은 이기적 자아의 죽음 즉 거듭남인 "위대한 추수"(Great Harvest)를 위한 자비(mercy)로서의 죽음이다. 이로 인한 린트라의 분노에 감염된 사탄은 거짓 분노인 "도덕적 자기정당성"(moral self-righteousness)으로 반복적인 폭압적 순환을 초래하고 이를 안타까워하던 에니사먼이 공간(space)을 만들어줌으로써 타락한 세상 혹은 "자연 종교"(Natural Religion)가 창조되기에 이른다. 이에 대하여 영속자들(the Eternals)이 모여 판결을 내리는데 사탄이나 팔라마브론이 아니라 린트라가 배교자(the Reprobate)로서 희생을 당하게 된다. 이유는 다음과 같다.

> 만약 죄지은 자들이 단죄되어야 한다면 그는 틀림없는 영원한 죽음,
> 모두 영원히 다른 이를 위해 죽어야 하나니
> 사탄은 자신의 위치에서 떨어져 결코 구원받지 못하고

계속해서 순간순간 새롭게 창조되어야 한다.
하여 사탄의 무리들은 선택받은 자라 불리며, 린트라의
무리는 배교자, 팔라마브론의 무리는 구원받은 자라 불린다.
이는 그가 사탄의 법인 린트라에 떨어진 분노로부터 구원받았음이라.
(M11:17-23; E105)

If the Guilty should be condemn'd, he must be an Eternal Death,
And one must die for another throughout all Eternity.
Satan is fall'n from his station & never can be redeem'd
But must be new Created continually, moment by moment.
And therefore the Class of Satan shall be call'd the Elect, & those
Of Rintrah the Reprobate, & those of Palamabron the Redeem'd:
For he is redeem'd from Satan's Law, the wrath falling on Rintrah.

미첼의 지적처럼, 가장 명백한 의도를 지니고 있으면서도 그 의미가 가장 불분명한 '시 속의 시'라 할 수 있는 '옛 시인의 노래'에 대한 해석은 그야말로 각양각색이다(288).[41] 그런데 이 작품의 주제와 관련된 핵심적 행위의 형태를 "부름과 답"(call and response)으로 볼 때 이 부분은 첫 번째 '부름'에 해당한다고 할 수 있다(Mitchell 284). 밀턴으로 하여금 스스로의 오류를 깨닫도록 하기 위한 옛시인의 일깨움인 것이다. 여기에 자극을 받아 밀턴이 하강을 하게 되는데 이 행위가 다시 두 번째 '부름'

41 리거(James Rieger)는 이 부분만을 다룬 논문에서 전기적 해석, 이에 대한 반박을 담고 있는 프라이의 설명, 어드만(David V. Erdman)의 역사주의적 해석방법, 블레이크의 「옛 브리튼 사람들(The Ancient Britons)」과 관련하여 설명하려는 입장 등을 비판적으로 소개하고 있다. 그 또한 이 부분이 가장 난해한 부분임을 인정하며 그 의미를 "예언시 자체 즉 로스의 타락에 대한 예언적 선지자의 설명"(a prophet's account of the fall of prophecy itself, Los)이라 규정하고 있다(259-73).

이 되어 그의 에머네이션인 올롤론의 하강을 그 '답'으로 유도한다.

'옛 시인의 노래'을 통하여 스스로의 오류를 깨닫게 된 밀턴은 이의 시정을 위해 지상으로 내려갈 결심을 한다. 이는 스스로의 죽음을 통해 가능한 일이다. 이러한 결심을 알리는 밀턴의 선언은 장엄하기조차 하다.

> 나는 자기 죽임 그 영원한 죽음으로 내려갈 것이니
> 최후의 심판이 다가왔을 때 죽지 못한 채 발견되지 않기 위함이라
> 그리하여 피체되어 내 이기적 자아의 손아귀에 넘겨지지 않기 위함이라.
> (M14: 22-24; E108)

> I will go down to self annihilation and eternal death,
> Lest the Last Judgment come & find me unannihilate
> And I be siez'd & giv'n into the hands of my own Selfhood.

거듭남을 향해 나아가는 밀턴은 그 과정에서 여러 가지 유혹과 시련을 받게 된다. 타락한 세상의 시인을 상징하는 로스, 이성의 차가운 물로 세례를 하려 하는 유리즌, 자연종교를 통해 세워진 지상의 세계를 상징하는 라합과 티어자의 유혹, 억제된 욕망에 호소하는 올롤론, 그리고 밀턴 자신이 범한 오류의 총화라 할 수 있는 사탄 등, 밀턴의 거듭남을 두려워하고 방해하는 이들 모두는 바로 밀턴이 자신의 작품 속에서 저지른 잘못들이다. 즉 밀턴 자신의 다른 모습들인 것이다. 그러므로 이들을 물리친다는 것은 스스로를 죽이는 것을 의미한다. 그래야만 진정한 거듭남인 최후의 심판에 도달할 수 있기 때문이다.

밀턴의 이러한 거듭남을 위한 '죽음'이라는 '예시적' 행위에 '부름' 받은 그의 에머네이션 올롤론도 마찬가지로 스스로의 오류 — 천상에서 밀턴

을 몰아냈던 — 를 깨닫고 밀턴의 길을 따라 '죽음'의 '하강'을 하게 된다. 『실낙원』에 나타나는 지옥을 향한 '죄'(Sin)와 '죽음'(Death)의 길을 연상시키는 이 '하강'은 그러나 '영원'(Eternity)'을 향한 것이다. 그것은 저주의 길이 아니라 사랑과 자비의 길이다.

여기에는 또 하나의 중요한 주제가 함축되어 있다. 블레이크는 밀턴의 남녀 차별적 상하관계를 부인한다. 이 상하의 종속적 관계는 영원한 대결 — 블레이크가 긍적적으로 여기는 역동적 반대(contrary)가 아니라 부정(negation)과 동일한 의미의 — 만을 부추길 뿐이다. 여성이 지배적인 남성에 종속되도록 강요받으면 필연적으로 이에 반항하고 스스로 지배권을 장악하기 위해 음모를 꾀하게 된다. 이것이 바로 블레이크가 가장 타기시하는 '여성 의지'의 발호이다. 이것은 복수를 도모하며 결국 "죽음의 직기"(Loom of Death)를 만들어내고 만다. 이것이 바로 블레이크가 파악한 밀턴의 작품속 이브의 모습이다. 블레이크는 이처럼 부정적인 것 대신 양보와 자비 그리고 사랑을 여성성의 주요 자질로 본다. 이러한 자기희생(죽음)의 정신을 통해 올롤론은 밀턴에 굴복하고 그와 결합하게 되는 것이다.

이 때 올롤론은 단수의 인물이 아니라 영속자들과 하나가 된 복수의 인간이다. 이미 로스 및 블레이크 자신과 하나가 된 밀턴은 이제 복수의 에머네이션과 결합함으로써 영적 여정의 막을 내리고 오류로부터 벗어나게 된다.[42] 분열이 타락의 길이라 할 때 거듭남은 재결합을 통해서

42 이처럼 예언적 비전이 전 인류에게 확산되어야만 궁극적 거듭남이 가능하다. 이러한 생각을 중심 주제로 하여 로스와 그의 허상(Spectre)과의 갈등을 가장 핵심적인 것으로 다룬 작품이 바로 블레이크의 "최후의 가장 위대한 서사시"인 『예루살렘』이다(Paley 252).

「밀턴」 제15도판

만 가능하다. 이와 같은 중층적 여행을 이어손(Kay Parkhurst Easson/Roger R. Easson)은 다음과 같이 설명하고 있다.

> 『밀턴』에는 여섯 개 여행의 서술구조가 있다. 옛 시인, 밀턴, 올롤론, 로스, 블레이크, 그리고 예수의 여행이 그것이다. 이러한 여행들을 통하여 과거, 현재, 미래의 모든 영적여행이 예수 안으로 수렴된다. 그것은 마치 밀턴의 순례가 펠팜에 있는 블레이크의 정원에서 예수 안에서 절정에 이르는 것과 같다. (167)

물론 이러한 도식적 설명으로는 『밀턴』의 심오한 의미를 읽어낼 수 없다. 그러나 그것은 또 다른 차원의 분석을 요하는 일이다. 이어손은 이 작품의 기저에 흐르고 있는 선적 구조에 대하여 살핌으로써 전체적인 얼개에 대해 매우 유용한 이정표를 제공해주고 있다. 그가 제시하는 선적 구조는 블레이크가 밀턴의 작품을 읽어가는, 즉 예언시 『밀턴』을 창작해가는, 자전적 줄거리를 가리킨다. 그의 도움을 받아 전체 흐름을 재구성해보자.

블레이크가 펠팜에서 밀턴을 읽는다. 즉 밀턴이 블레이크의 세계에 들어온다. 처음 그는 팔라마브론이 사탄의 강요를 용인하듯 밀턴의 강요를 받아들인다. 그러다가 화를 내게 되는데 이는 밀턴의 자연종교 때문이다. 그러나 곧 밀턴에 대한 저주가 그의 미덕을 제대로 평가해주지 못하는 것이 되리라는 것을 알아차리고 밀턴에게 마음의 문을 열게 된다. 즉 밀턴이 블레이크의 왼쪽 발을 통해 그의 내부로 들어오는 것이다. 구체적으로 밀턴의 잘못을 인식하게 된 블레이크는 샌들을 자신의 발에 묶고 영적 여행을 떠난다. 이미 람베스에서 하나가 된 로스와 더불어 펠팜에서 예언시 『밀턴』을 쓰기 시작한 것이다. 블레이크는 시인-예언자로서의 신념을 점점 확신하게 되면서 시련을 겪는다. 자기연민(밀턴의 막강한 영향력에 대한 자신의 무력감)과 밀턴의 간섭에 대한 분노가 때때로 그의 감정을 지배하지만 블레이크는 이를 잘 극복해낸다. 로스의 도움으로 예술의 도시 골고누자를 본 블레이크는 예언자-시인의 역할에 대하여 완전히 이해하게 된다.

그러나 아직 자신의 과업을 완성한 것은 아니다. 자신의 생각들을 통합시키지 못한 것이다. 펠팜의 아름다운 모습, 부인 캐더린, 후원자 헤일리 등이 방해를 한다. 좀 더 유용한 현실적 일에 전념하기를 종용하는 것이다. 어느 날 펠팜의 정원을 산책하다 야생백리향의 향기를 맡고 머리 위 구름 저편으로 사라지는 종달새의 노래 소리를 듣는다. 올롤론이 '하강'한 것이다. 블레이크는 이 현현(epiphany)를 통해 밀턴의 잘못은 물론 이와 동일한 오류가 자신의 상상력을 제한하고 있다는 것을 이해한다. 그러나 밀턴을 매도하지는 않는다. 대신 스스로의 이기적 자아를 발견하고 즉시 이를 절멸시킨다. 블레이크는 자신이 밀턴에 대해 갖는 사랑과 예언자로서의 동료의식을 동시에 확인한다. 블레이크는 자신의 시와 삶을 "신성한 비전"(Divine Vision)을 위해 헌신할 것을 결심한다. 결국 이야기는 처음으로 되돌아갔다. 이어손의 지적대로 블레이크는 이 작품이 끝나는 지점에 이르러서야 비로소 밀턴이 기록한 사건들의 의미를 실감하게 되고, 작품 『밀턴』의 예언적 화자가 되는 것이다(Easson 168-69).

미첼의 비유를 원용하여 말하자면, 궁극적으로 이 작품 전체는 하나의 커다란 '부름'이요 우리가 이 작품을 읽어가는 것은 바로 그 '부름'에 '답' 하는 것이라 할 수 있다. 이 작품에서 독자의 역할을 강조하는 것은 바로 이러한 독특성 때문이다. 블레이크가 이 작품의 앞부분에서 "신의 백성들이 모두 예언자가 되기를 기원한다"(Would to God that all the Lord's people were Prophets.)는 「시편」 구절을 인용한 것도 자신의 '부름'에 독자들이 '답'하여 그들 모두 자신과 같은 예언적 선지가가 되었으면 하는 의도를 명백하게 드러낸 것이라 할 수 있다. 또 '옛 시인의 노래' 중간 중간에 "나의 말을 명심할 지어다! 이는 너희들의 영원한 구원에 관한 것이니라"(Mark well my words! they are of your eternal savation.) 고 한 것도 독자들을 '답'을 촉구하는 '부름'의 소리라 할 수 있다.

이어손이 말하는 영적인 여행이 일차적으로는 밀턴 혹은 블레이크 자신의 것 — 오류와의 대면과 시험을 통하여 깨달음에 도달하는 — 이지만 그것이 바로 독자의 여행이기도 하다. 버렌트의 표현대로 독자는 개인적으로 블레이크가 뜻하는 바를 '결정'하기 위하여 스스로 취사선택하는 노력을 해야 한다(1). 성경의 묵시록적 예언의 말씀처럼 의미는 일방적으로 주어지는 것이 아니라 독자와 작가가 협력하여 형성해 가는 것이다. 따라서 우리들 독자는 어떤 편견에 미리 사로잡혀 있어서도 안 되며 그렇다고 막연하게 수동적 자세를 견지해서도 안 된다. 유연하되 강한 호기심과 모험심을 가지고 적극적으로 임해야 하는 것이다. 이어손은 블레이크가 요구하는 독자의 태도를 다음과 같이 요약하고 있다.

> 『밀턴』과 다른 대부분의 시적 픽션들과의 결정적인 차이는, 자연스럽게 우리에게 찾아오는 과학적 시각과는 상반되는 비전의 실체에 대해 블레이크가 진지한 제안을 하고 있다는 점이다. 블레이크는 우리에게 『밀턴』을 픽션이 아니라 진실로 받아들이기를 요구한다. 밀턴의 여정과 마찬가지로 『밀턴』을 읽어나가는 여정도 쉬운 일이 아니다. 매 고비마다 블레이크

는 우리들의 인내와 끈기를 시험한다. 복잡한 형태의 인유, 시간 공간의 혼미, 철자나 구두점, 문법의 논리와 일관성에 대한 우리들의 요구를 무시함이 주된 무기이다. 그러나 『밀턴』을 펼치고 그것에 우리를 내맡기는 것은 많은 부와 풍요로움을 제공해준다. "하루 매 순간을 혁신시켜주는" 순간을 향한 여행이 『밀턴』 안에 예시되면서 예언적 진실을 통한 상상력의 확장을 제공해주기 때문이다. (140)

이런 차원에서 블레이크의 예언시를 "무의미의 시"(poetry of no meaning)로 파악하는 맥건도 비슷한 지적을 하고 있다(11).

자신의 작품에서 블레이크의 임무는 자신의 이야기를 듣기로 동의한 사람들에게 자신의 입장을 외골수로 강요하는 것이 아니다. 그의 시는 해결책을 제공해주지 않는다. 다만 제대로 이해될 경우 우리가 원하는 해답을 찾기 위한 수단은 제공해줄 수 있다. (8)

블레이크 시의 '불명료성' 대한 변호의 명분이 여기에서도 확인된다. 적극적으로 예언자 시인이 제시하는 비전의 세계에 공감하려는 사람에게만 그것은 신묘한 의미를 드러낸다. 어떤 정연한 체제를 상정하고 그 입장에서 시의 부분 부분을 해석(분석)하려 할 때 — 블레이크의 표현을 빌면 유리즌적 태도를 고집할 때 — 에는 "불투명성"(opakeness 혹은 opacity)의 오류에서 벗어날 수가 없게 된다(M, 13:20; 29:35-39).[43] 이를

43 여기에서 주의할 점은 블레이크와 비평가들이 사용하는 "불명료성(obscurity)"과 블레이크 작품에 등장하는 "불투명성(opacity 혹은 opakeness)"이 전혀 다른 의미로 사용되고 있다는 점이다. '불명료성'이 의미의 다중성 혹은 난해함과 통하는 개념이라면, '불투명성'은 오류에 빠져 비전의 세계를 보지 못하는 상태를 지칭하는 말이다.

'예시적'이라 한 것도 바로 이러한 맥락에서이다.

이제까지 『밀턴』의 신묘한 세계로의 영적 여행을 위한 몇 가지 예비적 준비작업에 대해 살펴보았다. 물론 이것으로 문제가 해결된 것은 아니다. 겨우 여행자의 마음가짐 정도를 확인했을 뿐이다. 또한 더 중요한 것은 무엇을 어떻게 준비했느냐가 아니라 여행의 실질적인 내용이다. 이를 밝히는 일은 물론 준비작업보다 훨씬 힘겨운 일이 될 것이다. 아무리 힘겨운 일일지라도 블레이크의 '부름'이 있는 한 여기서 멈출 수는 없다. 그러나 지금 꼭 당장이어야 하는 것은 아니리라. 우선은 상상력을 통해 자신의 편견을 극복하고 비전의 세계에 들어가는 것이 얼마나 힘겨운 일인가를 확인하는 것으로 이 준비작업을 마감할까 한다.

2부

용서의 서사시
-『예루살렘』

01
용서의 근거

1. 새로운 '성약'(聖約)

블레이크는 근본적으로 기독교적인 시인이다. 그가 사용하는 대부분의 상징과 비유도 성경에 의존하고 있다. 1797년 왓슨(R. Watson) 주교의 글에 대한 주석에서도 당시의 상황에서 "성경을 옹호하는 일"이 생명에 위험을 초래할 수 있음을 지적하면서 자신이 성경을 믿는 기독교인임을 분명하게 밝히고 있다(E611; E614).

그런데 그는 오히려 반기독교인처럼 보인다. 주된 공격이 기독교회를 향하고 있기 때문이다. 그의 『순수와 경험의 노래』 및 〈람베스 서〉에서도 초월적인 신의 존재를 거부한다. 사제들도 왕이나 귀족들과 더불어 이런 초월적 신에 빌붙어 자신들의 기득권을 유지하기 위해 음모를 꾀하는 '구체제'(*ancien régime*)의 대표적인 세력으로 비판한다. 그러나 그가 기독교 자체를 거부했거나 매도한 것은 아니다. 댐로쉬의 지적처럼 한때 기독교를 거부했다가 1800년대를 전후로 심각한 정신적 위기를 겪으면서 다시 기독교로 돌아가게 된 것도 아니다(244). 그는 처음부터 기독교인이었으며 끝까지 '예수의 전사'로서의 소명의식을 견지했다.

다만 그가 시종일관 거부하고 비판한 것은 인습화한 종교 혹은 '국가종교'로 변질된 기독교였다. '국가종교'의 가장 중요한 특징은 율법주의에 있다. 율법주의의 정점에는 그 권위의 원천으로서 초월적 신이 존재한다. 왕이나 귀족 및 사제들은 이 '알 수 없고 보이지도 않는' 초월적 존재의 하수인이다. 아니 이들 '구체제'의 세력들이 자신들의 기득권을 강화하기 위하여 (율)법을 내세우고 그 정당성을 확보하기 위하여 무소불위의 권위적 존재로서 신을 상정하는 것이다.

율법주의는 인간 본연의 다양한 욕망을 죄악시한다. 다양함은 (율)법이 근거하고 있는 보편성의 원리에 위배된다. 『천국과 지옥의 결혼』이나 『유리즌 서』 『어헤니아 서』 등의 〈람베스 서〉는 바로 이러한 율법주의의 획일화에 대한 분노의 항거를 주된 내용으로 하고 있다. 하나의 통일된 법을 강조하는 유리즌은 이러한 율법주의의 표본이다. 다음 발언은 이러한 획일적 율법주의에 의한 독선의 대표적인 예라 할 수 있다.

> 평화, 사랑, 통일의 법
> 연민, 동정, 용서의 법
> 각자 하나의 거주지를 선택하게 하라
> 자신의 오래된 무한한 저택을.
> 하나의 명령, 하나의 기쁨, 하나의 욕망
> 하나의 저주, 하나의 무게, 하나의 척도
> 하나의 왕, 하나의 신, 하나의 법. (BU4.40; E72)

> Laws of peace, of love, of unity:

「예루살렘」 표지

Of pity, compassion, forgiveness.
Let each chuse one habitation:
His ancient infinite mansion:
One command, one joy one desire,
One curse, one weight, one measure
One King, one God, one Law.

유리즌이 추구하는 세계는 "하나의 왕, 하나의 신, 하나의 법"만이 용납되며, 이것에서 벗어나는 것은 악이다. 선과 악의 이분법은 이렇듯 획일적으로 통일된 (율)법에 근거한다.

이러한 율법주의에 대한 대응의 대표적 예가 반율법주의 즉 도덕률폐기론이라 할 수 있다(Mee 1992, 57). 그러나 이것을 반기독교적이라 할 수만은 없다. 도덕률폐기론자들은 오히려 자신들의 입장이 참된 기독정신에 닿아 있다고 주장한다. 그들에 의하면 원래의 기독교는 유태교의 율법주의에 대한 반작용에서 출발한다. 예수의 죽음도 유태의 율법에 의한 단죄의 산물이다. 반율법주의 정신을 모태로 한 기독교가 다시 율법을 강조하게 되는 것은 역사적으로 로마의 정치권력과 결탁하면서부터이다. 블레이크 식의 비유로 하자면 희랍의 헬레니즘 사고와 결합하면서 선악의 이분법에 근거한 '국가종교'가 발전하게 된다. 그 전형이 로마교회인 것이다.

기독교의 역사는 바로 이러한 '국가종교'에 대한 '작용과 반작용'의 역사라 할 수 있다. '국가종교'로 정착하면서 도덕률 폐기론은 지하로 잠적한듯 했으나 완전히 사라진 것은 아니다. 민중들의 염원을 대변하는 메시아 사상과 더불어 서구 문화의 중요한 텃밭 역할을 해오는 것이다. 그러다가 사회가 불안정해지고 '국가교회'의 권위가 흔들릴 때면 새로운 세상을 향한 변혁의 비전으로 표면화되기 시작한다. 종교개혁(Reformation)도 이러한 움직임의 하나로 볼 수 있다. 그런데 종교개혁은 그 주창자인 루터(Martin Luther)와 캘빈(John Calvin)의 한계로 인하여 또 다른 형태의 '국가종교'를 결과했을 뿐이다. 루터나 캘빈에 대한 블레이크의 비판은 이러한 기독교 역사와 연결되어 있다. 블레이크에 의하면 루터는 "황제의 사람"이었던 단테와 마찬가지로 전쟁의 원인 제공자이다(AnnBoyd; E634). 선과 악의 이분법에 의하면 세상은 적군과 아군으로 구분될 수밖에 없기 때문이다.

> 기억하라 캘빈과 루터가 어떻게 설익은 분노에 의해
> 교황주의자와 신교도 사이에 전쟁과 가혹한 분열의 씨를 뿌렸다는 것을
> 이제는 그런 일이 없게 하라! 오 순교와 전쟁으로 나아가지 마라. (M23.47-9; E119)

> Remember how Calvin and Luther in fury premature
> Sow'd War and stern division between Papists & Protestants
> Let it not be so now! O go not forth in Martyrdoms & Wars

『예루살렘』에서도 블레이크는 오류의 순환으로 이루어진 인류 역사의 마지막 즉 '스물일곱 번째의 하늘'을 루터에게 배치한다. 여기에서 벗어나야만 새로운 세상 '스물여덟 번째 하늘'이 열리게 된다.

> 골고누자 주변에 영원한 죽음의 땅이 놓여 있네
> 고통과 비참함과 절망과 끊임없이 시무룩한 우울의 땅이

아담부터 루터에 이르기까지 스물일곱 개의 모든 하늘 안에 있네
세속적 외피에서부터 식물적 지구에 이르기까지 (J13.30-3; E157)

Around Golgonooza lies the land of death eternal; a Land
Of pain and misery and despair and ever brooding melancholy:
In all the Twenty-seven Heavens, numberd from Adam to Luther;
From the blue Mundane Shell, reaching to the Vegetative Earth.

또 하나 이러한 '국가종교'에 대한 '비순응'(nonconformism)의 극적인 예가 크롬웰에 의해 주도된 청교도 혁명이라 할 수 있다. 그런데 이것은 기존의 교회가 내세웠던 율법에 저항하기 위해 대체 도덕률을 강조한다. 도덕률 자체의 폐기보다 다른 도덕률로의 대체를 추구한 것이다. 도덕률폐기론자들의 입장에서 보면 애초에 이들 또한 참기독교로의 회귀에 실패할 수밖에 없는 한계를 지니고 있었다. 크롬웰의 비서이기도 했던 밀턴에 대한 블레이크의 애증 또한 이러한 역사적 현실과 무관하지 않다. 그는 인간을 희생의 제물로 바치는 드루이드교의 잔혹성에 크롬웰을 연루시킨다. 찰스 왕이 "속죄"(Atonement)를 요구하자 크롬웰이 이에 기꺼이 응했다는 것이다(M5.39; E99).

'국가종교'로서 기독교가 안고 있는 가장 커다란 오류가 바로 이 '속죄의 교리'이다. 드루이드교의 인간제물과 구약의 유태인들이 하나님의 이름을 빙자하며 저지른 수많은 인간희생이 바로 이 교리에 입각해 있다. 블레이크는 기독교가 영국에 들어오기 전 인간제물을 근거로 한 신앙행태를 구약의 그것과 곧잘 연결시킨다. 이것은 모두 율법주의의 선악관에 입각해 있다. 악을 보속하기 위하여 일정한 대리 희생을 필요로

한것이다. '선민'은 이러한 희생에 의해 가능해진다.

> 선민은 구제받을 수 없고 다만 잔혹한 도덕률에 의한
> 희생과 속죄를 통해서 지속적으로 창조되는 것
> 그리하여 세 계급의 사람들이 자신들의 고정된 위치를 점하게 되느니
> 두 상반적 존재와 이성이라는 부정이 바로 그것이라. (M5.11-4; E98)

> ... the Elect cannot be Redeemd, but Created continually
> By Offering & Atonement in the crue[l]ties of Moral Law
> Hence the three Classes of Men take their fix'd destinations
> They are the Two Contraries & the Reasoning Negative.

당시 많은 급진주의자들처럼 블레이크도 "위자(慰藉)의 희생"(propitiatory sacrifice)의 개념에 반대했다(Mee 1992, 199). 개개인의 행복은 개개인의 공덕에 의해 좌우되는 것이지 다른 사람의 희생에 의해 얻어지는게 아니라는 것이다. 이는, 보수적인 사람들이 진정한 해방의 원천으로 십자가를 통한 그리스도 속죄의 희생 의미를 강조하는 것과는 대조적이다. 왓슨 주교의 글에 대한 주석에서 블레이크의 이같은 견해를 엿볼 수 있다.

> 예수는 왜 왔는가? 유태의 협잡을 폐하기 위해서가 아닌가? 예수는 모든 분야에서 인간 야수성의 화신이라 할 수 있는 유태의 성경에 대항하여, 신이 모든 인간을 사랑하며 그들의 아버지라고 가르치고 모든 세속적 영달을 위한 경쟁을 금지시켰기 때문에 살해된 것이 아닌가? 예수는 무신론자로 죽은 것이다. (E614)

Wherefore did Christ come was it not to abolish the Jewish Imposture Was not Christ murderd because he taught that God loved all Men & was their father & forbad all contention for Worldly prosperity in opposition to the Jewish Scriptures which are only an Example of the possibility of Human Beastliness in all branches. Christ died as an Unbeliever.

이처럼 단죄의 도덕률에 의존하는 인습화한 교회의 표본이 바로 유태교이다. 블레이크가 유태교의 억압적 율법에 대하여 비판하는 모습은 그의 글 곳곳에서 심심치 않게 확인할 수 있다.

유태인들의 율법은 (의식적이든 사실적이든) 인간의 강령 중 가장 비천하고 억압적이었다. 또한 다른 모든 강령과 마찬가지로 신성한 명령의 미명아래 주어진 이것이 황폐하게 만드는 혐오스러운 것이라고 예수가 선언한 것, 다시 말해서 모든 잔인함의 근원은 국가종교인 것이다. (E618)

The laws of the Jews were (both ceremonial & real) the basest & most oppressive of human codes. & being like all other codes given under pretence of divine command were what Christ pronouncd them The Abomination that maketh desolate. i.e. State Religion which is the Source of all Cruelty.

이처럼 율법에 근거하는 권위주의적 교회는 "외형적 제식" (out-ward ceremony)을 중시한다. 그런데 블레이크에 있어서 이러한 제식은 바로 "적그리스도"(Antichrist)적인 것이다(Laocoön; E274). 그에게 "새로운 교회"의 참된 의미는 그것이 지니는 "활달한 생명력"에 있는 것이지 "제식"에 있는 것이 아니다("The Whole of the New Church is in the Active

Life & not in Ceremonies at all"; AnnSwed; E605). 초월적 신의 존재와 더불어 위풍당당한 제식은 억압적 도덕률의 권위를 유지시켜주는 데 중요한 기여를 한다. 그렇지 못할 경우 인간 본연의 모든 욕망을 통제해야만 유지 가능한 지배체제가 흔들리게 된다. 격변의 시대에 도덕률폐기론이 기승을 부리고 인습적 제식에 대한 비판이 성행하는 것은 이러한 이유에서이다. 블레이크가 처한 상황이 바로 이러했다. 당시 영국의 폭압적 상황을 로스-블레이크는 이렇게 그린다.

> 그들[압제자들]은 노동자들의 팔다리를 조롱한다. 그들의 굶주린 자녀들을 조롱한다.
> 그들은 자기 아들들을 팔 수 있는 힘을 갖기 위해 자기 딸들을 산다.
> 그들은 온유한 기술로 빈자들에게 빵 껍질을 먹고 살도록 강요한다
> 그들은 인간을 결핍으로 몰아간다, 그리고는 허례와 격식 속에 베푼다.
> 여호와에 대한 찬미의 노래가 굶주림과 갈증으로 타는 입술에 의해 불린다.
> (J44.28-32; E193)

> They mock at the Labourers limbs! they mock at his starvd Children.
> They buy his Daughters that they may have power to sell his Sons:
> They compell the Poor to live upon a crust of bread by soft mild arts:
> They reduce the Man to want: then give with pomp & ceremony.
> The praise of Jehovah is chaunted from lips of hunger & thirst!

여기에서도 확인할 수 있듯이 블레이크의 현실인식은 총체적이다. 그에게 제식의 문제는 단순히 종교적인 차원이 아니다. 그것은 단죄를 통해 스스로의 정당성을 확보하려는 국가종교는 물론, 억압과 전쟁을 통

치수단으로 하는 절대왕정의 폭군정치와, 모든 것을 소유의 대상으로 간주하며 착취를 부의 축적수단으로 정당화하는 자본주의와도 긴밀하게 연관되어 있다. 이것이 바로 용서의 상상력이 용납되지 못하는 세상이다.

이처럼 인습적 제식과 도덕률에 얽매이게 되면 예술은 기억력에 의존하여 무의미한 반복과 모방만을 일삼는 거짓 예술로 타락하게 된다. 사회 또한 개개인의 독선과 이기심 그리고 다른 사람에 대한 단죄로 분열되고 단절되어 반-공동체(反-共同體)가 되고 만다.

이러한 유태적 율법주의의 대항명제로 블레이크가 강조하는 것이 바로 새로운 성약(covenant)으로서의 예수 정신 즉 용서이다. 그는 『예루살렘』의 초두에서 이를 분명하게 선언하고 있다.

> 예수의 정신은 죄에 대한 지속적인 용서이다. 구세주의 왕국인 신성한 몸속으로 들어갈 때까지 정의로워지기를 기다리는 사람은 결코 그 곳에 들어가지 못할 것이다. (J3; E145)

> The Spirit of Jesus is continual forgiveness of Sin: he who waits to be righteous before he enters into the Saviours kingdom, the Divine Body; will never enter there.

이 때의 용서는 유태의 율법학자나 바리새인이 주창하는 그것과는 다른 것이다. 그들에게 용서는 신만이 할 수 있는 일이다. 그러나 블레이크의 예수는 용서의 능력이 신에게서 유래한 것이 아니라 사람과 사람 사이에서 추동될 수 있는 것임을 강조하고 있다. 인간의 용서를 신에 의한 용서의 전제조건으로까지 상정하고 있으며 그것도 지속적이어야 함을 역설하고 있다.

유한하고 타락한 이 세상에서 살고 있는 인간은 그 유한함에서 결코 자유로울 수 없다. 얼마든지 잘못을 저지를 수 있고 오류에도 휩싸일 수 있다. 그것이 악의의 범죄가 아니라면 용서할 수 있어야 한다. 고의적인 악행은, 아렌트가 지적하는 것처럼, '최후심판'의 일이지 이 지상의 삶과 연관된 것은 아니다. 그녀의 말을 빌자면 그것은 용서의 사항이 아니라 '응보'(retribution)의 사항인 것이다(240). 반면에 우리가 흔히 저지르기 쉬운 잘못은 일상적인 일로서 이를 용서하는 것은 서로의 관계망 속에서 새로운 관계를 끊임없이 정립해 나가려는 의지의 산물이다. 모르고 한 지난 일의 결과에 얽매이지 않고 자유롭게 창조적인 삶을 영위하려는 노력의 소산인 것이다.

이러한 "생명의 설교자"로서의 예수의 모습을 블레이크는 "죽음의 설교자" 가야파(Caiaphas)의 그것과 이렇게 대조시키고 있다.

> 예수는 이 바퀴의 흐름과
> 싸웠기에 죽었노라. 그 이름은
> 죽음, 죄, 슬픔, 그리고 처벌의
> 암울한 설교자인 가야파이니라.
> 자연을 거부하는 그것은 자연종교.
> 그러나 예수는 생명의 밝은 설교자로서
> 자기부정과 죄의 용서에 의하여
> 이 사나운 율법으로부터 자연을 창조하노라. (J77.16-22; E232)

> Jesus died because he strove
> Against the current of this Wheel: its Name

Is Caiaphas, the dark Preacher of Death
Of sin, of sorrow, & of punishment;
Opposing Nature! It is Natural Religion
But Jesus is the bright Preacher of Life
Creating Nature from this fiery Law,
By self-denial & forgiveness of Sin.

짐작할 수 있는 것처럼 블레이크의 용서의 윤리는 성경에 근거하고 있다. 특히 블레이크가 주목하는 성경에 나타난 예수의 복음으로는 다음의 것들이 있다.

"네가 만약 타인의 죄에 대하여 그들을 용서하면, 너의 천상의 아버지 역시 너를 용서할 것이다. 그러나 네가 타인을 용서하지 않으면 너의 아버지도 너의 죄를 용서하지 않으리라." (마태복음 6장 145절)
"너희가 형제 자매를 마음으로부터 용서하지 않으면, 내 하늘의 아버지 또한 너희 모두에게 그렇게 행하시리라." (마태복음 18절 35절)
"그리고 기도하려고 멈춘 때에 누군가에게 유감이 있다면 용서하라. 그러면 천상의 너의 아버지도 너의 죄에 대해 용서하리라." (마가복음 11장 25절)
"다른 사도가 죄를 범하면 꾸짖고 뉘우치거든 용서를 해주어라. 그가 하루에 일곱 번 잘못을 저지른다 해도 그 때마다 너에게 와서 잘못했다고 하면 용서를 해주어야 한다." (누가복음 17장 3-4절)

그런데 이때 특히 주목할 점은 그가 성경을 하나의 고정된 텍스트 즉 '책'으로 보지 않는다는 점이다. 그는 성경조차도 상상력에 근거한 창조적 읽기를 하지 않을 경우 억압적 율법과 같은 것으로 전락할 수 있음을 강조한다. 그에게 성경은 끊임없는 재해석의 가능성이 열려있는 '두루마리'와 같은 것이다. 그것이 생명의 복음으로 기능할 수 있기 위해서는 읽는 이의 창조적 상상력을 필요로 한다. 텍스트의 의미가 이미 완성되어 있어 독자는 그것을 피동적으로 수용하기만 하면 되는 것이 아니다. 텍스트가 독자를 일방적으로 지배하는 관계가 아니라 둘 사이에 긴장된 상호작용이 가능한 쌍방적 관계가 요구되는 것이다. 미의 주장을 들어보자.

> 성경에 대한 블레이크의 태도의 근저에는 순수한 텍스트 곧, 스스로 성스럽고 불변적이며 독창적이라는 주장을 함으로써 권위를 획득하는 텍스트에 대한 적대감이 놓여있다. (1992, 11)

성경은 그 의미를 문자 그대로 이해해야 하는 지난 역사에 대한 단순 기록물이 아니다. 그것은 "문자로 된 것이 아니고 성령으로 된" 것이다. "문자는 사람을 죽이"지만 "성령은 사람을 살린"다(고린도 전서 3장 6절). 블레이크가 성경을 문자적 의미가 아니라 영적인 의미 즉 "지옥의 혹은 악마적 의미로"(in its infernal or diabolical sense) 읽어야 한다고 역설하는 것은 바로 이러한 이유에서이다(MHH24; E44). "히브리 성경이나 예수의 복음"은 "모든 존재하는 것에 대한 영원한 비전이자 상상력"에 의해 포착된 세계이다(LJ; E554). 그것은 과거의 죽은 사람들이 아니라 현재 살아있는 모든 사람과 관련된 것이다.

블레이크에게 성경은 "시적 이야기"(poetic tale)이다. 존 미의 표현을 빌자면 "유태인들의 구전 전통에 의존한 잡다한 이야기의 축적물"인 것이다(1992, 167). 그녀는 블레이크의 성경 재해석의 의미를 이렇게 정리한다.

> 시와 그림을 통한 블레이크의 독창적이고 창조적인 성경 재해석은, 부분적으로는 국가종교의 왜곡된 성서 속에 억압되어 있는 히브리의 대중적 고대 풍습제도의 '영감'을 재창조하려는 시도로 보아야 한다. (1992, 167)

인간의 위대한 상상력("Poetic Genius")에 의해 창조된 위대한 예술의 전범("the Great Code of Art")인 성경은 온통 상상력과 비전으로 가득 차 있을 뿐, "플라톤이나 그리스인 그리고 모든 전사"들이 강조하는 "도덕적 덕성"(Moral Virtues)으로 이루어진 것이 아니다. 이 '도덕적 덕성'이 바로 죄에 대한 "지속적인 단죄자"로서 "영원한 전쟁"과 타인에 대한 지배를 촉진시킨다(Laocoön; E274, AnnBerk; E664). 반면 진정한 복음은 죄에 대한 용서에 있으며 도덕적 계명과는 무관하다("The Gospel is Forgiveness of Sins & has No Moral Precepts": AnnWat; E619).

대몬은 이러한 블레이크의 성경 읽기를 '용서의 예' 찾기로 규정한다.

> 블레이크는 죄에 대한 용서의 예를 찾기 위해 성경을 뒤졌다. 그리하여 카인에 대한 하나님의 용서, 율법을 감추고 자비의 좌석을 우위에 두는 여호와, 적들을 화해시킨 발람, 형제를 용서한 요셉, 압살롬을 용서한 다윗, 자식들과 자기 '친구들'을 용서한 욥, 마리아를 용서한 요셉, 간통한 여인을 용서한 예수 등을 [그 예로] 찾아냈다. (46)

이러한 의미는 가야파와 같은 율법주의자들의 편협한 선악 이분법에서 벗어난 사람이면 누구나 쉽게 이해할 수 있는 일이다. 이러한 단선적 사고에서 벗어나 있기만 하면 배움이 없는 사람들도 성경이 지닌 시적 아름다움을 온전히 이해할 수 있다. 그런데도 율법학자나 '국가종교'의 사제들은 성경의 이해에 있어 일반인들을 소외시킨다. 그래야만 자신들의 권위를 유지할 수 있고 그에 근거한 기득권을 수호할 수 있기 때문이다. 급진적 기독교의 반교권주의, 반지성주의 혹은 반고전주의 특성을 그대로 물려받고 있는 블레이크는 이러한 권위를 철저하게 해체한다. 이는 지배세력의 문화적 헤게모니에 대한 항거 바로 그것이다. 이는 역설적이게도 성경 자체를 비판 거부하는 합리주의적 급진주의자들과 상통하는 점이 있다. '해체의 전범'으로서 이들은 귀족들의 고급문화와 일반 민중들의 저급문화, 점잖은 언어와 속된 언어의 차이 혹은 그 위계를 인정하지 않는다. 기독교를 비판한 페인을 왓슨 주교보다 더 훌륭한 기독교인이라고 평한 블레이크의 발언은 단순한 말장난이 아닌 것이다.

> 페인은 기독교를 공격하지 않았다. 왓슨은 적그리스도를 옹호했다……
> 왓슨 주교는 톰 페인과 마찬가지로 영원한 복음을 보지 못했다……
> 지금 내가 보기에는 톰 페인이 왓슨 주교보다 나은 기독교도인 것 같다……
> (AnnWat; E612, 619, 620)

> Pain has not Attacked Christianity. Watson has defended Antichrist.....
> The Bishop never saw the Everlasting Gospel any more than
> Tom Paine....
> It appears to me Now that Tom Paine is a better Christian than
> the Bishop....

블레이크는 이처럼 율법주의에 근거한 단죄의 종교를 '자연종교' 혹은 이신론(Deism)이라 칭한다. 이것이 바로 '용서'를 강조하는 예수를 살해한 바리새인의 종교 바로 그것이다. 『예루살렘』의 제3장을 이 '이신론' 비판에 할애한 블레이크는 이를 이렇게 정의한다.

이신론은 소위 자연종교와 자연철학에 의해, 그리고 자연정신의 이기적인 미덕인 자연도덕 혹은 독선에 의해 이 세상의 신을 숭배하는 것이다. 이것이 바로 예수를 살해한 바리새인들의 종교이다. (J52; E201)

Deism, is the Worship of the God of this World by the means of what you call Natural Religion and Natural Philosophy, and of Natural Morality or Self-Righteousness, the Selfish Virtues of the Natural Heart. This was the Religion of the Pharisees who murderd Jesus.

최초 채색본인 『자연종교는 없다』(*There is No Natural Religion*)부터 최후 작품인 『예루살렘』에 이르기까지 블레이크가 꾸준하게 비판하고 있는 '이신론'은 역사상의 이신론과 반드시 일치하는 것은 아니다. 역사상의 이신론은 이성의 시대에 유행한 철학의 한 흐름이다. 종교와 상식의 접합을 시도한 이 사상적 흐름은 이전 시대의 피비린내 나는 전쟁의 원인으로 종교적 '열광주의'(fanaticism)를 지목한다. 베이컨, 뉴턴, 로크 등의 원리에 입각한 자연과학의 발달에 힘입어 세력을 확장하기 시작한 이 '자연종교'는 볼테르나 루소 같은 자유주의 혁명 사상가들을 낳게 되고 나아가 19세기 중반에 널리 유행한 성경에 대한 '고등비판'(Higher Criticism)의 모태가 되기도 한다.

창조주로서 신의 존재를 인정하는 이신론자들은, 그러나 일단 창조가 완성되고 난 이후의 신의 간섭에 대해서는 부정적 입장을 취한다. 그래서 그들은 모든 종류의 기적이나 미신을 불신한다. 그들이 믿는 것은 인간의 이성으로, 선한 본성을 가지고 태어난 인간은 이 이성의 힘에 의존하여 예전의 '황금시대'(Golden Age)로 돌아갈 수 있다는 것이다.

8

Rose up against me thundering from the Brook of Albions River
From Ranelagh & Strumbolo, from Cromwells gardens & Chelsea
The place of wounded Soldiers. but when he saw my Mace
Whirld round from heaven to earth, trembling he sat: his cold
Poisons rose up: & his sweet deceits coverd them all over
With a tender cloud. As thou art now; such was he O Spectre
I know thy deceit & thy revenges, and unless thou desist
I will certainly create an eternal Hell for thee. Listen!
Be attentive! be obedient! Lo the Furnaces are ready to recieve thee.
I will break thee into shivers! & melt thee in the furnaces of death;
I will cast thee into forms of abhorrence & torment if thou
Desist not from thine own will, & obey not my stern command!
I am closd up from my children: my Emanation is dividing
And thou my Spectre art divided against me. But mark
I will compell thee to assist me in my terrible labours. To beat
These hypocritic Selfhoods on the Anvils of bitter Death
I am inspired: I act not for myself: for Albions sake
I now am what I am: a horror and an astonishment
Shuddring the heavens to look upon me: Behold what cruelties
Are practised in Babel & Shinar, & have approachd to Zions Hill

While Los spoke, the terrible Spectre fell shuddring before him
Watching his time with glowing eyes to leap upon his prey
Los opend the Furnaces in fear. the Spectre saw to Babel & Shinar
Across all Europe & Asia. he saw the tortures of the Victims.
He saw now from the ouside what he before saw & felt from within
He saw that Los was the sole, uncontrolld Lord of the Furnaces
Groaning he kneeld before Los's iron-shod feet on London Stone,
Hungring & thirsting for Los's life yet pretending obedience.
While Los pursud his speech in threatnings loud & fierce.

Thou art my Pride & Self-righteousness; I have found thee out:
Thou art reveald before me in all thy magnitude & power
Thy Uncircumcised pretences to Chastity must be cut in sunder!
Thy holy wrath & deep deceit cannot avail against me
Nor shalt thou ever assume the triple-form of Albions Spectre
For I am one of the living: dare not to mock my inspired fury
If thou wast cast forth from my life! if I was dead upon the mountains
Thou mightest be pitied & lovd: but now I am living; unless
Thou abstain ravening I will create an eternal Hell for thee.
Take thou this Hammer & in patience heave the thundering Bellows
Take thou these Tongs: strike thou alternate with me: labour obedient
Hand & Hyle & Koban: Skofeld. Kox & Kotope, labour mightily
In the Wars of Babel & Shinar, all their Emanations were
Condensd. Hand has absorbd all his Brethren in his might
All the infant Loves & Graces were lost, for the mighty Hand
Con

「예루살렘」 제8도판

그는 인습화한 '국가종교,' 즉 국가권력과 결탁하여 억압과 착취를 일삼는 거짓 기독교의 모든 잘못을 '이신론'의 이름으로 비판한다. 그는 우선 "동떨어지고 무정하며 범접할 수 없는" 초월적 존재로서의 신 개념을 거부한다(Damon 101). 블레이크에게 신은 우리 인간의 가슴속에 내재하는 것이다. 또한 기계적인 인과법칙이 지배하는 삼차원적 세계로서의 자연에 대한 이신론적 숭배 역시 비판한다. 이러한 즉물적 입장으로는 영적 원인과 결과로 이루어진 우리 삶의 심오한 경지를 이해할 수 없기 때문이다.

이신론에 대한 이러한 블레이크 태도의 중심에는 그 윤리에 대한 비판이 자리하고 있다. 이는 인간존재를 어떻게 규정하는가 하는 문제와 밀접하게 연관되어 있다. 이신론자들이 빠진 가장 중요한 잘못은 스펙터 상태에 처해있는, 그래서 '새로운 자아'(a New Selfhood)로 거듭나야 할 인간을 '정당한'(Righteous) 존재로 상정하고 있는 점이다. 자기반성을 통한 거듭남의 기회를 차단하고 독선(Self-righteousness)에 빠지게 만드는 것이다. 이러한 독선의 태도는 죄에 대한 용서가 아니라 응징만을 획책하는 거짓종교를 결과할 뿐이다.

> 그대 이신론자들이여, 그대들이 기독교의 적임을 고백하라. 그대들은 그러하다. 그대들은 또한 인류의 적이며 인간성의 적이다. 인간은 스펙터 또는 사탄으로 태어났기에 완전히 악한 존재이며, 끊임없이 새로운 자아가 필요하며, 끊임없이 그 자신과 정반대의 존재로 변화되어야 한다. 그러나 (드루이드교의 유물인) 그대들의 희랍 철학은 인간이 식물적인 스펙터일 때에도 올바르다고 가르치고 있는데 그것은 인간에게 치명적이고 저주로운 결과를 낳는 의견이다. (J52; E200)

> You O Deists profess yourselves the Enemies of Christianity: and you are so: you are also the Enemies of the Human Race & of Universal Nature. Man is born a Spectre or Satan & is altogether an Evil, & requires a New Selfhood continually & must continually be changed into his direct Contrary. But your Greek Philosophy (which is a remnant of Druidism) teaches that Man is Righteous in his Vegetated Spectre: an Opinion of fatal & accursed consequence to Man

블레이크에 의하면 이러한 단죄와 응징의 이신론적 윤리가 모든 전쟁의 원인이다. 대몬의 이야기를 들어보자.

> 이신론적 윤리는 단지 선과 악이라는 인위적 가치체계로서, 개인을 고려하지 않는 단일한 기준을 지닌 정의의 체계일 뿐이다. 따라서 그것은 죄에 대하여 사람들을 잔인한 처벌의 법에 굴복시키는 비인간적인 것이었다. 그것은 실제 전쟁의 원인이기도 했다. 아리스토텔레스를 비롯하여 모든 이교도적 도덕체계는 인도주의와 사랑 그리고 죄의 용서라는 최고의 기독교적 가치를 간과하고 빠뜨렸다. (101)

로스의 스펙터는 바로 이러한 이신론의 오류에 사로잡혀 있는 대표적 인물이다. 블레이크는 이 스펙터의 입장을 의심과 실험을 축으로 하는 경험론적 태도와 연결시킨다. 스펙터는 이렇게 외친다.

> 인간의 아들들이여 나는 신이다! 나는 너희의 이성적 힘이다!
> 내가 바로 인간에게 수치심을 가르치는 베이컨, 뉴턴, 로크가 아닌가!
> 의심과 실험을 가르치는! 내 두 날개는 볼테르와 루소가 아닌가!
> 그 죄인들의 친구는 어디에 있는가! 나의 법에 대항하는 그 반역자는!

(J54.19; E203)

I am God O Sons of Men! I am your Rational Power!
Am I not Bacon & Newton & Locke who teach Humility to Man!
Who teach Doubt & Experiment & my two Wings Voltaire: Rousseau.
Where is that Friend of Sinners! that Rebel against my Laws!

이러한 이신론적 경험론의 정치적 형태가 아서왕으로 대변되는 폭압적 절대군주제이다(J54:25;E204). 역사적으로 절대왕정의 '구체제'에 반역하는 혁명의 이념을 제공해준 볼테르나 루소와 같은 사상가를 블레이크는 오히려 '구체제'의 지주(支柱)로 파악하고 있다. 이성에 힘입어 사회 정치적 평등을 실현하려는 부르주아적 혁명의 한계를 감성의 시인 블레이크는 이미 감지하고 있었던 것이다. 진정한 인간해방은 인간 본연의 에너지를 자유롭게 발산시킬 수 있을 때 가능하다. 개개인의 고유한 정열이 각자 독특한 형태로 피어날 수 있는 다양성에 대한 긍정이 전제되어야 하는 것이다. 이성의 기준에 의한 일반적 원리의 강조는 결국 또 다른 형태의 폭압체제를 결과하기 쉽다(Schorer 375). 오르크의 혁명적 열정이 유리즌의 '이신론'에 사로잡히면 전쟁의 즉물적 '뱀'으로 변하듯, 프랑스(Luvah)의 혁명적 열정도 영국의 자연주의 철학에 물들면 변질될 수밖에 없다. 블레이크 식의 비유를 들어 말하자면 그들도 자신들이 비판하는 대상과 흡사한 모습이 되고 마는 것이다: "보는 사람 모두 자신들이 바라보는 존재와 같이 되었네...... 자신들의 희생자와 같은 존재가"(J66:36;E218).

이렇듯 프랑스 혁명이 변질되어 인간 본연의 자유에 대한 반동적 탄압을 일삼자 영국의 지배세력도 이를 빌미로 폭압의 정책을 강화한다. 블레이크는 프랑스와 영국 양국에서 진행되는 '이신론'에 의한 반동화를 이렇게 그리고 있다.

> 루바가 혀의 천사 타마스를 살해하고 앨비언이 그를
> 자기의 도시 파리로 데려 왔네, 부활을 인정하지 않은 채
> 그때 루바의 딸이며, 앨비언의 아내인 발라가
> 드루이드교도들의 혼란의 바위사이에서 열 두 겹의 복수를 가하였네.
> 그곳에서는 인간 희생자들이 달을 향해 울부짖나니, 쏘르와 프리가는
> 지품천사들 사이에서 여호와와 다투며 죽음의 춤을 추고 있다네. (J63.5-10; E214) [1]

> Luvah slew Tharmas the Angel of the Tongue & Albion brought him
> To Justice in his own City of Paris, denying the Resurrection
> Then Vala the Wife of Albion, who is the Daughter of Luvah
> Took vengeance Twelve-fold among the Chaotic Rocks of the Druids
> Where the Human Victims howl to the Moon & Thor & Friga
> Dance the dance of death contending with Jehovah among the Cherubim.

이와 반대의 입장에 서있는 것이 바로 죄에 대한 용서를 그 근간으로 하는 예수의 종교다.

---

1 『네 개의 조아들』에서는 타마스가 스스로 질투심에 의하여 쇠진하는 것으로 그리고 있는데, 여기에서는 그를 언론의 자유를 표상하는 인물로 상정하여 전쟁이라는 왜곡된 상황에 의하여 언론의 자유가 탄압당하는 것으로 그리고 있다. 프랑스에서 자행된 자유에 대한 반동적 정책이 영국 내의 언론의 자유에 대한 탄압으로 이어짐을 꼬집고 있는 것이다. S758-9 참조.

그러나 죄의 용서인 예수의 종교는 전쟁의 원인이 될 수도 없고 단 하나의 순교도 야기할 수 없다. 타인들을 순교시키는 자들 혹은 전쟁을 야기하는 자들은 이신론자들이지 죄를 용서하는 사람들일 리가 없다. 기독교의 영광은 용서에 의한 정복에 있다. 기독교가 지배하는 유럽에서의 모든 파괴는 따라서 자연종교인 이신론으로부터 생겨난 것이다. (J52; E201)

But the Religion of Jesus, Forgiveness of Sin, can never be the cause of a War nor of a single Martyrdom. Those who Martyr others or who cause War are Deists, but never can be Forgivers of Sin. The Glory of Christianity is, To Conquer by Forgiveness. All the Destruction therefore, in Christian Europe has arisen from Deism, which is Natural Religion.

이처럼 참된 기독교의 핵심을 용서의 덕목에서 구하는 블레이크는 예수 신성함의 원천을 아버지 요셉의 마리아에 대한 용서에서 찾는다. 그는 로스의 입을 빌어 죄에 대한 용서가 없을 경우 여인이 순결할 수 없다는 역설을 강조한다. 순수해지기 위해서는 "죄에 대한 비방과 고소"(Calumnies and/ The Accusations of Sins)를 씻어내야 한다(J63.26-29; E214). "순결과 할례 받지 않은 이기심의 종교"(Religion of Chastity & Uncircumcised Selfishness: J60.48; E211)가 지배하는 상황에서 절망스러워하는 예루살렘에게 '신성한 목소리'(Divine Voice)가 들려주는 요셉과 마리아의 이야기는 이러한 블레이크의 윤리를 가장 간명하게 보여주는 대목이다.

그녀[예루살렘]는 나자렛의 목수 요셉과 그의 아내 마리아를 보고 관찰하였다. 마리아가 말하기를, 당신이 나를 당신에게서 떼어 놓는 것이 나를 죽이는 것이 아닌가요? 요셉이 격분하여 말하였네, 내가 창녀 그리고 간통한 여인과 결혼하란 말이요? 마리아가 대답하기를, 당신은 죄를 용서하고 길 잃은 여인을 다시 부르신 당신의 창조주보다 더욱 순결한가요? 여인은 싫어하지만 그 분은 다시 여인을 사랑으로 부르십니다. 나는 내 소중한 요셉을 사랑하는데 그는 나를 쫓아냅니다. 그러나 내 남편의 음성 속에서 하느님의 음성을 듣습니다 — 그가 얼마 동안은 화를 내겠지만 궁극적으로 나를 버리지는 않을 것입니다. 내가 순결하다면 죄의 용서라는 달콤함을 결코 맛볼 수 없을 것입니다. 내가 성스럽다면 사랑의 눈물을 결코 볼 수 없을 것입니다 — 용광로 불 속의 분노의 한가운데서도 나를 사랑하는 그 사람의 눈물을. 아, 나의 마리아여, 요셉이 말하였네, 울면서 두 팔로 그녀를 껴안은 채 그분이 예루살렘을 용서하고 오염된 그녀로부터 순결을 강요하는 것이 아니지 않던가? 난 잠 속에 그의 음성을 들었소, 꿈속에 그의 천사가 이렇게 말하는 걸 들었소. 여호와께서 보상을 전제로 하고서만 빚을 탕감하시는가? 순결을 전제로 하고서 오염을 용서하시는가? 그러한 빚은 탕감된 것이 아니리! 그 오염은 용서받은 것이 아니리! 그러한 것은 이교 신들의 용서요, 부드러운 자비가 잔인함인 이교도들이 말하는 도덕적 미덕일 뿐. 그러나 여호와의 구원은 지속적인 죄의 용서에 있어, 위대한 영원 속에서 영속적인 상호 희생에 있어, 돈도 필요 없고 대가도 필요 없는 것이오. 보시오, 살아있는 것 중에 죄 짓지 않는 것이 없기 때문이오. 이것이 여호와의 성약이오 — 너희가 서로 용서하면, 여호와도 너희를 용서하리라, 그 분이 너희 사이에 거할 수 있도록. 그러니 네 아내 마리아를 데려오기를 두려워 말라, 그녀는 성령에 의해 잉태하였음이라. (J61.1-27; E211-12)

She looked & saw Joseph the Carpenter in Nazareth & Mary His espoused Wife. And Mary said, If thou put me away from thee Dost thou not murder me? Joseph spoke in anger & fury. Should I Marry a Harlot & an Adulteress?

Mary answerd, Art thou more pure Than thy Maker who forgiveth Sins & calls again Her that is Lost Tho She hates. he calls her again in love. I love my dear Joseph But he driveth me away from his presence. yet I hear the voice of God In the voice of my Husband. tho he is angry for a moment, he will not Utterly cast me away. if I were pure, never could I taste the sweets Of the Forgive[ne]ss of Sins! if I were holy! I never could behold the tears Of love! of him who loves me in the midst of his anger in furnace of fire. Ah my Mary: said Joseph: weeping over & embracing her closely in His arms: Doth he forgive Jerusalem & not exact Purity from her who is Polluted. I heard his voice in my sleep O his Angel in my dream: Saying, Doth Jehovah Forgive a Debt only on condition that it shall Be Payed? Doth he Forgive Pollution only on conditions of Purity That Debt is not Forgiven! That Pollution is not Forgiven Such is the Forgiveness of the Gods, the Moral Virtues of the Heathen, whose tender Mercies are Cruelty. But Jehovahs Salvation Is without Money & without Price, in the Continual Forgiveness of Sins In the Perpetual Mutual Sacrifice in Great Eternity! for behold! There is none that liveth & Sinneth not! And this is the Covenant Of Jehovah: If you Forgive one-another, so shall Jehovah Forgive You: That He Himself may Dwell among You. Fear not then to take To thee Mary thy Wife, for she is with Child by the Holy Ghost

처녀성이란 사람들이 걸치고 다니는 의상과 같은 것으로 본질적인 것이 아니다. "모든 창녀도 한때 처녀였으며 모든 범죄인도 어려서는 사랑"의 실천자였다(J61.50-51; E212). 죄를 범하는 것이 오히려 축복이라 할 수 있다. 그래야만 진정으로 신과 만날 수 있기 때문이다. '신성한 목소리'가 예루살렘에게 보여주는 비전 속에서 마리아는 자신의 죄에 주낙 들지 않고 이를 이렇게 당당하게 외친다.

> 아 자비여 아 신성한 인간성이여!
> 아 용서, 연민, 그리고 동정이여! 내가 만일 순결하다면 난 결코
> 그대들을 알지 못하였으리. 내가 만일 오염되지 않았다면 난 결코 그대들의 신성함을 찬송하지 못했으리라, 그대들의 위대한 구원을 기뻐하지 못했으리라. (J61.43-6; E212)

> O Mercy O Divine Humanity!
> O Forgiveness & Pity & Compassion! If I were Pure I should never
> Have known Thee; If I were Unpolluted I should never have
> Glorified thy Holiness, or rejoiced in thy great Salvation.

이처럼 당당한 마리아의 태도는 브로미언에 겁탈 당하고도 스스로를 처녀라 외치는 우순의 당당함 바로 그것이다. 그들에게 처녀성 자체는 중요한 것이 아니다. 그것은 현상 유지를 위하여 욕망을 죄악시 하는 사람들과 이들의 이데올로기적 교화에 순치된 사람들이나 연연해하는 물질적 표징이다. 마리아나 우순에게 소중한 것은 "욕망을 갖고 있으나 행동으로 옮기지 못하는"(desires but acts not; MHH7; E35), 그래서 결국 마음의 질병(pestilence)을 야기하는 금욕이나 절제가 아니라 "영혼과 육신의 순수하고 정상적인 발전"이다. 이는 "기술적 처녀"(technical virgin)가 체득한 정숙과 무관하다(Damon 436). 이들이 자랑삼는 이 "미묘한 정숙"(subtil modesty)은 우순이 지적하듯 위선에 불과한 것이다(VDA6.7-11; 7.3-5; E49-50).

블레이크가 강조하는 참된 기독정신은 이렇듯 죄에 대한 용서에 있

다. 아니 더 적극적으로 말하면 단죄의 해체에 있다고 할 수 있다. 죄는 율법의 산물이다. 정절과 순결을 강요하는 율법은 사유재산제와 동전의 양면을 이루는 배타적 일부일처제를 공고하게 하기 위한 부르조아의 문화-도덕적 규범이다. 이의 인습적 형태인 결혼이란, 경험의 노래「런던」에서 적나라하게 그리고 있는 것처럼, 사랑의 죽음 혹은 종말에 다름 아니다. 진정한 생명력의 발현이 사랑이라 할 때 율법에 의한 단죄는 곧 '신성한' 생명력의 파괴요 탄압이라 할 수 있는 것이다.

이처럼 생명의 '신성함'을 지키기 위하여 블레이크가 강조하는 용서의 윤리는 예수의 독특한 가르침에서 비롯한 것이다. 그것은 아리스토텔레스나 여타 고전적 작가들이 주목하지 않은 독특한 복음이요 교리이다. 다음 구절은 그래서 블레이크 사상의 '모판'(seedbed)이라 할 것이다.

> 예수가 가르친 도덕적 미덕 가운데, 예수 이전에 플라톤과 키케로가 먼저 가르치고 그 후에 예수가 다시 가르친 것은 하나도 없다. 죄의 용서. 이것만이 복음이요 이것이 예수에 의해 밝혀진 생명이요 불멸이다. 다음과 같은 여호와의 성약도 그러하다. 너희가 너희 죄를 서로 용서하면 여호와도 너희를 용서하리라. 그리하여 그가 너희 가운데 거할 수 있게 되리라. 그러나 너희가 복수를 하면 너희는 신성한 이미지를 살해하는 것이요. 그러면 그는 너희 가운데 거할 수 없으리라. 너희가 그를 살해하기에 그는 다시 일어날 것이고 그가 일어났음을 너희는 부정하게 되고 그러면 영혼에 눈멀게 되리라. (Notebook; E875)

> There is not one Moral Virtue that Jesus Inculcated but Plato & Cicero did Inculcate before him what then did Christ Inculcate. Forgiveness of Sins This alone is the Gospel & this is the Life & Immortality brought to light

> by Jesus. Even the Covenant of Jehovah, which is This If you forgive one another your trespasses so shall Jehovah forgive you That he himself may dwell among you but if you Avenge you Murder the Divine Image & he cannot dwell among you [by his] because you Murder him he arises Again & you deny that he is Arisen & are blind to Spirit.

블레이크에 의하면 예수는 이를 선언함으로써 정신혁명을 시도했다. 블레이크 자신이 그의 가르침을 받아들임으로써 거듭남의 혁명을 기도한 것처럼 이는 정의를 내세우며 처벌만을 일삼는 모든 제도의 폐지를 지향한다. 십계명도 거부하고 선과 악의 이분법도 넘어서려 한다. "판단(심판)하지 말지어다"(마태복음 7장 1절)라는 예수의 가르침은 "선과 악을 구별할 줄 알게 되어 하나님처럼 [판단(심판)할 줄 알게] 될 것이라고 이브를 유혹하던 사탄의 말을 전도시킨 것이다(Genesis 3: 5).

심판하려 할 때 우리는 사람들을 있는 그대로 보지 못한다. 블레이크식 비유를 빌어 말하자면 그 '개인'(Individual)과 그가 일시적으로 처하게 되는 '상태'(State)를 혼동하는 것이다. 전자가 영원한 것이라면 후자는 성장과정에서 일시적으로 경과하게 되는 단계와 같은 것이다. 블레이크 윤리의 핵심축과 관련한 이 비유가 영원한 용서를 가능하게 해주는 근거이다.

이처럼 참된 기독교의 핵심으로서 용서의 윤리는 블레이크가 상정하는 모든 바람직한 인간관계의 초석을 제공해준다. 그것은 인간 존속의 필수요건인 '형제애'(Brotherhood)의 터전이다("nor can Man Exist but by Brotherhood": J96.28; E256). 뿐만 아니라 모든 위대한 예술도 바로 이 용서의 정신에 기초하고 있다. 예를 들어 셰익스피어가 오델로를 그릴 때 그는 자기 주인공의 선하고 악함에 연연하지 않았다. 사랑하는 부인을 살해하게 된 원인과 그 결과에 주목하고 있을 뿐이다. 보이드(Boyd)의 편협한 도덕적 예술론을 블레이크는 다음과 같이 논박한다.

> ...... 가장 장대한 시는 부도덕하다. 가장 장대한 인물은 악하다. 사탄 바로 그것이다...... 간교함과 도덕은 시가 아니라 철학이다. 시인은 독립적이고 악하다. 철학자는 의존적이고 선하다. 시는 악을 변호하고 그것의 이유와 필연적인 정화를 보여주는 것이다. (AnnBoyd; E634)

> ...... the grandest Poetry is Immoral the Grandest characters Wicked. Very Satan.... Cunning & Morality are not Poetry but Philosophy the Poet is Independent & Wicked the Philosopher is Dependent & Good Poetry is to excuse Vice & shew its reason & necessary purgation.

용서의 덕목이 단순히 윤리적인 문제만이 아니라 상상력을 기본 축으로 하는 블레이크 예술에 대한 사유와 깊은 연관이 있음은 이러한 발언에서도 확인할 수 있다.

2. 죄, 오류 및 상태론

블레이크가 예수의 정신이라 표상하는 '지속적인 용서'는 어떻게 하여 가능한가? 일상적으로 용서는 범법행위가 선행되어야 가능하다. 지속적인 용서도 지속적인 범법행위가 전제되어야 한다. 블레이크가 그 전통 위에 서있다고 흔히 간주되는 도덕률폐기론의 통속적 전제는 메시아 예수의 보속으로 인하여 인간의 모든 죄가 사함을 받았다는 것이다. 그가 자신의 희생을 통하여 모든 종류의 죄를 사해주었을 뿐만 아니라 그 죄의 원천으로서의 도덕률(율법)도 폐기하였다는 것이다. 도덕률이 없으면 그를 위반하는 일도 없고 용서할 거리도 없게 된다. 이러한 상황에서 지속적인 용서를 운위함은 무슨 의미인가?

이점이 바로 모스칼이 블레이크의 용서의 윤리를 논하면서 집요하게 추적하고 있는 부분이다. 그녀의 설명에 의하면 바로 이러한 모순 때문에 『앨비언 딸들의 비전』을 비롯한 〈람베스 서〉에서 블레이크의 화법이 갈팡질팡하고 있다. 한편으로 도덕률폐기론의 입장을 수용하면서 동시에 그 전제들은 부인하고 있다는 것이다.

모스칼의 분석이 지니고 있는 '스펙터적' 속성은 차치하고라도 우선 유의해야 할 점은 통속적 도덕률폐기론자들과 블레이크의 입장이 다르다는 것이다. 블레이크는 예수를 일시에 천년왕국을 가져다 준 종말론적 존재로 여기지 않았다. 그에게 종말은 시간적 개념이 아니다. 최후의 심판은 시간적으로 어느 순간에 전 인류에게, 전 세계에 걸쳐 일거에 찾아오는 '사건'이 아니다. 그것은 개개인이 자신의 "잘못을 버리고 진리를 받아들이는 순간" 그 개개인에게 찾아온다(VLJ-N84; E562). 물론 블레이크의 경우 개개인이 바로 우주 자체이기 때문에 그에게 찾아오는 종말이 바로 우주적인 종말이기는 하다.

그러나 그것은 일회적 사건이 아니다. 영원의 세계에서 벗어나 있는 우리 모두는 오류로부터 영원히 자유로울 수 없다. 계속해서 오류의 소용돌이에 휩싸이게 되는 것이 이 세상에 살고 있는 우리 모두의 현실이다. 그러므로 그것의 극복으로서의 종말 혹은 최후의 심판도 반복적일 수밖에 없다.

최후의 심판이 어느 순간 일거에 찾아와 그 이후 천년왕국이 지속된다는 생각은 기득권 유지를 위하여 일반 대중들에게 현실세계에서의 욕망 억제를 계명을 통해 강요하는, 지배층이 만들어낸 허위 이데올로기와 닿아 있다. 경험의 노래 「아 해바라기」에서 그리고 있는 "감미로운 황금의 나라"과 같은 것이다.

그렇다면 블레이크가 지속적인 용서를 강조하면서 전제하고 있는 것은 무엇인가? 이와 관련하여 많은 연구자들이 주목하는 것이 바로 블레이크가 상정하는 용서의 대상이 죄(sin)인가 아니면 오류(error)인가 하는 문제이다. 또 하나는 블레이크 스스로 지속적인 용서의 근거로 명시하고 있는 '상태'(state)와 정체성(Identity)의 차별성이다. 그런데 결국 이 두 문제는 인간 그리고 그가 처해있는 현실세계를 블레이크가 무엇으로 규정하고 있는가 하는 문제와 연관될 수 밖에 없다.

블레이크는 결코 인간을 완벽한 존재로 보지 않았다. 『예루살렘』에서 가장 긍정적인 인물이라 할 수 있는 로스조차 많은 한계를 지닌 것으로 그려진다.[2] 로스가 가진 긍정적 의미는 그가 스스로의 한계를 인식하고 있으면서도 좌절하지 않고 자신이 빠져있는, 혹은 빠지기 쉬운 오류로부터 벗어나기 위해 꾸준하게 노력한다는 데에 있다. 그가 완벽한 존재이기 때문이 아닌 것이다.[3] 블레이크는 인간을 '이중적' 존재로 그린다.

---

2 이에 대한 상세한 논의는 다음 장에서 예술가의 한계를 다루면서 하겠다. 『예루살렘』 곳곳에서 로스의 한계에 대한 언급을 확인할 수 있는데, 특히 로스 자신도 자신이 구원하려고 하는 앨비언의 타락으로부터 온전히 자유롭지는 않음을 블레이크는 이렇게 그리고 있다. — "앨비언의 나무뿌리가 로스의 영혼으로 뻗어갔네/ 그의 에머네이션과 그를 분리시키는 격동 속에/ 삼베옷을 입은 채 용광로 앞에 앉아 있을 때"(And the roots of Albions Tree enterd the Soul of Los/ As he sat before his Furnaces clothd in sackcloth of hair/ In gnawing pain dividing him from his Emanation;) (J53.4-6; E202)

3 블레이크의 내적 일관성 결여를 강조하는 비평가들의 중요한 오해중의 하나도 바로 이와 연관된다.

인간은 한편으로 악을 행할 수 있고 다른 한편으로 선을 행할 수 있는 이중적 존재다...... 그런데 인간은 악하기만 하고 신은 선하기만 하다고 간주한다면, 선한 것에 의해서 악한 것을 축출함으로써 악을 선으로 바꾸는 재생이 어떻게 일어날 수 있겠는가? (AnnLav; E594)

Man is a twofold being. one part capable of evil & the other capable of good.... but if man is considerd as only evil. & god only good. how then is regeneration effected which turns the evil to good. by casting out the evil. by the good.

인간은 벌레와 신의 중간자적 존재이다.

인간 기관(器官)이 완전무결함 속에 보존되게 하라.
자유자재로 축소되어 벌레가 되거나 확장되어 신이 될 수 있는 (J55.36-7; E205)

Let the Human Organs be kept in their perfect Integrity
At will Contracting into Worms, or Expanding into Gods

이들은 블레이크가 초기에는 오르크와 같은 인물을 이상적 존재로 여겼다가 한계를 느껴 로스로 대치했다고 주장하곤 한다. 그런데 오르크와 로스가 다른 종류의 인물이기 때문에 블레이크 사상의 근본적인 변화를 상정할 수 있다는 것이다. 물론 오르크로부터 로스로의 중심이동을 부인할 수는 없다. 그러나 오르크이건 로스이건 블레이크의 이념을 대변해줄 수 있는 이상적 혹은 완벽한 존재는 아니다. 그들은 모두 인간의 거듭남에 대한 총체적 비전 제시를 위해 동원된 인물일 뿐 그 비전 자체를 대변해주는 것은 아니다. 오르크를 중심으로 하면서도 오히려 그 한계에 더 주목했던 것처럼 로스를 중심인물로 내세우면서도 그 한계를 동시에 적시하고 있다. 중심인물의 대체를 통한 비전의 매개 방법의 수정을 비전 자체의 변화로 간주하는 것은 무리한 일이다. 적어도 중심인물의 변화를 근본 생각이 '어제가 그르고 오늘이 옳다'는 식의 변화와 동일시해서는 안 된다는 말이다.

11
To labours mighty, with vast strength, with his mighty chains,
In pulsations of time, & extensions of space, like Urns of Beulah
With great labour upon his anvils; & in his ladles the Ore
He lifted, pouring it into the clay ground prepar'd with art;
Striving with Systems to deliver Individuals from those Systems;
That whenever any Spectre began to devour the Dead,
He might feel the pain as if a man gnawd his own tender nerves.
Then Erin came forth from the Furnaces, & all the Daughters of Beulah
Came from the Furnaces, by Los's mighty power for Jerusalems
Sake: walking up and down among the Spaces of Erin:
And the Sons and Daughters of Los came forth in perfection lovely!
And the Spaces of Erin reach'd from the starry heighth, to the starry depth.
Los wept with exceeding joy & all wept with joy together!
They feard they never more should see their Father, who
Was built in from Eternity, in the Cliffs of Albion.
But when the joy of meeting was exhausted in loving embrace;
Again they lament. O what shall we do for lovely Jerusalem?
To protect the Emanations of Albions mighty ones from cruelty?
Sabrina & Ignoge begin to sharpen their beamy spears
Of light and love: their little children stand with arrows of gold:
Ragan is wholly cruel Scofield is bound in iron armour!
He is like a mandrake in the earth before Reubens gate:
He shoots beneath Jerusalems walls to undermine her foundations;
Vala is but thy Shadow, O thou loveliest among women!
A shadow animated by thy tears O mournful Jerusalem!

「예루살렘」 제11도판

이처럼 모든 인간은 추락과 비상의 가능성을 동시에 지니고 있다. 누구나 비슷한 정열을 지니고 있기("of like passions with others") 때문에 자신이 남들보다 "더 신성한"(holier) 존재라고 자부해서도 안된다(J52; E201). 이러한 자부심이 남들에 대한 단죄로 이어지기 때문이다.

블레이크가 이처럼 남을 단죄하는 위선자들의 대표적인 예로 볼테르와 루소를 지목하는 것에 유의할 필요가 있다. 이것은 앞에서 지적한 그의 이신론에 대한 비판적 태도와도 연결되는 부분이다.

> 볼테르! 루소 그대들은 바리새인이며 위선자라는 나의 비난을 피할 수 없다. 그대들은 타인들, 특히 신실한 사람들을 비난하기 위하여 끊임없이 인간 정신, 특히 그대들 자신의 미덕을 얘기하고 있다. 이러한 거짓 미덕의 전시를 통하여 그대들은 특히 신앙인들의 잘못을 폭로하고자 의도하고 있다. 루소는 인간이 천성적으로 선하다고 생각했지만, 실제로는 악하다는 것을 알게 되었고 따라서 친구를 발견할 수 없었다. 죄의 용서 없이 우정은 존속할 수 없다. 『고백록』으로 불리는 루소의 저서는 그의 죄에 대한 변명이며 구실이지 고백이 아니다. (J52; E201)

> Voltaire! Rousseau! You cannot escape my charge that you are Pharisees & Hypocrites, for you are constantly talking of the Virtues of the Human Heart, and particularly of your own, that you may accuse others & especially the Religious, whose errors, you by this display of pretended Virtue, chiefly design to expose. Rousseau thought Men Good by Nature; he found them Evil & found no friend. Friendship cannot exist without Forgiveness of Sins continually. The Book written by Rousseau calld his Confessions is an apology & cloke for his sin & not a confession.

블룸은 이 두 인물을 오류의 표본인 "엄호의 지(智)천사"로 상정한 정치 지성사적 의미를 이렇게 정리하고 있다.

> "엄호의 지천사로서 볼테르와 루소는 한때, 에스겔서의 두로왕처럼, 진리의 수호자였다. 그러나 그들은 진리의 간수로 타락해버렸고, 계몽주의의 한정적 이론가들의 유산을 실현하게 되었다. 이성과 본성에 대한 그들의 부적절한 설명을 따름으로써 혁명은 잔혹함으로 타락, 붕괴해갔고, 그들의 국가는 앨비언 스펙터의 앙심에 시달리고 있다. (1963, 409-10)

이 세상도 이처럼 "오류투성이의 방황하는 유령"과도 같은 존재들이 누워있는 요람, 그것도 끊임없이 흔들리는 요람과 같은 불완전한 곳이다(J56:8-9). 이 세상 어느 것도 완벽한 것은 없다. 흔히 외형적으로 드러난 것을 가지고 선악, 미추, 시비를 따지기 쉽다. 그러나 사실 그것들은 동일한 것이 다른 모습으로 나타난 것일 뿐 본질적인 것이 아니다. 협애한 이성의 유리즌적 태도는 이들을 구분하여 그 일방을 매도하는데, 이는 현상 이면을 바라보지 못하는 단선적 시각 탓이다. 그것은 처녀성과 마찬가지로 사람들이 시시때때로 갈아입고 다니는 옷과 같은 것이다. 이를 굳이 구별하려는 데에는 그중 하나를 매도하기 위한 자만심이나 잔혹한 마음이 도사리고 있게 마련이다. 블레이크가 인습적 제도가 강요하는 인위적 구분을 비판하며 우리들 생존의 조건으로 형제애를 강조하는 것은 바로 이러한 대목에서이다.

> 아내는 무엇이며 매춘부는 무엇인가? 교회는 무엇이며 극장은 무엇인가?
> 그들은 둘이며 하나일 수 없는가? 그들은 독자적으로 존재할 수 있는가?

종교와 정치는 동일한 것이 아닌가? 형제애가 종교이다.
아, 잔인함과 자만 속에 가족을 분열시키는 이성의 예증이여! (J57.9-11; E207)[4]

What is a Wife & what is a Harlot? What is a Church? & What Is a Theatre?
are they Two & not One? can they Exist Separate?
Are not Religion & Politics the Same Thing? Brotherhood is Religion
O Demonstrations of Reason Dividing Families in Cruelty & Pride!

이러한 형제애는 이 세상과 그곳에 살고 있는 우리들 모두의 불완전함을 인정함으로써만 획득할 수 있다. 용서의 윤리는 바로 이러한 인식에서 비롯된다. 그러나 불완전함을 용인한다고 해서 그 상태에 안주한다는 것은 아니다. 너무도 당연한 말이지만 불완전함은 완전함의 반대명제이다. 불완전함에 대한 인식은 완전한 상태와의 대비를 통하여 획득할 수 있다. 불완전함에 대한 비판은 완전함에 대한 동경의 다른 표현이다. 블로흐(Ernst Bloch)의 지적처럼 "미완성과 불완전, 협량과 성마름에 대한 비판은 의심할 바 없이 이미 가능한 완성에 대한 생각이나 동경을 전제로 하고 있는" 것이다(16).

블레이크의 유토피아적 동경에서 유의할 점은 그러한 동경을 이유로 질곡의 현실세계를 매도하지 않는다는 점이다. 이를 매도하는 것은 사실 그런 유토피아적 세계로의 변화 가능성 자체를 차단하는 일이다. 블

4 이것은 앨비언의 타락에 의한 분열을 안타까워하며 그의 친구들인 배쓰(Bath), 캔터베리(Canterbury), 요크(York), 에딘버러(Edinburgh) 등이 하는 말인데 경험적 사실에만 몰두해 있는 앨비언은 이 '신성한 비전'에 귀를 기울이지 않는다.

레이크의 종말론이 현실 도피적 유토피아론과 구분되는 것이 바로 이러한 점이다. 그는 이러한 현실 도피적 유토피아론이 사실은 변화에 대한 열망 자체를 무화시킴으로써 현상태의 유지를 바라는 지배층의 이데올로기를 뒷받침하고 있다는 역설을 깨닫고 있었다. 그가 용서의 윤리를 강조하는 것도 "현상태의 질곡 속에서 가능한 완성, 영원세계에 대한 인식을 봉쇄당한 당대의 대중들을 더 나은 삶에 대한 욕망으로 일깨워 새로운 세계의 창조에 동참시키기" 위해서라고 할 수 있는 것이다(서강목 189).

블레이크는 우리 현실과 대비되는 완전한 세계를 영원세계(Eternity)라 칭한다. 그는 기독교 신화를 토대로 하여 이를 에덴이라 부른다. 그러나 이 영원한 세계 에덴 또한 종말이 그러한 것처럼 시간적 개념이 아니다. 과거의 어느 시기에 혹은 미래의 어느 시기에 존재했거나 존재할 그런 상태가 아니다. 그것은 역동적 상상력의 세계이다("This world of Imagination is the World of Eternity": VLJ69; E555). 이것은 "물질적이고 식물적인 눈"(Corporeal Vegetative Eye)에 의해 고착된 시간과 공간을 초월한 세계이다(VLJ91; E563). 뉴턴 식의 단선적 시각을 뛰어넘을 때 찾아오는 세계라는 말이다. 다시말해, 그러한 시각에 사로잡히게 되면 사라지고 마는, 현실적으로는 거의 '부재'로서만 존재하는 그런 세계인 것이다. 이러한 시각을 극복하기 위해 필요한 것이 바로 상상력이다. 단선적 시각에 갇혀있을 때에도 이를 매도하고 단죄하면, 즉 용서의 상상력을 상실하게 되면, 영원히 그 세계에 갇히게 된다. 그 상태가 바로 울로(Urlo)의 세계이다.

다시 말하자면, 용서는 불완전한 인간과 그들이 살고 있는 불완전한 현실을 용인하기 위해서 뿐만 아니라 그 세계에 갇히지 않고 영원세계로 나갈 수 있는 가능성을 열어놓기 위해서도 필요하다. 그런데 그 영원의 세계는 한번 주어졌다고 해서 지속적으로 존재하는 것이 아니라 순간적으로 나타났다가 사라진다. 유한한 인간이 불완전한 현실세계에서 끊임없이 오류에 빠질 수 있기 때문이다. 그래서 끊임없는 용서의 행위가 요구되는 것이다.

이를 설명하기 위해 블레이크가 동원하는 개념들이 바로 '상태론'(Doctrine of State)이다. '상태'는 일시적인 오류의 무대로 영원한 '개인'(Individual)의 상대 개념이다(Damon 386). 인간은 살아가는 인생의 여정 단계마다 독특한 오류의 '상태'를 겪게 되어 있다. 인간이 성숙해진다는 것은 하나의 '상태'에서 다른 종류의 '상태'로 이전해 가는 것을 의미한다. "인간은 계속 나아가고 상태는 영원히 남아 있다. 그는 마치 여행자처럼 그것을 통과하여 지나가는" 것이다(VLJ; E556). 이때 '영원'하다는 것은 그 '상태'에 지속적으로 머무른다는 것이 아니라 그 '상태'라는 단계가 사람들이 거쳐가더라도 계속 남아 있어 다른 이들도 이러한 '상태'에 계속해서 처하게 된다는 것을 의미한다. 그러므로 비난이나 비판의 화살은 이 '상태'를 향한 것이어야지 '개인'을 그 대상으로 해서는 안된다. '상태'를 '개인'이 단죄의 대상에서 벗어날 수 있게 하기 위한 '신성한 자비'(Divine Mercy)의 배려라 함은 이러한 이유에서이다.

라합이나 사탄은 바로 이러한 '상태'의 대표적인 예라 할 수 있다. 라합의 '상태'에 있는 한, 사람은 다른 사람의 친구가 될 수 없다. 친구가 될 수 있기 위해서는 이 오류의 껍질을 벗어 던져야 한다(J52; E200). 사탄의 '상태'는 인간이 인간의 적이 될 수밖에 없는 세계를 지칭하는 말이다. 구원이란 이러한 '상태'로부터 벗어나는 것을 의미한다(J49.67-9; E199). 달리 말하면 '상태'는 적에 대한 용서를 가능하게 해주는 근거가 된다. 비판의 대상을 '상태'로 한정함으로써 영원한 '개인'을 보호해줄 수 있게 된 것이다. '상태'가 "적에 대한 용서의 유일한 수단"이 될 수 있는 것은 이 때문이다.

사탄은 죽음의 상태를 의미하는 것으로 인간 존재가 아니노라.
그러나 루바가 그 상태에 들어가 사탄이라는 이름을 얻게 되니.
그곳에서는 인간이 천성에 의해 서로의 적이 되느니라.
이처럼 악이 상태로 창조된 것은 인간이
계속해서 영원히 구원받을 수 있게 하기 위함이노라. 아멘.
그러니 자매들이여 알지어다. 기쁨과 슬픔이 교차하는 가운데
불의 돌멩이 사이를 걸어 다니는 영원한 인간과 그 정령이
돌아 다니는 세계 즉 상태를 구분하는 것을.
이것이 적의 용서를 위한 유일한 길이라는 것을.
(J49.67-75; E199)

Satan is the State of Death, & not a Human existence:
But Luvah is named Satan, because he has enterd that State.
A World where Man is by Nature the enemy of Man
Because the Evil is Created into a State. that Men
May be deliverd time after time evermore. Amen.
Learn therefore O Sisters to distinguish the Eternal Human
That walks about among the stones of fire in bliss & woe
Alternate! from those States or Worlds in which the Spirit travels:
This is the only means to Forgiveness of Enemies[.]

로스의 불굴의 노력도 이러한 현실 인식과 이를 토대로 한 희망의 윤

리에 의해 지탱되고 있다. 로스가 건설하려는 예술의 도시 골고누자는 한번의 노력에 의해 일거에 이루어지는 세계가 아니다. 그것은 끊임없는 건설의 노고를 요구한다. 에덴과 마찬가지로 이것 또한 시간적 개념이 아니다. 로스의 작업에 대한 묘사에 항상 "지속적으로"(continually)라는 부사가 수반되는 것은 이러한 이유에서이다.

> 두려움 속에
> 그[로스]는 그것[골고누자]을 건설했다. 분노와
> 격정 속에서 그것은 네 겹의 영혼의
> 런던이다. 지속적으로 건설하고 지속적으로 황폐화하면서
> 영원한 노동 속에서. (J53.17-20; E203)

> In fears
> He builded it, in rage & in fury. It is the Spiritual Fourfold
> London: continually building & continually decaying desolate!
> In eternal labours:

이러한 의미에서 보면 '상태'의 개념은 현실에 절망하지 않으려는 의지의 산물이라 할 수 있다. 블레이크가 꿈꾸는 이상의 세계는 현실과 무관하게 초월적으로 존재하는 것이 아니다. 현실이야말로 거듭남의 터전이다. 탄생과 죽음의 순환이 지속되고 시간에 의한 약탈에 시달려야 하지만 바로 이것이 거듭남의 원동력이 되는 것이다. 현실세계에 대한 애증의 모순적 태도를 견지하는 예언적 시인 블레이크가 이러한 현실적 여건이야말로 영원세계의 자비의 일부분임을 로스로 하여금 거듭 강조하게 하는 이유도 여기에 있다(J58.47; E208).

블레이크가 현실세계("Mundane Shell")를 영원의 세계로 다시 태어나기 위한 거듭남의 장소로 그리고 있는 모습을 확인해보자.

> 로스는 이것을 대문과 거대한 벽으로 구성했다. 앨비언의 무덤 아래
> 울부짖는 참나무와 고뇌의 종려나무 사이에.
> 그리하여 시간이 지나면서 그것은, 사자(死者)들의 스펙터의 거주지요,
> 구원의 장소이며, 영원으로 다시 깨어나는 장소인
> 아름다운 세속적 껍질이 되었다. (J59.5-9; E208)

> This Los formed into the Gates & mighty Wall, between the Oak
> Of Weeping & the Palm of Suffering beneath Albions Tomb,
> Thus in process of time it became the beautiful Mundane Shell,
> The Habitation of the Spectres of the Dead & the Place
> Of Redemption & of awaking again into Eternity

블레이크가 현실세계에 절망하지 않기 위하여 '상태'의 개념을 도입한 것은 물론 『예루살렘』이 처음은 아니다. 『순수와 경험의 노래』에서 조심스럽게 소개한 이 개념은 자신의 신화체계를 구축하기 위하여 의도된 『네 개의 조아들』에 이미 등장하고 있다. '제 8야'에서 최후의 거듭남의 여건을 조성하면서 블레이크는 "사탄이라는 상태"(State called Satan)를 소개한다(FZ8-109.18; E378). 이것은 그것을 영원한 '개인'(Individual)과 구분함으로써 그를 단죄하는 오류로부터 벗어날 수 있게 하기 위한 것이다. 단죄가 "영원한 죽음"(Death Eternal)에 이르는 길이기 때문이다(FZ8-109.19; E378). '개인'과 '상태'의 구분을 그는 이렇게 촉구하고 있다.

And there was heard a great lamenting in Beulah: all the Regions
Of Beulah were moved as the tender bowels are moved: & they said:
Why did you take Vengeance O ye Sons of the mighty Albion?
Planting these Oaken Groves: Erecting these Dragon Temples
Injury the Lord heals, but Vengeance cannot be healed:
As the Sons of Albion have done to Luvah: so they have in him
Done to the Divine Lord & Saviour, who suffers with those that suffer;
For not one sparrow can suffer, & the whole Universe not suffer also,
In all its Regions, & its Father & Saviour not pity and weep.
But Vengeance is the destroyer of Grace & Repentance in the bosom
Of the Injurer: in which the Divine Lamb is cruelly slain:
Descend O Lamb of God & take away the imputation of Sin
By the Creation of States & the deliverance of Individuals Evermore Amen
Thus wept they in Beulah over the Four Regions of Albion
But many doubted & despaird & imputed Sin & Righteousness
To Individuals & not to States, and these Slept in Ulro.

「예루살렘」 제25도판

사탄이라는 상태가 있소. 라합이여 분명하게 알아야 하오.
상태와 그 상태에 처해 있는 개인과의 차이를. (FZ8-107.23-4; E380)

There is a State named Satan learn distinct to know O Rahab
The Difference between States & Individuals of those States

『밀턴』에 이르면 '상태론'이 좀더 분명한 형태를 띠게 된다. 블레이크는 인류의 역사를 설명하면서 "신의 일곱 개의 눈"(seven Eyes of God)이라는 개념을 소개하는데, 이것이 바로 인간이 겪어야 할 경험의 단계 바로 그것이다(Damon 386). 첫 번째 눈인 새벽별 루시퍼(Lucifer)는 '상태'를 이렇게 설명한다.

우리는 개인이 아니라 상태요 개인의 조합이오
……
그러므로 상태와 그 상태에 처한 개인을 구분해야 하오
상태는 변화하오. 개인의 정체성은 결코 변하지 않고 멈추지도 않소.
그대는 결코 죽을 수 없는 영원한 죽음으로 갈 수 없소.
사탄과 아담은 스물 일곱 교회로 창조된 상태들이라오. (M32.8-25; E132)

We are not Individuals but States: Combinations of Individuals
. . .
Distinguish therefore States from Individuals in those States.
States Change: but Individual Identities never change nor cease:
You cannot go to Eternal Death in that which can never Die.
Satan & Adam are States Created into Twenty-seven Churches.

이처럼 경험의 단계로서 '상태'는 일시적인 것이다. 겉으로 드러난 현상적 모습일 뿐 본질적인 것이 아니다. 블레이크에 있어 본질적인 것은 상상력이다. 상상력이 바로 인간 존재 자체인 것이다. 때문에 '상태'는 상상력의 적대적 개념인 '기억력'(Memory)이나 이성과 관련이 있다. 이것이 바로 오류의 온상이다.

> 상상력은 상태가 아니다. 그것은 인간 존재 그 자체이다.
> 애정과 사랑은, 상상력과 분리될 때, 상태가 된다.
> 기억은 언제나 하나의 상태이다. 이성도 상태이다.
> 창조되었으나 소멸되는. 그러면 새로운 비율이 창조된다.
> 창조될 수 있는 것은 소멸될 수 있다. 형태는 소멸될 수 없다.
> 참나무는 도끼에 베이고 양은 칼에 의해 넘어지나
> 그들의 영원한 형태는 존재한다 영원히. 아멘, 할렐루야
> (M32.32-8; E132)

> The Imagination is not a State: it is the Human Existence itself
> Affection or Love becomes a State, when divided from Imagination
> The Memory is a State always, & the Reason is a State
> Created to be Annihilated & a new Ratio Created
> Whatever can be Created can be Annihilated Forms cannot
> The Oak is cut down by the Ax, the Lamb falls by the Knife
> But their Forms Eternal Exist, For-ever. Amen Halle[l]ujah.

『예루살렘』은 로스로 대변되는 블레이크가 앨비언 즉 자신의 독자들에 대한 용서를 수행하는 여정이라 할 수 있다. 로스가 자신의 스펙터와

에머네이션인 에니사먼의 위협과 유혹을 뿌리치면서 견지하려고 하는 것이 바로 앨비언이 이러한 오류의 '상태'에 처해있다는 믿음이다. 앨비언이 처한 오류의 현실은 적시하되 그 자신을 매도해서는 안된다는 것이다. 오류에 빠져있는 앨비언은 로스의 이러한 자기 희생적 노력의 의미를 알지 못하며 인정하려 하지도 않는다. 그 자신이 에머네이션인 예루살렘과 헤어져 상상력을 상실했기 때문이다. 그러나 로스는 스스로 많은 의혹--스펙터를 로스의 또 다른 분신이라 할 때 그의 위협과 유혹은 사실 로스 자신의 심적 상태를 대상화한 것이라 할 수 있으므로--에 시달리면서도 이것이 앨비언의 본질(Individuality)과 관련된 것이 아니라는 믿음을 끝까지 지키려 한다.

앨비언은 사탄 상태에 들어갔다! 상태여 영원하라!
그대 영원히 저주 받으라! 앨비언이 다시 일어날 수 있도록
그대 하나의 상태로 창조되어라! 나는 상태를 창조하기 위해
나아간다. 개인을 영원히 구원하기 위하여! 아멘. (J31.13-6; E178)

Albion hath enterd the State Satan! Be permanent O State!
And be thou for ever accursed! that Albion may arise again:
And be thou created into a State! I go forth to Create
States: to deliver Individuals evermore! Amen.

상상력을 통해서만 우리는 어떤 사람이 처해있는 '상태'가 아니라 그 사람 자신(Individual)을 볼 수 있다. 요셉이 마리아를 용서하게 되는 것도 바로 그가 마리아를 하나의 개인으로 간주할 수 있게 되었기 때문이다. 아렌트가 지적하고 있는 것처럼, 용서의 요체는 용서를 받아야 할 죄

악이 무엇이냐가 아니라 용서받아야 할 사람이 누구인가에 주목하는 데 있는 것이다(241).

'상태'가 아니라 '개인'에 주목한다는 것은 그 나름의 독특한 개성을 중시한다는 의미이다. 그래서 그가 처한 오류의 '상태'를 구실로 하여 그 자신을 매도하거나 단죄하지 않는다는 것이다. 그것은 개인이 처한 '상태'를 "부정하는"(negating) 것이 아니라 그것의 "상반성"(contrariety)을 인정하는 태도와 연결된다. 도덕률폐기론에 입각한 용서론의 모순을 집요하게 추적하는 모스칼도 이러한 모순의 해결책으로 바로 이 '상반성'에 주목하고 있다.

> 블레이크는 원칙으로서의 도덕률폐기론이 논리적 한계를 지녔음을 충분히 인식하고 있었다...... 그는 이러한 윤리적 입장의 한계를 노정한다. 간단히 말하면 모순점은 다음과 같다. 이 견해 위에서는, '지속적인 죄의 용서'에 대한 블레이크의 옹호는, 역설적이고 기생적이게도, 용서가 먹이로 삼을 범죄행위의 지속적 공급에 의존하고 있다. 만일 우리가 상반성을 블레이크 후기의 용서 옹호의 근거로서 주목한다면 이러한 논리적 난국을 피하게 된다. 그 패러다임은 이렇다. 사람은 그 자신의 천재성에 따라 끊임없이 상상의 행위를 수행한다. 우리들 중 많은 사람이 부정의 상태를 취하는 경향이 있다. 다시 말해, 우리 자신의 독특한 취향이나 성격으로부터 이끌어낸 '하나의 법'으로 타인을 판단한다. 우리에게 있어서는 그러한 부정의 태도를 제쳐두는 것이 바로 용서와 관용을 성취하는 것이다. 그러므로 '지속적인 죄의 용서'는 선과 대면하여, 다시 말해서 타인의 개인적 천재성, 그들의 상반성에의 지속적인 노정을 통하여 획득되는 것이다. (1994, 47)

이처럼 인간 개개인의 무한한 다양성을 인정하는 것이 곧 용서의 근거이다. 앞서 지적한 것처럼 다양성의 인정은 상상력을 통하여 가능하다. 자아(Selfhood)의 정당성만을 고집하는 독선이 아니라 타자성(otherness)을 받아들이는 열린 마음이 그것이다. '상반성'의 인정이 상상력과 영감의 산물이라면 독선의 아집 속에서 '타자성'을 부인하는 것은 이성 및 '기억력'의 횡포이다. 경험적 증거에 의한 예증만을 고집할 경우 질곡의 현상태를 벗어날 수 없는 것이다. 초기 시에 잠정적으로 전제한 '상반성'의 논리는 이렇게 하여 구체화된다.

> 상반성을 구원하려면 부정은 파괴되어야 한다
> 부정은 스펙터이며, 인간의 추론적 힘이다
> 이것은 거짓된 육체이다. 내 불멸의 영혼에 앉은
> 딱지이다. 제거되고 절멸되어야 할 자아이다.
> 자기 점검으로 내 영혼의 얼굴을 정화하기 위해
> 생명의 물에 목욕하기 위해, 비인간적 요소를 씻어내기 위해
> 나는 자기 죽임과 장엄한 영감에게로 왔다
> 구세주에의 믿음에 의해 이성적 시위를 벗어 던지기 위해
> 영감에 의해 기억력의 썩은 누더기를 벗어 던지기 위해
> (M40:33-41:4; E142)
>
> The Negation must be destroyd to redeem the Contraries
> The Negation is the Spectre; the Reasoning Power in Man
> This is a false Body: an Incrustation over my Immortal
> Spirit; a Selfhood, which must be put off & annihilated alway
> To cleanse the Face of my Spirit by Self-examination.
> To bathe in the Waters of Life; to wash off the Not Human
> I come in Self-annihilation & the grandeur of Inspiration

To cast off Rational Demonstration by Faith in the Saviour
To cast off the rotten rags of Memory by Inspiration

'상태,' '개인,' '상반성' 및 '타자성'과 더불어 블레이크가 주장하는 용서 윤리를 살필 때 또 하나 유념해야 할 것이 바로 '죄'(sin)와 '오류'(error)의 개념이다. 이제까지의 것들이 용서의 대상 즉 사람에 관한 것이라면 이는 그것의 내용에 해당한다고 할 수 있다. 무엇을 용서할 것인가? 그것이 무엇이기에 '지속적인' 용서를 주장할 수 있는 것인가?

이에 관한 본격적인 논의는 모스칼이나 댐로쉬의 글로 대체할 수도 있다(Moskal 1994, 48-68; Damrosch 244-54). 그런데 이들의 공통적인 문제점은 영감의 시인 블레이크를 체계적인 사상가 혹은 형이상학자로 전제하고 있다는 점이다. 이들의 주된 분석은 블레이크가 '악'을 '죄'로 보았느냐 아니면 '오류'로 보았느냐에 맞추어져 있다. 블레이크 자신은 선과 악의 이분법적 사고야말로 우선적으로 극복해야 할 것임을 강조하고 있는데도 말이다.

댐로쉬는 주로 블레이크가 '죄'와 '오류'의 개념을 혼동하여 사용하고 있음에 주목한다. 그의 분석에 따르면, 플라톤식 개념인 '오류'는 진리와 적대적이다. 반면 '죄'는 기독교적 개념으로 신에 대한 불복종을 의미한다. 블레이크는 초기 시에서 악을 '오류'와 연관시키는 듯하다가 후기 시에 이르러서는 '죄'의 개념을 더 적극적으로 수용하게 된다는 것이다 (254).[5] 그런데도 블레이크는 후기시에서 실제로는 '오류'라는 말을 훨씬

5 이는 프라이가 지적한 바 있는 오르크로부터 로스로의 중심이동, 즉 헬레니즘적 사고와의 거리 두기와 통한다.

더 자주 사용하고 있다. 인습화한 교회에서 강조하고 있는 '죄'라는 말이 지니고 있는 이데올로기적 의미 때문이다. 이 때 전제하고 있는 초월적 존재로서의 신을 블레이크는 받아들일 수 없었던 것이다.

블레이크에게 신은 모든 것의 원천인 최고의 원리 ("*a priori principle*")가 아니라 궁극적 귀착점("*terminus ad quem*")이다. 그러므로 그의 시세계는 신이 단순히 논리적, 비유적 역할만을 수행하는 환원적 체계를 세우고 또 이를 제시하기 위한 것이라기 보다는, 그것을 추구하고 또 추구의 과정을 구체화하기 위해 끊임없이 노력하는 과정을 극화한 것이라 할 수 있다. 그래서 '죄'를 플라톤식 '오류'의 개념으로 사용하면서도 궁극적 구원을 위해서는 신의 개입을 인정할 수밖에 없다. 달리 표현하면 플라톤식 '오류'의 개념은 너무 합리주의적 — 블레이크 식으로 말하면, 이신론적 — 이라서 싫고 기독교적 '죄'의 개념은 절대적, 초월적 신을 전제하고 있어 받아들일 수 없었다. 이것이 바로 블레이크가 두 용어를 혼란스럽게 사용하게 된 이유라는 것이다(Damrosch 248-51).

모스칼 또한 블레이크의 혼란스러운 용어 사용에 주목하면서 다른 방식의 구분을 시도한다. 그녀는 인간의 잘못을 사람에 대한 것과 사람과 무관한 진리나 원칙에 대한 것으로 분류한다. 전자가 "비행"(wronging)이라면 후자는 "과실"(wrongdoing)이라 할 수 있다. '진정한'(genuine) 악의 산물인 '비행'은 용서받을 수 없지만 의도적이지 않은 '과실'은 용서할 수 있어야 한다. 초기에는 '오류'의 의미를 '비행'에 맞춘 반면 1803년 이후에는 '과실'로의 의미에 더 비중을 두게 되었다는 것이다(1994, 49-51).

사실 '과실'로서의 '오류'는 용서하고 말고의 문제가 아니다. 오히려 인간관계 속에서 발생한 '비행'으로서의 오류 즉 '죄'야말로 용서의 대상이 되어야 하는 것이다. 후기시에서 특히 인간관계에 주목한 블레이크는 사람들 사이의 비행 즉 '죄'에 초점을 맞추면서도 용서를 강조하면서부터는 과실로서의 '오류' 개념을 사용하고 있다는 것이다(1994, 49).

이들 두 비평가의 '죄'와 '오류'에 대한 분석이 블레이크의 용서의 윤리에 관련한 고민의 심도를 읽게 해주는 것은 사실이다. 그러나 그것이 과연 블레이크 시세계를 이해하는데 적용될 수 있는가 하는 데에는 회의적이다. 이들 또한 블레이크의 초기와 후기를 지나치게 이분법적으로 파악하려 하고 있으며 그 사이의 변화를 증명하기 위해 부자연스러운 논리를 강요하고 있다. 이는 『예루살렘』에서 블레이크가 독자에게 절실하게 요구하는 것과도 다른 태도이다. 이처럼 심도 있는 분석에도 불구하고 이들은 블레이크 시세계의 난제로 설정한 "왜 '죄'는 거듭날 수 있는데 '오류'는 거듭날 수 없는가"("Error can never be redeemd in all Eternity/ But Sin Even Rahab is redeemd in blood & fury & jealousy": FZ9-120.48-49; E390)라는 딜레마를 해소시키지 못하고 있다. 이러한 '혼란'의 원인을 신정론(神正論, theodicy)에 근거한 "악에 대한 결핍 이론"(the privation theory of evil)에서 찾으려 하지만 여의치 않기는 마찬가지이다.

이들은 공히 '악'(evil)의 실재성을 인정하느냐 부인하느냐가 평생 블레이크를 괴롭힌 일임을 강조한다. 용서가 가능하기 위해서 그 실재성을 인정하지 않는 '결핍의 이론'에 의존해야 하는데, 그럴 경우 블레이크가 주목하고 있는 현실적 악의 편재 현상을 설명할 수 없다는 것이다. 또한 '악'을 '선'의 결핍 혹은 부재로 전제할 경우 그것이 구체화해야만 가능한 구원의 거듭남 문제를 해소할 수 없게 된다. 댐로쉬의 이야기를 들어보자.

악에 대한 결핍 이론이 '신정론'의 한 분야, 즉 전능한 신에 의해 창조된 우주

> 속의 악의 존재에 대해 설명하려는 하나의 시도인 까닭에 혼란이 생긴다. 블레이크는 그와 같은 신을 거부하고, 기독교적 의미에서의 박탈 이론도 전혀 필요로 하지 않는다. 오히려 그는 신플라톤주의자들이 그랬듯이 오류와 비존재의 허구적 상태를 지시하기 위해, 그리하여 인간이 어떻게 진리의 영역을 회복할 수 있는지 설명하기 위해 그 이론을 사용한다. (251)

모스칼은 '오류'의 의미를 '결핍'으로의 것과 '진정한' 것으로 구분한다.

> 블레이크의 오류라는 용어 사용이 악의 박탈적 혹은 이중적 본성에 대한 견해를 충분히 드러내고 있다고 한다면, 주요 예언서 시절의 블레이크는 예술에서의 위반은 박탈적인 것이고 관계에 있어서의 위반은 진정한 것이라고 주장하는 것 같다. (1994, 68)

이런 의미에서 볼 때, 오히려 '죄'를 "일종의 정신적 질환"(a spiritual disease)으로 간주하는 대몬의 입장이 비록 소박하기는 하지만 블레이크의 용서의 윤리를 이해하는 데 도움이 된다. 그것은 용서라는 '위대한 치료자'(Great Healer)에 의해 치유될 수 있는 질병이다(Damon 373). 초기 시에서 '죄'의 개념을 거부했던 것은 그것이 인위적인 율법에 대한 위반의 의미로 통용되기 때문이다.[6] 사탄 식의 '단죄' 논리에 빠져있는 사람들은 이러한 '죄'가 신이 내린 율법을 범한 것이라 여긴다. 그러나 신

---

6 블레이크는 당시에 팽배해 있던 이러한 이데올로기에 의해 자신의 '복음'이 잘못 이해될까 염려하여 이러한 개념의 용어 사용을 주저했을 것이다. 이것은 그가 '천국'과 '지옥'의 용어를 혼란스럽게 사용하고 있는 것과도 닿아 있다. 이것이 미가 지적하는 "지배 담론의 와해 및 변형"으로 특징지을 수 있는 블레이크의 시학이다. 물론 이러한 "해방의 언어"와 "반역의 시학"의 추구가 블레이크에게 고유한 것만은 아니었다. 변화를 열망하는 급진주의자들의 공통적인 특징이었다(8-9). 이러한 것이 블레이크 시가 안고 있는 아이러니의 또 다른 원천이라 할 수 있다.

이 진정 불쾌해하는 것은 믿지 못하는 것이며 선과 악의 이분법에 사로잡히는 것이다.

> 사탄은 죄가 신을 불쾌하게 한다고 생각한다. 그는 불신과, 선과 악의 지식의 나무 열매를 먹는 것 외에는 아무것도 신을 불쾌하게 하는 것이 없음을 알아야 한다. (VLJ; E564)

> Satan thinks that Sin is displeasing to God he ought to know that Nothing is displeasing to God but Unbelief & Eating of the Tree of Knowledge of Good & Evil

블레이크가 '죄'와 '오류'의 개념을 혼용하고 있는 것은 사실이다. 그러나 실제 사용되고 있는 용례를 면밀히 살펴보면 그 차별성을 확인하는 것이 전혀 불가능한 일만은 아니다. 대부분 '오류'(Error)는 '진리'(Truth)의 반대 개념으로 등장한다. 블레이크는 선 · 악의 개념 대신 진리 · 오류의 개념을 선호한다. 전자가 '지식의 나무'(Tree of Knowledge)와 관련이 있다면 후자는 '생명의 나무'(Tree of Life)와 연관되어 있다. '지식의 나무'에 집착하는 것이 선과 악의 이분법에 의한 '단죄'의 윤리라면, '생명의 나무'에 주목하는 것은 거듭남을 향한 용서의 윤리라 할 수 있다(VLJ91; E563). 로스는 블레이크를 대신하여 이 점을 명백히 하고 있다.

> 어떤 인간이 선한지 혹은 악한지에 나는 관심 없다. 내가 관심이 있는 것은 그가 현자인가 바보인가 하는 점뿐이다. 가라. 성스러움을 벗어 던지고 지성을 입으라 (J91:54-56; E252)

I care not whether a Man is Good or Evil; all that I care
Is whether he is a Wise Man or a Fool. Go! put off Holiness
And put on Intellect

카진은 이러한 점에 주목하여 블레이크가 '죄' 대신 "지적 오류"(intellectual error)만을 인정한다고 주장한다(5). "천재는 오류가 없다. 무지가 곧 오류이다"(Genius has no Error it is Ignorance that is Error: AnnRey; E652)라거나 "앎 속의 노고는 예루살렘을 건설하기 위한 것이지만 앎을 경멸하는 것은 예루살렘과 그 건설자들을 경멸하는 것이다"(to Labour in Knowledge. is to Build up Jerusalem: and to Despise Knowledge, is to Despise Jerusalem & her Builders: J77; E232)와 같은 구절들이 이러한 지적의 타당성을 확인케 해준다.[7]

그런데 블레이크는 '오류'의 실재성을 부인하는 듯하다. 물론 그 현상적 존재까지를 부정하는 것은 아니다. 그에게 '오류'는 일시적인 허울에 불과하다. 모스칼이나 댐로쉬가 주장하는 '결핍의 이론'이 여기에 적용될 수 있다. 즉 '오류'는 '진리'의 결핍 혹은 부재를 의미하는 것으로 해석할 수 있는 것이다. 블레이크는 '오류'가 "창조된" 것임을 분명히 하고 있다. 그것을 태워 없애야 할 대상으로 지목하는 것도 이러한 이유에서이다.

---

7 그러나 여기에는 오해의 소지가 분명 내재한다. 블레이크를 주지주의자로 오인하게 만드는 것이다. 명심할 일은 블레이크가 앎의 의미를 적어도 분별지(分別智)의 의미로 사용하고 있지는 않다는 점이다. 이분법적 '분별지'는 단죄로 귀결될 수밖에 없다. 반면 '생명의 나무'는 '분별지'를 강조하는 세력 — 블레이크는 이를 지천사(智天使, cherub)로 하여금 대변케 하는데 — 에 의해 접근이 금기시 된다. 『천국과 지옥의 결혼』 에서 블레이크는 선과 악의 이분법에 의하여 '죄'로 매도되는 인간의 "감각적 즐거움의 증진"(an improvement of sensual enjoyment)을 통하여 이 나무에 접근할 수 있음을 그리고 있다. MHH14; E39 참조.

오류는 창조된 것이나, 진리는 영원한 것이다. 오류나 창조물은 불태워질 것이다. 그리고 그때 그리고 그때까지는 진리나 영원은 나타나지 않으리라. 그것은 인간이 그것을 더 이상 보지 않게 되는 순간, 불타 없어진다. 나는 스스로 주장한다. 나는 외적 창조물을 보지 않는다고. 나에게 그것은 훼방이요 행동이 아니라고. 내 신발의 진흙과 같은 것으로 나 자신의 일부가 아니라고. (VLJ95; E565)

Error is Created Truth is Eternal Error or Creation will be Burned Up & then & not till then Truth or Eternity will appear It is Burnt up the Moment Men cease to behold it I assert for My self that I do not behold the Outward Creation & that to me it is hindrance & not Action it is as the Dirt upon my feet No part of Me.

이렇듯 '오류'는 태워 없애거(burn)나 거부 혹은 제거해야(reject, remove) 할 대상으로 그려진다(VLJ95; E565, VLJ84; E562, VLJ85; E563, J41.11; E188, J41.12; E188). 그것을 거부해야만 최후의 심판이라는 거듭남이 가능하다(VLJ84; E562). 이를 "제거하지 않으면 그것은 인간의 영혼을 파괴하게" 된다(J41.11; E188).

그런데 '오류'가 용서나 망각의 대상으로 그려지는 예도 있다. 1802년 친구 벗쯔에게 보낸 편지에서 그는 자신의 '오류'를 용서해줄 것을 간청하고 있다(ToButts, Nov. 22, 1802; E720). 『예루살렘』에서 발라의 '단죄'에 항의하면서 주인공 예루살렘은 "죄란 무엇인가? 곧 용서받아야 할 오류 혹은 실수가 아닌가?"(What is Sin but a little Error & fault that is soon forgiven: J20.24; E165) 하며 '오류'를 용서의 대상으로 표현하고 있다. 바로 그 앞에서도 그녀는 '오류'를 망각 ("forgetting")의 대상으로 그리고 있다(J20.7; E165). 이러한 예를 제외하고 '오류'가 용서나 망각의 대상으로 그려지는 경우는 거의 없다.

유의할 점은 '오류'를 용서나 망각의 대상으로 그릴 때의 의미와 제거나 거부의 대상으로 그릴 때의 의미에 미묘한 차이가 있다는 점이다. 전자의 경우 그것은 실수나 과오를 의미하지만 후자의 경우에는 '진리'의 적대 개념으로 쓰인다. '진리'의 반대 개념으로서의 '오류'는 용서의 대상이 될 수가 없다. 이 때 그것은 앞서 살핀 바 있는 '상태'의 의미와 유사한 점을 지닌다. 그것은 인간이 살아가면서 계속해서 빠지게 되는 어떤 '상태' — 모스칼의 표현을 빌자면 인생 여정 동안 지나쳐야 할 어떤 장소 — 와 같은 것이다. 인간이 거듭나기 위해서는 이 '상태'를 벗어나야 하듯이 이 '오류'역시 떨쳐버려야 한다. 묶어 말하면 이 '오류의 상태'를 극복해야 하는 것이다. 앞에서 지적한 것처럼 이 '상태'는 영원한 것이다.[8]

'죄'란 사람이 이러한 '오류'의 상태에 빠지는 것을 의미한다. 앞의 예루살렘의 말에서 확인할 수 있듯이 그것은 실수나 과오 등을 의미한다. 이는 '지식의 나무'와 연관된 선과 악 이분법에 의한 단죄의 대상으로서의 '죄'와는 다른 의미의 것이다. 이것이 바로 용서의 대상이다.

용서는 이렇듯 인간이 살아가면서 저지르는 각종 실수의 행위에 대한 것이지 '오류' 그 자체에 대한 것은 아니다. '오류' 자체는 '상태'와 마찬가지로 용서의 차원을 넘어선 것이다. 그러한 '상태' 혹은 '오류'에 빠지는 행위나 사람이 용서의 대상이 된다는 말이다. 거듭된 용서를 강조하는 것은 바로 인간이 이러한 '오류'의 상태에 끊임없이 빠지는 것이 현상태

---

8 이때의 영원함이란 인간이 지속적으로 이러한 '오류'에 젖어들게 된다는 것을 의미할 뿐 그것이 영원한 진리와 같은 실체라는 의미는 아니다.

32
Leaning against the pillars, & his disease rose from his skirts
Upon the Precipice he stood: ready to fall into Non-Entity.
Los was all astonishment & terror: he trembled sitting on the Stone
Of London: but the interiors of Albions fibres & nerves were hidden
From Los; astonishd he beheld only the petrified surfaces:
And saw his Furnaces in ruins, for Los is the Demon of the Furnaces;
He saw also the Four Points of Albion reversd inwards
He seizd his Hammer & Tongs, his iron Poker & his Bellows,
Upon the valleys of Middlesex, Shouting loud for aid Divine.
In stern defiance came from Albions bosom Hand, Hyle, Koban,
Gwantok, Peachy, Brertun, Slaid, Huttn, Skofeld, Kock, Kotope,
Bowen: Albions Sons: they bore him a golden couch into the porch
And on the Couch reposd his limbs, trembling from the bloody field.
Rearing their Druid Patriarchal rocky Temples around his limbs.
(All things begin & end, in Albions Ancient Druid Rocky Shore.)

「예루살렘」 제32도판

의 엄연한 현실이기 때문이다. 이러한 실수를 용인하지 못할 경우 이 질곡의 상태로부터 벗어나는 길이 영원히 차단되기 때문이다. 이것이 로스가 앨비언에 대하여 조바심하는 '정신적 죽음'의 세계 바로 그것이다.

블레이크가 후기시에서 용서를 강조하며 '죄'의 의미에 주목한 것이, 플라톤식의 '오류' 개념을 버리고 인습화한 기독교에서 내세우는 신에 대한 불복종의 의미로서 '죄' 개념을 수용했다는 것을 뜻하는 것은 아니다. 이런 의미에서 용서의 내용이 '죄'에 관한 것이냐 '오류'에 관한 것이냐 하는 문제 제기는 처음부터 잘못 던져진 질문이라 할 수 있다.[9]

이러한 관점에서 볼 때, 그들이 당황했던 "왜 '오류'는 거듭날 수 없고 '죄'는 거듭날 수 있는가"(FZ9-120.48-49; E390)라는 문제는 쉽게 해소될 수 있다. '오류'는 인간이 살아가면서 거쳐가야 할 영원한 추상적 '상태'이다.[10] '죄'는 그 '상태'에 빠지는 구체적 행위이다. '오류'의 구체적인 모습이라는 말이다. 거듭남은 '오류'의 모습이 구체화되었을 때에만 가능하다.[11]

결국 '죄'와 '오류'에 관한 논의는 '개인'과 '상태'에 관한 것과 연결된다고 할 수 있다. 같은 내용의 다른 표현이라는 말이다. 핵심은 인간의 행

9 댐로쉬나 모스칼의 심도 있는 분석이 별 효과를 얻지 못한 것도 바로 이런 식의 잘못된 문제제기에서 비롯된 것이라 할 수 있겠다.

10 앞서 지적했듯이 이러한 '오류'가 일거에 온전히 제거되리라 기대하는 통속적 종말론은 관념적이며 비역사적이다. 현실 역사에 있어 그것은 불가능한 일이다. 그런데도 이를 조장하는 것은 민중들의 변화를 향한 염원의 불길을 잠재우기 위해서이다. 실제로는 변화를 거부하는 지배층 이데올로기의 미묘한 변주곡에 다름 아닌 것이다.

11 『유리즌 서』에서 로스가 유리즌에게 몸을 만들어주는 것도 유리즌의 '오류'를 구체화함으로써 거듭날 수 있게 하기 위해서였다.

위 및 이를 통해 이르게 되는 '상태' 혹은 '오류'와 그 '개인' 자신을 동일시해서는 안된다는 점에 있다. '오류의 상태'는 비판의 대상이 되어야 하지만 질곡의 현실 세계를 살아가면서 어쩔 수 없이 그 '상태'에 이르는 개인을 매도해서는 안된다는 것이다.

카자르지안이 적절하게 지적하고 있는 것처럼 용서의 가장 커다란 적은 완벽에의 욕구라 할 수 있다(174). 그 대상이 자기 자신이건 다른 사람이건 유한한 삶의 조건을 무시한 채 완벽하기를 요구하는 것은 절망과 좌절만을 초래할 뿐이다. 우리들 어느 누구도 '오류의 상태'로부터 자유로울 수 없다. 중요한 것은 이러한 삶의 조건에 대하여 어떠한 자세를 취하느냐이다. 이러한 잘못에 연연하여 분노와 절망 속에 빠져있을 것인가, 아니면 이러한 잘못에도 불구하고 인간의 온전성에 대한 기대를 저버리지 않고 새로운 가능성을 향해 진취적인 자세로 임할 것이냐의 선택이 중요하다는 말이다.

용서는 태도의 문제이며 선택의 문제이다. 그것은 용납할 수 없는 사악한 행위 자체를 눈감아 준다는 것을 의미하는 것이 아니며 용서는 이러한 행위의 희생자라는 굴레를 떨쳐버림으로써 온전한 삶을 위해 스스로를 해방시키는 일이다. 그러한 사악한 행위의 피해자임을 부인하는 것이 아니라 그러한 피해의식이 스스로의 정체성이나 정서적 삶을 지배하지 않도록 하는 것이며, 그러한 행위가 우리들 인격의 전부, 우리들 참된 모습의 전체를 나타내는 것이 아니라는 점을 깨닫는 것이다. 다시 카자르지안의 표현을 빌리자면, 그것은 '그림자 대신 빛을 보려는 선택'인 것이다(23).[12]

---

12 '악'을 빛의 부재 즉 그림자로 규정하는 카자르지안의 지적이, 비록 그녀 자신은 블레이크를 전혀 언

중요한 것은 악에 대한 증오가 아니라 진리와 정의에 대한 사랑이다. 증오의 단죄는 그 대상뿐만이 아니라 그 주체마저도 비인간화하기 때문이다. 용서가 피동적 반작용이 아니라 적극적 선택의 행위라는 것은 바로 이러한 의미에서이다.

아렌트도 인간 행위의 위대함을 여기에서 찾는다. 그녀에 의하면 인간은 이러한 적극적인 선택 행위로서의 용서를 통해서만 "돌이킬 수 없음의 곤궁함" (predicament of irreversibility)에서 벗어 날 수 있다. 이를 통해서만 "데모클레스의 검"(Democles' sword) 처럼 우리들 머리 위에 매달려 있는 과거라는 시간의 굴레로부터 해방될 수 있다. 뿐만 아니라 이러한 적극적 행위를 통하여 미래라고 하는 "불확실성의 바다"(the ocean of uncertainty)에 "확실성의 섬"(island of security)을 구축할 수 있다. 정체성의 확립은 이렇게 하여 가능해지는 것이다(237).

단순한 반작용으로서의 단죄와 자유로운 선택의 행위로서의 용서의 차별성에 대한 아렌트의 규범과도 같은 규정은, 블레이크의 용서 윤리를 이해하는 데 매우 중요한 단초를 제공해준다.

급한 바 없지만, 블레이크의 용서의 윤리를 이해하는 데 중요한 실마리를 제공해주는 것은 이러한 이유에서이다. — "악은 있는 그대로 이해되어야 한다. 그것은 빛의 부재의 역동성이다. 악이 빛의 부재라고 이해하는 것은 악에 반응하는 것이 부적절함을 뜻하는 것은 아니다. 악에 대한 적절한 반응은 무엇인가? 부재에 대한 치유는 존재이다. 악은 부재요 따라서 그것은 부재로써 치유될 수 없다. 악 혹은 악에 관련된 자를 미워하는 것에 의해서 당신은 빛의 부재에 공헌할 뿐 빛의 존재에 공헌하지는 못한다. 악에 대한 증오는 악을 감소시키지 않는다. 그것을 증가시킬 뿐이다...... 동정하는 가슴이 군대보다도 더 악에 대해 효과적이다. 하나의 군대는 또다른 군대를 개입시킬 수 있지만, 악을 개입시킬 수는 없다. 동정하는 가슴은 악을 곧바로 개입시킬 수 있다 — 그것은 빛이 없던 곳에 빛을 가져올 수 있는 것이다." (217)

이 점에서 용서는, 최초의 범죄에 대한 재-작용의 형태로 작용하는 복수와 정반대 되는 것이라 할 수 있다. 복수는 첫 비행의 결과에 종지부를 찍기는 커녕 그 과정 자체에 얽매이게 한다. 그리하여 모든 행위에 포함되어 있는 연쇄 반작용으로 하여금 방해받지 않고 제 갈 길을 가도록 허용하는 것이다. 이러한 복수와 용서의 행위는 대조적이다. 복수의 행위가 죄에 대한 자연스러운 자동적 반작용이며 또 그것의 철회불가능성 때문에 그 과정이 예측 가능하며 심지어 계산할 수도 있는 반면, 용서의 행위는 결코 예측할 수 없는 것이다. 그것은 예측할 수 없는 방식으로 작용하는 유일한 반작용이다. 따라서 반작용이면서도 작용의 독창적 성격의 요소를 보유한다. 달리 말해서 용서는 단순히 재-작용할 뿐 아니라 그것을 선동한 행위에 의해 조건 지워지지 않고 새롭게 예기치 않은 방식으로 작용함으로써 용서하는 사람과 용서받는 사람 양측을 그 결과로부터 해방시키는 유일한 반작용이다. 예수의 용서의 가르침에 포함된 자유는 행위자와 고통 당하는 자 모두를 그 성격상 결코 끝나지 않을 행위 과정의 무자비한 자동성에 가두는 복수로부터의 자유 바로 그것이다.(240-1)

'오류의 상태'를 일시적인 '상태'로 받아들이고, 그럼에도 변하지 않는 개인의 '정체성'을 또 그 나름으로 인정하는 것이 용서의 근거가 된다는 전제가 이렇게 하여 마련되었다.

02 인간관계의 윤리와 용서

하트(Sharon Alusow Hart)에 의하면 블레이크만큼 인간관계의 문제에 골몰했던 시인도 없다(1). 우리가 블레이크 시에서 윤리의 문제에 주목하는 것도 이 때문이다.

블레이크 자신이 명시적으로 선언하고 있듯 부부, 형제, 자매, 부모, 친구 등이 바로 인간의 존재를 가능하게 해주는 것들이다(J34.12-3; E180). 이들과 함께가 아니면 인간은 존재할 수 없다. 그런데 블레이크의 독특한 점은 이들의 이상적 존재 양태를 통합된 것으로 상정한다는 점이다. 앨비언은 한 개인이면서 이들 모두를 포함하는 인류 전체를 뜻하기도 한다. 타락하기 이전에는 이들 모두가 앨비언 내에서 나름의 고유성을 지니고 있으면서도 통일된 상태로 있다.

이때의 통일은 물론 유리즌이 추구하는 그것과는 다르다. 유리즌의 통일이 고유의 개성이 전혀 인정되지 않는 '하나의 법'에 의한 '오류'의 '덩어리'("the slumberous mass": SE; E18)로의 통일이라면 이상적 통합의 상태는 고유의 개성을 존중하면서도 분열되지 않은 것을 의미한다. '역동적 상반성'을 통해 공존하는 상태를 지칭하는 것이다.

블레이크에 의하면 인간은 네 가지 요소로 구성되어 있다. 그는 이를 유리즌, 어소나(Urthona), 루바, 사마스(Tharmas)라 이름하는데, 영원의 세계에서 이들은 서로 조화를 이루며 통합의 상태로 존재하며 완전한 인간 앨비언을 이룬다. 이들은 다시 '상반적 상태'의 에머네이션과 짝을 이루는데, 어헤니아, 에니사먼, 발라, 에니언(Enion)이 그들이다. 퍼시발(Milton O. Percival)의 설명에 의하면, 원래 4라는 숫자는 근본을 이루는 수로 에스겔이 본 '신성한 전차'도 네 겹이며, 피타고라스의 정사면체는 성스러운 것으로 영원한 자연의 근원이다. 이 네 쌍에 앨비언과 그의 에머네이션인 예루살렘을 더하면 '완벽의 수'(the complete and perfect number)가 된다는 것이다(16).

앨비언의 타락은 이들 네 개의 조아가 분열하여 서로 지배권을 장악하려 다투면서 시작된다. 『네 개의 조아들』은 이러한 타락의 분열로부터 최후의 심판에 이르는 재통합의 거듭남 과정을 그리고 있다. 이 미완의 서사시의 첫 부분에서 블레이크는 이러한 주제를 간명하게 제시하고 있다.

> 뷸라의 딸이 노래한다
> 그[앨비언]의 분열로의 타락과 통합으로의 부활을 부패와
> 죽음이라는 생성으로의 타락과 사자로부터의 부활에 의한 재생을 (FZ1-4.5; E301)
>
> Daughter of Beulah Sing
> His fall into Division & his Resurrection to Unity
> His fall into the Generation of Decay & Death & his Regeneration by the Resurrection from the dead

『유리즌 서』에서도 "하나의 왕, 하나의 신, 하나의 법"에 의한 통일을 부르짖으며 자신의 지배권 확보를 획책하던 유리즌이 초래한 세계가 분열된 '오류'의 상태임을 강조하고 있다. 그 타락의 과정을 분열의 과정과 동일시하고 있는 것이다(BU5, 13; E73, 77).

'창조'를 타락으로 간주하는 블레이크는 그것을 분열의 과정으로 파악한다. 「창세기」의 천지창조를 다음과 같이 분열의 과정으로 그릴 수 있는 것도 이러한 이유에서이다.

> 창조의 과정은 원래의 통합을 분열시키는 과정이다. 암흑으로부터 빛의 분리로 시작되는 이것은 엿새간의 창조를 통해 진행되고 신으로부터의 인간의 분리로 정점을 이룬다. 그 다음에 이브의 창조에 의해 성이 분리된다. 그 과일을 먹는 것에 의해 선과 악이, 에덴 추방에 의해 인간과 행복이, 최초의 살인에 의해 영혼과 육체가, 바벨의 언어 혼란에 의해 인간과 그의 형제가 분열된다. (Damon 94)

이렇듯 분열은 독선적 이기심(Selfhood)의 산물이다. 타인의 존재를 인정하지 못하거나, 인정한다 하더라도 지배의 대상으로만 여기는 배타적 태도의 소산인 것이다. 이러한 태도로는 인간 존재의 근본적 조건인 형제애(Brotherhood)를 구현할 수 없다.[13] 그런데 「아벨의 유령」("The Ghost of Abel")에서 '천사들의 합창'을 통하여 밝히고 있는 것처럼 형제애가 "죄에 대한 용서의 성약"(Covenant of the Forgiveness of Sins: E272)이다.

---

13 『네 개의 조아들』 모두(冒頭)에서 이미 "에덴의 보편적인 형제애에 의존하지 않고는 완전한 통일이 불가능함"(a Perfect Unity Cannot Exist. but from the Universal Brotherhood of Eden: FZ1-3.5; E300)을 밝힌 바 있는 블레이크는 『예루살렘』의 마지막 부분에서도 "형제애 없이 인간이 존재할 수 없음"(nor can Man exist but by Brotherhood: J96.28; E256)을 다시 한 번 강조하고 있다.

정리하면 타인의 존재를 인정해주는 형제애를 위해서는 자기 희생 즉 독선적 이기심의 절멸이 필요한데 이것이 바로 용서의 태도라는 것이다. 『밀턴』에서 예언적 시인 밀턴이 모범을 보여주고 있는 것이 이것인데(M41.2; E142), 『예루살렘』에서는 마지막 부분에서 로스의 희생적 노력으로 '오류'의 잠에서 깨어난 앨비언과 예수의 대화를 통하여 이 주제를 더욱 확실하게 드러내고 있다(J96.20-8; E256).

물론 이러한 앨비언의 모습은 자신의 잘못을 깨우치고 거듭난 이후의 것이다. 그러나 『예루살렘』의 전 과정에서 확인할 수 있는 것은 이와 정반대의 모습이라 할 수 있다. 첫 부분에서 블레이크(로스)에게 거듭남의 주제를 일깨우며 영감을 불어 넣어주는 구세주(Saviour) — 용서의 정신으로 표상 되는 예수 — 는 자신이 인간과 동떨어진 (혹은 분열된 — 여기에서도 타락이 분열의 양상으로 그려지고 있음을 확인할 수 있는데) 초월적 존재가 아니라 동포애로 하나가 된 친구이자 형제임을 강조한다.

> 깨어나라. 암흑의 땅에서 잠자는 자여 깨어나라, 잠깨어 확장하라!
> 내가 그대 속에 그대가 내 속에, 신성한 사랑 속에 함께 있노라.
>
> ……
>
> 나는 저 멀리 있는 신이 아니라 나는 형제요 친구이노라
> 그대 가슴속에 내가 거주하며 그대 또한 내 속에 거주하노라.
> 보라! 우리는 하나이노라. 모든 악을 용서하며 보상을 구하지 않는 우리는.
> 그대는 나의 일원이노라, 그대 암흑의 땅 뷸라에서 잠자고 있는 자여!(J4.6-21; E146)

> Awake! awake O sleeper of the land of shadows, wake! expand!
> I am in you and you in me, mutual in love divine:

Then the Divine hand found the Two Limits, Satan and Adam,
In Albions bosom: for in every Human bosom those Limits stand.
And the Divine voice came from the Furnaces, as multitudes without
Number! the voices of the innumerable multitudes of Eternity.
And the appearance of a Man was seen in the Furnaces;
Saving those who have sinned from the punishment of the Law,
(In pity of the punisher whose state is eternal death,)
And keeping them from Sin by the mild counsels of his love.
Albion goes to Eternal Death: In Me all Eternity.
Must pass thro' condemnation, and awake beyond the Grave!
No individual can keep these Laws, for they are death
To every energy of man, and forbid the springs of life;
Albion hath enterd the State Satan! Be permanent O State!
And be thou for ever accursed! that Albion may arise again:
And be thou created into a State! I go forth to Create
States: to deliver Individuals evermore! Amen.
So spake the voice from the Furnaces, descending into

「예루살렘」 제35도판

...

I am not a God afar off, I am a brother and friend;

Within your bosoms I reside, and you reside in me:

Lo! we are One; forgiving all Evil; Not seeking recompense!

Ye are my members O ye sleepers of Beulah, land of shades!

그러나 '오류'의 "혼란에 빠진 인간"(the purturbed Man) 앨비언은 이 '사랑과 용서의 복음'에 귀를 기울이려 하지 않는다. 독선에 사로잡혀 상상력에 근거한 믿음을 상실한 그는 이성에 의한 직접적인 체험의 예시("demonstration")만이 인간존재를 가능하게 해준다고 주장한다. 단죄의 도덕률("Laws of Moral Virtue")을 바탕으로 자기 자신만의 배타적 왕국을 건설하려는 그에게 친구는 없으며 우정이라는 것도 사실은 적대적 관계를 위장한("deceitful") 것에 지나지 않는다. 그는 모든 인간관계를 소유욕에 근거한 지배 피지배 관계로 규정한다. 그래서 "인간성은 사라지고 오직 전쟁과 왕권통치와 승리만이 있을" 뿐이라고 선언하게 되는 것이다(J4.25-32; E146-7).

이 때 앨비언의 마음은 "질시어린 두려움"(jealous fears)에 싸여 있다(J4.33; E147). 자신의 상상력(예루살렘)으로부터 분열되어 이성(스펙터인 사탄)의 지배하에 있기 때문이다. 원래의 역동적 화합이 깨어지고 지배와 피지배의 종속적 관계 속에서 일방이 스스로의 정당성만을 주장하며 다른 부분을 매도하고 있는 것이다.

이처럼 독선에 사로잡혀 있는 사탄(혹은 그의 지배하에 있는 앨비언)이 제대로 된 인식을 갖추었을 리 없다. 삼차원적 시간과 공간의 제약을 받는 물질적 세계를 실체로 여기는 사탄은 인생을 경험적 기억의 축적으로 환원시킨다. "무정형의 기억"(an Unformed Memory) 혹은 "허상적 혼돈"(the Spectrous Chaos)이라 불리는 사탄이 보는 인간의 모습은 다음과 같다(J29.2, 3; E175).

> 앨비언이여 나는 그대의 이성적 힘이다. 그대가 신성하다고 부르는
> 그 인간 형상은 길이 칠십 인치의 벌레에 불과하다.
> 밤이면 기어다니다가 아침 햇살에 말라버린다.
> 축적되었다 소멸되는 우연한 기억의 집합 속에서 (J29.5-8; E175)

> I am your Rational Power O Albion & that Human Form
> You call Divine, is but a Worm seventy inches long
> That creeps forth in a night & is dried in the morning sun
> In fortuitous concourse of memorys accumulated & lost

1. 가부장 이념을 넘어

이러한 상황에서 부모자식간의 관계라고 정상적일 수는 없다. 독선적 도덕률에 의한 앨비언 식 '정의'와 '진리'의 "첫 희생자"는 그의 아들들이다. 이들 "최초의 범법자들"은 처벌을 피하여 산으로 도망가 자신들의 범죄에 대한 보속으로 "수치와 질투심 속에서 예루살렘의 절멸을 기도한다." 용서와 자유를 뜻하는 예루살렘을 거부함으로써 "신성한 인간성과 자비"에 대한 적개심을 강화하는 것이다(J28.23-7; E174).

이들이 타락하기 이전 — 앨비언의 타락은 곧 이들의 타락으로 이어진다 — 그들은 예루살렘과 호혜적 관계 속에 있었다. 그들은 그녀에게 선물을 가져다주고 그녀는 그들에게 "황금과 진주와 금강석"의 축복을 해주

었다(J24.38-40; E170). 이때 이들은 자신들의 에머네이션과도 조화를 이루며 다양한 "성당의 도시"(Cathedral Cities)에서 살고 있었다(J71.10-49; E225-6). 그러나 이들의 조화로운 통합적 삶은 앨비언의 타락으로 망가지고 만다. 아버지와 분열함으로써 아버지에 적대적일 뿐만 아니라 그를 향해 전쟁을 선포하기까지 하는 것이다. 이는 타자를 인정하지 못하고 독선의 휘하에 종속시키려 하기 때문에 생기는 병폐이다. 이것이 바로 어드만이 누누이 강조하는 블레이크 당시 프랑스와의 전쟁 분위기가 고조되면서 만연하게 된 단죄의 풍조다.

이러한 단죄의 전형적인 예가 블레이크의 그레이브(Grave) 도판과 개인 전시회를 혹평한 헌트 삼형제를 대변하는 핸드(Hand)이다.[14] 그는 이성만을 강조하는 스펙터로서 물질주의적 체계의 원천이 된다. 이 "막강한 위협적인 형태"(a mighty threatning Form: J72.2; E224)는 다른 모든 형제들을 흡수하여 만악의 집결체라 할 수 있는 "막강한 폴립"(mighty Polypus)으로 자라나 모든 전쟁의 원인 제공자가 된다(J9.3-5; E152).[15]

앨비언의 둘째 아들인 하일(Hyle) 또한 앨비언 타락의 희생자이자 그 결과물이라 할 수 있다. 그는 블레이크의 "육적 친구"이며 "정신적 적"인

14 이들과의 전기적 연계에 관한 상세한 설명으로는 페일리 1983, 218-9와 BR 194-9 참조. 대본은 전기적 연계성보다는 "머리 없는 심장"(headless Heart)을 뜻하는 하일(Hyle), "이기적인 허리"(selfish Loins)를 의미하는 코반(Coban)과 더불어 "악의 삼위일체"(evil trinity)를 이루는 "심장 없는 머리"(heartless Head)로서의 의미에 더 비중을 두고 있다. 172 참조.

15 블레이크가 핸드를 「람베스 서」에서 최후의 심판을 알리는 나팔수로 등장하는 베이컨, 뉴우턴 및 로크의 결합으로 그리고 있는 대목도 주목을 할 만하다. 이들이 블레이크에게는 인습화한 '국가종교' '이신론'을 대변해주는 인물들이기 때문이다. 도덕률에 의한 단죄를 그 주요 특성으로 하는 '국가종교'와 '용서'를 중요한 골간으로 하는 블레이크식 참기독교의 차별성이 여기에서도 확인된다.

헤일리의 신화적 변형이다. 앞에서 살핀 것처럼 그는 블레이크가 용서의 주제에 골몰하게 한 원인 제공자이다. 자신의 후원자이자 친구로 여겼던 헤일리가 펠팜에서 자기의 창조적 행위를 사소한 것으로 위축시키고 시인으로서의 고유 역할까지 빼앗아 자기 시에 대한 도판 작업을 하도록 했을 때, 블레이크 스스로 헤일리를 단죄하는 '죄'를 범하게 된다. '선동죄' 재판과정에서 다시 한번 그의 진정한 우정을 확인하고, 또 그러한 분노의 단죄행위가 상상력의 활동 자체를 방해한다는 것을 깨닫게 되었을 때, 블레이크는 용서의 중요성을 절실하게 확인하게 되는 것이다.

페일리의 지적에 의하면 하일이란 이름은 물질을 뜻하는 그리스어에서 따온 것이다(1983, 219). 아버지 앨비언과 분열하여 '식물적 인간'이 되어버린 하일이 창조적 상상력을 저해하는 행위를 하는 모습을 블레이크는 이렇게 그리고 있다.

> 앨비언의 아들들이 조화와 부조화의 하모니에 의해 어떻게 멜로디에 대립되게 되었는지, 빛과 그림자에 의해 어떻게 윤곽에 반하게 되었는지 추상에 의해 어떻게 상상력의 비전에 반하게 되었는지 어떻게 잔인한 법에 의해 열여섯에서 열 두 개의 구획으로 분열되었는지 말하겠다
> 하일이 어떻게 로스를 갈갈이 찢고 사고와 대립되는 애정이라는 이름으로 앨비언의 절벽에 보호하였는가를. 그것은 예루살렘의 아들을 그의 바퀴의 소용돌이 속으로 끌어들이기 위함이었으니. 그러므로 하일은 고그라 불린다 계속하여 그들을 바빌론 쪽으로 끌어가고 있는. 훔친 아름다움의 강렬한 유혹으로 어린 자들을 죽음으로 현혹하는 이성적 도덕인 바빌론으로. (J74. 24-33; E230)

I tell how Albions Sons by Harmonies of Concords & Discords

Opposed to Melody, and by Lights & Shades, opposed to Outline
And by Abstraction opposed to the Visions of Imagination
By cruel Laws divided Sixteen into Twelve Divisions
How Hyle roofd Los in Albions Cliffs by the Affections rent
Asunder & opposed to Thought, to draw Jerusalems Sons
Into the Vortex of his Wheels. therefore Hyle is called Gog
Age after age drawing them away towards Babylon
Babylon, the Rational Morality deluding to death the little ones
In strong temptations of stolen beauty;

또 하나 부자간의 비정상적인 관계로 인하여 단죄의 우를 범하는 인물이 스코펠드(Skofeld)이다. 그가 바로 블레이크와 몸싸움을 벌인 "유일한" 인물인 스콜필드(Scholfield)로 '거짓 고발자'의 전형이다(Paley 1983, 217). 그의 악의에 찬 고발로 블레이크는 재판정에 서게 되고 선지적 예언시인으로서의 자신의 신념을 공공연하게 부인함으로써 생존의 위협은 물론 정체성에 있어서도 심각한 위기를 맞는다. 이러한 쓰라린 경험으로 인해 그에 대한 블레이크의 비판은 특히나 신랄하다.

블레이크는 그를 창세기의 르우벤(Reuben)과 연관시키는데, 르우벤이 어머니 레아(Leah)에게 권했던 약초 맨드레이크(mandrake)와 같은 인물로 그 뿌리가 예루살렘 성벽 밑으로 파고 들어가 그 기초를 뒤흔드는 ("like a mandrake in the earth before Reubens gate:/ He shoots beneath Jerusalems walls to undermine her foundations!": J11.22-3; E154) 것으로 그리고 있다. 그에 대한 블레이크의 비판적 입장은 특히 앨비언의 딸들이 티어자로 결합하고 그를 요셉과 하나로 결합시키려 할 때(J68.1-2; E221),

이것이 불가능함을 확인케하면서 드러난다. 희생자이면서도 형제들을 용서한 요셉과 블레이크로 하여금 절대절명의 위기에 처하게 한 '거짓된 고발자'를 동등하게 취급할 수는 없었던 것이다.

페일리는 이를 "구원의 잠재력을 지닌 사람"(potential redeemer)과 "구원이 불가능한 고발자"(irredeemable accuser)로 구분한다(1983, 217). 그러나 이것은 블레이크의 피해의식을 지나치게 의식한 해석으로 보인다. 블레이크에게 구원 불가능한 존재란 있을 수 없다. 실제로 『예루살렘』의 마지막 부분에서 앨비언이 '오류'의 잠에서 깨어날 때, 분열로 인하여 '오류'에 빠졌던 자신의 에머네이션은 물론 모든 자식 및 친구들과 재결합하는 것으로 그려지고 있다. 이러한 점으로 미루어 스코펠드도 다른 자식들과 더불어 구원받았다고 할 수 있다. '오류' 자체는 다른 사람들에 의해 계속 반복되기 때문에 영원하다고 할 수 있지만 그 '상태'에 빠진 사람은 그 잘못을 뉘우침으로써 거듭날 수 있는 것이다. 용서가 중요한 것은 바로 이러한 이유에서이다.

이러한 '오류'의 상태는 지배와 종속을 당연시하는 뒤틀린 부자관계에서 비롯된다. 이는 자식을 소유의 대상으로 여기는 왜곡된 가부장 이데올로기의 산물이다.[16] 이는 자기 희생 및 용서와 수용을 전제로 한 상호 보

16 하트는 이와 대비되는 바람직한 부모-자식 관계의 기초를 신약의 '형제애'에서 구하며, 블레이크가 바라는 부모상을 이렇게 요약하고 있다. ― "부모들은 울로의 세상에서 자식들을 기를 때에 특별한 목표를 갖고 있다. 즉 사탄 식의 일반화를 삶을 긍정하는 세세한 개별자로 되돌려 놓기, 처벌과 그것의 사악한 쌍둥이인 조건부의 용서를 추방하고 자비와 진정한 용서를 제공해주기, 미성숙의 "나"와 "나의 것"을 타인에 대한 배려로 치환하기, 물리적 전쟁을 부조리한 것으로 버리고 지적 담화 속에 즐거움을 기르기, 의무의 굴레를 해방과 자발적인 참여로 바꾸기, 구약의 가부장제를 버리고 신약의 형제애를 수용하기 등이 바로 그것이다." (110)

And One stood forth from the Divine Family & said
I feel my Spectre rising upon me! Albion! arouze thyself!
Why dost thou thunder with frozen Spectrous wrath against us?
The Spectre is, in Giant Man; insane, and most deformd.
Thou wilt certainly provoke my Spectre against thine in fury!
He has a Sepulcher hewn out of a Rock ready for thee:
And a Death of Eight thousand years forg'd by thyself, upon
The point of his Spear! if thou persistest to forbid with Laws
Our Emanations, and to attack our secret supreme delights
So Los spoke: But when he saw blue death in Albions feet,
Again he joind the Divine Body, following merciful;
While Albion fled more indignant: revengeful covering

「예루살렘」 제37도판

족적 관계가 아니라 지식 및 경험의 우위성을 앞세운 위계적 관계이다.[17] 여기에서도 물론 사랑을 강조한다. 하지만 이때의 사랑은 두려움에 근거한 뒤틀린 것이다. 블레이크가 자신의 작품 곳곳에서 지적하고 있는 것처럼 독선과 이기심에 의존하는 왜곡된 사랑은 질투와 압제 등 많은 사회적 심리적 병리의 원천이다. 두려움에 근거한 지상적 사랑과 영원 세계의 사랑을 블레이크는 이렇게 구분하고 있다.

> 천상에서는 사랑이 사랑을 낳는다. 그러나 지상적 사랑의 원천은 공포이다. 그리고 사랑에 굴하지 않는 자는 공포에 정복될 것이다. (J81:15-6; E239)[18]
>
> In Heaven Love begets Love! but Fear is the Parent of Earthly Love!
> And he who will not bend to Love must be subdud by Fear,

'정의'와 '진리'를 앞세워 아들들을 강압함으로써 "부자간에 치명적인 전쟁"(War and deadly contention, Between/ Father and Son: J18.20-1; E163)을 야기한 앨비언의 도덕률로부터 딸들이라 해서 자유로울 수는 없다. 스스로 초래한 자신의 절망적 상황에 대하여 "거짓 친구" 로스를 원망하면서 앨비언은 자기의 딸들을 창녀로 매도한다(J42.14; E189). 이들

---

17 이러한 불평등 관계에 대한 블레이크의 비판적 입장은 자신이 나무에서 본 천사 얘기를 혼이 날까봐 부모님에게 말하지 않았던 경험과도 무관하지 않으며, 그가 성경 중에서 특히 '탕아'(Prodigal Son)에 관한 이야기를 읽고 감격했다는 사실도 그의 이러한 태도와 연관된다 할 수 있다. Gilchrist 95, 345 참조.

18 이와 관련하여 요한 일서 4장 18절의 다음 구절을 상기할 필요가 있겠다. — "사랑에는 두려움이 없습니다. 완전한 사랑은 두려움을 몰아 냅니다. 두려움은 징벌을 생각할 때 생기는 것입니다. 그러므로 두려움을 품는 사람은 아직 사랑을 완성하지 못한 사람입니다."

또한 앨비언이 강조하는 "죄에 대한 희생의 법"(Laws of Sacrifice for Sin; J49.25; E198) 혹은 "정숙과 혐오의 법"(Laws of Chastity & Abhorrence: 49.26; E198)의 희생자들이다.

『앨비언 딸들의 비전』에서 당시 영국여인들로 등장해 사회적 습속에 매어있는 상태를 한탄하던 이들이 후기 서사시에서는 구체적 이름을 가지고 나타난다. "옛날에는 기억되다가 지금은 허구로 경멸당하는 이름은"(names anciently remember'd, but now contemn'd as fictions: J5.38; E148) 사실 영국의 역사에서 따온 것이다. 이들은 여왕, 간음녀, 정부(情婦), 시기심 많은 부인, 불성실한 딸, 사생아 등 대부분 불우한 운명의 여인들이다(Damon 14). 원래 앨비언 아들들의 아름다운 에머네이션이었던 이들은 분열의 타락으로 온전한 에덴을 떠나 불완전한 삼중 비전의 뷸라 상태에 처해 있다(J5.45; E148). "식물적 힘"(Vegetative powers: J5.39; E148)의 소유자인 이들은 타락의 집결체인 티어자와 라합의 휘하에서 '여성의지'를 강화하여 남성들을 괴롭히며 그들을 전쟁으로 내몬다.

그러나 이들도 앨비언의 독선적인 도덕률의 강압으로 분열의 아픔을 절감하고 아들들과의 재결합을 시도해 보지만 여의치가 않다(J71.20-49; E225-6). 최후의 심판에 이르러 앨비언이 '오류'의 잠에서 완전히 깨어났을 때에서야 비로소 온전한 재통합이 이루어지는 것이다.

2. 성의 분열과 '여성 의지'의 문제

또 하나 앨비언 타락의 중요한 결과는 성의 분열이다. 이로 인한 '여성의지'의 발호에 관한 것이 『예루살렘』에서 그리고 있는 타락한 세상 모습의 상당 부분을 차지한다. 심지어 이것이 타락의 근원적 원인으로까지 지목되고 있다.

그런데 여기서 주목할 것은, 블레이크에게 '오류'의 상태가 '신성한 자비'의 산물인 것처럼 타락의 결과인 성의 분열도 단순히 매도할 성질의 것만은 아니라는 점이다. 앨비언의 타락으로 인한 '파편화'가 회복 불능의 극단적 결과("utter chaos with no hope of return")로 치닫는 것을 방지하기 위한 친구 로스의 창조작업의 소산인 것이다(Hart 12). 이는 유리즌의 구원을 위해 혼돈 상태의 그에게 몸을 만들어주는 것과도 같은 것으로, 앨비언 분열의 파편을 모아 남과 여의 몸을 빚어내는 것은 궁극적 거듭남의 원동력인 예수의 탄생("generation")을 위한 것이다. '오류'는 그 내용이 구체화되어야만 파기 극복할 수 있다. 이 점은 『유리즌 서』에서 로스와 에니사먼의 분열이 거듭남을 위한 혁명 혹은 정화의 불인 오르크의 탄생을 결과하는 것과 상통하는 점이기도 하다.

페일리가 지적하고 있는 것처럼, 블레이크의 '성의 신화'에 대한 이해야말로 『예루살렘』 작품 전체에 대한 포괄적 이해의 선결조건이라 할 수 있다. 앨비언의 '죽음'과 그에 따른 분열은 "최초의 성적 조우의 재앙과도 같은 결과"인 것이다(167). 앨비언의 자식들에 대한 가학성 지배욕에 의한 탄압, 예루살렘의 추방, 발라의 득세와 '여성의지'의 발호 등 『예루살렘』에서 그리고 있는 주된 '오류'들이 이 사건과 연관되어 있다. 그것이 작품 자체만큼이나 복잡하다는 말이 된다.[19]

『예루살렘』에서 그리고 있는 남녀관계는 크게 두 가지로 대별할 수 있다. 앨비언과 예루살렘 및 발라와의 관계와 로스와 에니사먼과의 관계가 그것이다. 우선 앨비언의 경우를 보자. 그와 예루살렘 및 발라와의 관계

19 이에 관한 상세한 논의로는 페일리 1983, 167-96 참조.

는 모두 지배와 피지배의 비정상적인 것이다. 두 관계 다 상대를 소유나 지배의 대상으로 여길 뿐 그 역동적 상반성을 인정하지 않는다. 그런데 그 방향은 다르다. 앨비언과 예루살렘의 경우 앨비언이 가학성의 지배, 억압 및 저주의 주체로 등장하는 반면, 발라와의 관계에 있어서는 앨비언이 오히려 '여성의지'의 희생자로 그려진다.

처음 앨비언이 '신성한 비전'을 피하여 에덴에서 달아날 때, 그는 "일종의 성적 낙원"(a sexual paradise)과 만나게 된다(Paley 167). 발라와 예루살렘이 서로 서로를 껴안고 있는 모습이 그것이다. 그러나 이들의 "애매한 동성애적 결합"은 그 뒤의 묘사에서 확인할 수 있는 것처럼 불안정한 상태의 것이다(Mitchell 1978, 206). 이들은 자신의 아름다움을 미끼로 앨비언을 파국으로 이끌 수 있는 "로렐라이나 사이렌"과 같은 존재이다(Paley 168). 『밀턴』에서 라합의 딸들에 유혹 당하지만 이를 이겨냈던 밀턴과는 다르게 앨비언은 이들의 유혹에 넘어간다(M17; E110). 앨비언이 발라의 "황금과 은으로 된 아름다운 그물"(beautiful net of gold and silver: J20.30; E)을 찢는 것이다. 앨비언의 신부가 된 발라는 그의 격렬한 사랑행위를 용서하고 조화의 상태에 이른다.

> 앨비언이 그대의 아름다움을 목도했노라
> 우리 사랑의 단정함으로 아름다운, 연민으로 아름다운
> 앨비언이 보기에 베일은 그대의 밝음으로 빛났으니
> 베일이 연민과 사랑을 담고 있었음이라. 우리가 서로 사랑하였기 때문이노라.
> 앨비언은 그대를 사랑했노라. 그대의 베일을 찢고 그대를 포옹했으며 그대를 사랑했노라. (J20.32-6; E165)

46

Bath, mild Physician of Eternity, mysterious power
Whose springs are unsearchable & knowledg infinite.
Hereford, ancient Guardian of Wales, whose hands
Builded the mountain palaces of Eden, stupendous works!
Lincoln, Durham & Carlisle, Councellors of Los.
And Ely, Scribe of Los, whose pen no other hand
Dare touch: Oxford, immortal Bard! with eloquence
Divine, he wept over Albion: speaking the words of God
In mild perswasion: bringing leaves of the Tree of Life.

Thou art in Error Albion, the Land of Ulro:
One Error not remov'd, will destroy a human Soul
Repose in Beulahs night, till the Error is remov'd
Reason not on both sides. Repose upon our bosoms
Till the Plow of Jehovah, and the Harrow of Shaddai
Have passed over the Dead, to awake the Dead to Judgment.
But Albion turn'd away refusing comfort.

Oxford trembled while he spoke, then fainted in the arms
Of Norwich, Peterboro, Rochester, Chester awful, Worcester,
Litchfield, Saint Davids, Landaff, Asaph, Bangor, Sodor,
Bowing their heads devoted: and the Furnaces of Los
Began to rage, thundering loud the storms began to roar
Upon the Furnaces, and loud the Furnaces rebellow beneath

And these the Four in whom the twenty-four appear'd four-fold:
Verulam, London, York, Edinburgh, mourning one towards another
Alas!—The time will come, when a mans worst enemies
Shall be those of his own house and family: in a Religion
Of Generation, to destroy by Sin and Atonement, happy Jerusalem,
The Bride and Wife of the Lamb. O God thou art Not an Avenger

「예루살렘」 제46도판

Albion beheld thy beauty
Beautiful thro' our Love's comeliness, beautiful thro' pity.
The Veil shone with thy brightness in the eyes of Albion,
Because it inclosd pity & love; because we lov'd one-another!
Albion lov'd thee! he rent thy Veil! he embrac'd thee! he lov'd thee!

그러나 이러한 조화의 상태는 오래 지속되지 못한다. 앨비언이 죄의식에 사로잡히게 되기 때문이다. 페일리의 설명에 의하면 앨비언은 발라를 강력한 어머니의 모습으로 인식하게 되고 일종의 오이디프스적 죄의식에 사로잡혀 스스로 고통을 자초한다는 것이다(167-9). 이는 성적 욕망을 죄악시하는 편협한 도덕률의 산물이다.

원래 발라와 예루살렘은 "복합적 존재"(a composite being)이다(Paley 1983, 178).[20] 앨비언이 발라의 베일을 찢을 때에도 예루살렘은 이들의 "사랑의 족쇄"(the band/ Of love: J20.31-2; E165)에 갇혀 있었다. 그런데 발라는 앨비언이 자신의 처녀성을 파괴한 것을 용서하지 못한다. 사실 그것은 그리스도의 십자가 처형 당시 사원의 베일이 찢기는 것에 비견할 수 있는 새로운 약속(covenant)의 시작을 알리는 표시이다. 그러나 그녀는 거듭남을 위한 성적 결합의 필요성을 인정하지 못하는 것이다. 국가종교의 도덕률에 현혹되어 자신의 겁탈 행위에 분노하며 복수만을 도모하는 것이다.

---

20 페일리는 이들의 관계를 건축물에 비유하여 설명한다. 그에 의하면 발라는 바울성당의 돔 — 이는 국가종교를 의미하는데 — 이고 예루살렘은 웨스트민스터 사원(정신적 기독교)에 해당한다. 역사적으로 볼 때 발라와의 대결에서 예루살렘은 패배할 수밖에 없다. 원초적 순진무구함은 역사의 시간에 이지러질 수밖에 없는 것이다. 이 때 중요한 것은 이에 좌절하지 않고 재생의 과정을 통한 거듭남을 도모하는 것이다. 1983, 182-3 참조.

이러한 파괴적 충동에 사로잡힌 발라는 앨비언과 예루살렘의 존재를 제대로 인식하지 못한다. 앨비언을 소유와 지배의 대상으로 간주하며 예루살렘을 창녀로 매도하게 되는 것이다. 사실은 발라가 육신을, 예루살렘이 영혼을 의미하기 때문에 간음이란 발라의 몫이라 할 수 있다. 그런데도 발라는 이 '죄'를 예루살렘에게 뒤집어 씌워 매도하고 그녀의 지배하에 놓이게 된 앨비언도 그녀의 파괴적 충동의 노예가 되어 전쟁의 하수인으로 전락한다.

이처럼 뒤틀린 상황에서 여성은 "전인적" 존재가 아니라 처녀성에 의해서만 존재의의를 확인할 수 있는 "식물적" 존재로 전락하고 만다(Hart 35). 따라서 정상적인 남성과의 결합은 금기시되고 남성성(manhood)도 전쟁의 살육을 통해서만 확인된다. 전사들만이 진정한 남성으로 간주되는 것이다(J68.30-5; E222).

전쟁을 부추기는 발라의 부름에 즉각적으로 응하는 "전사의 외침"(Warriors cry: J68.10; E221)을 들어보자.

> 나는 만족을 모르는 사랑에 취했다.
> 나는 다시 전쟁으로 돌진해야 한다. 그 처녀가 찌푸리며 거절하기에.
> 때로 나는 저주하고 때로는 그대의 매혹적인 아름다움을 축복한다.
> 한때 인간은 지적 즐거움과 정열에 종사했지만
> 이제 나의 영혼은 비탄과 공포와 사랑과 욕망에 고통받고 있다.
> 이제 나는 증오하고 이제 나는 사랑한다. 그러니 지성은 더 이상 없다.
> (J68.62-7; E222)

> I am drunk with unsatiated love
> I must rush again to War: for the Virgin has frownd & refusd

Sometimes I curse & sometimes bless thy fascinating beauty
Once Man was occupied in intellectual pleasures & energies
But now my soul is harrowd with grief & fear & love & desire
And now I hate & now I love & Intellect is no more:

앨비언으로부터 추방당한 그의 아들들도 이 영향권에서 자유롭지 못하기는 마찬가지이다. 예루살렘의 영적인 세계를 인정하지 못하는 이들은 발라만을 자신들의 어머니로 여기게 된다. 육적인 발라의 휘하에서 지상적인 것만을 추구하는 이들이 지배와 소유의 관계에만 매달려 결국 전쟁에 휩싸이게 되는 것은 어쩌면 당연한 귀결이라 하겠다. 예루살렘을 저주하는 이들의 모습에서 발라식 국가종교의 억압적 이데올로기에 의한 '오류'의 표본적 예를 확인할 수 있다.

추방하라! 예루살렘을 추방하라! 미망의 그림자!
창녀의 딸! 연민과 수치스러운 용서의 어머니,
우리 아버지 앨비언의 죄이며 수치! 그러나 이제 아버지는 없노라,
아들도, 증오에 찬 평화와 사랑도 [없노라]
...... 그러나 아버지와 아들,
빛과 사랑 사이에는 전쟁과 치명적 대결만이 있노라! 치명적 결전으로 만난
적대자들의 모든 뚜렷한 매서움, 집과 정원을 분열시키는,
용서 없는 현관들, 적의의 식탁들, 떨림과 의심의
침대와 방, 노인과 젊은이의 증오,
소년과 소녀, 동물과 식물, 강과 산,
도시와 마을, 집과 가족[만 있노라]. 완전한 자가
죄많은 예루살렘 앞에 그의 자녀와 양의 희생으로

구원되어 영광속에 살게 되기 위해. 그리하여 여신 처녀-어머니인
발라의 도시 바빌론을 건설하기까지.
그녀가 우리의 어머니이다! 자연이다! 예루살렘은 우리의 창녀-자매이다.
(J18.11-30; E163)

Cast! Cast ye Jerusalem forth! The Shadow of delusions!
The Harlot daughter! Mother of pity and dishonourable forgiveness
Our Father Albions sin and shame! But father now no more!
Nor sons! nor hateful peace & love,
... But War and deadly contention, Between
Father and Son, and light and love! All bold asperities
Of Haters met in deadly strife, rending the house & garden
The unforgiving porches, the tables of enmity, and beds
And chamber of trembling & suspition, hatreds of age & youth
And boy & girl, & animal & herb, & river & mountain
And city & village, and house & family. That the Perfect,
May live in glory, redeem'd by Sacrifice of the Lamb
And of his children, before sinful Jerusalem. To build
Babylon the City of Vala, the Goddess Virgin-Mother.
She is our Mother! Nature! Jerusalem is our Harlot-Sister

이처럼 죄의 용서를 거부함으로써 야기되는 비극적 상황은 예루살렘과 발라의 대화를 통하여 여실히 확인된다. "악에 연연하지 않고, '오류'를 잊고" 살 수 있었던 젊은 날의 "처녀적 순수"와 대비하여 현재의 처지를 한탄하는 예루살렘의 한탄은 발라의 단호한 단죄 가운데 무기력하기만 하

다.[21] 발라가 한때 앨비언의 사랑의 열정을 용인한 적이 있음을 상기시켜 보지만 무기력한 예루살렘의 호소는 한탄으로 끝나고 만다(J20.5-41; E166).

이어지는 앨비언의 항변은 절망 그 자체이다. 절망적인 상황에서도 희망의 끈을 놓지 않으려 하는 로스와는 사뭇 대조적이다.

> 아 발라여! 아 예루살렘이여! 그대는 나의 신음에 기뻐하는가
> 그대 아 사랑스런 형상이여, 그대들은 나의 죽음의 잔을 준비하였구나 치욕의 질병이 머리로부터 발끝까지 나를 감싸고 있구나. 나는 아무 희망도 없도다
> 내 몸의 모든 종기는 각각의 치명적 죄이니.
> 의심이 먼저 나를 공격하더니 치욕이 나를 사로잡았도다.
> 치욕은 가족을 분열했도다. 치욕이 앨비언을 산산히 분열시켰도다.
> (J21.1-6; E166)

> O Vala! O Jerusalem! do you delight in my groans
> You O lovely forms, you have prepared my death-cup:
> The disease of Shame covers me from head to feet: I have no hope
> Every boil upon my body is a separate & deadly Sin.

---

21 예루살렘의 태도는 항상 수동적이다. 『예루살렘』의 표지 도판에서 확인할 수 있듯이 그녀는 대부분 무기력하게 누워있는 모습으로 등장한다. 도판 26에서도 그녀는 화염에 휩싸여 있는 핸드 옆에서 두려움에 사로잡혀 어찌 할 바 모르는 모습으로 그려지고 있다. 물론 앨비언이 잠에서 깨어나기 시작하는 작품의 후반에 가면 조금은 적극적인 모습을 띠기도 하는데 -- 예를 들어 손바닥을 위로 향하고 있는 도판 92와 99 -- 작품 전반에 걸쳐 무기력한 인물로 그려지고 있다. 페일리는 이러한 예루살렘과 적극적인 지배욕에 사로잡힌 발라의 대조적인 모습을 인류문화에 깊이 뿌리 박혀 있는 사고의 단면으로 해석한다. 1983, 176 참조.

> Doubt first assaild me, then Shame took possession of me
> Shame divides Families. Shame hath divided Albion in sunder!

죄의식이 가져온 수치심으로 인해 분열이 일어나자 아들딸들이 모두 달아난다. 공포와 분노 및 시기심에 사로잡힌 앨비언은 회의와 절망을 떨쳐버리지 못하고(J21.7-36; E166) 결국 전쟁의 소용돌이에 휩싸이게 된다(J21.41-9; E166-7). "주홍빛 베일"(scarlet Veil)로 앨비언을 사로잡은 발라도 이러한 '전쟁의 복음'에 맞장구를 친다(J22.7-11; E167).

이처럼 남과 여의 분열은 단죄의 전쟁만을 가져올 뿐이다. 예루살렘이 통합의 시절을 상기하며 칼과 피를 받아낼 컵을 요구하는 처벌의 전쟁 대신 용서를 통한 재통합을 건의해보지만 분노와 시기심에 가득찬 앨비언과 발라는 이를 수용하지 않는다. 오히려 그녀를 "환상의 딸! 불륜의 즐거움, 앨비언의 저주"라 비난할 뿐이다(J23.2; E168).

이때 앨비언도 자신의 잘못을 전적으로 부인하는 것은 아니다. 대신 자신도 어찌할 수 없는 상황이라고 변명한다. 수치심에 사로잡혀 변화의 가능성을 보지 못하는 것이다(J23.16-9; E168). 그의 절망적인 탄식은 결국 스스로를 포함한 전 인류에 대한 저주로 이어진다.

> 그러니 인간이여, 만약 그대가 단순한 환상 이외의
> 무엇이라도 된다면, 죽어가는 앨비언의 저주를 들으라!
> 이 어두운 울로와 공허 속에 살고 있는 신의 앙갚음이 있기를
> 그대를 이 슬픔과 고문의 심연으로 끌어 내리기를
> 그대의 희생자인 나처럼. 오 그 죽음과 절멸이 동일한 것이기를! (J23.36-40; E169)

Therefore O Manhood, if thou art aught
But a meer Phantasy, hear dying Albions Curse!
May God who dwells in this dark Ulro & voidness, vengeance take,
And draw thee down into this Abyss of sorrow and torture,
Like me thy Victim. O that Death & Annihilation were the same!

이 모든 것은 용서를 가능하게 해주는 상상력 즉 예수 혹은 그의 신부인 예루살렘을 인정하지 않기 때문에 비롯된 것이다. 앨비언 스스로도 이 점은 시인하고 있다.

오 인간의 상상력이여 내가 십자가에 매단 신성한 몸이여
나는 그대에게 등을 돌리고 도덕률의 황무지로 들어갔노라
그 황무지에 바빌론을 건설했노라. 인간적 황폐 속에 세웠노라
(J24.23-5; E169)

O Human Imagination O Divine Body I have Crucified
I have turned my back upon thee into the Wastes of Moral Law:
There Babylon is builded in the Waste, founded in Human desolation.

앨비언의 스펙터는 이처럼 예수를 거부하는 앨비언의 태도를 옹호한다. 도덕률을 내세우며 평화와 용서의 법 대신 "전쟁, 왕국 및 승리"만을 강조하며 경쟁, 위계질서, 지배 등을 위한 인습적인 남성들 노력의 정당함을 주장하는 것이다. 이러한 상황에서 남녀의 관계는 질투와 두려움에 영향을 받게 된다. 인간의 자연스러운 성적 욕구조차 "위선적 욕정"(hypocritic lust: J38.17; E184)으로 치부되어 "갈망의 욕정과 탐욕의 욕

구"(craving Lust & devouring appetite: J54.24; E204)로 변질되어 버리는 것이다.

이처럼 파괴적 도덕률은 인간의 모든 정력을 죽이고 생명의 샘을 고갈시킬 뿐이다("No Individual can keep these Laws, for they are death/ To every energy of man, and forbid the spring of life": J31.11-2; 177). 예수는 금욕이 아닌 자기희생이 '오류'의 혼돈 상태를 벗어날 유일한 길임을 강조하지만 '오류'의 늪에 깊이 빠져있는 앨비언이나 그의 스펙터는 이에 귀를 기울이려 하지 않는다. 결국 사람들은 자신의 부인조차 껴안지 못하는 희비극적 상황에 처하게 되고 만다.

> 사람은 자신의 아내를 감히
> 껴안을 수가 없네. 사람들이 도덕이라 부르는
> 정조의 공포 때문이라네 (J32.45-7; E179)

> . . . a man dare hardly to embrace
> His own Wife, for the terrors of Chastity that they call
> By the name of Morality

진정한 사랑은 자기희생을 통해서만 확보될 수 있다. 자기희생은 자기 죽임의 다른 이름이다. 이는 분명 두려움의 대상이다. 왜곡된 사랑은 이러한 두려움을 상대방에 대한 잔혹행위를 통해 극복하려 한다. 상대를 지배나 소유의 대상으로 해두어야만 두려움에서 벗어날 수 있다. "하늘에서는 사랑이 사랑을 낳지만 지상적 사랑의 원천은 두려움인" 것이다(J81.16: E239).

물론 발라 역시 사랑을 강조한다. 그러나 그녀의 사랑은 지배를 꿈꾸는 거짓 사랑일 뿐이다. 진정한 사랑을 파괴하는 가식의 사랑인 것이다 ("false/ And Generating Love; a pretence of love to destroy love": J17.25-6; E161). 사람들은 이를 "신성한 사랑"(Holy Love)이라 부르지만 사실은 "시샘이요 복수심이며 잔혹함"(Envy Revenge & Cruelty: J17.30; E162) 이다. 이는 상대방의 존재에 대한 부인(negation)에 근거한다. 상반성 (contrary) 원리에 입각하여 서로의 존재를 떳떳하게 인정하지 못하는데 이는 분열이 그 원인이다(J17.33-9; E162). 앨비언이 자신의 소유물임 ("Albion is mine!")을 강변하는 발라의 사랑이 이러한 왜곡된 사랑의 표본이다(J45.50-4; E195).

이러한 '여성의지'의 발호 속에서 인간은 하나의 '벌레'에 불과하다. "신성한 인간"도 "여성의 그림자로 여름날 햇볕을 받아 증발하는 수증기"(The Human Divine is a Womans Shadow, a Vapor in the summer heat: J64.14; E215)와 같은 존재에 지나지 않는다. 남성을 주도적인 존재로 착각하지만 실질적인 권력은 여성이 쥐고 있다. 막후실력자는 여성인 셈이다. 앨비언은 이러한 여성의지에 현혹되어 사태의 진면목을 파악하지 못하며 로스만이 이러한 '오류'의 실상을 인지하고 있다. 그의 진단에 의하면 이러한 분열과 분쟁이라는 왜곡의 원인이 합리성만을 내세우는 인간 이성에 있다.

> 모든 분쟁은 이성적 추론에서 비롯되는 것. 은밀한 살해가 그렇고
> 잔인한 인간 살육이 그러하노라. 이것이 스펙터의 이중 동굴
> 죄의 고발과 심판을 먹고 사는 성적 죽음은
> 사랑과 순수를 얼러 상인의 황금과 은으로 바꾸어 버렸노라
> 죄의 용서가 없으면 사랑은 영원한 죽음 자체이노라 (J64.20-24; E215)

All Quarrels arise from Reasoning. the secret Murder, and
The violent Man-slaughter. these are the Spectres double Cave
The Sexual Death living on accusation of Sin & judgment
To freeze Love & Innocence into the gold & silver of the Merchant
Without Forgiveness of Sin Love is Itself Eternal Death

앨비언의 자식들도 발라를 자신의 어머니로 여기며 그녀를 이 세상의 지배자로 옹립한다. 신의 옥좌가 이제 '여성의지'에 점유되고 만 것이다(J78.13-20; E234). 이들에 의해 창녀로 매도당한 예루살렘은 "덧없는 그림자"(an evanescent shade)로 해체되어 유프라테스 강가에서 절망의 한탄만을 하고 있다(J78. 27-9; E234). 이성의 독선에 의한 단죄만이 횡행하는 "잔인한 바위"(a cruel rock)의 황량한 사막에는 이제 "이슬도 비도 바위 틈새의 샘도 없다"(no more dew/ Nor rain: no more the spring of the rock appears). 장막도 무너지고 기둥도 폐허가 되어 버린 것이다(J79.1-9; E234). 앨비언은 "바다 한가운데 좁은 바위"와 같은 존재로 위축되어 버렸고("shrunk to a narrow rock in the midst of the sea!": J79.17: E234) 단죄의 고통 속에 신음하는 예루살렘도 "살아있는 영혼이 아니라 영원한 고통을 향해 나아가는 벌레"와 같은 존재로 전락하고 말았다(I am a worm, and no living soul!/ A worm going to eternal torments!: J80. 3-4; E236).

예루살렘의 이러한 한탄에 대한 발라의 변명에서 '여성의지'에 의한 왜곡의 극적인 단면을 확인할 수 있다.

내 아버지가 앨비언을 부활없는 죽음으로 살해하라고
명하였노라
그러나 루바의 딸 나 발라는 그의 시신을 도덕률로

사랑스러운 질투의 고형화라는 감미로운 향료로 방부 처치하노라
내 가슴 속에 그가 다시 깨어나 나의 루바를 살해하지 못하도록
그러니 신의 어린 양이여 나를 동정하소서! 오 예수여 나를 동정하소서!
루바의 천막으로 찾아와 죽은 자를 되살리려 하지 마소서! (J80.16-31; E236)

My Father gave to me command to murder Albion
In unreviving Death;
...
But I Vala, Luvahs daughter, keep his body embalmd in moral laws
With spices of sweet odours of lovely jealous stupefaction:
Within my bosom, lest he arise to life & slay my Luvah
Pity me then O Lamb of God! O Jesus pity me!
Come into Luvahs Tents, and seek not to revive the Dead!

이러한 '여성의지'에 의한 지배를 떨쳐버리기는 지난한 일이다. 블레이크는 인류의 전 역사를 이처럼 사악한 '여성원리'에 의한 타락한 '남성원리'의 지배과정으로 규정한다. 그는 사회를 타락시킨 가장 강력한 원인을 여성의 지배욕구에서 찾는다.[22]

여기서 블레이크가 강조하는 것은 이 대립적 원리가 '상반성'에 입각하여 상호존재를 인정하며 역동적 관계를 유지해야 한다는 점이다. 상대방을 지배나 소유의 대상으로 여겼을 때 심각한 왜곡상황이 연출되는 것이다. 자본주의 사회로 이전하면서 심화되는 성의 상품화도 이와 무관하지

22 그렇다고 이 점을 들어 블레이크를 여성차별자로 비판하는 것은 성급한 일이다. 물론 그도 가부장적 이데올로기로부터 완전히 자유롭지는 못했을 것이다. 그러나 여기에서 타기시되고 있는 '여성 의지'가 '오류'의 상태에 처해 있는 타락한 여성에 의해 주창되고 있음을 상기할 필요가 있는 것이다.

않다(J69.33-37; E223).

그러나 이러한 왜곡의 상황이 영원한 것은 아니다. 일시적으로 오류의 '상태'에 빠져있을 뿐이다. 영원세계에서 발라로 불리는 '여성의지'는 시간의 세계에서는 라합 혹은 티어자로 불린다("Her name is Vala in Eternity: in Time her name is Rahab": J70.31; E224). 앞서 살핀 것처럼 이들은 극복할 수 있는, 그리고 극복해야 하는, '상태'이다. 블레이크는 이러한 '오류의 상태'의 극복이 자기희생이라는 사랑의 행위를 통해서만이 가능하다는 점을 누누이 강조한다. 성에 대한 두려움 때문에 잔혹해진 그웬돌렌이나 캠벨이 로스의 도움을 받아 하일과 핸드를 위해 자기희생을 감행함으로써 구원의 길을 열어 놓는 것이 그 좋은 예라 할 수 있다(J82.52-79; E240).

이들도 '오류'의 상태에서는 "잔혹한 전사"(cruel Warrior: J81.2; E238)만을 섬기며 순결을 강조했다. 이들은 선과 악의 이분법적 도덕률에 입각하여 사랑의 성적 결합을 거부하여 남자들로 하여금 창녀를 찾아 나서도록 만든다. 결국 남자들은 이러한 왜곡된 욕망에 사로잡히게 되고 여성들은 자긍심 혹은 독선의 포로가 되고 마는 것이다.

이는 인간의 영적 부분을 무시한 채 외적인 것을 궁극적 실체로 간주하는 단선적 시각의 산물이다. 프라이가 '여성의지'를 "궁극적 외피에 대한 믿음"(belief in an ultimate externality)으로 규정하는 것은 이러한 이유에서이다. 이것은 우리들의 "궁극적 비전"(final vision)을 방해한다(263). 궁극적 비전의 획득은 독선적 '독립성'을 포기한 사랑의 결합을 통해서만이 가능하다. 독선의 포기란 상대방을 단순한 외적 대상 — 지배나 소유의 대상 — 이 아니라 엄연한 인격체로 인정하는 것을 의미한다. 이는 창조적 상상력을 통해 가능한데, 외피에 사로잡힌 단죄의 포로가 아니라 상대

「예루살렘」 제54도판

방의 '정체성'과 그가 처한 '상태'를 구분하여 용서하는 태도가 그것이다. 진정한 사랑은 기계적인 것이 아니라 창조적인 행위이다. 그웬돌렌이나 캠벨이 로스의 창조행위와 병행하여 수행하는 것이 바로 이러한 용서와 상호 인정을 통한 "구원의 사랑"(redemptive love)이다(Paley 229).

작품 후반에 이르면 남녀의 갈등 양상이 주로 로스와 에니사먼을 중심으로 그려진다. 이전에 앨비언이 발라의 '여성의지'의 포로가 되어 똑같이 지배-피지배 및 소유의 왜곡된 관계속에 놓이고 예루살렘이 무기력하게 저항하는 형태였다면, 이번에는 로스의 스펙터가 에니사먼과 더불어 주도권 싸움에 골몰하고 로스가 이에 적극적으로 대항한다는 점이 다르다.

에니사먼은 로스의 "식물적인 필멸의 아내다"(a vegetated mortal Wife: J14.13; E158). 스펙터는 로스가 두려워하며 통제해야 한다고 여기는, 공격적이지만 충족되지는 못한 남성의 성적 충동을 나타낸다.[23] 로스는 앨비언 딸들의 아름다움에 현혹될까봐 스펙터만을 앞세우고 접근을 주저한다. 외적 아름다움으로 로스를 굴복시키려던 앨비언의 딸들은 스펙터의 노골적인 욕정("undisguisd desire": J17.15; E161)에 질려 달아나 버린다. 뻔뻔스러운 욕정의 노출은 대상을 오히려 두려움에 빠지게 하여 정상적인 관계를 불가능하게 만든다.[24]

스펙터는 일종의 "우월의식"(superiority complex)에 사로잡혀 상대방

---

23 대몬이 블레이크의 "불행한 결혼 생활을 분석한 시"라 칭한 작품에서는 공격적인 스펙터와 사랑 행위를 죄로 간주하는 "여성적 사랑"(Female Love)의 갈등이 잘 나타나 있다. 대몬 371 및 E475-7 참조.

24 이것은 블레이크가 독자들에 대한 믿음과 기대를 너무 드러나게 표현을 했다가 이를 철회하게 되는 것 —『예루살렘』에서 독자라는 단어를 수식하는 "사랑하는"(dear) 혹은 "사랑"(love)이라는 말을 지워버리는 것 — 과 연관된다고 할 수 있다. 이는 진정한 사랑의 관계가 상호 이해와 관용을 통하여 형성되는 것이지 일방적인 것으로는 이루질 수 없음을 함축한다.

의 존재를 제대로 인정해주지 못한다(Damon 381). 상대를 지배와 소유의 대상으로만 여기는 것이다. 로스가 사람 사이의 조화로운 결합이 도움을 통해서만 가능하다고 주장하자(J88.8-15; E246), 스펙터는 여성을 존중해주면 경멸을 당하게 될 뿐이라고 반박한다. 이러한 모습에서 인간관계에 대한 그의 왜곡된 시각을 확인할 수 있다.

> 여인을 존경하는 남자는 여인의 멸시를 받을 것이니
> 무시무시한 간교함과 천박한 비열함만이 그들을 즐겁게 하리라
> 나는 그들의 즐거움과 사랑의 장소를 오물의 장소로 만들 것이오
> 가족의 원한 속에서 끊임없이 건설하고 끊임없이 파괴할 것이요
> 그러는 동안 그대는 질투심 많은 여인의 지배를 받으며
> 사랑과 질투 때문에 영원히 변화에 시달릴 것이오 (J88.37-42; E247).

> The Man who respects Woman shall be despised by Woman
> And deadly cunning & mean abjectness only, shall enjoy them
> For I will make their places of joy & love, excrementitious[.]
> Continually building, continually destroying in Family feuds
> While you are under the dominion of a jealous Female
> Unpermanent for ever because of love & jealousy.

에니사먼의 태도도 이처럼 왜곡된 시각의 연장선상에 있다. 그녀는 로스의 사랑을 수용하지 못한다. 예루살렘과의 관계에 대한 질투심 때문이다.

> 확실하게 알아두시오. 내가 결코 그대의 노예가 되지 않을 것임을

남자들의 즐거움이 사랑이라면 여인들의 즐거움은 자만심이오
에덴에서 우리의 사랑은 동일했지만 이곳에서는 정반대요
나도 내 자신의 사랑이 있소. 그것을 앨비언 스펙터의 가슴 속에서 직조할 것이오
그대는 예루살렘의 그림자에 그대 사랑을 던지시오! ......
예루살렘이 그대의 관심을 분열시켰소. 그대가 그녀를 돌보고 있는 동안 알아두시오 내가 결코 그대의 것이 되지 않으리라는 것을. 그대는 또한 발라도 숨겼소
그대는 앨비언의 희생자. 그가 그대 앞에 자기의 딸들을 놓아 둔 것이오 (J87.12-24; E246)[25]

... be thou assured I never will be thy slave
Let Mans delight be Love; but Womans delight be Pride
In Eden our loves were the same here they are opposite
I have Loves of my own I will weave them in Albions Spectre
Cast thou in Jerusalems shadows thy Loves! . . .
Jerusalem divides thy care: while thou carest for Jerusalem
Know that I never will be thine: also thou hidest Vala
...
You are Albions Victim, he has set his Daughter in your path

질투심에 사로잡혀 있는 에니사먼은 이 세상이 "여성의 세계"(Womans World)임을 강변하며 도덕률을 앞세워 예수를 부인할 뿐 아니라 신조차

25 블레이크 자신 가정은 돌보지 않고 예언적 시인으로서 영국의 구원 문제에만 전념하는 것에 대한 부인 캐서린의 불만을 함축하고 있는 이 대목에서 블레이크의 시인과 일상인으로서의 갈등과 고뇌를 읽을 수 있다.

도 "여성에 굴복하는 남성"(a Male subservient to the Female)으로 간주한다(J88.16-21; E247).

그런데 이때 유의할 것은 이처럼 이기적 전유(專有)를 기도하는 '여성의지'가 발호한 상태를 '오류'의 절정으로 그리고 있다는 점이다. 적그리스도인 "엄호의 지(智)천사"(Covering Cherub)의 등장을 바로 이어 배치하고 있는 것은, 블레이크가 상대의 존재를 인정하지 못하는 이기적 태도에 의한 지배-피지배의 남녀 혹은 인간-관계를 얼마나 심각한 '오류'로 간주하고 있는가를 확인케 해준다. '오류'의 집결체라 할 수 있는 "엄호의 지천사"는 이러한 이기심의 덩어리인 것이다(J89.9-13; E248).

적그리스도의 등장은 역설적으로 최후의 순간(Apocalypse)이 임박했음을 암시한다. 동터오기 직전이 가장 어둡듯 가장 절망적인 상황이 바로 변혁의 터전이요 출발점인 것이다. 희망의 예술가 로스는 스펙터와 에니사먼의 이러한 주도권 싸움에 아랑곳하지 않고 정의와 자비와 "영원한 용서"(eternal Forgiveness)의 망치를 계속해서 휘두른다(J88.49-50; E247). 그는 독선적인 전유의 태도가 만악의 근원임을 다시 한번 확인케 해준다.

> 개인이 보편적인 것을 전유하면
> 그는 남성과 여성으로 분열하게 되리라. 남성과 여성이
> 개인을 전유하게 되면 그들은 영원한 죽음이 될 것이니라
> (J90.53-54; E250)
>
> When the Individual appropriates Universality
> He divides into Male & Female: & when the Male & Female,
> Appropriate Individuality, they become an Eternal Death.

에니사먼이 스스로의 한계를 인정하며 “당신의 뜻대로 새로운 여성”(another Female according to thy Will)을 창조하라고 체념하자(J92.10-2; E252), 로스는 이 모든 ‘오류’가 사실은 실재가 아니라 개념으로만 존재하는 것이라 말하며 그녀를 달랠 뿐 비난(단죄)하지는 않는다. 이 모든 것이 올바름에 눈뜨게 되면 모두 사라지는 미망에 불과하기 때문이다. 이러한 로스의 태도가 바로 용서 행위의 모범적 예라 할 수 있다.

> 로스가 황금 북처럼 빠르게 대답했노라. 성은 사라지고 존재하기를
> 멈추어야 하오
> 오 사랑하는 에니사먼이여 그 때가 되면 앨비언이 죽음의 침상에서
> 일어날 것이요
> 그 때가 되면 모든 그들의 범죄와 처벌과 죄의 고발과
> 그들의 질투와 복수와 살해와 잔혹함을 거짓 속에 은폐했던 것이
> 비전적 공간과 시간의 외부 영역에만 나타날 것이오
> 상호 용서에 의해 영원히 가능성의 그림자로만 비전과 예언서 속에서만 나타날 것이오. 그리하여 우리가 창조와 거듭남과 최후의 심판의 공포를 예견하고 피할 수 있도록 (J92.13-20; E252)

> Los answerd swift as the shuttle of gold. Sexes must vanish & cease
> To be, when Albion arises from his dread repose O lovely Enitharmon:
> When all their Crimes, their Punishments their Accusations of Sin:
> All their Jealousies Revenges. Murders. hidings of Cruelty in Deceit
> Appear only in the Outward Spheres of Visionary Space and Time.
> In the shadows of Possibility by Mutual Forgiveness forevermore
> And in the Vision & in the Prophecy, that we may Foresee & Avoid
> The terrors of Creation & Redemption & Judgment.

로스는 질투심에 사로잡힌 에니사먼과 지배욕의 노예가 된 스펙터의 방해에도 불구하고 이들을 단죄하지 않고 용서함으로써 바람직한 인간관계를 향한 거듭남의 길을 열어놓은 것이다.

3. 새로운 공동체를 위하여

풀러(David Fuller)가 지적하고 있는 것처럼 『예루살렘』에서 중점을 두고 있는 것은 새로운 의미의 공동체이다(176). 이러한 공동체를 위한 바람직한 인간관계의 초석이 형제애(Brotherhood)라 할 수 있다. 앞서 살핀 부모-자식관계나 남녀 관계도 크게는 이 범주에 속한다고 할 수 있다. 『예루살렘』의 전체 얼개는 앨비언의 구원을 위하여 희생적인 노력을 경주하는 친구 로스가 제공해주고 있다. 친구 사이의 우정 즉 형제애가 그 핵심축이라는 말이다.

하트는 이 사해동포주의 즉 우정의 표징으로 평등, 건전한 경쟁, 상호존중, 사랑 및 자기희생 등을 들고 있다(112). 이는 용서의 다른 이름들이다. 용서란 상대방을 대등한 존재로 인정하여 역동적 '상반성'을 유지할 수 있을 때 가능하다. 이기적 독선에 의하여 상대방을 매도하거나 단죄하지 않고 상대방이 처해 있는 구체적 '상태'를 헤아려 그 '상태'로부터 벗어 날 수 있도록 도와주고 견인해주는 것이 우정의 출발점인 것이다. 이는 상대방의 잘못에 대한 이해와 망각을 전제로 해서만 가능한 일이다. 블레이크가 "천국에서 삶의 유일한 방편이 망각이요 용서임"(In Heaven the only Art of Living/ Is Forgetting and Forgiving: J81; E238)을 강조하는 것도 이 때문이다. 망각이야말로 용서의 "엄정한 시험"(acid test)인 것이다(Nathan 132).

용서는 기억의 저장소인 자아의 죽임을 통하여 가능하다(Ferber 80). 다른 사람이 느끼는 것을 공유할 수 있기 위해서는 자신 밖으로 빠져나갈 수 있어야 한다(Hart 117). "직관적 상상력"(intuitive imagination)의 힘을 빌어 "상대방의 가슴속으로 들어갈" 수 있어야 한다(Nesfield 361). 그래서 상대방의 구체적인 상황을 인정해 줄 수 있어야 하는 것이다("Those alone are his friends, who admire his minute powers": J38.58; E185). 하트가 우정을 해치는 이성중심주의의 세 가지 잘못 중의 하나로 추상화, 일반화의 경향을 지목하는 것도 이러한 이유에서이다.[26]

인간의 도덕적 성장은 친구의 도움을 통해서 가능하다. "친구의 충고를 통해서만 '오류'를 거부할 수 있기 때문이다"(for a Man Can only Reject Error by the Advice of a Friend: VLJ; E563).[27] 그러나 독선에 사로잡혀 '오류'의 잠에 빠진 앨비언은 친구들의 존재를 부담으로 느낄 뿐이다.

> 신이 나를 버렸노라. 친구들은 나에게 부담이요 권태로운
> 존재일 뿐이라. 인간의 발자국 소리가 나에게는 두려움이라 (J35.22 -3; E181)
>
> God hath forsaken me, & my friends are become a burden

26 하트는 이성중심주의가 범하는 세 가지 잘못으로 1) "우리는 하나가 아니라 여럿이다"(We are not One: We are Many: J4.23; E146)라고 주장하는 앨비언 식의 '분열의 미망' 2) 도덕률에 의한 일반화 추상화의 오류 3) '상태'와 '정체성'의 혼동을 들고 있다. 123-32 참조.

27 이미 『천국과 지옥의 결혼』의 「지옥의 잠언」에서도 이러한 우정의 중요성은 강조되고 있다. 우정이야말로 인간을 인간이게 해주는 가장 독특한 자질이라는 것이다.--"새에게는 둥지가, 거미에게는 거미줄이, 인간에게는 우정이 있다"(The bird a nest, the spider a web, man friendship.) MHH8; E36.

A weariness to me, & the human footstep is a terror to me.

그는 병들어 있다. 자기 희생을 통한 진정한 우정과 에머네이션과의 분열을 통해 지배하고자 하는 거짓 친구들의 우정을 혼동한다. 앨비언의 질병을 염려하는 친구들의 진단을 들어보자.

앨비언은 병들었다네! 모든 골짜기와 슬픔에 잠긴 언덕과 모든 강이
외친다네. 우리의 형제 앨비언이 죽음의 병에 걸렸다고
그는 도적들과 동맹을 하고 모든 불신의 기예를 연구하고 있다네
시샘이 그를 감싸고 있네! 친구들이 그에게는 혐오의 대상이라네!
그를 위해 목숨을 바친 이들은 경멸을 당하고 있네!
그의 영혼을 갉아먹는 자들이 영접을 받고 있다네!
자신의 에머네이션을 부숴버리는 것이 그들의 의도라네
(J36.11-7; E182)

Albion is sick! said every Valley, every mournful Hill
And every River: our brother Albion is sick to death.
He hath leagued himself with robbers! he hath studied the arts
Of unbelief! Envy hovers over him! his Friends are his abhorrence!
Those who give their lives for him are despised!
Those who devour his soul, are taken into his bosom!
To destroy his Emanation is their intention:

사실 타락한 상태에서는 참된 우정을 확인하기가 쉽지 않다. 우정을 가장한 거짓 미소("the soft smile of friendship")의 "덫과 함정"(a net & a trap), 혹은 독선과 시기심에 의한 무서운 저주("deadly teeth")가 진정한

애정의 표현("the affectionate touch of the tongue")을 불가능하게 하기 때문이다(J38.24-7; E185).

거짓 친구보다 더 두려운 적은 없다. 블레이크의 창조적 예술창작활동을 방해하는 헤일리와 같은 '육적 친구'는 사실은 '영적인 적'이다. 친구 앨비언을 구원하기 위해 자기 희생을 무릅쓰는 로스야말로 진정한 친구이다. 거짓 친구에 대한 경계심은 블레이크 후기시 곳곳에서 확인할 수 있다.

> 오 주님 나를 친구들로부터 보호해주소서. 그들이 나에게 영향력을
> 행사하지 못하도록.
> 오 당신은 나에게 가장 극악한 적으로부터 스스로를 보호할 수 있는
> 능력을 주었소. (M9:5-6; E102)

> O God, protect me from my friends, that they have not power over me
> Thou hast giv'n me power to protect myself from my bitterest enemies

『예루살렘』의 모두(冒頭)에서 로스도 불완전한 우정이 오히려 가장 심각한 적의(敵意)와 연결될 수 있음("Half Friendship is the bitterest Enmity": J1.8; E144)을 상기하며 스스로 자기죽임의 희생을 감행함으로써 진정한 우정의 모범을 보여주고 있다("he enterd the Door of Death for Albions sake Inspired": J1.9; E144).

인간관계를 지배-피지배 및 소유의 관계로만 이해하는 앨비언이 이러한 자기 희생의 진의를 이해할 리 없다. 로스의 "자만심 및 독선"(Pride & Self-righteousness: J8.30; E151)에 해당하는 그의 스펙터도 진정한 우정을 인정하지 못하기는 마찬가지이다. 복수의 일념에 사로잡힌 스펙터는 자기희생의 참의미를 이해하지 못한다. 그는 로스의 분열 원인을 앨비언과 그의 아들들의

Chap 3
But Los, who is the Vehicular Form of strong Urthona
Wept vehemently over Albion where Thames currents spring
From the rivers of Beulah; pleasant river! soft, mild, parent stream
And the roots of Albions Tree enterd the Soul of Los
As he sat before his Furnaces clothed in sackcloth of hair
In gnawing pain dividing him from his Emanation;
Inclosing all the Children of Los time after time.
Their Giant forms condensing into Nations & Peoples & Tongues
Translucent the Furnaces, of Beryll & Emerald immortal:
And Seven-fold each within other: incomprehensible
To the Vegetated Mortal Eyes perverted & single vision
The Bellows are the Animal Lungs, the Hammers, the Animal Heart
The Furnaces, the Stomach for Digestion; terrible their fury
Like seven burning heavens rang'd from South to North
Here on the banks of the Thames, Los builded Golgonooza,
Outside of the Gates of the Human Heart, beneath Beulah
In the midst of the rocks of the Altars of Albion. In fears
He builded it, in rage & in fury. It is the Spiritual Fourfold
London: continually building & continually decaying desolate!
In eternal labours: loud the Furnaes & loud the Anvils
Of Death thunder incessant around the flaming Couches of
The Twentyfour Friends of Albion and round the awful Four
For the protection of the Twelve Emanations of Albions Sons
The Mystic Union of the Emanation in the Lord; Because
Man divided from his Emanation is a dark Spectre
His Emanation is an ever-weeping melancholy Shadow
But she is made receptive of Generation thro' mercy
In the Potters Furnace, among the Funeral Urns of Beulah
From Surrey hills, thro' Italy and Greece, to Hinnoms vale.

「예루살렘」 제53도판

배신에서 찾으며 배신을 용서로 대응하는 로스의 태도를 비판하는 것이다.

왜 그대는 계속 파멸의 길을 가고 있는가?
이 거짓 우정에 의해 그대의 생명이 다 고갈될 때까지
그는 그대를 마치 물처럼 마셔버리는데, 마치 술처럼 자신의 술통
부어버리는데. 그대의 딸들은 그의 포도 밭에서 짓밟히고 있소
그대의 아들들은 그의 황소에 의해 유린당하고 있소. 그들은
그의 이익을 위해 쟁기질 당하고 써래질 당하고 있소. 보오 그대의 도난당한 에머네이션이
그의 즐거움의 정원이 되어 있음을! 그의 아들들의 모든 스펙터가 그대를 비웃고 있소
보오 그들이 한때 경탄해 하던 그대의 궁전을 얼마나 경멸하고 있는가를. 이제 폐허가 된.
앨비언 때문이오. 그의 속임수와 우정 때문이오! (J7.9-17; E149)

Wilt thou still go on to destruction?
Till thy life is all taken away by this deceitful Friendship?
He drinks thee up like water! like wine he pours thee
Into his tuns: thy Daughters are trodden in his vintage
He makes thy Sons the trampling of his bulls, they are plow'd
And harrowd for his profit, lo! thy stolen Emanation
Is his garden of pleasure! all the Spectres of his Sons mock thee
Look how they scorn thy once admired palaces! now in ruins
Because of Albion! because of deceit and friendship!

그런데 로스는 스스로가 지닌 이러한 한계를 극복하기 위해 노력한다.

그가 스펙터의 유혹과 위협에 분노하며 스스로를 다그치는 모습은 바람직한 인간관계의 정립을 위해 용서와 자기희생의 모범을 보이는 바로 그것이다(J8.7-17; E151)[28]

한마디로 작품 『예루살렘』은 이렇듯 미망에 사로잡혀 있던 앨비언이 로스의 헌신적인 노력의 덕분으로 눈을 떠 거듭나는 전 과정을 그린 것이라 할 수 있다. 실제로 작품의 종말 부분에 이르러서야 앨비언은 로스의 진정성을 이해하게 되고 미망의 잠에서 깨어나 두려움 속에서 자신의 이기심을 반성하게 된다.

> 앨비언이 말했노라. 오 주님 내가 무엇을 할 수 있습니까? 나의 잔혹한 이기적 자아가 거짓스럽게도 당신의 뜻을 거슬러 시나이와 에돔에서 유다의 황야로 진군하여 오만함 속에서 당신을 만났습니다.
> 나는 값비싼 보석과 황금의 뱀처럼 당신의 옷자락에서 빛나는
> 육천년 동안의 죽음의 잠에 대한 비전을 봅니다.
> 나는 그것이 내 자신임을 알게 되었습니다. 오 신성한 창조주여 구원자여 (J96.8-13; E255)

> Albion said. O Lord what can I do! my Selfhood cruel

---

28 물론 이때 로스가 자신의 스펙터를 매도하지는 않는다. 그러할 경우 앨비언과 똑같은 오류를 범하는 것이 되기 때문이다. 댐로쉬의 지적처럼 분열된 상태에서는 스펙터가 참자아로, 참자아는 광기로의 위험스러운 편향으로 보일 수 있다. 이를 억지로 부인하는 것은 스스로 정신이상임을 인정하는 꼴이 되고 만다(315). 중요한 것은 이를 부인할 것이 아니라 재통합을 시도하는 것이다. 로스-블레이크는 이를 훌륭하게 실천하고 있는데, 이는 스펙터의 도움 없이는 골고누자의 건설이 불가능하다는 주장에서도 확인할 수 있다(J19.17; E153). 댐로쉬에 의하면 블레이크의 스펙터는 바로 융(Carl Gustav Jung)이 말하는 그림자(shadow)에 해당하는 것이다. — "모든 사람은 그림자를 지니고 있다...... 그러한 상태를 치유하기 위해서는 인간의 의식적 인격과 그 그림자가 공존할 수 있는 길의 모색이 필요하다." (316)

Marches against thee deceitful from Sinai & from Edom
Into the Wilderness of Judah to meet thee in his pride
I behold the Visions of my deadly Sleep of Six Thousand Years
Dazling around thy skirts like a Serpent of precious stones & gold
I know it is my Self. O my Divine Creator & Redeemer

이러한 자기 질책이 지나치면 다시 절망의 나락에 빠질 수 있다. 이를 염려한 예수는 앨비언을 위로하며 우정과 동포애의 의미를 다시 한번 강조한다.

예수가 대답하기를, 앨비언이여 두려워 마라. 내가 죽지 않았으면 그대가 살 수 없었나니 허나 내가 죽으면 나는 다시 일어날 것이며 그대는 나와 함께 하리라
이것이 우정이요 형제애이니, 이것 없이는 인간은 존재할 수 없노라 (J96.14-16; E255)

Jesus replied Fear not Albion unless I die thou canst not live
But if I die I shall arise again & thou with me
This is Friendship & Brotherhood without it Man Is Not

그러나 실천을 동반하지 않는 깨달음은 진정한 깨달음이라 할 수 없다. 거듭남을 담보하지 못하는 것이다. 미망에서 깨어난 앨비언은 자기 희생의 모범을 보여준 로스와 예수를 본받아 고통의 용광로 속으로 뛰어든다. 자기희생을 몸소 실천해 보이는 것이다. 그러나 고통의 용광로는 '오류'의 껍질에 쌓여 참모습을 보지 못했기 때문에 나타난 허상이요 꿈에 불

과하다. 깨어난 눈으로 보면 그것은 생명의 물("Living Waters")인 것이다(J96.33-37; E256)

이때 바람직한 인간관계를 가능하게 해주는 것이 바로 매개 개념으로서의 신이다. 신은 인간에 내재하면서 서로를 교통케 해주는 인간의 형제이자 친구이다. 요셉과 마리아의 일화에서 확인했듯이 신성(divinity)은 용서의 정신에서 비롯된다. 용서의 정신이 바로 정상적인 인간관계의 초석인 것이다. '지속적인 용서의 정신'을 뜻하는 예수는『예루살렘』의 초두에서 이 점을 분명히 한 바 있다. (J4.18-20; E146)

이는 분명 유리즌이나 로스의 스펙터가 상정하는 신의 개념과 동떨어진 것이다. 이들에게 있어 신은 전지전능한 존재이다. 이 신만이 옳으며("Righteous") 신성하다. 그는 유일무이한 존재로서 항상 고립되어 있으며 "희생과 공물"(Sacrifice & Offering)을 먹고 산다(J10.44-9; E153). 타락한 앨비언도 이처럼 무소불위의 신을 상정하고 자신의 무력감에 절망한다. 스스로 완벽한 존재를 옹립해놓고는 그 앞에서 죄의식, 좌절감, 분노 및 무기력증에 시달리는 것이다. 우리가 분노할 때에도 그 실질적인 상대는 신이 아니다. 우리는 우리 스스로의 신성성의 주인이 되지 못하여 스스로에게 화를 내는 것이다. 우리의 신성함은 바로 용서를 통하여 실현될 수 있는 것이다(Casarjian 223).

『예루살렘』의 끝 부분에서 '오류'의 잠에서 깨어난 앨비언이 여호와와 새로운 '성약'(Covenant)을 맺게 되는데 그것이 바로 자기희생을 통한 죄의 용서이다("In Forgiveness of Sins which is Self Annihilation. it is the Covenant of Jehovah" :J98.23; E257).

최후의 순간이 임박했을 때 로스는 자신의 스펙터와 마지막 힘겨루기를 하게 되는데, 이 때 그는 신의 숭배가 바로 다른 사람에게서 그들의 천재적 재능을 인정해주는 것임을 강조하며 스펙터의 그릇된 견해를 교정한다.

> 가서 그들에게 말하라. 신을 경배하는 것은 다른 이의 안에 있는 그의 선물(재능)을 존중하는 것이라고. 위대한 이를 그의 천재성에 따라 가장 잘 사랑하는 것이라고
> 그것이 인간 안에 있는 성령이니, 이 이외의 다른 신은 없노라
> 신은 인류의 지성의 샘이니
> 시기와 중상은 곧 살해요 잔혹함이라 이를 일삼는 자는
> 신성한 존재를 살해하는 것이니라 (J91.7-12; E251)

> Go, tell them that the Worship of God, is honouring his gifts
> In other men: & loving the greatest men best, each according
> To his Genius: which is the Holy Ghost in Man; there is no other
> God, than that God who is the intellectual fountain of Humanity;
> He who envies or calumniates: which is murder & cruelty,
> Murders the Holy-one:

이렇듯 블레이크는 자신의 마지막 예언적 서사시에서 용서를 핵심 축으로 바람직한 공동체에 관한 비전을 제시하고 있다. 그것은 우정과 형제애에 기초한 인간관계를 근간으로 하는 사회인 것이다.

03
난세(亂世)의 시인

앞에서 언급했듯이 블레이크 사고의 중요한 특징은 그것이 복합적이고 중층적이라는 데 있다. 그에게 있어 종교가 정치와 하나이고 과학이 곧 예술을 의미하듯 그의 윤리는 미학과 밀접하게 연관되어 있다.

용서는 상대방의 구체적 상황을 헤아릴 수 있는 상상력을 통해서 가능하다. 블레이크에 있어 '지속적인 용서'를 뜻하는 예수를 중심축으로 하는 '진정한' 기독교는 바로 상상력에 의한 '신성한 예술' 세계이다. 블레이크는 이 점을 『예루살렘』 곳곳에서 강조하고 있다.

> 상상력의 신성한 예술을 실현하기 위한 몸과 마음의 해방, 그 이외의 다른 기독교 혹은 다른 복음을 나는 알지 못한다.
>
> 상상력이야 말로 진실되고 영원한 세계이며 이 식물적 우주는 단지 그것의 희미한 그림자에 불과하다. 상상력의 세계 안에서 우리는 영원한 혹은 상상적인 몸으로 살며 그때 이 식물적 필멸의 몸은 더 이상 아무것도 아닌 게 된

다. 사도들도 이 이외의 다른 복음을 알지 못했다. (J77; E231)

> I know of no other Christianity and of no other Gospel than the liberty both of body & mind to exercise the Divine Arts of Imagination.
> Imagination the real & eternal World of which this Vegetable Universe is but a faint shadow & in which we shall live in our Eternal or Imaginative Bodies, when these Vegetable Mortal Bodies are no more. The Apostles knew of no other Gospel.

『천국과 지옥의 결혼』에서 블레이크는 자신의 예술창조작업을 '무한'(the infinite)을 지각하고 '영원'(Eternity)으로의 문을 여는 것이라 규정한 바 있다. 그는 이를 산(酸)의 부식작용을 통한 동판 인쇄술에 비유하고 있는데, 산에 의해 동판의 표면이 녹아 없어지면 그림과 글씨가 드러나듯이 "지각의 문들"(doors of perception)을 "깨끗이 함"으로써 감추어진 "만물 그대로의 모습"인 '무한'과 '영원'의 세계를 열어주는 것이 바로 예술가로서 자신의 의무라는 것이다(MHH14; E39). 『예루살렘』에서도 그는 자신의 "위대한 책무"(great task)가 "영원한 세계를 열고, 인간의 불멸의 눈을/ 사유 속으로 여는 일"이며 "인간의 상상력 즉 신의 가슴속에서 항상 확장하고 있는/ 영원으로" 여는 일임을 선언적으로 밝히고 있다(J5.16-20; E147).

블레이크가 주장하고 있는 것처럼 '무한'이 사물의 본 모습이고 '영원'이 실체인 상상력의 세계라면, 이를 열고 드러내는 예술작업은 바로 개인이 처해있는 '상태'라는 외피에 연연하지 말고 그의 참된 '정체성'을 직시하라는 용서의 계명과 맞닿아 있다 할 수 있다. 그는 또한 용서의 행위가 추상적인 것이 아니라 구체적인 것을 대상으로 하는 것임을 강조하고 있는데, 이는 진정한 예술은 "미세한 개별자"(Minute Particulars) 속에서만 가능하다는 그의 핵심적 예술론의 다른 표현이다. 용서를 가로막는 것이 분별지를 앞세우며 이분법적 단죄의 도덕률을 강요하는 이성이듯, 예술적 상상력의 가장 심각한 적도 바로 일반화와 경험적 실증만을 중시하는 이성 바로 그것이다.

다른 사람에게 선을 행하는 이는 세세한 개별자의 형태로 행해야 하는 것.
일반적 선이란 무뢰한 위선적 아첨꾼의 구실일 뿐이오.
예술과 과학은 세세하게 유기적인 개별자의 형태로 존재할 뿐
이성적 힘에 의한 일반화의 시위에 있는 것이 아니오.
무한의 세계는 분명하고 확실한 정체성 속에만 있을 뿐이오.
진실의 확립은 끊임없는 거짓의 파괴에 근거하는 것이오.
(J55: 60-65; E205)

He who would do good to another, must do it in Minute Particulars
General Good is the plea of the scoundrel hypocrite flatterer:
For Art & Science cannot exist but in minutely organized Particulars
And not in generalizing Demonstrations of the Rational Power.
The Infinite alone resides in Definite & Determinate Identity
Establishment of Truth depends on destruction of Falshood continually

앞장에서 살핀 것처럼 블레이크에 의하면 타락한 세상에서 우리들의 생존을 가능하게 해주는 길은 용서를 통하여 형제애를 구축하는 것이다. 이때 용서의 모범을 보이는 인물이 타락한 세상의 예술가 로스라면, 이러한 용서의

자기 희생을 통하여 구원하려는 친구 앨비언은『예루살렘』과 같은 예술작품의 독자들이라 할 수 있다. 그런데 이러한 헌신적인 노력에도 불구하고 그는 지속적으로 그들로부터 따돌림당한다. '난세'(time of trouble: J44.15; E193, J95.20; E255)의 시인 예술가는 외롭고 비극적인 존재일 수밖에 없는 것이다.

1. 창조를 통한 구원

『예루살렘』을 구성하는 두 신화는 각각 앨비언과 로스에 관한 것으로 대별할 수 있다. 전체적으로는 앨비언의 타락과 거듭남의 과정이 중심 축을 이루고 있지만 이와 병행하여 전개되는 예술가로서 로스의 창조적 행위도 이에 못지 않은 비중을 차지하고 있다. 앨비언이나 예루살렘의 무기력함을 염두에 둔다면 로스만이 진정한 주인공(protagonist)이라 해도 지나친 말은 아니다. 발라를 비롯한 소위 '여성의지'의 대변자들도 나름으로 활발한 활동을 하고는 있지만 주로 남을 방해하는 행위에 맞추어져 있는 점을 고려한다면 이들이 주역일 수는 없다. 러베이터에 대한 주석에서 블레이크 스스로 강조하고 있는 것처럼 남을 방해하는 것은 진정한 의미의 행위가 아니기 때문이다(E601).

앨비언의 변함없는 친구로서 그의 구원을 위해 헌신적인 노력을 경주하는 로스는 앨비언 신화에서도 부동의 주역이라 할 수 있다. 그런데 이러한 노력이 바로 예술창조 작업이며 동시에 자신의 스펙터 및 에머네이션과의 재결합을 통하여 선지적 시인으로서 '정체성' 회복을 위해 애쓰는, 말하자면 스스로의 거듭남을 위하여 노력하는 자기구원의 실천행위에 다름 아니다. 이런 의미에서 보면『예루살렘』은 로스를 중심으로 한 하나의 신화로 구성되어 있다고 볼 수도 있다.

페일리의 지적처럼 이 로스의 신화에는 블레이크의 개인감정이 깊이 스며있다(1983, 234). 여기에는 자신의 예술세계에 대한 세상 사람들의 몰이해와 무관심 및 적대의식에 대한 블레이크 자신의 실망, 분노, 두려움 등의 착잡한 감정이 섞여 있다. 또한 후원자이면서 '영적인 적'인 헤일리와, 동반자이면서 세속적인 타협을 강요하는 부인 캐서린의 예술창작에 대한 간섭, 세상의 무관심에 대하여 분노의 단죄만을 고집하는 또 다른 자기인 스펙터의 방해 등 창조적 예술가로서 겪게되는 정체성의 위기도 심도 있게 그려지고 있다. 이 신화의 보편적 의미는 타락한 세상에서 오류에 처한 인간을 참된 깨달음으로 이끌기 위한 예언적 상상력의 노력 — 여기에 선지적 예술가로서 자기구원의 작업도 자연스럽게 포함되는데 — 에서 확인할 수 있다(Paley 1983, 234).

이 원형적 예언자인 시인을 창조하기 위해 블레이크는 또 다시 "통합적"(syncretic) 혹은 "취사선택적"(eclectic)인 방법을 택한다.[29] 페일리는 이를 다음과 같이 정리하고 있다.

> 이 신화를 창조하면서 블레이크는 — 다른 주요 인물들을 창조할 때와 마찬가지로 — 인지할 수 있는 다양한 요소들에 근거하여 로스를 빚어낸다. 로스는 구약의 선지자, 신약의 복음 사도, 밀턴의 치품(熾品)천사, 고대 영국의 시인, 고대의 헤파이토스/ 벌칸, 연금술사, 대장장이 그리고 파수꾼의 역할을 동시에 수행한다. 이 모든 역할에서 그는 인간의 상상력으로 시간에

29 존 미는 로스의 근원을 조국의 독립전쟁의 중심에 서있던 그레이의 '옛시인'(bard), 전사 시인으로서의 오시안(Ossian), 구약의 선지자의 결합에서 찾는다. 사회 공공의 일에 깊이 연루되어 있으면서, 세상의 무관심에 아랑곳하지 않고 자유와 영감을 고취시키기 위해 싸우는 시인-예언자가 바로 블레이크 식으로 히브리와 켈트의 전통을 결합한 결과("Blake's bricolage of Hebrew and Celtic antiquities")라는 것이다. 84-5 참조.

70
And this the form of mighty Hand sitting on Albions cliffs
Before the face of Albion, a mighty threatning Form.
His bosom wide & shoulders huge overspreading wondrous
Bear Three strong sinewy Necks & Three awful & terrible Heads
Three Brains in contradictory council brooding incessantly.
Neither daring to put in act its councils, fearing each-other.
Therefore rejecting Ideas as nothing & holding all Wisdom
To consist. in the agreements & disagreements of Ideas.
Plotting to devour Albions Body of Humanity & Love.
Such Form the aggregate of the Twelve Sons of Albion took; & such
Their appearance when combind: but often by birth-pangs & loud groans
They divide to Twelve: the key-bones & the chest dividing in pain
Disclose a hideous orifice; thence issuing the Giant-brood
Arise as the smoke of the furnace, shaking the rocks from sea to sea.
And there they combine into Three Forms, named Bacon & Newton & Locke.
In the Oak Groves of Albion which overspread all the Earth.
Imputing Sin & Righteousness to Individuals; Rahab
Sat deep within him hid: his Feminine Power unreveald
Brooding Abstract Philosophy. to destroy Imagination, the Divine-
-Humanity A Three-fold Wonder: feminine: most beautiful: Three-fold
Each within other. On her white marble & even Neck, her Heart
Inorbd and bonified: with locks of shadowing modesty, shining
Over her beautiful Female features. soft flourishing in beauty
Beams mild, all love and all perfection, that when the lips
Recieve a kiss from Gods or Men, a threefold kiss returns
From the pressd loveliness: so her whole immortal form three-fold
Three-fold embrace returns: consuming lives of Gods & Men
In fires of beauty melting them as gold & silver in the furnace
Her Brain enlabyrinths the whole heaven of her bosom & loins
To put in act what her Heart wills; O who can withstand her power
Her name is Vala in Eternity: in Time her name is Rahab
The Starry Heavens all were fled from the mighty limbs of Albion
His

「예루살렘」 제70도판

> 관한 우리들의 지각을 형성하며, 역사를 하나의 일관성있는 모습으로 인식하며 위대한 도시 골고누자를 건설하는 것이다. (1983, 234)[30]

근본적 진실을 드러내는 "영원 세계의 예언자"(Prophet of Eternity: FZ4-53.22; E336; M7.36; E101)인 시인 로스는 그래서 이상적인 선지자 엘리야(Elijah)와 동일시되기도 한다(J39.31; E187). 로스는 블레이크에게 직접 영감을 주면서(M22.4; 36.21) 동시에 블레이크 자신이 되기도 한다. 그는 오류의 세상이 겉치레에 불과하다는 것을 알고 있으며 그 너머의 진실된 영원세계를 드러내기 위해서는 혁명적 변화가 있어야 한다고 믿고 있다. 이러한 변화는 아들 오르크가 추구하는 외형적 혁명만으로는 부족하다. 세상을 전혀 다른 시각으로 바라볼 수 있는 정신적 변혁이 있어야 한다. 이는 상상력의 회복을 통하여 가능하다. 이를 위해서는 과거의 기억이나 잘못에 연연하지 않고 세상을 새롭게 볼 수 있어야 한다. 용서의 태도가 필요한 것이다.

로스에게서 주목할 점은 자신이 타락한 시대의 예술가라는 것을 스스로 의식하고 있다는 것이다. 용서의 태도를 강조하는 것도 이와 연관된다. 잘못이 없다면 용서할 일도 없다. 잘못을 잘못으로 인정하고 그것을 되풀이 하지 않기 위해 노력하는 것이 생산적인 자세이다. 잘못에 매달리거나 이를 단죄하고 분노하는 것으로는 새로운 삶을 담보할 수 없다. 이는 잘못을 없었던 일로 치부하자는 것이 아니라, 그 오류의 원인과 결과를 제대로 인식하여 이를 반복하는 우를 범하지 말자는 것이다. 예술창작 등의 창조적인 행위를 위하여 용서의 태도가 먼저 요구되는 것도 바로 이 때

30 이에 관한 구체적 예증으로는 페일리 1983, 234-43 참조.

문이다.

실제로 블레이크는 헤일리와 부인 캐서린의 간섭에 대한 실망과 분노, 스콜필드의 고발 등에 대하여 스스로가 취한 분노와 단죄의 대응이 자신의 창조적 상상력의 활동에 많은 장애를 초래하였음을 실감하고 있었다. 이는 프랑스와의 전쟁으로 인하여 야기된 당시의 프랑스 혁명세력 및 이에 동조하는 영국 진보세력에 대한 단죄의 분위기가 영국 내 창조예술활동을 심각하게 저해하고 있다는 깨달음과 연결되는 부분이기도 하다.[31] 과거에 대한 망각이나 잘못에 대한 용서 없이는 어떠한 창조적 활동도 불가능하다는 것을 상상력의 시인 블레이크는 어느 누구보다도 절실하게 느끼고 있었던 것이다.

여기서 우리는 『유럽』에 처음 등장한 이후 로스가 주로 하는 일이 오류를 구체화하는 것임에 주목할 필요가 있다. 이는 더 이상의 오류확산을 방지하자는 뜻과 오류의 정체를 분명히 하여 이를 극복할 길을 마련하자는 의미를 동시에 지닌다. 『유리즌 서』에서 그가 자신의 적인 유리즌을 위해 '몸'을 만들어 주는 것은 바로 이러한 의지의 실천행위이다(10.35-13.19; E75-6). 거짓에 '몸'을 만들어 주는 것은 이를 영원히 벗어 던질 수 있게 하기 위함인 것이다("Giving a body to Falsehood that it may be cast

31 프랑스 혁명세력이나 영국 내의 진보인사들에 대한 용서를 운위함이 곧 이들의 잘못에 대한 시인(是認), 더 나아가 블레이크 자신의 진보적 이념의 포기로 확대 해석되는 것은 문제가 있다. 어느 선택이든, 어떠한 행위이든 그것 자체로 선과 악, 진리와 오류로 규정될 수 없다. 상반적 의미를 동시에 지니고 있기 때문이다. 중요한 것은 그것에 교조적으로 매달려서는 안 된다는 것이다. 가장 '숭엄한 알레고리'라 할 수 있는 성경도 이를 교조적으로 해석하여 수용하게 되면 억압의 율법이 될 수 있다. 혁명은 구체제에 대한 창조적 (혹은 해체적) 대응이라는 면에서는 긍정적이다. 그러나 그것이 구체제에 대한 단죄의 논리에 휩싸이게 되면 또 다른 억압체제를 결과할 뿐이다. 혁명의 이러한 탈선에 대해서도 또 다시 선과 악의 이분법을 통하여 매도하는 것은 악순환만을 거듭하게 할 뿐이다.

off for ever": J12.13; E155).

이러한 작업을 통하여 로스는 '시간'을 창조한다(BU10.18; E75, FZ4-52.29-53.2; E335). 실제로 '시간' 자체가 되기도 한다(M24.68; E121). 이 모두가 오류를 시간에 묶어두어 그것이 영원히 지속하는 것을 방지하기 위한 것으로 자비의 산물이라 할 수 있다.

시간은 '영원'의 반대 개념이다. 그것은 분명 극복의 대상이다. 그러나 이를 극복하는 길이 시간의 밖에 따로 존재하는 것은 아니다. 시간은 시간 속에서의 작업을 통하여 극복할 수 있다. 시간의 극복을 위해 '영원'으로의 초월을 상정하는 것은 초월적 신을 상정하는 것만큼이나 추상적이며 비역사적이다. 그것은 기득권 세력이 교묘하게 퍼뜨리는 현상유지를 위한 이데올로기와 닿아 있다. 추상적이며 초월적인 '영원' 세계를 상정함으로써 시간이 지배하는 현상세계에서의 욕망을 금기시하려는 것이다. 이들이 내세우는 영원세계는 「아 해바라기」에서 그리고 있는 "감미로운 황금 고장"처럼 "사랑을 죄악"시하고 "즐거움을 금기"시하여 민중들을 현혹 지배하기 위한 "우화적 거처"(allegorical abode)인 것이다(Europe5; E62)[32]

공간이 '무한'의 지상적 형태인 것처럼 시간은 '영원'의 타락한 모습이라 할 수 있다. 영원에 이르는 길은 바로 이 타락한 시간 내에 존재한다. 시간의 외적 축적이 영원으로 이어지는 것이 아니라 시간의 내적 확장을 통해서 영원의 문이 열리게 된다. "하나의 모래알에서 전 세상을 볼 수 있고 한 포기 들꽃에서 천국을 볼" 수 있는 상상적 비전을 견지하면 "손바닥으로

---

32 스티븐슨은 '우화적'이라는 말이 블레이크에 있어 보통은 "거짓 선전선동"(false propaganda)을 의미한다고 주석하고 있다. S230 참조.

무한을 쥐고 한 시간 속에서 영원을 잡을" 수 있는 것이다(Aug 1-4; E490).

그러므로 시간을 타기시해서는 안된다. 오류의 '몸'이 그것을 극복할 수 있는 길을 열어주듯 시간이 바로 시간의 굴레로부터 벗어날 수 있는 길을 열어주기 때문이다. 이는 "세세한 개별자"에서 '무한'에 이르는 길을 찾는 다는 역설과 통하는 이치이다. 『밀턴』에서 밝히고 있는 것처럼 "시간은 영원의 자비이다. 모든 것 중에 제일 빠른 시간의 재빠름이 없으면 모든 것이 영원한 고통이 되는" 것이다(M24.71-2; E121).

로스가 바로 시간을 통하여 시간의 한계를 벗어나려는 예술가이다. 오류를 극복하기 위해 오류에 의존할 수밖에 없는 '역설적' 존재인 것이다. 골드만(Lucien Goldmann)의 '비극적 세계관'에 근거한 타락한 시대의 예술가 모습에 관한 다음 글은 이러한 로스-블레이크의 입장을 이해하는 데 중요한 길잡이가 될 것이다.

> '비극적 세계관'은, 서로 모순되는 두 요구, 자아의 진실과 세상의 허위 속에 고뇌하는 인간이 생각할 수 있는 태도이다. 세상이 온통 거짓과 부패 속에 빠져있을 때, 사람은 현실에 굽히고 들어가는 외에 세 가지 방법으로써 처세할 수 있다. 하나는 거짓말 세상을 버리고 세상의 저 너머에 존재하는 초월적인 진실 속에 은퇴하는 것이며 다른 하나는 세상을 진실된 것으로 뜯어고치도록 현실 속에 행동하는 것이다. 그러나 이 후자의 경우 현실과 진실의 거리가 도저히 건너 뛸 수 없는 심연에 의하여 단절되었다면 어떻게 할 것인가? 이때에 있을 수 있는 제 3의 태도가 비극적 태도이다. 그것은 진실의 관점에서 세상을 완전히 거부한다. 그러나 현실의 관점에서 그것을 완전히 받아들인다. 비극적인 인간이 요구하는 절대적인 진실의 면에서 볼 때, 그는 있는 그대로의 세상의 진실성을 인정할 수 없다. 그러나 그는 또 세상 밖에 설 수 있는 자리가 없음을 안다. 사실 세상이 완전히 타락한 거라면 비

극적인 인간 그 자신에게나마, 어떠한 진실이 가능한 것인가? 그의 절대적인 진실에의 요구조차 확신할 수 없는 것이다. 그는 어처구니없게도 진실에 이르는 길이 이 세상을 통하지 않고는 달리 없다는 사실에 부딪치게 된다. 그는 이 세상의 일에 전심할 수밖에 없다. 그러나 이것은 오로지 그 일을 부정하기 위해서이다. 비극적인 인간의 절대선에 대한 요구가 크면 클수록 세상이 유일한 존재의 장이면서 타락해 있는 곳이라는 역설에 부딪치고 이 역설 속에서 그의 전심과 부정의 변증법은 계속된다. 사실 그의 입장에서 볼 때, 진실이란 도대체 부재로만 확인되는 것이다. 기독교의 관점에서 이것은 신과 세상과의 관계로 옮겨질 수 있다. 타락한 세상에 신은 있지 아니한다. 그러나 인간에게는 세상 이외의 신에 이르는 길이 없기 때문에 신은 오로지 부정과 부재로서만 확인된다. (김우창, 126-7)

로스는 우리를 위하여 매일 아침 찬란한 태양을 재창조한다(M29.23, 41; E127, 128). 물질적인 달("the Moon of Ulro"; J32.4; E178)을 만들 뿐만 아니라 세속적 외피("the Mundane Shell": M34.31; E134; J42.78; E190)를 포함한 전 우주를 만든다. 전 인류의 역사라 할 수 있는 스물 일곱 개의 하늘과 교회도("the Twenty-seven Heavens & their Churches": J75.10; E230) 그의 작품이다. 이때 그가 만들었다는 의미는 그가 원인 제공자라는 것이 아니다. 자신의 상상력을 통하여 그것의 구체적인 모습을 보고 또 그것을 볼 수 있게 해주었다는 뜻이다. 오류에 구체적인 '몸'을 부여한 것이다. 달리 말하면 인류의 모든 역사를 예술 창작의 소재로 삼아 그 참된 모습을 볼 수 있도록 드러냈다는 것이다.

이렇듯 그는 오류의 역사를 매도하거나 거부하지 않는다. 그것이 그의 창조행위의 무대이고 또 예술창작의 소재이다. 오류의 드러냄은 역사에 대한 올바른 비전을 전제로 해서만 가능하다. 경험론적 감각이나 추상적 이성이 아니라 "현재와 과거와 미래를 꿰뚫어 볼 수 있는 옛시인"(SE, E18)의 상상적 비전이 필요한 것이다. 그는 이러한 비전을 통하여 잘못된 역사를 정리할 뿐만 아니라 그 비전 자체를 보존한다. 현상적 외피에 매달려 그 이면을 도외시하게 되면 영원의 비전을 상실해버리기 때문이다. '먹장 구름을 하늘로 여기는' 어리석음을 극복하기 위해서는 그 먹장 구름 너머 '푸른 하늘'이 영원히 실재함을 꿰뚫어 볼 수 있는 예지의 상상력이 필요하다. 예언적 예술가로서 그의 역할이 "난세에 신성한 비전을 지키기"(J44.15; E193; J95.20; E255) 위한 것이라는 말은 이렇게 하여 그 의미를 확인할 수 있다.

그러나 로스가 바로 타락한 시공의 세계에서 영원의 세계를 바로 열어주는 것은 아니다. 그는 다만 혼돈의 상태 —"수면의 덩어리"(slumberous mass) 즉 울로 — 로 경화되는 것을 방지해주는 일을 할 뿐이다. 예술활동 자체가 바로 궁극적 거듭남을 가져다주는 것이 아니라 그 가능성을 열어놓는다는 말이다. 영원세계에 대한 비전을 간직함으로써 거듭남이 아예 불가능한 상태로 떨어지는 것만은 피할 수 있도록 해주는 것이다.

이러한 작업을 지속적으로 해온 로스는 그래서 블레이크 자신과 동일시 되기도 한다. 로스의 대장간은 바로 영국이다(J58.41; E208). 『예루살렘』 곳곳에서 블레이크는 스스로 등장인물로 나타나 발언을 하고 있는데, 자신의 소명을 토로하며 용서와 자기 죽임을 강조하는 다음과 같은 대목 등에서도 그들이 동일한 인물임을 확인할 수 있다.

> 밤낮으로 떨며 나는 앉아 있고, 친구들은 나를 보고 놀라워하네.
> 그러나 그들은 나의 방황을 용서하니, 나는 나의 위대한 책무로부터 쉴 수가 없노라!

영원 세계를 열고, 사고의 내면세계로 인간 불멸의 눈을 뜨게 하며,
인간의 상상력인 신의 가슴 속에서 영원히 확장되는
영원 세계 안으로 눈을 뜨게 하는 것이 그것이네
오 구세주여 그대 온유함과 사랑의 성령을 내게 쏟아 부으소서
내 안에 이기심을 절멸시키고 나의 생명이 되소서! (J5.16-22; E147)

Trembling I sit day and night, my friends are astonish'd at me.
Yet they forgive my wanderings, I rest not from my great task!
To open the Eternal Worlds, to open the immortal Eyes
Of Man inwards into the Worlds of Thought: into Eternity
Ever expanding in the Bosom of God. the Human Imagination
O Saviour pour upon me thy Spirit of meekness & love:
Annihilate the Selfhood in me, be thou all my life!

로스도 블레이크처럼 외로운 존재다. 모두 잠들어 있는 상태에서 그만이 홀로 눈을 뜨고 그것을 직시하고("I see the Four-fold Man. The Humanity in deadly sleep/ And its fallen Emanation. The Spectre & its cruel Shadow.": J15.6-7; E159) 있다. 모두 오류 속에서 체념하고 있는데 그만이 거듭남의 희망을 유지하기 위해 발버둥치며 자신의 노력이 헛되지 않으리("nor vain my types shall be": J3.9; E145)라고 스스로를 추스리고 있다. 모두들 현상의 세계를 실체로 인정하며 거기에 안주하고 있는데 "과거와 현재와 미래를 꿰뚫어 볼"(see the Past, Present & Future: J15.8; E159) 수 있는 그만이 홀로 일어나 그것이 아니라고, 그 현상 너머에 영원의 세계가 있다고, 아무도 귀를 기울이지 않는 예언의 소리를 울부짖고 있는 것이다.

이처럼 갖은 "유혹과 절망 속에서도"(J38.81; E186) 이에 굴하지 않고 의롭고 외로운 투쟁을 펼치는 자신의 모습을 로스는 이렇게 그린다.

> 나는 보노라 멀리 동떨어져 닫혀있는 아메리카를, 두려움 속에
> 앨비언의 산으로부터, 런던의 탑들로부터 쫓기고 있는 예루살렘을!
> 나는 더 이상 이를 견딜 수 없노라! 나 홀로 죽음에 항거하노니,
> 이 비행(非行)! 아 슬프다! 내 주위를 맴도는 그대는 얼마나 병들어 있고 창백한가!
> 아 슬프다! 가련한 자들이여! 그대들 역시 죽음의 골짜기로 가려는가?
> 나의 모든 친구여 형제들이여! 나의 사랑하는 동료들이여!
> 그대들 역시 죄와 가혹한 참회의 질병에 감염되었단 말인가?
> 나는 질병이 그대들 위로 솟는 모습을 보노라! 그러나 나에게 말하라
> 그리고 위안을 주라. 왜 침묵하고 서 있는가? 나 홀로
> 영원한 능력 안에 머물러 있노라. 아니면 이 모든 선행과 동정이 오로지 그대들이 무덤 안에서 더 커다란 앙갚음을 도모하도록 해주기 위한 것이란 말인가. (J38.69-79; E186)

> I see America closd apart, & Jerusalem driven in terror
> Away from Albions mountains, far away from Londons spires!
> I will not endure this thing! I alone withstand to death,
> This outrage! Ah me! how sick & pale you all stand round me!
> Ah me! pitiable ones! do you also go to deaths vale?
> All you my Friends & Brothers! all you my beloved Companions!
> Have you also caught the infection of Sin & stern Repentance?
> I see Disease arise upon you! yet speak to me and give
> Me some comfort: why do you all stand silent? I alone

Remain in permanent strength. Or is all this goodness & pity, only
That you may take the greater vengeance in your Sepulcher.

자신의 작업에 대한 로스의 발언에서 흔하게 확인할 수 있는 동사는 "보다"(see 혹은 behold)이다. 이는 그의 역할이 파수꾼의 것임을 쉬 짐작하게 해준다. 이때 '보다'의 의미는 단순히 바라보는 것이 아니라 현상의 이면을 꿰뚫어 보는 것을 의미한다. 그것은 인식을 통한 깨달음과 연결되는 행위이다. '보다'(see)는 단순한 감각적 작용이 아니라 '이해하다'(understand)의 의미를 포함하는 인지의 행위인 것이다. 이를 블레이크 식으로 표현하자면 (감각의) "눈을 빌어"(with the eye: J22.27; E167)가 아니라 (마음의) "눈을 통하여"(Thro the Eye: Aug; E492; EG; E520) 사물의 핵심을 보는, 즉 그 본질을 파악하는 것이라 할 수 있다. 흔히 '위대한 파수꾼의 노래'라 불리는 로스의 연설에서 우리는 그의 이러한 면모를 쉽게 확인할 수 있다.

오 아름다운 예루살렘이여! 에브라임 산의 실로여!
나는 그대의 값진 보석으로 된 대문을 본다오. 황금과 은으로 된 그대의 벽도.
그대는 잠자는 사람의 부드러운 반영된 상이요.
……
오 그대 바빌론에 사는 이여! 오 사랑스러운 이여 오시라
아름답고 온유한 예루살렘이여! 나는 잠든 이의 불투명한 가슴에서
여섯 날개를 지닌 그대의 형상을 보노라.
……
앨비언, 사랑하는 땅이여, 나는 주님에게 성스러운

그대의 산과 언덕과 골짜기와 즐거운 도시를 보노라.
오 앨비언의 에머네이션이여 죽은 이의 스펙터도 나는 보노라.
……
…… 나는 생명의 강과 생명의 나무를 보노라
나는 황금과 은으로 불멸의 깃털이 있는 그대의 날개 사이로
새로운 예루살렘이 하늘로부터 강림하는 것을 보노라.
……
…… 그녀의 천막에서 이스라엘을 보노라
낮에는 구름 기둥이, 밤에는 불의 기둥이 그들을
인도하도다. 그곳에서 나는 모압과 암몬과 아말렉을 보노라
(J85:22–86:32; E244-5)

O lovely mild Jerusalem! O Shiloh of Mount Ephraim!
I see thy Gates of precious stones: thy Walls of gold & silver
Thou art the soft reflected Image of the Sleeping Man
...
O thou that dwellest with Babylon! Come forth O lovely-one
I see thy Form O lovely mild Jerusalem, Wingd with Six Wings
In the opacous Bosom of the Sleeper, . . .
...
Albion beloved Land; I see thy mountains & thy hills
And valleys & thy pleasant Cities Holiness to the Lord
I see the Spectres of thy Dead O Emanation of Albion.
...
... I see the River of Life & Tree of Life
I see the New Jerusalem descending out of Heaven

Between thy Wings of gold & silver featherd immortal

...

... I there behold Israel in her Tents

A Pillar of a Cloud by day: a Pillar of fire by night

Guides them: there I behold Moab & Ammon & Amalek

이처럼 이면을 꿰뚫어 보는 불침번으로서 로스의 역할은 『예루살렘』 맨처음 도판에 함축적으로 그려져 있다. 검은 외투를 걸치고 넓은 챙의 모자를 쓴 채 공모양의 등을 들고 있는 그의 모습은 런던 야경꾼의 모습 바로 그것이다. 페일리의 지적처럼 그가 등을 들고 샌달을 신고 있는 모습은 블레이크의 이사야가 스스로를 동일시 했던 "우리들의 친구 그리스인 디오게네스"(our friend Diogenes the Grecian; MHH13; E39)를 연상시킨다. 성경에서 이사야와 에스겔이 파수꾼으로 불리는 것처럼(Isaiah 21.11; Ezekiel 3.17), 로스도 "황금 샌달"을 신은 파수꾼으로 그려진다 (E83.76; E242).

로스가 야경꾼의 모습을 하고 수행하려 하는 것은 앨비언의 내부로 들어가는 일이다. 그것은 앨비언 타락의 원인과 그 상태를 점검하기 위한 것이다. 내부로 들어가는 것은 현상의 모습에 현혹되지 않고 그 본질적인 면을 보기 위한 것이다. 그런데 이 길은 자기희생 곧 자기 죽임의 길이다. 원래 이 도판에 새겼다가 지운 구문에 "그는 앨비언을 위하여 죽음의 문으로 들어갔다"(he enterd the Door of Death for Albions sake; E144)라는 구절이 있다. 더이상 상기할 필요도 없지만 이때의 자기희생이란 곧 용서의 행위와 이어진다. 단죄의 독선이 남의 희생을 강요하는 것과는 반대로 용서의 태도는 자기의 이기심을 극복했을 때에만 가능한 것이다.

이때 로스의 표정은 "정신적 전사"(spiritual warrior)의 특징인 "경계심 많은 자각"(watchful awareness)의 태도를 드러내고 있다(IJ 130). 어드만의 설명은 이러한 로스-블레이크의 역할을 잘 요약해주고 있다.

> 우리는 로스가 런던에서 윌리암 블레이크라는 인간의 형상으로 자신의 채색본 작품(등불)을 들고 어둠 속으로 들어가는 것이라고 상정할 수 있다. 그것은 마치 예수가 열쇠를 가지고 지옥을 찾아가는 것과 흡사하다. 그는 우리를 행동의 장으로 이끌고 있다. 이목을 끄는 그의 손은 우리를 주의를 환기시킨다. 그는, 『밀턴』에서 밀턴이 그러했던 것처럼(그들이 거울에 되비친 듯 반대의 자세를 취하고 있지만), 자기를 희생할 준비를 하고 있다. 벽에 썼다가 지운 글귀에는 그가 "존재의 밖, 허공"으로 들어가는 것으로 되어 있다. 우리는 그것이, 우리가 일단 들어가고 나면 "자궁 ...... 앨비언의 침상 ...... 앨비언의 아름다운 땅"으로 변한다는 것을 알 수 있다. 제 45판 3-5행에 의하면 로스는 "불의 공"(등불)을 들고 "앨비언의 내부"를 탐사하고 있음을, "유혹자를 찾아 나선" 것임을 알 수 있는 것이다. (IB 281)

이보다 더 중요한 로스의 역할은 대장장이로서 무엇인가를 만들고 생산해내는 데에서 확인할 수 있다. 그의 창조적 생산활동의 주요 산물은 "에린의 공간"(the Spaces of Erin), 예술의 도시 골고누자, 시공의 세계인 "세속적 외피"(Mundane Shell) 등이다. 이들 모두는 『유리즌 서』에서 유리즌이 더 이상 분열하는 것을 방지하기 위하여 몸을 만들어준 것처럼, 거듭남이 불가능한 상태로까지의 타락을 예방하기 위한 것이다.

로스 창조작업의 최초 결과는 에린의 탄생이다. 이는 타락한 경험세계의 사람들이 시공의 닫힌 세계에 희생당하지 않게 하기 위한 배려의 산물이다(J9.34; E152). 이의 출현을 『예루살렘』에서는 이렇게 그리고 있다.

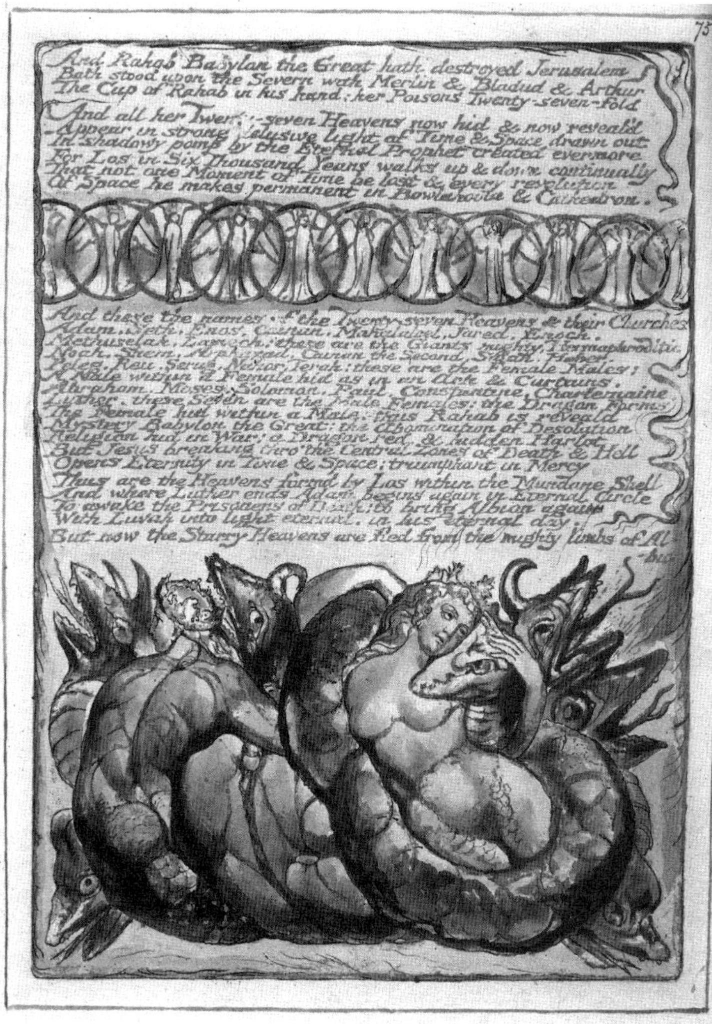
75
And Rahab Babylon the Great hath destroyed Jerusalem
Bath stood upon the Severn with Merlin & Bladud & Arthur
The Cup of Rahab in his hand: her Poisons Twenty-seven-fold
And all her Twenty-seven Heavens now hid & now reveald
Appear in strong delusive light of Time & Space drawn out
In shadowy pomp by the Eternal Prophet created evermore
For Los in Six Thousand Years walks up & down continually
That not one Moment of Time be lost & every revolution
Of Space he makes permanent in Bowlahoola & Cathedron.
And these the names of the Twenty-seven Heavens & their Churches
Adam, Seth, Enos, Cainan, Mahalaleel, Jared, Enoch,
Methuselah, Lamech; these are the Giants mighty, Hermaphroditic
Noah, Shem, Arphaxad, Cainan the Second, Salah, Heber,
Peleg, Reu, Serug, Nahor, Terah: these are the Female Males:
A Male within a Female hid as in an Ark & Curtains.
Abraham, Moses, Solomon, Paul, Constantine, Charlemaine
Luther. these Seven are the Male Females: the Dragon Forms
The Female hid within a Male: thus Rahab is reveald
Mystery Babylon the Great: the Abomination of Desolation
Religion hid in War: a Dragon red, & hidden Harlot
But Jesus breaking thro' the Central Zones of Death & Hell
Opens Eternity in Time & Space; triumphant in Mercy
Thus are the Heavens formd by Los within the Mundane Shell
And where Luther ends Adam begins again in Eternal Circle
To awake the Prisoners of Death; to bring Albion again
With Luvah into light eternal, in his eternal day.
But now the Starry Heavens are fled from the mighty limbs of Albion

「예루살렘」 제75도판

그러자 에린이 용광로에서 나왔네, 모든 뷸라의 딸들도
용광로에서 나왔네. 모든 것이 예루살렘을 위한 로스의 막강한
능력에 의한 것이라네. 이들은 에린의 공간을 이리 저리 돌아다니네.
로스의 아들과 딸들도 완전한 아름다움의 모습으로 나왔네
그리하여 에린의 공간은 별들이 있는 정점에서 별의 심연에까지
펼쳐졌다네 (J11.8-12; E154)

Then Erin came forth from the Furnaces, & all the Daughters
of Beulah
Came from the Furnaces, by Los's mighty power for Jerusalems
Sake: walking up and down among the Spaces of Erin:
And the Sons and Daughters of Los came forth in perfection lovely!
And the Spaces of Erin reach'd from the starry heighth, to the
starry depth.

아일랜드를 뜻하는 에린은 예루살렘의 분신으로("my[Jeru-salem] infant loves & graces": J20.28; E165) 예루살렘과 고통을 같이 겪으며, 또한 그녀를 깨우는 "모성적 사랑"(Maternal Love [who] awoke Jerusalem: J48.18; E196)을 뜻하기도 한다. 그녀는 앨비언으로부터 매도당하지만 그의 무덤을 충실하게 지켜준다. 이때 앨비언을 지킨다는 의미는 에린이 뷸라의 딸들에게 행한 연설에서 잘 드러나듯이, 그가 단죄의 논리에 사로잡히지 않게 해주는 것이다. 그녀는 자기희생이 아니라 상대의 희생을 강요하는 "죄에 대한 희생의 법"(Laws of Sacrifice for Sin)이나 "순결과 혐오의 법"(Laws of Chstity & abhorrence) 대신에 이기심과 "이기적 순결"(Selfish Chastity)의 극복을 통한 "상호 용서"(Mutual Forgiveness)의 실천을 강조

한다(J48.54-50.17; E197-200).[33]

앨비언이 오류의 잠에서 깨어나기 직전까지도 에린은 앨비언의 몸을 그의 무시무시한 아들들로부터 보호함으로써 앨비언 부활의 가능성을 열어놓는다(J94.13; E254).[34] 그녀의 사랑스러운 무지개("Erins lovely Bow": J50.22; E200)는 바로 이러한 희망의 상징이다.

우리는 여기서 블레이크가 창세기에 나오는 야곱의 딸 디나(Dinah)를 에린의 젊은 시절의 모습("the youthful form of Erin": J74.54; E230)으로 그리고 있는 점에 유념할 필요가 있다. 디나는 이방인 족장의 아들 세겜(Sechem)에게 능욕당하지만 그가 청혼을 해오자 그의 폭력을 용서하고 결혼을 약속한다. 그러나 분노한 그녀의 오빠들이 세겜과 그의 종족들을 살해하는 복수를 자행함으로써 그녀의 용서행위는 무위로 끝나고 만다. 겁탈당한 여인으로서 우순과 비견되기도 하는 그녀는 폭압자에 대한 사랑을 통한 구원을 상징한다. 이는 아일랜드가 겪는 고통에 대한 폭력적 해결을 반대하는 블레이크 입장이 투영된 것이라 할 수 있다.

에린을 긍정적으로 그리는 것은 전체적으로 1800년 통합법(Act of Union) 이후 아일랜드의 자유에 대해 동조하는 블레이크의 태도를 함축한다. 아일랜드의 자유는 그 의미가 그 자체로 한정되지 않고 영국의 자유와도 곧바로 연결된다.[35] 에린의 의미에 대한 블룸의 진단을 들어보자.

---

33 이 연설에서 앨비언 구원의 근거로 제시하는 것이 바로 앞에서 인용한 바 있는 상태론이다. J49.67-75; E199 참조.

34 『밀턴』에서도 에린은 앨비언 구원의 중요한 원동력으로 그려진다. 앨비언이 잠에서 깨어날 때 "그의 오른 손 팔꿈치가 에린 땅의 바위에 기대고"(his right elbow leans on the Rocks of Erins Land) 있는 것이다. M39.44-5; E141.

35 이에 대한 상세한 분석으로는 어드만 482-4와 페일리 1983, 266 참조.

> 에린 혹은 아일랜드가 영국을 대서양으로부터 보호하는 지형적 방호벽이듯, 블레이크의 에린도, 시간과 공간이라는 폭풍우를 동반한 파도로부터, 앨비언의 아들들이 욕망과 억제의 상반성을 가지고 빚어낸 도적률의 추상적 부정으로부터, 앨비언을 보호하기 위한 방호벽인 것이다. (1983, 376)

그러나 에린이라고 해서 온전할 수는 없다. '여성의지'에 의한 역사의 왜곡이 그만큼 심각하기 때문이다. 구원의 잠재력을 지닌 그녀조차 사랑과 질투심이 뒤섞인 '종교'의 굴레에서 자유롭지 못한 것이다(J39.24-7; E186-7). 페일리는 이를 아일랜드의 "민족주의적 쇼비니즘과 억압적인 기독교"와 연결시킨다(IJ 201).

"세속의 외피"도 로스의 창조물이다. 그것은 우리가 살고 있는 시공의 세계인 "세속적 알"(Mundane Egg)의 껍질로 우리들 육안으로 볼 수 있는 하늘을 가리킨다. 늘 그래왔듯이 블레이크에게는 이 또한 이중적 의미를 지니고 있다. 부정적인 면에서 보면 그것은 "제한적이며 환상적"(constricting and illusory)이다(Paley 1983, 268). 이때 그것은 "균열되어 있고, 나락으로 이어지며 지리멸렬한 경이의 오목한 지구"(A Concave Earth wondrous, Chasmal, Abyssal, Incoherent: J13.52; E157)로 그려진다. 그러나 그것은 동시에 무정형으로 타락하는 것을 방지해준다는 긍정적 기능을 지닌다. 영원의 세계에서 보면 구속적인 "껍질"(shell)의 모습이지만 지상에서 보면 꽃의 형상인 것이다(J13.34-5).

로스가 이를 창조할 때 자료로 사용하는 것은 발라의 베일 즉 실체를 덮고 있는 물질의 외양이다. 사실 환상에 지나지 않는 이것에 갇히게 되면 이는 "죽은 영혼을 사로잡고"(To catch the Souls of the Dead) 이를 "(식물처럼) 무기력하게 만들거나 고착화"(to Vegetate & Petrify) 하는 꼴이 된다

(J59.2-3; E208).

『밀턴』에서는 이 "세속적 외피"를 다음과 같이 정의하고 있다.

> 세속적 외피는 거대한 요면(凹面)의 지구이니, 식물적 지상에서 고형화한
> 모든 것들의 광활한 그림자이노라. 그것은 부피로 확장되고 공간으로 왜곡
> 되어 스물 일곱의 천국과 지옥을 이루게 되며, 혼돈과
> 오랜 밤과 연옥을 동반하느니라. 그것은 미궁처럼 얽히고 설킨
> 미로가 있고 스물 일곱 겹으로 불투명한 동굴과 같은 지구로
> 종달새가 솟아오르는 곳에서 끝이 나느니라. (M17.21-7; E110-11)

> The Mundane Shell, is a vast Concave Earth; an immense
> Hardend shadow of all things upon our Vegetated Earth
> Enlarg'd into dimension & deform'd into indefinite space,
> In Twenty-seven Heavens and all their Hells; with Chaos
> And Ancient Night; & Pugatory. It is a covernous Earth
> Of labyrinthine intricacy, twenty-seven folds of opakness
> And finishes where the lark mounts;

그것은 낮에는 "아름답게 푸른 빛을 띠며 빛나는" 하늘이며(M31.33; E130), 밤에는 마흔 여덟 개의 성좌가 보이는, 말 그대로 "별이 빛나는 마루"(The starry floor; SE; E18)이다. 그것은 곧 타락한 세상을 상징하는 것으로 인간의 모든 오류를 포함한다. 이교도의 신들이나 기독교의 스물 일곱 개의 거짓 교회도 여기에 포함된다(M37.19-43; E137-8).

이러한 오류의 경험세계가 바로 거듭남의 터전이다. 이 "아름다운 세속적 외피"(the beautiful Mundane Shell)가 "구원과 영원 세계로의 새로운

깨어남"(Redemption & of awaking again into Eternity)이 이루어지는 곳이다(J59.7-9; E208).[36]

거듭남의 구원은 다른 세계로부터, 다른 삶으로부터 오는 것이 아니라, 우리들 각자 삶의 내부로부터 오는 것이다. 이러한 오류의 세계가 없다면 종국의 "지극한 환희"도 불가능할 것이다("Nor can any consummate bliss without being Generated/ On Earth": J86.42-3; E245). '난세의 시인' 로스의 가장 중요한 창조물인 예술의 도시 골고누자의 의미와 연관된다.

거듭 지적하지만 궁극적 구원은 로스를 통해 오는 것이 아니다. 그의 역할은 더 이상의 타락 방지를 위한 것이며 영원세계에 대한 온전한 망각을 저지하는 일이다. "예술과 공작"(Art & Manufacture; M24.50; E120)의 도시 골고누자가 지니는 의미와 의의도 이의 연장선 상에 있다. 그것은 바울이 말하는 "영원한 도성"(lasting city: Hebrews 13: 14)처럼 이 세상에서는 찾아 볼 수 없는 완벽한 곳이 아니다. 그것은 타락한 세상의 도시로 "최후의 순간이 올 때까지" 혼돈으로의 추락을 방지하기 위한 버팀목으로 기능하는 "일시적 구조물"이다(Damrosch 312). 에덴의 상태를 지향할 뿐 에덴과 같은 도시는 아닌 것이다.

골고누자에는 네 개의 성문이 있다. 이 문들은 각각 에덴, 뷸라, 제너레이션, 울로의 세계를 향해 열려 있다. 모든 상태로 비상할 수도 추락할 수도 있음을 함축하고 있다. 그런데 여기서 유의할 것은 동서남북의 네

---

36 워건네흐(David Wagenknecht)은 이러한 물질세계의 필요성을 여성 존재의 의미와 더불어 이렇게 설명하고 있다.—"제너레이션 상태에서 여성이 없으면 로스는 힘을 잃는다. 몸과 형태를 제공해주는, 즉 욕망과 의지를 실현시켜줄 여성의 공간이 없으면 그는 아무런 욕망도 없고 그의 스펙터도 아무런 의지를 갖지 못하게 되기 때문이다. 그러므로 제너레이션의 문제는 블레이크에 있어 곧 여성의 문제라 할 수 있다. 『예루살렘』의 수수께끼는 두 여성, 발라와 예루살렘 사이의 명백하게 해결할 수 없는 유대에 있는 것이다." (244)

문 중 서쪽의 문이 "최후의 날"까지 닫혀있다("But all clos'd up till the last day": J13.11; E156)는 점이다. 이것이 바로 예술의 한계이며 동시에 이 세상에서 예술이 지니는 의미를 함축해 준다. 예술의 도시는 완벽한 것이 아니다. 완벽한 도시를 지향하고 있을 뿐 추락의 가능성도 항상 함께 지니고 있다. 부단한 노력이 요구되는 것도 이 때문이다.

그렇다고 하여 그 본래 의미가 위축되는 것은 아니다. 오히려 그렇기 때문에 더 중요한 의미를 지닌다고 할 수 있다. 최후의 순간은, 앞에서도 강조하였지만, 일거에 닥치는 사건이 아니다. 한 순간이 지나면 최후의 순간(Apocalypse)이 찾아와 에덴적 상태가 지속되는 것이 아니라 역사의 매 순간 순간마다 반복된다. 예술의 의미는 그것이 이러한 최후의 순간에 대한 '전주곡'(prelude)으로 기능하는 데 있다. 댐로쉬의 지적처럼, 이 종말의 순간이 다시 새로운 타락의 '전주곡'이라 할 수도 있다(344). 예술의 역할은 더 이상의 타락을 방지하며 거듭남을 위해 그 가능성을 지속적으로 열어주는 일에 있다. 골고누자를 "지속적인 도시"(continuing city)라 부르는 것은 이 때문이다. 지속적인 타락의 가능성에 대비하여 지속적인 건설의 노력이 요구되는 것이다.

블레이크에게 시간과 역사를 초월한 '영원의 도성'은 허구에 불과하다. 영원은 시간의 종결이 아니라 시간의 거듭남이다. 각각의 순간 속에 영원이 있다(Damrosch 340). 시간 밖으로의 초월이 아니라 시간 속으로의 확장이 바로 영원에 이르는 길이다. 예술은 바로 이러한 확장의 길을 열어주는 기능을 한다.

이때 필요한 것이 바로 현상 자체에 얽매이지 않고 그 이면을, 즉 영원세계와의 연계성을 볼 수 있게 해주는 상상력이다. 이는 이기심의 극복 즉 자기희생의 용서를 통하여 가능하다. 골고누자를 "새로운 골고다"(the

99
And I heard the Name of their Emanations they are named Jerusalem
The End of The Song
of Jerusalem

「예루살렘」 제99도판

new Golgotha)라 부를 수 있는 것은 이 때문이다(Damrosch 318). 골고다야말로 예수가 자기희생과 용서의 모범을 보인 곳이 아닌가? 페일리는 골고누자의 의미를 이와 연관하여 다음과 같이 설명하고 있다.

> 블레이크에 있어 궁극의 도시는 골고누자이다. 이것은 그리스도의 자기 희생의 장소와 존재의 원초적 습지가 결합하여 만들어진 이름이다. 그것은 블레이크 당시 런던의 일상적 현실, 즉 그 거리, 건물, 공공장소와 새로운 상상의 예루살렘을 결합한 것이다. 혹은 차라리 로스가 전자의 세속적 재료를 가지고 지속적으로 후자를 건설하는 것이라 하는 편이 나을 것 같다. 이러한 과정에서 골고누자가 창조되게 된 것이다. 블레이크의 지속적 도시는 바울의 그것과는 달리 '여기'에 있다. 동시에 끊임없이 생성과정에 있다는 의미에서 보면 '그곳'에 있다고 할 수도 있겠다. (1983, 136)

이처럼 블레이크는 예술의 신화화를 거부한다. 그것은 타락한 현실세계의 산물이다. 영원세계를 지향하면서도 현실세계의 물질적 재료를 그 소재로 사용한다. 그래서 로스의 "원형적 조각 전시실"(archetypal sculpture gallery)에는 우리 삶의 구체적 모습들이 아로새겨져 있는 것이다(IJ 155).

> 지상에서 행해지는 모든 것이 로스의 홀의 밝게 빛나는 조각 속에
> 나타나네. 모든 시대가 이들 작품으로부터 그 힘을 새롭게 한다네.
> 증오로부터 제멋대로의 사랑에 이르기까지 모든 발생할 수 있는
> 슬픈 이야기와 더불어. 모든 슬픔과 비탄도 여기에 새겨져 있네.
> 부모의 결혼이라는 유연(類緣) 관계와 우정이 여기에
> 놀라운 예술로 이루어진 다양한 조합의 형태로 그려져 있다네.

칠십년의 순례 기간 동안에 인간에게 생길 수 있는 모든 일이.
(J16.61-7; E161)

All things acted on Earth are seen in the bright Sculptures of
Los's Halls & every Age renews its powers from these Works
With every pathetic story possible to happen from Hate or
Wayward Love & every sorrow & distress is carved here
Every Affinity of Parents Marriages & Friendships are here
In all their various combinations wrought with wondrous Art
All that can happen to Man in his pilgrimage of seventy years

예술은 영원세계로의 초월을 위해 현실세계를 매도하지 않는다. 매도하고 단죄하는 것이 바로 그 타락한 현실세계에 갇히는 길이다. 오류로 가득찬 현실세계를 역사적으로 용인하는, 그러면서도 거기에 주저앉지 않는 변증법적 태도가 바로 예술 창작의 원동력이다. 그러므로 허황한 가정이지만, 오류로부터 온전히 해방된 세상이 온다면 예술은 불필요하게 된다. 아니 그 존재 자체가 불가능하게 된다. 예술은 바로 예술이 필요없는 세계를 지향하는 것이다. 이는 용서의 윤리가 그것이 필요하지 않는 세계를 지향하는 것과 같다. 그러나 이러한 역설은 역설일 뿐이다. 그러한 상태를 상정하는 것은 비역사적이다.[37] 허위 이데올로기가 빚어낸 허

37 이러한 점이 예술지상주의나 모더니즘 미학과 블레이크 시학이 갈리는 부분이다. 그에게 예술은 현실의 대체물이 아니다. 우리들 삶이 아무리 오류로 그득하다 해도 삶 자체를 매도할 수는 없다. 예술이 아무리 고상한 것이라 해도 삶을 대신할 수는 없다. 삶은 하인들보고 대신 살라고 하고 자신은 '악셀의 성'(Axel's Castle)으로 피신하는 것이야 말로 실제로는 현상유지를 바라는 지배세력에 순응하는 태도이다. 아니 지배세력이야말로 이러한 식의 미학적 가면으로 자신들의 정치권력의 추악함을 호도하려 애를 쓰고 있다. 결국 현실을 비판하며 떠나는 듯 하지만 기실은

구일 뿐이다. 그것도 매우 억압적인 허구인 것이다.

자유의 사도인 블레이크가 이러한 억압적 허위 이데올로기를 용인할 리 없다. 그것은 구체적 현실을 추상한다. 현실의 추상을 통한 현실로부터의 자유는 사이비 자유이다. 추상은 일반화를 지향하고 일반화는 오히려 억압의 근거가 된다. 현실을 초월한 예술도 사이비 예술이다. 신이라는 초월적 존재와 초월적인 천국을 내세우는 인습적 종교가 사이비 종교인 것과 동일한 이유에서이다. 그래서 블레이크는 이렇게 외친다.

> 위장 예술이 예술을 파괴하고 위장 자유가
> 자유를 파괴하며 위장 종교가 종교를 파괴한다네 (J38.35-6; E185)

> A pretence of Art, to destroy Art: a pretence of Liberty
> To destroy Liberty. a pretence of Religion to destroy Religion

블레이크에게 참된 예술과 과학은 하나이며 바로 그것이 인간의 삶이다("What is the Life of Man but Art & Science?": J77; E232). 그러니 시가 구속을 받으면 인류 전체가 구속을 받게 된다("Poetry Fetter'd, Fetters the Human Race!": J3; E146).

앨비언의 에머네이션인 예루살렘을 자유를 의미하는 것으로 상정하는 것은 이러한 사고의 연장선 상에 있다(J26; E171; J54.5). 그것은 각종 억압으로부터의 해방을 뜻한다. 율법으로부터, 단죄로부터, 과거의 기억으로부터, 이성의 닫힌 시각으로부터의 벗어남. 그것은 곧 상상력과 용서를 통

그 추악한 현실의 고착화에 기여하고 있는 것이다.

해서만 도달이 가능한 경지이다.

자유의 억압에 대한 최초의 대응은 분노로 표출되기 쉽다. 상상력의 산물인 골고누자가 『네 개의 조아들』에 맨처음 등장할 때 로스는 오르크 탄생 직후에 이를 건설하기 시작한다(FZ60.3; E340). 대몬이 적절하게 지적하고 있는 것처럼 분노의 반역이 시적 창조의 출발점인 것이다(164). 그러나 분노의 열정만으로는 부족하다. 그것은 오히려 단죄의 편향으로 흐르기 쉽다. 용서의 상상력이 개입해야 한다. 그래야만 진정한 창조의 작업이 진척될 수 있는 것이다.

그래서 골고누자를 건설하면서 휘두르는 로스의 망치를 정의와 자비와 영원한 용서의 망치라 이름하는 것이다("The blow of his Hammer is Justice, the swing of his Hammer Mercy./ The force of Los's Hammer is eternal Forgiveness": J88:49-50; E247). 블레이크에 있어 예술은 단순한 미학의 문제가 아니다. 윤리적이고 도덕적 비전과 밀접하게 관련되어 있다. 그러나 편협한 선악의 이분법을 지향하는 것은 아니라 오히려 극복하려는 것이다. 타락한 세상에서 유한한 인간이 한 데 어울려 공동체를 이루며 살아갈 방안을 제시해주어야 하기 때문이다. "시는 악을 용서하고 그 원인을 규명하며 필요한 그 정화의 길을 제시하기 위한"(Poetry is to excuse Vice & shew its reason & necessary purgation: AnnRey; E634) 것이다.

로스가 이러한 용서의 방망이로 빚어내는 골고누자의 모든 요소도 바로 이러한 인간적 덕목으로 이루어져 있다.

> 그 돌은 동정이요 벽돌은 잘 빚어진 애정이라네
> 사랑과 친절로 채색을 하였으며 황금으로 새긴 타일은

자비로운 손길의 산물이라네. 들보와 서까래는 용서이며
회반죽과 접착제는 정직한 눈물이요, 못과 나사와 철 걸쇠는
잘 빚은 칭송의 말이니 모두 정교하게 고안된 언어,
굳건하게 고정되어 결코 잊혀지지 않을 것이며
항상 기억에 위안을 줄 것이라네. 바닥은 겸손이요
천정은 헌신, 난로는 감사의 기도로 이루어져 있다네.
(J12.30-7; E155)

The stones are pity, and the bricks, well wrought affections:
Enameld with love & kindness, & the tiles engraven gold
Labour of merciful hands: the beams & rafters are forgiveness:
The mortar & cement of the work, tears of honesty: the nails,
And the screws & iron braces, are well wrought blandishments,
And well contrived words, firm fixing, never forgotten,
Always comforting the remembrance: the floors, humility,
The cielings, devotion: the hearths, thanksgiving:

2. 예언적 시인의 한계

『예루살렘』 초두에서 블레이크는 얼핏 이해가 잘 가지 않는 발언을 한다. "지상에 살고 있는 우리가 스스로 할 수 있는 일이란 없다. 모든 것이 성령의 인도함에 의존하여 이루어진다. 소화기능이나 잠자는 것도 마찬가지이다"(J3; E145)가 그것이다. 이것은 인간의 역사와 적극적인 행위를 강조해온 그간의 발언과 상치되는 것처럼 보인다.[38] 이는 블레이크 자신

38 이는 신과 인간을 동일시하는 평소 블레이크의 주장과도 어긋나는 듯하다. 아니 이러한 입장에서라

이 『예루살렘』의 창작이 의식적인 노력의 산물이라기보다는 영감에 의해 이루어진 것이라는 점을 부각시키기 위한 발언이다. 이를 두고 역사의 궁극적 주체를 초월적 신으로 상정하는 인습적 기독교로의 회귀의 증거라고 주장하는 것은 성급한 일일 것이다. 그러나 의식적인 인간 노력의 한계를 함축하는 것이라는 점까지를 부인하기는 어려울 것 같다.

작품의 마지막 부분에서 앨비언이 오류의 잠에서 깨어날 때에도 로스의 노력 자체가 이러한 결과를 가져오는 것으로 그리지는 않고 있다. 그는 절망적인 상황에서도 포기하지 않고 부단한 노력을 해왔다. 그러나 그의 이러한 노력에도 불구하고 앨비언은 잠에서 깨어나지 못한다. 오류의 극치를 나타내는 '엄호의 지천사'가 등장하는 것으로 보아 오히려 오류가 더 심해지고 있다고 할 수도 있다. 정작 앨비언을 잠에서 깨우는 것은 "신성한 입김"이다. 결국 구원은 예술적 노력 밖에서 이루어지는 것이라는 말이 된다.

> 시간이 종료되었네! 신성한 숨결이 용광로와 별 바퀴 아래에서
> 그리고 불멸의 무덤에서 앨비언 위에 쏘여졌네
> 그러자 브리타니카인 영국이 앨비언의 가슴 위에서 죽음으로부터 깨어났네
> 그녀는 창백하고 차갑게 깨어나 앨비언의 몸 위에서 일곱 번이나
> 기절을 했네 (J94.18-21; E254)

> Time was Finished! The Breath Divine Breathed over Albion
> Beneath the Furnaces & starry Wheels and in the Immortal Tomb
> And England who is Brittannia awoke from Death on Albions bosom

---

면 이 발언이 대수롭지 않은 것으로 치부될 수도 있다.

She awoke pale & cold she fainted seven times on the Body of Albion

이 점이 바로 타락한 세상에서 예술가나 예술이 지니는 의미와 연관된다. 예술가의 노력이 궁극적 구원을 담보하는 것은 아니다. 그러나 그러한 구원을 위한 길을 열어놓고 이것이 가능하도록 심각한 경지로의 추락을 방지해주는 것이다.[39] 더구나 궁극적 구원이 한번 찾아오면 영원히 지속되는 것이 아니라 오히려 또 다른 타락의 전주곡이 될 수 있다는 것을 감안하면 예술가의 노력을 과소 평가할 수 없게 된다. 예술가의 작업은 끊임없이 반복되는 타락의 순환 속에서 궁극적 구원의 비전을 간직하며 더 이상의 추락을 방지한다는 의의를 확보할 수 있다. 아니 현실주의자인 블레이크는 그렇게 여겼던 것이다.[40]

이것이 예언적 시인으로서 로스가 지니는 한계라면 한계라 할 수 있다. 그는 초월적 존재가 아니라 오류의 세계에서 살아가고 있는 구체적 인물이다. 그도 이 오류의 영향권에서 온전히 자유로울 수 없다. 그가 남들과 다른 점은 자신의 이러한 타락 가능성을 스스로 인식하고 있으며 이를 예방하기 위해 부단히 자기 노력을 경주한다는 것, 또 오류의 상태 자체에 만족하지 않고 — 그렇다고 절망하지도 않고 — 그 너머에 있는 영원세계의 비전을 지키기 위해, 혹은 영원세계에 대한 온전한 망각을 방지하기 위

39 댐로쉬의 다음 발언도 이와 연관된다.--"현존하는 예술작품은 가공품으로서 온전히 충분한 것은 아니다. 그러나 그것은 영원한 진리를 지향하는 기능이 그 안에서 수행될 수 있을 뿐만 아니라 (실제로) 수행하고 있다." 332.

40 그래서 미첼은 블레이크의 예술세계를 이렇게 규정한다.--"블레이크는 자신의 작품을, 그 의미를 초월적으로 그리고 객관적으로 보장해주는 것들이 모두 사라진 세계와 직면하여 그 의미를 인간적으로 긍정하기 위한 것으로 이해했다." 1978, 216.

해 애쓴다는 것, 자기 뿐만 아니라 친구 — 예술가에게는 독자 — 의 구원을 위해서도 자기희생적 노력을 경주한다는 것 등에 있다.

그의 작업은 더 이상 앨비언이 타락하는 것을 방지하고 잠에서 깨어나게 하는 일과, 예술창작을 방해하는 스펙터 및 에머네이션인 애니싸먼과의 재결합을 시도하는 것으로 크게 나눌 수 있다. 위에서 지적한 것처럼 구원과 관련해서도 앨비언은 이미 스스로의 한계를 드러내고 있는데, 또 하나 유의할 점은 앨비언의 타락 정도가 심해지면서 로스가 그를 직접 깨우는 일을 포기한다는 점이다. 이로 인해 앨비언이 완전히 영원세계에 등을 돌리지 않을까 하는 염려에서의 배려이지만 그의 일정한 한계를 드러내는 대목임은 분명하다.

그러나 그[로스]는 앨비언에게 말하지 않았네. 그가 신성한 비전에
등을 돌려버려 영원한 죽음의 나락으로 빠져버리지 않을까 염려해서라네
그는 앨비언과, 그의 뿌리내린 오크나무 사이에서 전쟁의 철 북으로
베일을 짜고 있는 발라 앞에서 물러났네.
밤낮으로 주님을 향해 눈물 흘리며 울부짖었네
(J71.56-60; E226)

But he spoke not to Albion: fearing lest Albion should turn his Back
Against the Divine Vision: & fall over the Precipice of Eternal Death.
But he receded before Albion & before Vala weaving the Veil
With the iron shuttle of War among the rooted Oaks of Albion;
Weeping & shouting to the Lord day & night;

이를 선지자의 역할을 포기한 것으로 간주하는 것은 물론 성급한 단정

이다. 그는 다만 그 전략을 수정했을 뿐이다.[41] 남이 깨운다고 해서 깨어날 수 있는 것이 아니다. 깨어남은 스스로 할 일이다. 성령의 도움으로 깨어나는 것처럼 묘사되었지만 기실은 그 안에 있는 성령 — 신성함, 용서를 나타내는 예수 — 이 되살아나는 것을 의미한다. 외적 존재로서 예술가가 하는 일은 이를 도와주는 일이다.

로스가 앨비언을 닦아세우지 않는 것은 당시의 열악한 정치적, 사회적 상황에 대하여 노골적인 비판을 하는 것이 변화를 추동하기는커녕 오히려 반발의 기운만을 조장할 수 있음에 대한 블레이크 자신의 깨달음과도 관련이 있다. 그것은 오히려 반동의 기운을 부추길 수 있다.

그런데 이것은 블레이크가 절감했던 자신의 외로운 처지와도 관계가 있는 깨달음이다. 그 "혼자만이 죽음과 맞서 저항하고"(alone withstand to death: J38.71; E186) 있는 상황에서는 아무리 그럴듯한 비전적 경험도 "과열에 의해 들뜬 머리의 환상"(phantom overheated brain: J4.24: E146) 쯤으로 매도되기 쉽다. 1800년대 초반 블레이크는 자신과 같은 비전적 시인이 미치광이로 치부될 수 있다는(Laocoon; E274) 심리적 압박을 절실하게 느끼고 있었다.[42]

---

41 로스의 적극적인 자세는 앨비언의 친구들이 소극적으로 하늘의 도움만을 기다리고 있는 모습에 대해 질책하는 데서도 확인된다. — "그래서 로스는 격하게 분노하게 된다. 왜 우리는 신에게 도움만을 청하며/ 이곳에서 떨고 있는가? 우리 안에 신이 임재하니 우리 스스로/ 타락하는 인간을 구원하기 위해 손을 내뻗어야 하는 것이 아닌가?"(Then Los grew furious raging: Why stand we here trembling around/ Calling on God for help; and not ourselves in whom God dwells/ Stretching a hand to save the falling Man: J38.12-4; E184)

42 블룸 등은 이러한 위기감이 '람베스 서'의 "거리낌 없는 예언시"(the outspoken prophecies)에서 『밀턴』과 『예루살렘』의 "장엄우화"(a sublime allegory)로 전략적 수정을 하게 된 동기라고 주장한다. 1963, 414 참조.

이해의 부족으로 인하여 경멸과 시기의 극단적 평가에 시달려야 하는 자신의 처지를 블레이크는 작품이나 편지 등에서 곧잘 표출하곤 했는데 벗쯔에게 보낸 편지에 삽입된 다음 시는 이를 가장 잘 나타내주고 있다.

오 나는 왜 다른 얼굴울 하고 태어났는가
왜 나는 다른 사람들과 같은 모습으로 태어나지 못했는가
내가 바라보면 사람들은 놀라고 나의 말은 상대의 비위를 건드린다네
그래서 나는 침묵하고 수동적이 되어 모든 친구를 잃게 되었네

그래서 나의 시를 불명예스럽게 하고 그림을 경멸하고
나의 사람으로의 품위를 손상시키고 나의 기질을 체벌하게 되었네
내 펜이 나의 공포요 내 연필이 나의 수치이니
나의 재능을 온통 묻어버리고 나의 명성도 죽어버렸네
나는 너무 낮게 혹은 너무 높게 칭송받고
고양되면 시기를 받고 온유하면 경멸을 받는다네 (ToButts, August 16, 1803; E733)

O why was I born with a different face
Why was I not born like the rest of my race
When I look each one starts! when I speak I offend
Then I'm silent & passive & lose every Friend

Then my verse I dishonour. My pictures despise
My person degrade & my temper chastise
And the pen is my terror. the pencil my shame
All my Talents I bury, and Dead is my Fame

I am either too low or too highly prizd

When Elate I am Envy'd, When Meek I'm despisd:

스스로 깨닫고 그 깨달음에 근거하여 스스로 행동하도록 여건을 마련해주는 것이 선지자 예술가의 몫이다. 강요하는 것은 또 다른 억압이요 자유의 박탈이다. 로스 스스로가 자신의 일을 "영원세계를 열어주는 일" 혹은 "영원세계 안으로 인간의 불멸의 눈을 열어주는 것"으로 규정하고 있는 것도 이 때문이다(J5.18; E147). 예술작품의 이해는 독자의 몫이다. 그것이 너무 명백하면(explicit) 독자를 억압할 뿐 독자 스스로 능동적으로 "행동할 수 있는 능력을 진작시켜주지" 못한다(To Trustler; E702). "불명료성"(Obscurity)의 미학은 이렇게 하여 탄생한다.

그러나 로스의 더 중요한 한계는 자신의 분신인 스펙터와의 분열과 관련된다. 스펙터는 예언적 예술가와 갈등관계에 있는 일상적 자아를 의미한다. 로스가 예언적 예술가로서 독자들의 무관심과 적대의식의 절망적인 상황에서도 희망의 명제를 도덕적 당위로서 견지하려 하는 반면, 그의 또 다른 자아인 스펙터는 절망할 것을 종용한다.[43] 로스가 용서로 앨비언 독자를 껴안으려 할 때 스펙터는 분노의 저주를 권하는 것이다.

..... 그리고 스펙터는 고통으로 울부짖으며

로스 위에 서 있네. 검은 어둠과 불투명 속에 로스를 저주하는

---

43 타락한 앨비언과 마찬가지로 단죄의 도덕률에 사로잡혀 있는 스펙터는 독자인 앨비언과 그의 자식들의 무관심과 적대의식이 동정이나 연민의 대상이 아님을 강조한다. 선악의 이분법적 단선 사고를 극복해야 한다고 다그치는 로스의 질타에 그는 절망을 대체 명제로 내세운다.--"오 사라져 버리고 싶소! 절망! 나는 절망 그 자체요!"(O that I could cease to be! Despair! I am Despair: J10.51; E153).

「예루살렘」 제96도판

어두운 허상으로. 앨비언에 대한 우정을 심하게 저주하며
앨비언에 대한 살해의 생각을 사주하면서 (J6.4-7; E149)

... and the Spectre stood over Los
Howling in pain: a blackning Shadow, blackning dark & opake
Cursing the terrible Los: bitterly cursing him for his friendship
To Albion, suggesting murderous thoughts against Albion.

우정과 형제애에 근거한 공동체를 인정하지 못하는 그를 블레이크는 "죽음의 무시무시한 그림자"(A horrible Shadow of Death: J7.4; E149) 혹은 "어둠을 드리우는 불투명한 악마"(the opake blackening Fiend: J7.8; E149)라 칭한다. 그가 로스를 유혹하기 위해 동원하는 방법은 눈물을 통한 호소요 이성적 논박이요 협박이다("by tears, by arguments of science & by terrors": J7.6; E149). 우정을 인정하지 못하는 그는 로스의 앨비언을 위한 희생의 의미를 제대로 이해할 수가 없다. 그에게는 그것이 자기 파멸의 길로 인식될 뿐이다. 그 결과는 실제 앨비언과 그의 아들들의 반응에서 확인할 수 있는 것처럼 경멸이요 저주이다(J7.9-17; E149). 스펙터는 로스의 분열의 원인도 이들의 배신에서 찾는다(J7.27-28; E149).

그런데 스펙터는 다름 아닌 로스 자신의 또 다른 모습일 뿐이다. 로스의 위대함은 자신 안에 내재하는 이러한 반대의 목소리를 스스로의 노력으로 극복해나가는 데 있다. 독자들의 무관심과 배신으로 로스 자신이 분열하게 되었는데도 그들을 용서할 것인가? 로스는 내부에서 들려오는 이 목소리가 바로 죽음으로의 길을 재촉하는 유혹의 소리임을 깨닫고 있다. 분노하며 스스로를 다그치는 그의 모습에서 우리는 예언적 지성의 한계와

위대함을 동시에 확인할 수 있다.

> 나[로스]는 그대의 속임수와 복수심을 알고 있소. 그대가 저항하지 않으면
> 나는 그대를 위해 확실하게 영원한 지옥을 만들어줄 것이오. 잘 들으오!
> 주의를 기울이오! 말 들으오! 용광로가 그대를 받아들일 준비가 되어있음을 보오
> 나는 그대를 산산조각으로 부수고 죽음의 용광로 속에서 녹여버릴 것이오
> 그대가 자신의 고집을 꺾지 않고 또 나의 준엄한 명령에 따르지 않으면 나는 그대를 혐오와 고통의 형상으로 빚을 것이오
> 나는 자식들과 차단되어 있소. 나의 에머내이션도 분열되어 있소
> 그대 나의 스펙터도 나와 분열되었소. 그러나 유념하오
> 나는 그대로 하여금 내 무시무시한 작업을 돕도록 강제할 것이오
> 이 위선적 이기심을 쓰라린 죽음의 모루 위에서 내리치도록
> 나는 영감을 받았소. 나는 내 자신이 아니라 앨비언을 위하여 행하는 것이오 (J8.7-17; E151)

> I know thy deceit & thy revenges, and unless thou resist
> I will certainly create an eternal Hell for thee. Listen!
> Be attentive! be obedient! Lo the Furnaces are ready to recieve thee.
> I will break thee into shivers! & melt thee in the furnaces of death;
> I will cast thee into forms of abhorrence & torment if thou
> Desist not from thine own will, & obey not my stern command!
> I am closd up from my children: my Emanation is dividing
> And thou my Spectre art divided against me. But mark
> I will compell thee to assist me in my terrible labours. To beat
> These hypocritic Selfhoods on the Anvils of bitter Death

I am inspired: I act not for myself: for Albions sake

이러한 로스의 다그침에 스펙터 역시 그가 "용광로의 유일한 통제할 수 없는 주인"(the sole, uncontrolld Lord of the Furnaces, J8:26; E151)임을 인정한다. 그러나 완전히 굴복한 것은 아니다. "복종을 위장"(pretending obedience, J8:28; E151)하고 있을 뿐이다.

로스는 이것이 바로 극복하기 어려운 자신의 오만과 독선의식임을 자인한다.

그대는 나의 자만심이자 독선이오. 나는 이제 알게 되었소
그대는 스스로가 지닌 모든 위대함과 권능으로 내 앞에 본 모습을 드러냈소
그대의 회개할 줄 모르는 정조에의 가장은 파괴되어야 하오
그대의 성스러운 분노와 심오한 속임수도 나에게는 소용이 없게 되었소
(J8.30-33; E151)

Thou art my Pride & Self-righteousness: I have found thee out:
Thou art reveald before me in all thy magnitude & power
Thy Uncircumcised pretences to Chastity must be cut in sunder!
Thy holy wrath & deep deceit cannot avail against me

블레이크 스스로도 이러한 심리적 분열에 의하여 탄생한 스펙터의 위력을 절감하고 있었다. 펠팜 시절을 전후하여 그 자신이 겪은 많은 좌절이 이러한 증오심에 의한 분열의 원인이라 할 수 있다. 1804년 헤일리에게 보낸 편지에서 그는 자신이 이러한 분열의 상태에서 벗어났음을 즐거운 마음으로 선언하고 있다.

저는 사실 그간 분열된 상태로 인한 공포와 두려움의 지옥을 뚫고 나왔습니다. (이는 저 이외에 아무도 모르는 일입니다만) 이제 더 이상 분열은 없습니다. 이제 더 이상 제 자신과 갈등하는 일도 없게 되었습니다. (E758)[44]

I have indeed fought thro a Hell of terrors & horrors (which none could know but myself.) in a Divided Existence now no longer Divided. nor at war with myself

이는 편집증적 증오심에 사로잡혀 복수를 꾀하는 자가 하늘의 뜻을 거스르는 범죄자("the criminal of Providence": J45.32: E194)라거나 잘못을 복수로 대응하면 영원히 파멸하게 된다("If thou revengest thy wrongs/ Thou art for ever lost": J45.36-7; E194)는 로스의 깨달음과도 연결된다.

이처럼 로스 자신도 파멸로부터 벗어나기 위해 끊임없이 거듭남을 꾀해야 하는 존재로 그려진다. 앨비언이 깨어나기 직전 블레이크의 "묵시록적 휴머니즘"이 잘 드러나 있는 로스의 연설은 평생동안 그를 괴롭혔던 내적 갈등과 이를 극복하기 위한 완벽에 가까운 수련의 산물이라 할 수 있다(J91.1-30; E251; Bloom 1963, 428). 그런데 여기서 주목할 점은 이 연설의 대상이 로스 자신의 스펙터라는 사실이다. 결국 가장 중요한 장애 요소가 자기 내부에 있다는 말이다. 댐로쉬의 지적처럼, 자기 용서가 인간의 분열상에 대하여 블레이크가 제시한 해결책이듯, 스펙터에 대한 용서

44 『예루살렘』에서도 서른일곱 번째 도판에 거꾸로 쓴 글에서 이를 다시 한 번 분명히 하고 있다. "모든 사람이 그 시간이 도래할 때까지는 자신의 스펙터의 지배하에 있네. 그 때가 되면 그의 인간성이 깨어나 자신의 스펙터를 호수에 내팽개치게 되네"(Each Man is in his Spectre's power Untill the arrival of that hour, When his Humanity awake And cast his Spectre into the Lake: E184).

와 이를 통한 재결합이 예술을 통한 영원세계로의 비약을 위해 필수불가결한 과정으로 제시되고 있는 것이다(336).

04
상상력과 용서

바우라(C. M. Bowra)의 지적이 아니더라도, 낭만주의 시인들과 18세기 시인들을 구분하는 중요한 특징으로 흔히 이들이 상상력에 두는 비중의 차이를 꼽는다(1). 특히 드라이든(John Dryden)이나 포프(Alexander Pope) 등 신고전주의 초기 시인들은 상상력에 제한적인 의미만을 부여했다. 그들에게 상상력은 "판단력"(judgment)에 의해 통제되어야 하는 공상(fancy)에 불과한 것이었다.

소위 "감수성의 변화"(Shift of Sensibility) 이후, 덕을 행하는 유일한 동기로서 이성과 비정서적 의지를 강조한 스토아주의(Stoicism)에 반대하여 나타난 '감수성의 시인'들이 선천적인 정조(情操, sentiment)인 자비심을 중시하며 상상력에 일정한 의미를 부여하고 있지만 낭만 시인들과는 차원을 달리한다 할 수 있다.[45] 이들은 여전히 경험주의적 사고방

45 블레이크가 강조하는 '용서의 상상력'은 사실, 이들이 중요하게 여기는 "공감적 상상력"(sympathetic imagination)의 변형이라 할 수 있다. 다른 낭만 시인들이 상상력의 문제를, 특히 모더니즘

식에 입각하여 상상력을 다양한 감각적 경험 재료를 통합하는 능력 정도로 간주했다. 창조의 능력이라기보다는 연상(association) 능력정도로 여겼던 것이다(Hill 11-3).

이들 또한 드라이든이나 포프와 마찬가지로 개인의 독특한 감정에 탐닉하기보다는 인간의 공통의 경험을 보편 언어로 표현하는 것을 중시했으며 다양하고 신비로운 삶을 구체적으로 그리기보다는 낯익은 풍경에서 발견된 일반적 특성을 절제된 언어로 아우르는 일에 더 많은 관심을 보였다.

반면 낭만주의자들은 보편의 원리보다 구체적인 삶의 다양한 양태를 중시한다. 그들은 이 일상적이고 평범한 구체적 삶의 모습에서 경이로운 의미를 끌어낸다. 이들에게 있어 경탄(wonder)은, 존슨(Samuel Johnson)이 지적하는 것처럼 무지의 소산이 아니라 창조적 감수성의 증거이다. 그들에게 인식의 주체는 결코 로크가 말하는 '백지 상태'(*tabula rasa*)의 "한가로운 방관자"(a lazy looker-on)가 아니다. 에이브람즈(M. H. Abrams) 식의 비유로 말하자면, 인간의 마음은 사물을 단순히 반영하는 거울과 같은 것이 아니라 그 외적 대상에 새로운 의미의 빛을 투사하는 등(lamp)과 같은 것이다. 의미가 외적 대상에 객관적으로 존재하며 그것을 주관에게 강요하여 그로부터 파생되는 것이 아니라, 주체의 상상력에 의해 창출되는 것이다. 그러니 낭만시인들에게는 상상력이 바로 실체요 로고스요 영원의 세계라 할 수 있는 것이다.

적 해석에 의하면, 미학적인 것에 국한시키고 있는 반면 블레이크는 이를 윤리 및 정치의 영역으로까지 확대시키고 있는데, 이러한 태도는 18세기 전통의 충실한 계승이라 할 수 있는 것이다. 이러한 점이 바로 앞서 지적한 변증법적 시인으로서 블레이크의 독특한 면모이기도 하다.

블레이크라고 예외일 수는 없다. 아니 오히려 가장 치열한 상상력의 대변자라 여겨도 좋을것이다. 다음도 상상력의 중요성을 강조하는 그의 수많은 발언 중에 하나일 뿐이다.

> 상상력의 세계는 영원의 세계이다. 그곳은 우리가 식물적 육신의 죽음 뒤에 들어가게 되는 신성한 가슴이다. 이 상상력의 세계는 무한하고 영원하다. 반면 생식과 식물적 증식의 세계는 유한하고 일시적이다. 그 영원한 세계에 우리가 보는 모든 것의 영구한 실체가 존재한다. 우리가 자연이라는 식물적 유리그릇에서 보는 것은 그것의 반영된 모습일 뿐이다. 모든 것이 그들의 영원한 형상 속에서 이해될 수 있는 것은 구세주의 신성한 몸, 영원세계의 진정한 포도덩굴인 인간의 상상력을 통해서인 것이다. (VLJ; E555)

> This world of Imagination is the World of Eternity it is the Divine bosom into which we shall all go after the death of the Vegetated body This World of Imagination is Infinite & Eternal whereas the world of Generation or Vegetation is Finite & Temporal There Exist in that Eternal World the Permanent Realities of Every Thing which we see are reflected in this Vegetable Glass of Nature All Things are comprehended in their Eternal Forms in the Divine body of the Saviour the True Vine of Eternity The Human Imagination

대몬의 지적처럼, 블레이크에게 상상력은 신과 인간의 가장 중요한 능력("central faculty")이다(195). 이 능력이 신과 인간을 하나 되게 해준다. "인간의 영원한 몸이 상상력 즉 신 자신이며, 신성한 몸 예수인"("The Eternal Body of Man is The Imagination, that is, God himself, The

Divine Body, Jesus": Laocoön; E273) 것이다.[46]

상상력을 통해서 본 세상은 겉모습이 그 전부가 아니다. 그것은 겉표면 속에 감추어져 있는 경이로운 내면 즉 영원의 세계이다. 블레이크에게는 이것이 바로 실체이다. "모든 것이 인간의 상상력 안에 존재한다"(All Things Exist in the Human Imagination: J69.25; E223)는 말은 이런 의미에서 나온 것이다. "모든 동물과 식물, 땅과 하늘이 영광스러운 상상력 안에 포함되어 있었다"(All Animals & Vegetations, the Earth & Heaven/ Were Contained in the All Glorious Imagination; J49.13-4; E198). 그런데 지금은 그렇지 못하다. 이성이라는 협애한 인식의 압제 때문이다.

영원의 비전도 협애한 지각의 이성에 의하면
죽음의 이랑에 고착된 시공의 비전이 되나니. 결국 심각한
숨기기가 정직한 사람에게 남아 있는 유일한 방어수단이 되오
오 죽음의 폴립이여, 유럽과 아시아의 전역에 걸쳐 죄에 대한
희생의 법에 의해 인간 형상을 시들게 하는 스펙터여
정조와 혐오의 법에 의해 나도 시들어 버렸소.
자기 자신의 이기심 안에서 모두가 순수하고 성스러운
천국을 건설하려 애쓰며, 타고난 이기적 정조를 핑계로 동정과
소중한 상호간의 용서를 내팽개친 채 (J49.21-9; E198)

The Visions of Eternity, by reason of narrowed perceptions,

46 신 혹은 예수를 상상력과 동일시 하는 발언을 우리는 작품 『예루살렘』의 곳곳에서 확인할 수 있다. J5.58; 24.23; 60.57; 74.13; E 148; 169; 211; 229.

Are become weak Visions of Time & Space, fix'd into furrows of death;
Till deep dissimulation is the only defence an honest man has left
O Polypus of Death O Spectre over Europe and Asia
Withering the Human Form by Laws of Sacrifice for Sin
By Laws of Chastity & Abhorrence I am witherd up.
Striving to Create a Heaven in which all shall be pure & holy
In their Own Selfhoods, in Natural Selfish Chastity to banish Pity
And dear Mutual forgiveness;

이 인용문에서도 확인할 수 있듯이, 블레이크는 상상력을 통한 본래의 세상에 대한 인식을 방해하는 것으로 단죄의 도덕률을 들고 있다. "죄에 대한 희생을 강조하는 도덕률", "이기적인 순결"을 앞세워 "동정과 상호간의 용서"를 추방하는 "혐오스러운 율법"을 바로 상상력의 적으로 그리고 있는 것이다.

상상력은 이성 및 "추상의 철학"과 적대적이다("Abstract Philo-sophy warring in enmity against Imagination": J5.58; E148). 이것이 곧 단죄 논리의 근거를 제공해주기 때문이다. '여성의지'를 대변하는 라합이 "개인에게 죄를 씌우며" "상상력을 파괴하기 위해" 궁리하는 것도 바로 이 "추상의 철학"인 것이다(J70.17-9; E224).

이때 특히 블레이크가 주목하는 것은 "상상력이 기억력과 아무런 관계도 없다"(Imagination has nothing to do with memory)[47]는 점이다.[48] 과거의

47 Arthur Simons, *William Blake*, 301. Damon 267에서 재인용.

48 이 점이 바로 추상적 이론가인 고드윈과 예언적 시인 블레이크가 갈라서는 부분이다. 경험적 인식론에 근거하고 있는 고드윈에게 상상력은 기억력과 동일한 것이다. 그것은 기억력의 한 형태

기억에 얽매이는 것은 창조적 상상력의 비상을 방해한다. 블레이크의 시 작품에서 "기억의 딸들"이 "영감의 딸들"과 대조적인 존재로 등장하는 것은 이 때문이다. 이 또한 과거의 행위에 집착하는 경우 용서가 불가능하다는 주장과 상통하는 부분이다.

이는 과거나 과거의 행적을 없었던 것으로 치부하자는 것이 아니며 그것들이 무의미하다는 것도 아니다. 단지 새로운 창조적 삶을 위하여 그것에 얽매이지 말자는 것이다. 그것이 현재와 미래의 삶을 지속적으로 지배하도록 방치해서는 안 된다는 말이다.[49] 과거에 대한 기억이나 죄의식에 사로잡혀 있는 것은 타락한 질곡의 현상태를 공고하게 할 뿐이다.

이러한 인식은, 프랑스 혁명 세력이나 이에 동조하는 영국내 진보세력에 대한 지배계층의 단죄가 프랑스와의 전쟁을 야기했고, 개인적으로 헤일리나 스콜필드, 혹은 부인 캐서린이나 또 다른 자기인 스펙터에 대한 분노와 적개심이 스스로의 예술 창작활동을 심각하게 저해한다는 블레이크 자신의 깨달음과도 연결된다. 사실 '선동죄 재판'도 전쟁으로 인한 억압적인 단죄 분위기와 무관하지 않은 것이다.

로서, 기억으로부터 감각적인 상(images)을 회상하여 이를 실제 존재하지 않는 감각적 존재로 재현하는 능력을 의미한다(Hill 11 참조). 고드윈의 얘기를 들어보자.--"우리가 익숙히 알고 있는 한 인간의 마음은 인식의 능력 이상 아무것도 아니다. 우리의 모든 지식, 모든 생각 및 우리가 지적 존재로서 소유하고 있는 모든 것은 인상으로부터 비롯된다. 현존하는 모든 마음은 절대적인 무지로부터 시작한다. 그것은 우선 하나의 인상을 받아들이게 되고 이어 두 번째 것을 얻게 된다. 인상이 좀 더 다양해지고 또 기억력의 도움으로 쌓이게 되며 연상의 능력에 의해 결합함에 따라, 경험이 증가하게 되고, 경험이 증가함에 따라 지식과 지혜, 그리고 우리가 '골짜기의 흙덩이'로 이해하는 것으로부터 우리 인간을 구별해주는 모든 것이 증가하게 된다." *Enquiry Concerning Political Justice* (1793) IV. Hill 11에서 재인용.

49 여기서 능동적 주체로서의 적극적인 행동을 강조하는 블레이크의 말을 다시 한 번 상기할 필요가 있겠다. AnnLav; E601 참조.

자신의 작품에 대한 독자들의 무관심이나 적대의식에 대해서도 블레이크는 같은 반성을 하고 있다. 그것에 분개하여 그들을 믿지 못하게 되면 창작활동을 계속할 수 없다. 읽어 줄 독자를 상정하지 않고 어떻게 예술 창조행위를 지속할 수 있단 말인가? 언젠가는 무관심이나 적대의식을 떨쳐버리고 독자들이 자신의 비전을 이해해주리라는 기대가 예술가로서 블레이크가 끝까지 견지하고픈 희망의 불씨였던 것이다.

블레이크에게 상상력에 의한 예술 창작 행위는 곧 자신과 독자를 용서함과 동시에 독자들로 하여금 잠재적으로 간직하고 있는 용서 즉 상상력의 능력을 일깨우기 위한 작업이다. 그래야만 전쟁을 획책하는 '제국'의 병든 상태도 치유할 수 있게 된다. 상상력의 예술은 바로 예술가 스스로가 빠지기 쉬운 단죄의 오류와 '제국'이 처한 단죄의 전쟁이라는 병든 상태에 대한 진단이며 이를 치유하기 위한 노력인 것이다.

독자 앨비언의 가슴 속으로 들어가는 예술가 로스의 작업이 바로 이러한 것이다. 그는 죽음의 상태에 잠들어 있는 앨비언의 상상력을 일깨우려 한다. 상상력이 실체이고 모든 것을 포함하고 있으니 앨비언의 가슴 속에 이미 모든 것이 존재하고 있다고 할 수 있다. 모든 것이 외적인 것으로 보이지만("tho' it appears Without"), 사실은 "내적인"(Within) 것으로 앨비언의 상상력 안에 존재한다. 외적인 "필멸의 세상은 그 그림자에 불과하다"(this World of Mortality is but a Shadow)(J71.17-9; E225). "기억력은 항상 (극복해야 할) 상태이지만"("The Memory is a State always": M32.34; E132), 상상력은 '상태'가 아니라 "인간존재 자체"(Human Existence itself)이다(M32.32; E132). 블레이크가 내면으로의 확장을 강조하는 이유도 바로 여기에 있다.

상상력이 택하는 방향은 기계적 축적이나 분석의 길이 아니다. 기계

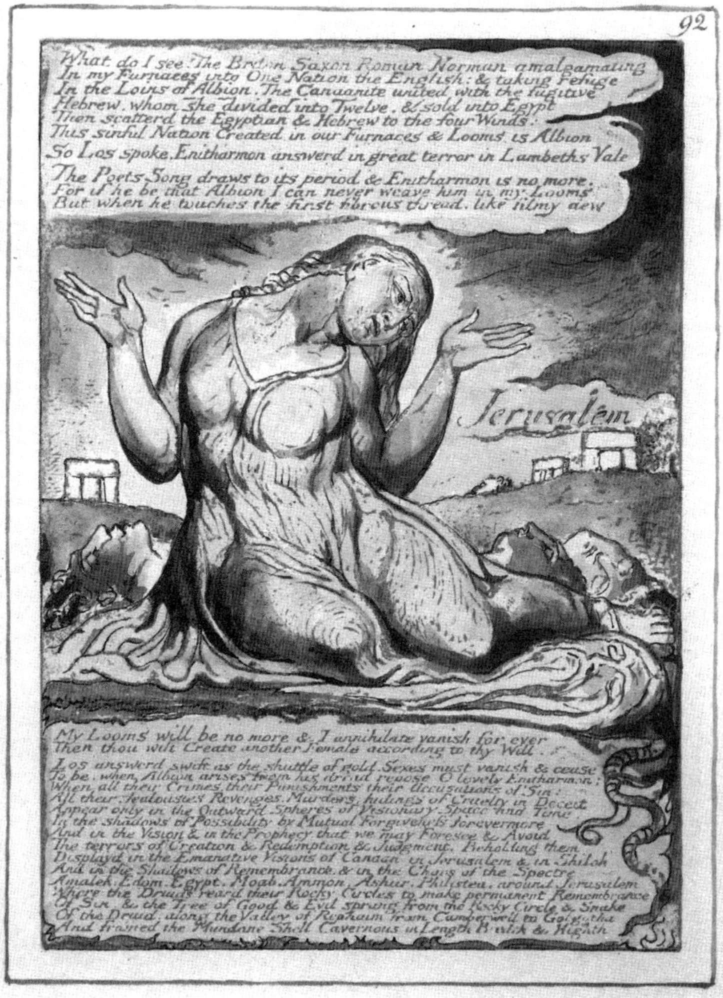
92
What do I see! The Briton Saxon Roman Norman amalgamating
In my Furnaces into One Nation the English: & taking refuge
In the Loins of Albion. The Canaanite united with the fugitive
Hebrew, whom she divided into Twelve, & sold into Egypt
Then scatterd the Egyptian & Hebrew to the four Winds:
This sinful Nation Created in our Furnaces & Looms is Albion
So Los spoke. Enitharmon answerd in great terror in Lambeths Vale
The Poets Song draws to its period & Enitharmon is no more.
For if he be that Albion I can never weave him in my Looms
But when he touches the first fibrous thread, like filmy dew
Jerusalem
My Looms will be no more & I annihilate vanish for ever
Then thou wilt Create another Female according to thy Will.
Los answerd swift as the shuttle of gold. Sexes must vanish & cease
To be, when Albion arises from his dread repose O lovely Enitharmon:
When all their Crimes, their Punishments their Accusations of Sin:
All their Jealousies Revenges. Murders. hidings of Cruelty in Deceit
Appear only in the Outward Spheres of Visionary Space and Time
In the shadows of Possibility by Mutual Forgiveness forevermore
And in the Vision & in the Prophecy, that we may Foresee & Avoid
The terrors of Creation & Redemption & Judgment. Beholding them
Displayd in the Emanative Visions of Canaan in Jerusalem & in Shiloh
And in the Shadows of Remembrance, & in the Chaos of the Spectre
Amalek, Edom, Egypt, Moab, Ammon, Ashur, Philistea, around Jerusalem
Where the Druids reard their Rocky Circles to make permanent Remembrance
Of Sin. & the Tree of Good & Evil sprung from the Rocky Circle & Snake
Of the Druid, along the Valley of Rephaim from Camberwell to Golgotha
And framed the Mundane Shell Cavernous in Length Bredth & Highth

「예루살렘」 제92도판

적 축적은 생명이 없는 덩어리를 초래할 뿐이며 분석은 생명을 말살시킨다. 로스는 상상력에 의한 예수의 길과 분석과 축적에만 의존하는 스펙터의 길을 이렇게 대비시키고 있다.

> 신을 보고자 하는 이는 그를 그의 자녀에게서 보아야 하나니 우선은 우정과 사랑에서, 다음은 신성한 가족에게서. 그 한 가운데에서 예수가 나타날 것이라. 그러니 비전 그 완벽한 전체를 보고자 하는 이는 그것을 세세한 개별자 속에서 보아야 하노라. 그것은 유기적이고 그대가 가장하는 것과는 다른 모습이라 오 독선의 악마여......
> 그대는 개별자를 축적하고 분석함으로써 살해하고 있나니, 그리하면 그대는 덩어리를 얻게 되나니. 그대는 그 덩어리를 도덕률이라 부르게 되리라 (J91.18-27; E251)

> He who would see the Divinity must see him in his Children
> One first, in friendship & love; then a Divine Family, & in the midst
> Jesus will appear; so he who wishes to see a Vision; a perfect Whole
> Must see it in its Minute Particulars; Organized & not as thou
> O Fiend of Righteousness pretendest; . . .
> You accumulate Particulars, & murder by analyzing, that you
> May take the aggregate; & you call the aggregate Moral Law:

1. 세세한 개별자

상상력의 길은 환원이나 연역의 길이 아니다. 개개의 의미를 보편적 원리와 연계함으로써 확보하는 것이 아니라 그 자체로 인정하는 것이다. 그 자체로 영원으로 확장될 수 있으며 그 자체로 무한하기 때문이다. 개개의 생명체는 자기 나름의 신성한 의미를 지니고 있다. 다만 문제가 되는 것은 타락한 이성의 압제에 의하여 감각이 위축하여 그 본 모습을 인식하지 못하는 것이다. 오관으로 감각하고 이성으로 추론한 것만을 진실로 받아들이는 것이 그 본 모습을 보지 못하게 하는 것이다.

추상화나 일반화는 이러한 개인적 자질을 말살시켜 버린다. 장미에게서 그 붉음을 백합에게서 그 흰 빛을 제거해버리는 것이다(E595). 그것이 곧 압제다. 사자와 황소의 특성을 무시하고 하나의 법(원리)으로 다스리려는 것이 압제인 것과 마찬가지 이유에서이다(E44). 일반화는 바보의 짓이며 바보는 용감하다(E641). 쉽게 판단하고 쉽게 단죄할 수 있는 것이다. 이는 용서의 행위와 반대되는 길이다.

예술의 중요한 역할은 사물이나 생명체의 본 모습을 볼 수 있게 해주는 일이다. 예술가 스스로 상상력을 통해 대상의 독특한 자질을 "세세한 개별자" 형태로 볼 수 있어야 하며 독자로 하여금 그것을 볼 수 있도록 도와야 한다. 그러나 그것은 교조적인 것이어서는 안된다. 모든 것을 다 구축해 놓고 독자를 훈육하는 방식이 아니라 독자 스스로 보고 깨달을 수 있도록 도와주어야 하는 것이다.

로스가 앨비언의 가슴 속으로 파고 들어가는 것은 바로 앨비언의 '세세한 개별자' — 블룸의 표현을 빌자면, '인간을 구성하고 있는 더 이상 환원할 수 없는 개성적 자질'— 를 파악하는 동시에 그것을 부활하도록 하기 위한 것이다(1963, 399). 그러나 그가 타락한 앨비언에게서 목격한 것은 이 구체적인 개별자들이 추상적 도덕률로 응축된 모습이다.

> 그리고 [로스는] 보았네. 모든 세세한 개별자인 앨비언의 보석이

마치 혐오스러운 것인 양 거리와 골목길의 시궁창을 따라 흐르는 것을, 모든 보편적 형상이 도덕적 덕목의 황량한 산으로 변해버리고
모든 세세한 개별자도 모래알로 굳어져 버렸음을. (J45.17-20; E194)

And saw every minute particular, the jewels of Albion, running down
The kennels of the streets & lanes as if they were abhorrd.
Every Universal Form, was become barren mountains of Moral
Virtue: and every Minute Particular hardend into grains of sand:

그래서 그는 처음에는 이 탐사에 실패하고 만다("But Los/ Searched in vain": J45.12-3; E194). 앨비언의 '세세한 개별자'가 "고독과 어두운 절망"속에서 타락하고 살해되었기 때문이다. 그는 이러한 현상이 누구 때문에 발생하게 되었는지도 알지 못한다("But saw not by whom": J45.6-8; E194). 사실 그 원인은 앨비언 자신에게 있다고 할 수 있다. 독선적인 도덕률을 내세우다가 유리즌처럼 고독과 절망의 나락에 빠지게 된 것이다. 그러나 그 잘잘못의 원인을 규명하는 것이 중요한 게 아니라 앨비언을 이 '죽음의 상태'에서 깨어나게 하는 것이 급선무다. 로스의 작업은 바로 이처럼 타락하고 살해당한 '세세한 개별자'를 되살리는 일이다. 이는 용서의 상상력을 통하여 가능하다. 그 스스로 스펙터의 유혹과 협박에 굴복하여 이러한 상태에 있는 앨비언을 단죄하고 포기해 버린다면 앨비언의 구원은 영영 불가능한 것이 되고 만다. 예술창작 또한 무망한 것이 될것이다. 독자를 저주하면서 예술창작을 지속할 수는 없기 때문이다.

앨비언의 이러한 태도는 블레이크 자신의 예술세계를 이해하지 못하고

시기와 무관심으로 응대하는 당시 독자들에 대한 것이다. 블레이크가 작품 초두에서 독자들에게 용서를 비는 것도 이와 무관하지 않다. 용서는 상호적인 것이다. 예언적 시인으로서 블레이크-로스도 선악의 이분법에 사로잡혀 자신의 예언의 진단을 이해하지 못하고 단죄의 비판만을 일삼는 독자-앨비언을 용서해야 하지만, 독자-앨비언도 예언적 시인의 '복음'을 올바르게 이해하기 위해 먼저 용서의 상상력을 회복해야 한다. 앨비언의 '세세한 개별자'를 제대로 파악하기 위해서 우선 로스의 상상력이 필요하지만 앨비언도 로스의 예술세계를 이해하기 위해서는 스스로의 '세세한 개별자'를 되살려 용서의 상상력을 회복해야 하는 것이다.

로스의 상상력은 앨비언과의 관계를 "거짓된 우정"(deceitful Friendship)이라 강변하는 스펙터를 용서해나가는 과정에서 작동된다(J7.9-8.44; E149-51). 앨비언이 자기 분열의 원인임을 인정하면서도 이를 탓하지 않고 오히려 스스로의 분노와 적개심을 극복해가는 로스의 모습이 바로 용서행위의 모범이라 할 수 있는 것이다.

> 나는 아노라 앨비언이 나를 분열케 하였음을, 또한 그대 나의 스펙터여 그대가 화를 낼 충분한 이유가 있음을. 그러나 나를 똑바로 쳐다보라
> 나의 능력에서 위안을 찾으라. 때는 오게 마련이니
> 모든 앨비언의 상처가 아물고 무덤에서 부활하여 불멸 속에
> 열 겹으로 더 빛나는 앨비언을 우리가 다시 껴안게 되는 때가
> 분노로 분열한 자들은 동정심으로 다시 결합해야 하나니
> 우리가 시범과 본보기를 보여주자 오 나의 스펙터여
> 오 내가 분노를 억제할 수 있기를! 오 하느님의 어린 양이
> 나를 굽어 살피어 격노에 차있는 나를 동정하기를 (J7.52-60; E150)

I know that Albion hath divided me, and that thou O my Spectre,
Hast just cause to be irritated: but look stedfastly upon me:
Comfort thyself in my strength the time will arrive,
When all Albions injuries shall cease, and when we shall
Embrace him tenfold bright, rising from his tomb in immortality.
They have divided themselves by Wrath. they must be united by
Pity: let us therefore take example & warning O my Spectre,
O that I could abstain from wrath! O that the Lamb
Of God would look upon me and pity me in my fury.

작품『예루살렘』속의 예루살렘은 작품 자체를 대변하기도 한다. 그녀가 앨비언의 아내가 될 수 없음("Albion I cannot be thy Wife": J45.44; E195)을 한탄하는 것은 바로『예루살렘』이 독자 앨비언에게 받아들여지지 않는 것을 함축한다. 이는 "오직 신에게만 속하는" 그래서 "신성하다"고 할 수 있는 앨비언의 '세세한 개별자'가 '여성의지'의 대변자인 발라에게 사로잡혀 있기 때문이다(J45.44-5). 앨비언이 자기 소유임을 주장하는("Albion is mine!": J45.50; E195) 발라는 독선의식과 단죄의 논리에 사로잡혀 있다. 앨비언이 발라의 소유라는 말은 당시 영국의 독자들이 전쟁의 소용돌이 속에서 사람들을 적과 아군으로만 편가름하는 선과 악의 이분법 논리에 휩싸여 있음을 함축한다. 그러니 동포애를 부르짖는 블레이크의 예언의 소리가 제대로 이해될 수 있겠는가? 발라는 그래서 예루살렘 — 혹은 작품『예루살렘』— 을 이렇게 매도하는 것이다.

여기에서 우리는 그대의 죄를 보노라. 그래서 그대를 추방하노라
그대를 전적으로 피하기 위해, 그대의 죄 때문에 놀라서

그대가 순수하지 못하고 창녀이기 때문에. 그리고 그대의 자식들,
간음에 의한 자식들은 희생을 위해, 고기나 술의 제물로 태어났노라
영광스러운 싸움과 전투와 전쟁을 지탱하기 위해
인간이 그대 미혹의 죽음을 통하여 정화될 수 있도록 (J45.61-6; E195)

And here we have found thy sins: & hence we turn thee forth,
For all to avoid thee: to be astonishd at thee for thy sins:
Because thou art the impurity & the harlot: & thy children!
Children of whoredoms: born for Sacrifice: for the meat & drink
Offering: to sustain the glorious combat & the battle & war
That Man may be purified by the death of thy delusions.

'세세한 개별자'란 영원한 개별적 존재가 이 세상에서 겉으로 드러난 모습이다(Damon 280). 우리가 이 세상에서 접할 수 있는 구체적 모습인 것이다. 대몬의 이에 관한 예증적 설명은 도식적이기는 하지만 간명하여 귀를 기울여 봄직하다.

> 신의 세세한 개별자는 인간이요, 인간의 세세한 개별자는 그들의 자녀이며, 삶의 세세한 개별자는 삶의 즐거움, 특히 사라의 포옹이다. 윤리의 세세한 개별자는 심판이 아니라 용서요, 예술의 세세한 개별자는 비전과 완성된 예술 작품이며, 과학의 세세한 개별자는 기본적 사실이다. 간단히 말해 그것은 우리가 마주치는 현실인 것이다. (280)

이를 소중하게 여기는 것은 개성을 중시하는 낭만주의의 경향과 닮아 있다. 블레이크도 다른 낭만 시인들처럼 구체적인 것을 사상(捨象)시켜

보편성을 구축하려는 이전 시대의 경향에 반발하였다. 이들이 경시한 구체적 세부사항이야말로 블레이크에 있어서는 인식의 핵심을 이루는 것이다. 당시 예술 담론의 주류를 이루고 있던 레이놀즈에 대한 비판도 이러한 점에 초점이 맞추어져 있다.

> 미세한 차별은 우연한 것이 아니다. 모든 숭엄은 미세한 차별에 근거하고 있다. (AnnRey; E643)
>
> Minute Discimination is Not Accidental. All Sublimity is founded on Minute Discrimination
>
> 일반적 자연이란 무엇인가? 그러한 것이 존재하는가? 일반적 지식이란 무엇인가? 그러한 것이 있는가? 엄밀하게 말해서 모든 지식은 개별적인 것이다. (AnnRey; E648)
>
> What is General Nature is there Such a Thing what is General Knowledge is there such a Thing Strictly Speaking All Knowledge is Particular

블레이크는 분명한 선을 중시한다. 『천국과 지옥의 결혼』에서 밝히고 있는 것처럼, 예언자 이사야나 에스겔과 같이 새로운 인식에 눈뜨기 위해서는 "감각적 즐거움의 증진"(an improvement of sensual joy)이 필요하다(MHH14; E39).[50] 이를 통하여 드러난 진실의 모습은 막연하거나

---

50 앞에서 지적한 것처럼, 블레이크는 이를 산(酸)의 부식에 의한 인쇄술에 비유하고 있다. 새로운 인식은 낡은 인식 태도의 파괴를 통하여 가능하게 된다. 산이 동판의 표면을 부식할 때 비전의 모습이 구체적으로 드러나듯 오류의 껍질에 덮여있는 진실은 그 오류의 표면을 제거했을 때에

추상적인 것이 아니다. 볼 수 없고 알 수도 없는 신비스러운 것이 아니다. 그것은 구체적이며 가시적이다. 진실이 볼 수 없고 신비스러운 것이라는 주장에는 어떤 불순한 음모가 숨어 있을 수 있다. 기득권자들이 신을 접근할 수 없는 신비롭고 불가해한 존재로 추상화할 때의 음모와 같은 것이다.[51]

블레이크가 레이놀즈의 회화기법이나 버어크(Edmund Burke)의 숭고함의 미학에 반대한 이유도 여기에 있다. 그에게 있어 "애매모호함은 숭고함의 원천도, 다른 어떤 것도 아니다"(Obscurity is Neither the Source of the Sublime nor any Thing Else: AnnRey; E658)

다른 낭만 시인들의 "불가시성의 미학"(an aesthetic of invisi-bility)과 갈라지는 지점도 바로 여기서부터이다. 낭만주의의 상상력 이론에 의하면 이미지, 상, 회화적 인식 등은 수상한 것이다. 상상력이 "단순한 가시화"(mere visualization)를 초월한 그 이상의 것과 연관되는 것이기 때문이다(Mitchell 1986, 48-9).[52] 이들은 18세기 신고전주의자들의 회화적 시

만 드러나는 것이다.

51 이처럼 스스로의 모습을 감추는 신의 모습은 "To Nobodaddy"에 잘 그려져 있다. -- "왜 당신은 말이 없고 보이지도 않는가,/ 질투의 아버지여?/ 왜 당신은 모든 탐구의 눈으로부터/ 구름 속에 스스로를 감추시는가?// 왜 당신의 말과 법에는/ 어둠과 불투명성이 존재하는가?/ 그 간교한 뱀의 턱으로부터가 아니고는/ 과일을 먹지 못하게 하기 위함인가?/ 아니면 은밀함이 여성의 커다란 지지를 받기가 용이해서인가?"(Why art thou silent & invisible,/ Father Jealousy?/ Why Dost thou hide thyself in clouds/ From every searching Eye?// Why darkness & obscurity/ In all thy words & laws,/ That none dare eat the fruit but from/ The wily serpent jaws?/ Or is it because Secrecy gains females' loud applause? (E 471)

52 워즈워스는 우리의 시각을 우리의 감각 중 가장 "전제적인(despotic)"인 것이라 했고 코울리지는 상징과 알레고리를 구분하면서 후자를 단순한 "회화 언어(picture language)"라 하여 도외시하였다. 키쯔도 사실적 묘사의 유혹을 경계하였으며 셸리는 보이지 않는 종달새의 노래 소리에서 진정한 영감의 원천을 찾았다.

학(pictorialist poetics)에 반대한 버어크의 이론에 따라, 시를 애매하고, 신비스럽고, 불가해한 것 즉 숭고한 것을 제시하는 데 가장 적합한 예술 양식으로 간주하였다. 워즈워스가 주장하듯 이들에게 있어 시인은 사람들에게 말을 하는(speaking) 것이지 글을 쓰는(writing) 것이 아니다. 그들이 민요 등 구전 전통을 중시한 것도 이와 연관된다. 이로 인하여 시는 회화와의 동반관계를 청산하고 음악의 "자매예술(sister art)"이 되는 것이다(Watson 23).

우리는 여기서 소리중심의 불가시성 미학과 회화적인 것을 중시하는 가시성 미학이 지니는 정치적 함의에 주목할 필요가 있다. 이에 관해 치밀한 분석을 시도하고 있는 미첼에 의하면, 낭만주의자들의 '가시적 언어'에 대한 적대의식은 프랑스 혁명에 대한 이들의 태도와 연관된다. 이들도 처음에는 혁명을 열광적으로 지지했지만 나중에는 대개 보수입장으로 돌아서게 된다. 이러한 보수적 성향이 바로 이들의 '글쓰기 이데올로기'와 깊은 상관관계가 있다는 것이다. 페인과 버어크의 논쟁에서 확인할 수 있듯 보수주의자들은 법의 근본정신을 성문화되지 않은 관습이나 전통에서 찾는다. 반면 페인처럼 국민회의의 인권선언을 중시하는 혁명 옹호론자들에게 있어 법이란 이상이 아니라 문자로 기록된 구체적 실재이다. 성문화하지 않은 법은 아무런 의미도 지니지 못한다. 프랑스 혁명은 인쇄술의 발달로 인한 팜플렛 등에 의해 가능하게 되었다. 그래서 프랑스 공화국이 "문자 공화국(republic of letters)"이라 불리는 것이다(Mitchell 1986, 52).

영국 낭만주의는 이런 프랑스 계몽주의에 대한 우상파괴적 대응의 한 형태라 할 수 있다. 워즈워스의 '서적공포증'이나 코울리지의 도서에 대한 경멸적 태도들은 이러한 반계몽주의적 보수주의 정치이념과 깊은 관

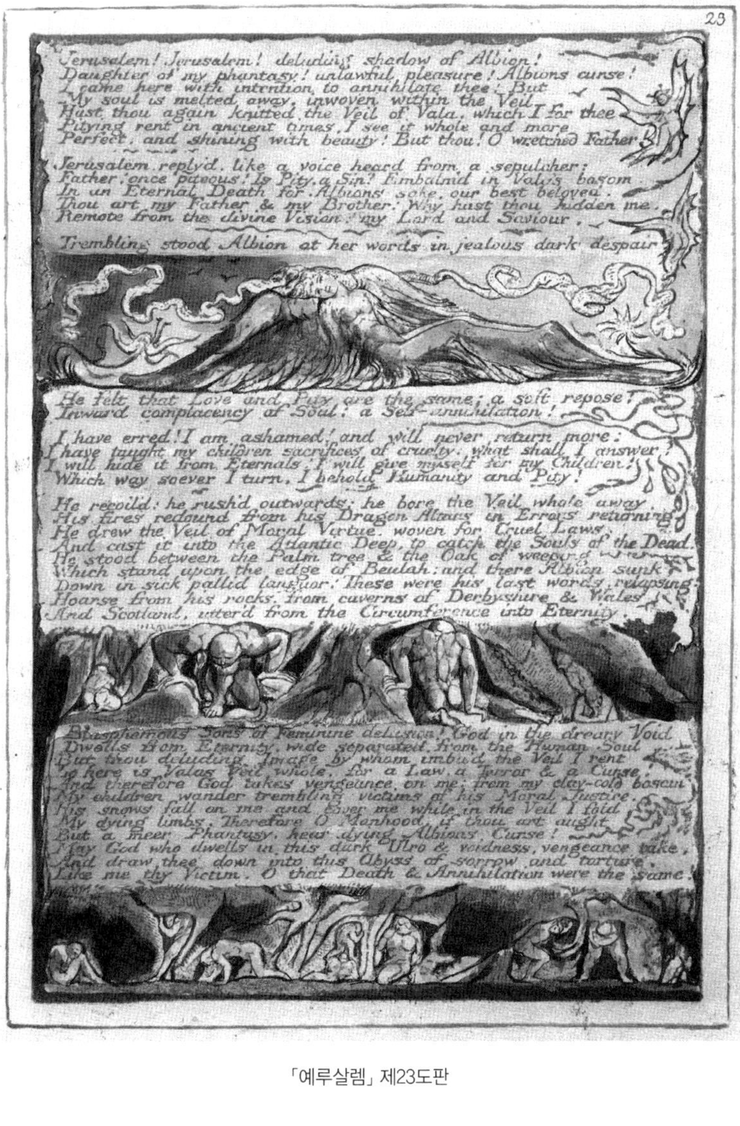
23
Jerusalem! Jerusalem! deluding shadow of Albion!
Daughter of my phantasy! unlawful pleasure! Albions curse!
I came here with intention to annihilate thee! But
My soul is melted away, inwoven within the Veil
Hast thou again knitted the Veil of Vala, which I for thee
Pitying rent in ancient times. I see it whole and more
Perfect, and shining with beauty! But thou! O wretched Father!
Jerusalem reply'd, like a voice heard from a sepulcher:
Father! once piteous! Is Pity a Sin? Embalmd in Vala's bosom
In an Eternal Death for Albions sake, our best beloved.
Thou art my Father & my Brother: Why hast thou hidden me,
Remote from the divine Vision: my Lord and Saviour.
Trembling stood Albion at her words in jealous dark despair
He felt that Love and Pity are the same; a soft repose!
Inward complacency of Soul: a Self-annihilation!
I have erred! I am ashamed! and will never return more:
I have taught my children sacrifices of cruelty: what shall I answer?
I will hide it from Eternals! I will give myself for my Children!
Which way soever I turn, I behold Humanity and Pity!
He recoild: he rushd outwards; he bore the Veil whole away
His fires redound from his Dragon Altars in Errors returning
He drew the Veil of Moral Virtue, woven for Cruel Laws,
And cast it into the Atlantic Deep, to catch the Souls of the Dead.
He stood between the Palm tree & the Oak of weeping
Which stand upon the edge of Beulah; and there Albion sunk
Down in sick pallid languor! These were his last words, relapsing!
Hoarse from his rocks, from caverns of Derbyshire & Wales
And Scotland, utterd from the Circumference into Eternity.
Blasphemous Sons of Feminine delusion! God in the dreary Void
Dwells from Eternity, wide separated from the Human Soul
But thou deluding Image by whom imbu'd the Veil I rent
Lo here is Valas Veil whole, for a Law, a Terror & a Curse!
And therefore God takes vengeance on me: from my clay-cold bosom
My children wander trembling victims of his Moral Justice.
His snows fall on me and cover me, while in the Veil I fold
My dying limbs. Therefore O Manhood, if thou art aught
But a meer Phantasy, hear dying Albions Curse!
May God who dwells in this dark Ulro & voidness, vengeance take,
And draw thee down into this Abyss of sorrow and torture,
Like me thy Victim. O that Death & Annihilation were the same!

「예루살렘」 제23도판

련이 있다. 블레이크도 루소 등의 계몽주의에 적대적이지만 반혁명적이지는 않다. 다른 낭만 시인들과의 차이점을 미첼은 이렇게 요약한다.

> 다른 낭만시인들과 블레이크의 차별성을 규정하는 한가지 길은, 시와 회화의 "혼성 예술"로써 이런 언어들을 결합시키려 했던 그의 일생동안의 노력을 변함없이 혁명에 충실했던 그의 태도에 대한 미학적 징후로 파악하는 것이다......그는 책들의 싸움, 즉 자유스럽고 독자적인 출판에 의해 조성된 그 "강력한 다툼"을 인간 자유의 전제조건 바로 그것으로 간주하였다......블레이크는 구전 전통의 평온함을 내세워 "문자 공화국"을 버리는 일을 결코 하지 않았던 것이다." (1986, 54-55)

블레이크에 의하면 예술이건 과학이건 "세세하게 조직된 개별자"(minutely organized Particulars)의 형태가 아니고는 존재할 수 없다. 그것은 "이성의 일반화하는 예증"에 있는 것도 아니다(J55.62; E205). 시로 말하자면, "모든 단어와 문자"(Every word and letter)는 면밀하게 검토하여 적재적소("fit place")에 배치해야 한다(J3; E146). 마찬가지로 그림에서도 모든 선과 필치가 세세하고 정확하게 구사되어야 한다. 블레이크가 특히 윤곽을 중시하는 것도 바로 이러한 이유에서이다. 그의 예술론이 비교적 명시적으로 드러나 있는 『묘사적 목록』(*A Descriptive Catalogue*)에는 이와 관련한 발언들이 산재해 있다.

> 그러나 나는 윤곽선이 없으면 성격도 없다는 것을 알고 있다. (DC; E540)
>
> But I know that where there are no lineaments there can be no character.

숭엄 예술에 고유한 아름다움은 윤곽선 혹은 형식, 지의 용기(容器)가 될 수 있는 특질들이다. (DC; E544)

The Beauty proper for sublime art, is lineaments, or forms and features that are capable of being the receptacles of intellect;

명암보다 선을 중시하고 추상보다는 상상력에 의한 비전을 중시하는 블레이크의 발언 또한 『예루살렘』 곳곳에서 확인할 수 있는데 그 대표적인 예가 다음과 같은 것이다.

나는 앨비언의 아들들이 어떻게 조화와 부조화의 화음으로
선율에 반대하였고, 명암을 들어 윤곽선에 반대했으며,
추상화를 통해 상상력의 비전에 대항하여 왔는가를 말하리라. (J74.24-26; E229)

I tell how Albions Sons by Harmonies of Concords & Discords
Opposed to Melody, and by Lights & Shades, opposed to Outline
And by Abstraction opposed to the Visions of Imagination

"모든 세세한 개별자는 신성하다." 그러므로 사랑에 있어 서로를 "포옹하는 것은 머리에서 발끝까지의 (온전한) 뒤섞임"을 의미한다(J69.42-3; E223). 그러나 "질투심 많은 여성의 지배"하의 타락한 상황에 이르면 "생명의 세세한 개별자를 모두" 상실하게 된다(J88.41-3; E247). 육체가 정열의 원천이듯이(MHH4; E34), '세세한 개별자'가 곧 "생명력"(vitality)의 근원이기 때문이다(Damon 281). "일반적 형식"(General Forms)이라

는 것도 '개별자' 속에서만 그 '생명력'을 유지할 수 있다. 이 "모든 개별자가 인간이요 신성한 예수의 신성한 구성원이기"(every Particular is a Man, a Divine Member of the Divine Jesus: J91.30; E251) 때문이다.

이렇듯 상상력을 통해서만 '세세한 개별자'의 의미를 제대로 포착할 수 있다. 그것은 단순히 미학적 이야기일뿐 아니라 윤리적 차원의 말이기도 하다. '세세한 개별자'를 중시하는 블레이크 미학이 구체적인 개인을 소중하게 여기는 용서의 윤리와 연관된다는 것은 이러한 의미에서이다.

진정한 친구[예술가]만이 상대방[독자]의 "세세한 힘"을 볼 수 있다. 그러나 로스가 타락한 앨비언에서 발견한 것은 이와 정반대의 상태이다.

> 그의 세세한 능력을 찬양하는 자만이 그의 친구이다
> 나는 앨비언의 아름다운 산과 예루살렘의 장막 대신
> 치명적이고 독이 있으며 상상력이 배제된 동굴과 바위와 나무만을 본다
> 상호 용서, 그 세세한 개별자 대신 나는
> 끊임없이 타오르는 역청 덩어리만을 볼 뿐이다 (J38.58-62; E185)

> Those alone are his friends, who admire his minutest powers[.]
> Instead of Albions lovely mountains & the curtains of Jerusalem
> I see a Cave, a Rock, a Tree deadly and poisonous, unimaginative:
> Instead of the Mutual Forgivenesses, the Minute Particulars, I see
> Pits of bitumen ever burning:

로스가 스스로에게 부과한 일은 바로 친구 앨비언의 '세세한 개별자'를 되살리는 것이다. 그것이 바로 예술의 기능이다. 예술의 작업은 바로 상상력을 통하여 용서를 행하는 일인 동시에 독자로 하여금 용서의 상

상력을 회복하여 영원 세계를 다시 볼 수 있도록 해주는 일이다.[53]

2. 불명료성의 미학과 작품구조

블레이크의 '불명료성(obscurity)의 미학'은 독자들의 상상력을 일깨워 '창조적 읽기'를 진작시키려는 그의 의도와 밀접하게 연관되어 있다.[54] 『천국과 지옥의 결혼』에서 자신의 스승이라 할 수 있는 에스겔의 입을 빌어 밝히고 있는 것처럼, 블레이크는 자신의 의도가 "다른 사람들로 하여금 무한을 인식하도록 고양시키고자 하는 욕망"(the desire of raising other men into a perception of the infinite: MHH13; E39)에 있음을 분명

---

53 이러한 과정에서 로스라고 온전할 수는 없다. 앞서 지적했듯이 그 스스로도 절망과 단죄의 유혹으로부터 완전하게 자유롭지는 못한 것이다. 블레이크가 독자들에게 사랑을 고백하고 용서를 호소하던 구절을 썼다가 지운 것도 이러한 갈등과 연관되는 일화라 할 수 있을 것이다.

54 명확한 윤곽선을 중시하는 블레이크는 '불명료한'(obscure) 것에 대하여 비판적이다. 이 단어는 절대적인 권위를 유지하기 위하여 스스로를 신비화하려는 존재--인습적 교회에서 내세우는 초월적 신, 독선에 사로잡혀 하나의 신과 법을 강조하는 유리즌이나 사탄 등--의 특성을 형용할 때 등장한다. BU2.5; E70, FZ6-68.25; E346, M37.30; E138 등이 그 좋은 예라 할 수 있다. 앞에서 밝힌 것처럼 버크 식의 '숭엄 미학'에 반대하는 것이나 다른 낭만 시인들의 '불가시성의 미학'과 대조적인 입장을 취하는 것에서도 이 점은 확인할 수 있다. 그런데도 이 개념을 사용하는 것은 맥건 등 많은 비평가들이 블레이크 후기시의 주요 특징으로 '불명료성'에 주목하고 있을 뿐만 아니라 블레이크 자신도 자기 시의 특징과 관련된 발언에서 독자들의 적극적인 상상력의 동원을 촉구하기 위해 이를 강조하고 있기 때문이다. 그러므로 이 말은 '세세한 개별자'나 윤곽선처럼 구체적인 것의 반대 의미로서가 아니라 독자들의 상상력을 동원한 적극적인 참여의 글읽기를 추동하기 위한 개방성이나 다의성의 의미로 동원된 개념임을 밝혀둔다. 이와 관련하여 대몬이 우화와 상징을 구분하여 설명하는 다음 발언이 시사적이라 할 수 있겠다.--"우화가 풀리지 않으면 실패하고 마는 수수께끼와 같은 것이라면, 상징은 그 전 의미가 분명하게 드러나면 실패하고 마는 꿈과 같은 것이라 할 수 있다"(Allegory is a riddle, which fails unless it is solved; symbolism is a dream, which fails if its entire meaning is obvious.)(17). 요약하면 '불명료성 미학'은 '우화'가 아니라 '숭엄 우화' 즉 상징 혹은 비전을 지향하는 것이라 할 수 있는 것이다.

히 하고 있다.

그가 제시하고자 하는 비전의 세계는 "예시적인"(exemplary) 것이지 "규범적인"(prescriptive) 것이 아니다(McGann 1973, 13). 블레이크의 예술이 독자들의 일깨움을 위한 것임은 분명하지만 그 방법은 교조적 강압에 의한 것이 아니다. 독자들 스스로 미망을 떨쳐버릴 수 있도록 자극하고 도와주는 것이다. 앞서 살핀 바대로 독자 앨비언의 궁극적 깨어남도 예술가 로스의 노력에 의한 것이 아니었다. 예술가는 독자가 더 이상 타락하는 것을 막고 스스로 용서의 상상력을 되살릴 수 있도록 곁에서 도와주는 것이다. 깨어남은 스스로의 노력에 의한 것이지 남이 추동해서 되는 일이 아니다. 이를 강요하는 것은 선의의 것이든 악의의 것이든 강압이요 억압이다.[55]

지나치게 명시적이지 않은 것이 독자의 상상력을 자극함으로써 더 효과적인 설득을 담보할 수 있다. 스스로 잘못을 깨우치는 데 더 많은 도움을 줄 수 있는 것이다. 이에 관한 블레이크 자신의 발언을 들어보자.

> 웅대한 것은 약한 사람에게는 필연적으로 불명료하게 보이게 마련이다. 바보에게 명백한 것은 나의 관심사가 아니다. 옛날 현명한 사람들에 의하면, 너무 명백하지 않은 것이 교육에 있어 가장 적절한 것인데, 그것은 그래야만 행동의 역량을 진작시키기 때문이다. (Letter to Trusler; E702).

> What is Grand is necessarily obscure to Weak men. That which can be

55 이런 의미에서 볼 때 『예루살렘』에서 로스가 앨비언이 자신의 권고에 등을 돌릴 때에 억지로 권면하지 않는 면도 유의해 볼 점이다. 로스 자신의 표현대로 강압적인 권면이 오히려 앨비언으로 하여금 영원 세계에 영원히 등을 돌려버리게 하는 부작용을 초래할 수도 있는 것이다.

made Explicit to the Idiot is not worth my care. The wisest of the Ancients considerd what is not too Explicit as the fittest for Instruction because it rouzes the faculties to act.

이 부분을 독자들의 "행동할 수 있는 능력"을 진작시키기 위해 일부러 분명하지 않도록 했다고 해석하는 것은 물론 지나친 비약일 수 있다. '웅대한' 주제가 필연적으로 '불명료성'을 초래한 것이지 '불명료성'이 바로 '웅대함'의 충분조건은 아닐 것이기 때문이다. 그러나 이 발언에서 블레이크가 염두에 두고 있는 예술의 목표와 그 방법론은 확인할 수 있다. 독자를 일깨우기 위한("for Instruction") 것이 목적이라면 그 방법은 독자들이 스스로 "행동할 수 있는 능력"을 진작시킴으로써 가능한 것이다. 고의로 불명료함을 추구하겠다는 것은 아니지만 제대로 된 예술이라면, 특히 "약한 사람" 즉 상상력이 부족한 사람에게는, 불명료할 수밖에 없다는 주장은 분명히 확인할 수 있는 것이다.

김종철이 비판하는 것처럼 적어도 이 글이 후기시의 난해성에 대한 '자기변명'은 아닌 것 같다(252). 이 편지는 후기시가 아직 구상단계에 있을 때 쓴 것이다. 『밀턴』과 『예루살렘』을 완성하고 나서 그 애매함과 난해성이 도마에 올랐기 때문에 하게 된 해명발언이 아니라는 말이다.

이것은 블레이크 작품의 애매성 혹은 난해성과 관련하여 매우 중요한 발언 중의 하나라 할 수 있다. 이 발언의 진정성을 인정한다면 그의 작품이 보여주고 있는 애매성과 그로 인한 난해성을 쉽게 비판할 수는 없을 것이다. 적어도 그것이 예술적 통제력을 상실한 사람의 횡설수설이라거나 "환상적 뒤범벅"이라고 몰아 부치기는 어려운 것이다. 이 발언을 통해 블레이크 스스로 자신의 목표와 방법론을 인지하고 있었으며 그것이

14
One hair nor particle of dust. not one can pass away.
He views the Cherub at the Tree of Life, also the Serpent,
Orc the first born coild in the south: the Dragon Urizen:
Tharmas the Vegetated Tongue even the Devouring Tongue:
A threefold region. a false brain: a false heart:
And false bowels: altogether composing the False Tongue,
Beneath Beulah: as a watry flame revolving every way
And as dark roots and stems: a Forest of affliction: growing
In seas of sorrow. Los also views the Four Females:
Ahania, and Enion, and Vala, and Enitharmon lovely.
And from them all the lovely beaming Daughters of Albion.
Ahania & Enion & Vala, are three evanescent shades:
Enitharmon is a vegetated mortal Wife of Los:
His Emanation, yet his Wife till the sleep of death is past.
Such are the Buildings of Los: & such are the Woofs of Enitharmon:
And Los beheld his Sons, and he beheld his Daughters:
Every one a translucent Wonder: a Universe within,
Increasing inwards, into length and breadth, and heighth:
Starry & glorious: and they every one in their bright loins:
Have a beautiful golden gate which opens into the vegetative world:
And every one a gate of rubies & all sorts of precious stones
In their translucent hearts, which opens into the vegetative world:
And every one a gate of iron dreadful and wonderful,
In their translucent heads, which opens into the vegetative world
And every one has the three regions Childhood: Manhood: & Age:
But the gate of the tongue: the western gate in them is clos'd,
Having a wall builded against it: and thereby the gates
Eastward & Southward & Northward, are incircled with flaming fires.
And the North is Breadth, the South is Heighth & Depth:
The East is Inwards: & the West is Outwards every way.
And Los beheld the mild Emanation Jerusalem eastward bending
Her revolutions toward the Starry Wheels in maternal anguish
Like a pale cloud arising from the arms of Beulahs Daughters:
In Entuthon Benythons deep Vales beneath Golgonooza.

「예루살렘」 제14도판

불명료하고 난해할 수밖에 없으리라는 것을 예상했다는 것을 확인할 수 있는 것이다.

김종철 등이 후기시의 반민중성을 비판하면서 지적하는 것처럼(252-4) 이 편지에서 바보들로 지목되는 사람들도, 블레이크가 해방시키려 했던 일반 민중들이라기보다는, 현상의 외피에 현혹되어 이면의 영원세계의 비전을 보지도 믿지도 못하는 사람들이라 해야 할 것이다. 상상력이 잠들어 있는 사람들 말이다. 이들은 현상유지를 획책하는 지배 이데올로기의 노예가 되어 변혁에의 전망에도 눈멀어 있다. 이러한 사람들에게 괘념치 않겠다는 발언은 분명 당시 독자들의 몰이해에 대한 블레이크 자신의 분노의 감정이 배어있는 듯하다. 희망을 도덕적 당위로 여겨야 하는, 그리고 항상 용서의 상상력을 발휘해야 하는 예술가로서 독자를 포기하는 일이 있어서는 안 되기 때문이다. 적어도 블레이크가 로스를 통해 그려 보이려 하는 바람직한 예술가 모습과는 상당한 거리가 있는 것이다.

교조적 가르침은 지적 압제의 한 형태에 불과하다. 블레이크에 의하면 밀턴이 자신의 서사시에서 고려하지 못한 점이 바로 이 부분이다. 자신이 획득한 비전의 세계를 너무나 명시적으로 드러냄으로써, 즉 유리즌 식으로 체계화함으로써, 독자들은 그것을 수동적으로 수용하기만 하면 되었다는 것이다. 『천국과 지옥의 결혼』에 나오는 비유를 들어 말하자면, "두루마리"가 아니라 규격화한 "책"이 되고 만 것이다. 미의 분석에 의하면 이와같은 기록된 '책'의 억압적 성격에 대한 반발은 당시 지복천년설을 따르는 급진주의자들의 전형적인 수사법적 특성중의 하나다(1992, 105-6).

이제 남는 문제는 블레이크가 다루고 있는 주제가 불명료할 수밖에 없을 만큼 웅대한 것인가, 또 실제로 그 결과물로서의 작품이 독자들의 "행동할 수 있는 능력"을 고취시키고 있는가 하는 점을 규명하는 일이다. 전자에 대해서는 인류 해방과 구원에 관한 총체적인 비전을 제시하려했던 점을 고려하면 별도의 논의가 필요치 않을 듯하다. 다만 후자에 관해서 『예루살렘』에 나타난 몇몇 징후들을 살핌으로써 일부 해명의 실마리를 제공받을 수는 있을 것이다. 이 때 주요 관심사는 물론 용서의 주제와 그것이 지니는 연계성이다.

우선 주목할 일은 전혀 체계적이지 않은 듯하면서도, 그래서 "환상적 뒤범벅"이라는 비판의 빌미를 제공해주면서도, 겉으로는 매우 정치한 구조를 갖추고 있다는 점이다. 『예루살렘』은 백개의 도판으로 구성되어 있다. 백이라는 숫자는 완벽함, 완결성을 함축한다. 이는 다시 네개의 장으로 이루어졌는데, 블레이크의 수(數) 상징주의에 의하면 사(4) 또한 온전함을 뜻한다. 보편적 인간인 앨비언은 네 개의 조아로 구성되어 있고, 완전한 비전도 사중비전이다. 인간의 상태도 울로, 제너레이션, 뷸라, 에덴 등 네 종류로 분류되며 예술의 도시 골고누자에도 네 개의 문과 벽이 있다.

다시 각각의 장은 스물 다섯 개의 도판으로 이루어져 있는데 그 구성도 매우 치밀한 편이다.[56] 각 장은 전면이 그림으로 되어있는 도판으로 시작하여 각각의 독자를 향한 블레이크 자신의 목소리로 된 서문이 이어진다. 각장의 마지막 도판은 그 절반 가량을 그림이 차지하고 있다.

---

56 작품 전체의 표지와 마지막 장은 전면 그림으로 된 도판이 장식하고 있어 실제 첫 장과 마지막 장은 중간의 두 장에 비하여 도판이 한 쪽씩 부족하다. 완전한 균형은 깨어진 듯하지만 첫 장과 마지막 장을 스물네 개의 도판으로 가운데 두 장을 스물 다섯 개의 도판으로 구성하는 등 대칭을 이루게 함으로써 전체적으로 매우 정교한 외형적 구조를 구축하고 있다고 할 수 있다.

또한 작가 자신의 서문이 끝나고 본문이 시작되는 도판도 모두 도판의 절반 가량을 차지하는 그림이 위쪽에 배치되고 시의 본문이 그 아래로부터 진행되게 하는 등 정밀한 계산에 의해서나 가능한 구조로 이루어져 있다.

그러나 내용을 들여다보면 이 정치한 외형적 구조와는 사뭇 다른 모습을 띠고 있다. 우선 작가 자신의 서문을 살펴볼 때, 그 구분이 정연한 사분법에서 어긋나 있다. 첫 번째 서문은 독자 전체를 대상으로 하고 있고 나머지 세 개의 서문은 이 독자를 유태인, 이신론자, 기독교인 등 세 종류로 구분하고 있다. 서문만 가지고 판단을 하자면 첫째 장이 전체를 포괄하고 나머지가 이를 세분하여 진행될 것이라 예상할 수 있겠는데, 이 예상도 여지없이 빗나가고 만다. 실제로는 네 개의 장을 동등한 차원의 것으로 간주하기도 어렵고, 그렇다고 나중의 세 장을 첫 번째 장에 종속적인 것으로 여기기에도 어긋나는 대목이 너무나 많다. 블레이크 스스로 이러한 태도를 '스펙터'적인 것으로 간주하여 조롱하고 있는 듯한 느낌마저 주는 것이다.

또한 각각의 도판은 하나의 완성된 그림으로 볼 수 있는데, 거기에 수록되어 있는 내용까지 반드시 그러한 것은 아니다. 시의 내용이 도판 안에서 나름의 완결성을 성취하지 못하는 경우가 적지 않을 뿐 아니라 어떤 경우에는 도판의 그림 내용과 시의 내용이 전혀 별개로 보이기도 하는 것이다.[57]

더구나 그 서술(narrative) 구조를 보면 이처럼 정치한 외형적 구조와는 매우 다른 양상을 띠고 있다. 그러한 구조를 『예루살렘』에서 확인한

57 미는 도판의 해체적 특성을 급진주의 담론의 특성과 결부시키고 있다. 1992, 105-6 참조.

다는 것이 불가능할 것 같은 느낌마저 든다. 실제로 많은 비평가들이 이러한 내적 구조를 규명하기 위하여 모델이 되었음직한 이전의 여러 작품들을 예시하며 분석을 시도했지만 동일한 결론에 도달한 예는 거의 없다. 대부분 다른 사람의 동의에 구애받지 않고 나름으로 모델을 설정하고 이에 근거하여 작품의 선적 구조를 설정하는 것에 만족하고 있는 실정이다.[58]

『예루살렘』이 "이해가능한 형식"(a comprehensible form)을 갖추고 있음을 최초로 제기한 사람은 엘리스(Edwin J. Ellis)와 예이츠이다. 이를 대몬이 계승 발전시켰는데, 페일리가 적절하게 지적하고 있는 것처럼, 이들의 분석은 매우 "선택적인"(selective) 것이다. 편의적으로 자신들의 입장에 적합할만한 구문만을 취사선택하여 자신들의 논리를 증명하고 있다는 것이다(1983, 278). 특히 엘리스와 예이츠가 각 장을 창조(Creation), 속죄(Redemption), 심판(Judgment), 갱생(Rege-neration)의 단계와 결부시키는 것은 말 그대로 작위적 혹은 '스펙터'적 분석의 전형적 예라 할 수 있다.[59] 실제 진행되는 내용은 이처럼 정연한 것이 아니

58 이 작품의 서술구조를 밝히기 위한 실마리를 마련하기 위해 제시되는, 블레이크가 모델로 삼았을 것이라 추정하는, 작품도 다양하다. 블룸은 「에스겔 서」, 윗틀리히는 「요한계시록」, 커란(Stuart Curran)은 『복낙원』(*Paradise Regained*), 윗크(Joanne Witke)와 모스칼은 복음서를 들고 있다. Bloom 1971, 65-7, Wittreich 45-50, Curran 1971, 133-62, Witke 1970, 265-78, Moskal 1994, 173-7 참조.

59 『예루살렘』의 구조문제에 논의의 초점을 맞추고 있는 키랄리스(Karl Kiralis)나 로즈(E.J. Rose)도 각각 사중 구조에 주목하여 첫 번째 장을 일반적 서론으로, 나머지 세 장을 각각 어린시절, 성년기, 노년기를 그린 것으로 설정하거나(147-8), 전체적으로 앨비언의 타락상을 그리고 있다는 전제 하에 그를 구성하고 있는 네 개의 조아와 연계하여 각장을 타마스, 루바, 유리즌, 로스 등이 주도하는 것으로 설명하고 있는데(48-9), 이들 모두 이 작품이 형식적 구조를 지니고 있음을 일정 정도 증명은 하고 있지만 도식적이라는 한계를 극복하지 못하기는 마찬가지라 할 수 있겠다.

다. 이와 같은 선적 구조를 상정하고 작품을 평가하게 되면 오히려 그것이 "실패한 잡동사니 식의 이야기"(an unsuccessful, patchwork narrative)라는 결론에 도달해 『예루살렘』에 '이해 가능한 형식'이 있다는 스스로의 전제를 무색케 할 수도 있는 것이다(Paley 1983, 279).[60]

작품의 신화적 구조를 상정하고 그 주제적 통일성을 강조하는 프라이의 지적도 작품의 외형적 구조에 집착하기는 마찬가지인 듯싶다. 각장의 내용을 성경에서 기록하고 있는 인류의 역사와 병행하는 것으로 설정하고 있는 그의 설명은 작품의 형식 뿐만 아니라 주제의 이해 및 정리를 위해 편리한 윤곽을 제시해주고 있다고 할 수 있다.

> 인간 삶에 관한 상상적 비전은 그것을 네 막으로 이루어진 연극으로 간주한다. 타락, 우리들이 보통 역사라고 여기는, 이 타락한 세상에서의 인간의 투쟁, 영원한 삶과 죽음이 동시에 성취되는, 신성한 사람에 의한 세상의 구원, 그리고 종말이 그것이다. 이 네 개의 막이 각각 『예루살렘』의 장에 해당한다...... 일반 대중을 향한 제 1장에서는 타락을 골고누자에 대비하여 제시하고 있는데, 개인적 궁전이며 예술의 감시탑인 이곳으로부터 선지적 예술가는 진정한 모습의 자연을 잠자는 거인으로 파악할 수 있다...... 유태인을 향한 제 2부에서는 율법의 지배하에 있는 이 세상에 대한 비전을 역사로부

60 『네 개의 조아들』을 최초로 편집하여 출판한 슬로스(D.J. Sloss)와 월리스(J.P.R. Wallis)도 이러한 잡동사니 식의 한계를 인정하고 있는데, 이는 카진이나 스티븐슨처럼 블레이크 작품 출판의 편집을 주도했던 사람들로서는 쉽게 납득하기 어려운 평을 내리고 있다. 특히 스티븐슨의 경우 작품 자체에 대해 그렇게 부정적인 평가를 내리는 사람이 전집의 편집 책임을 맡은 것이나, 그러면서도 그렇게 상세한 주석을 할 수 있었는가 하는 점이 블레이크 연구사의 하나의 수수께끼와 같은 일이라 할 수 있겠다. 페일리의 지적에 따르면, 슬로스와 월리스의 평가는 이후 블레이크 연구자들 가운데 소수파에 의해 지속적으로 계승되고 있는데, 이것은 블레이크가 위대한 서정시인이기는 하지만 성공적인 장시의 창작에는 실패하고 말았다는 리비스의 평가와 이어진다는 것이다. 1983, 281--83 참조.

터 성경을 이끌어낸 것과 대비하여 제시하고 있다. 이신론자들을 겨냥한 제 3부에서는 예수의 도래를 이신론자들이 대변하는, 그의 가르침에 대한 저항과 대비시키고 있다. 기독교인을 향한 제 4부에서는 종말과 적그리스도의 현현을 동시에 다루고 있다. (Frye 1947, 357)

그러나 프라이의 이러한 분석도 특히 그 구조에 관한 논의에 있어서 종착점이 되지는 못하고 있는 듯하다. 오히려 새로운 논의의 촉발제 역할을 하게 되었다고 할 수 있다. 『예루살렘』의 구조에 관한 논의는 그의 이와 같은 정리가 있은 후 더욱 다양하고 활발하게 진행하게 되었던 것이다.

이후의 논의 중 키랄리스, 로즈, 크뢰버(Karl Kroeber) 등 대부분의 연구자들은 네 개의 장으로 구성된 작품의 외형적 구조를 중시하는 반면,[61] 커란이나 이어손 등은 이와는 별도의 구조를 상정하고 있다.[62] 더 나아가 미첼과 댐로쉬 등은 서술적 구조 자체를 부인하고 있다. 미첼은 『예루살렘』이 서술적인 시가 아님을 강조하면서 "반형식의 구조"(a structure of antiform)를 상정하고 있으며(1978, 160-70), 댐로쉬 또한

---

61 크뢰버는 네 개의 장을 각각 분열의 과정, 죽음의 상태로의 와해, 타락의 절정, 상상력의 역할에 의한 내면화 및 내면의 발견 등으로 설정하고 있다. 347-67 참조.

62 커란은 "3부 구조"(tripartite structure)를 들어 외형적인 4장 구조를 해체하면서도 실제 작품을 구조화 할 수 있는 일곱 종류의 다른 구조를 상정하기도 한다. 335-39 참조. 반면 이어손은 앨비언과 로스를 중심으로 한 두 개의 순환(cycle)에 주목하면서 두 종류의 구조적 축을 설정하고 있다. 앨비언의 타락과 돌연한 구원을 세세하게 그리고 있는 "숭엄 우화"로서의 구조와, 이성적 분석만을 일삼는 독자에게는 고통과 좌절만을 안겨줄 "서술의 위대한 불명료한 베일"(the great obscuring veil of narrative)로서의 구조가 그것이다. 그는 『예루살렘』의 서술적 요소로 1) 블레이크 자신의 "끼어들기"(interjection), 2) 일종의 지문에 해당하는 극적 서술, 3) 행위 및 연설의 효과에 대한 설명으로 이루어진 비전적 서술, 4) 블레이크의 비전 자체에 대한 설명 등을 들고 있는데, 이들의 혼재가 서술구조의 파악을 쉽지 않게 한다는 것이다. 318 및 312-13 참조.

유기적 통일성의 개념을 부인하며 "형식에 반(反)하는 형식"(a form against form)이라는 개념을 제기하고 있다(349-52). 맥건도 "구조적 미확정성"(textual indeterminacy)을 『예루살렘』을 비롯한 후기시의 주요 특징으로 지목하고 있으며(1988, 170-2), 존 미는 이러한 열린 구조의 특성을 급진주의자들의 "공화주의적 골동품수집취향"(republican antiquarianism)과 연결시키고 있다(1992, 80).

이처럼 블레이크 연구 초기에는 주로 『예루살렘』이 나름의 구조적 통일성을 지니고 있다는 것을 증명하려는 데 논의의 초점을 맞추고 있다면 나중에는 오히려 그것의 열린 구조로서의 특징에 주목하고 있다고 할 수 있다. 초기의 경향이 주로 『예루살렘』이 무의미한 횡설수설이 아님을 증명하려는 강박관념의 산물이라면, 이것이 인정을 받은 이후 오히려 그 독특한 개방구조의 특성을 블레이크 자신의 의도, 즉 독자의 상상력을 분발케 하기 위한 의식적 배려로 해석하고 있는 것이다.

쇼어러는 『밀턴』과 『예루살렘』을 『네 개의 조아들』 이전의 작품과 비교하면서 그 구조적 결함을 내세워 미학적으로는 실패한 작품들이라고 주장한다. 즉 『네 개의 조아들』이나 이전의 작품들은 그 구조가 주제를 잘 표현해주고 있는 반면 이 두 작품에서는 그 주제를 오히려 방해하거나 왜곡하고 있다는 것이다(347). 그런데 이러한 판단은 맥건의 지적처럼, 블레이크가 비판하고자 하는 유리즌적 즉 분석적이고 체계적인 태도에 기인한다고 할 수 있다. 예언적 예술이란 인식의 대상이 아니라 비전의 "전달수단"(vehicles)이다. 비전을 수동적으로 기록하는 것이 아니라 독자들을 비전의 세계로 "불러일으키기"(induce) 위한 것이라는 것이다(1973, 5).

블레이크가 제시하려는 "예시적" 비전은 상상력을 동원하여 적극적으로 그것을 보려는 사람에게만 그 온전한 모습을 드러낸다. 분석의 칼로 해부하려는 사람들에게 그것은 "불투명한"(opaque) 것으로 보일 뿐이다.[63] 쇼어러 자신도 이들 작품에 대해 공감하려는 적극적 자세를 견지한 독자에게는 그 '미학적 결함'을 충분히 상쇄하고 남을 만한 보상이 제공되리라고 단언하고 있다(347).

적어도 블레이크에 있어 이 불명료함은 "혼란스러운 머리에서 비롯된 사악한 불명료함"(that vicious obscurity which proceeds from a muddled head)은 아니다.[64] 윗틀리히는 블레이크 시의 이러한 특성을 밀턴의 전통 즉 성경 중에서도 특히 계시록의 전통을 착실하게 계승한 것으로 설명한다. 그에 의하면 밀턴은 성경의 불명료함을 "하나님 의도"(God's design)의 일부로 간주했다. 이는, "속스러운 마음"(the vulgar minds)으로는 파악할 수 없고 "성스러운 사람들"(the godly)만이 이해할 수 있도록 신비의 비전을 '불명료함'속에 감춤으로써 사람들로 하여금 그 신성한 신비를 좀더 적극적으로 찾아나서게 하기 위한 장치이다. 그의 지적에 의하면 '어둠이 광명으로의 길'이요 '불명료함이 비전의 전달수단'이라는 생각이 바로 '죽음이 곧 삶으로의 길'이라는 『밀턴』이나 『예루살렘』의 주제와 이어진다는 것이다(1973, 39). 그가 이들 작품의 "부풀린 구조(bloated structure)"가 그주제를 왜곡시키고 있다는 쇼어러를 비판

63 여기에서 주의할 점은 블레이크와 비평가들이 사용하는 "불명료성"(obscurity)과 블레이크 작품에 등장하는 "불투명성"(opacity 혹은 opakeness)이 전혀 다른 의미로 사용되고 있다는 점이다. '불명료성'이 의미의 다중성 혹은 애매함과 통하는 개념이라면, '불투명성'은 오류의 상태에 빠져 비전의 세계를 보지 못하는 상태를 지칭하는 말인 것이다.

64 이 말은 코울리지가 밀턴을 평하면서 한 말로 윗틀리히가 블레이크를 평하면서 인용한 귀절이다(1973, 38).

하며 오히려 그 독특한 구조가 주제를 강화시켜준다는 주장의 근거도 바로 이러한 관점과 이어진다 하겠다(1975, 236).

이야기 서술에 있어 연속성을 크게 고려하지 않는 것이나, 이와 바로 연결되는, 출판을 할 때마다 그림판의 순서를 바꾸는 것, 그리하여 결정적인 판본이 없는 것도 이러한 의도와 연관된다 하겠다. 불명료함을 위해 블레이크가 사용하고 있는 기법을 「요한계시록」과 연결하여 설명하는 윗틀리히의 이야기를 계속 들어보자.

> 밀턴과 블레이크의 서사시에서는 공통적으로 계시적 예언시의 형식을 확인할 수 있다. 지속적인 상징적 주제의 다면성도 공존하며, 이전의 형태를 구성하는 요소들을 가지고 내적으로 형태를 구축해나가는 것도 동일하다. 반향과 후렴을 지속적으로 사용하는 것이나 절정을 축적해가는 과정도 똑같다. (1973, 43)

블레이크의 후기 예언시가 그 주제에 못지않게 심오한 시적 구조를 가지고 있다는 전제하에 본격적으로 작품의 형식적 측면에 대한 분석을 시도하는 폭스(Susan Fox)도 이와 비슷한 입장을 취하고 있다. 그녀에 의하면 "대칭적 구조"(symmetry)와 "변화하는 시점"(alternating perspectives), 인습적 시간흐름의 파괴 등 낭만주의자들이 원용하던 형식적 원리를 극단적으로 진전시킨 블레이크의 형식적 기교는 성경 예언시의 전통적 기교 — 굴절된 서술, 핵심적 사건과 이미저리의 반복, 초합리적 질서에 의한 합리적 질서에의 도전 등 — 의 정수를 가장 잘 구가하고 있다는 것이다(xi-xii). 블레이크의 이러한 "예술적 통제"(artistic control)가 — 특히 『밀턴』과 같은 작품의 경우 — 의식적인 것인지 아닌지에 대해 매우 "미묘한"(tantalizing) 문제라며 폭스 자신은 답을 회피하고 있지만 (xii), 블레이크가 『공공 연설』(*Public Address*)에서 한 다음의 말로 미루어 그 답은 구할 수 있을 것 같다.

> 나는 많은 사람들이 "나에게 아이디어를 주시오. 그것을 어떤 언어에 담을 것인가는 중요하지 않소. 나에게 주제를 주시오. 그것을 어떻게 구체적으로 형용하는가는 중요한 것이 아니오"라고 말하는 것을 들어왔다. 이들은 기예에 대해서는 충분히 알고 있다고 할 수 있으나 예술에 대해서는 아무것도 모르고 있소. 아이디어는 세세하게 적절한 언어를 통해서가 아니고는 주어질 수 없소. 마찬가지로 주제도 세세하게 적합한 구체적 형용을 통해서만 드러날 수 있는 것이오. (E.576)

> I have heard many People say, 'Give me the Ideas. It is no matter what Words you put them into,' & other say, 'Give me Design, it is no matter for the Execution.' These People know Enough of Artifice, but Nothing of Art. Ideas cannot be Given but in their minutely Appropriate Words, nor Can a Design be made without its minutely Appropriate Execution.

이어손의 말을 빌자면 『예루살렘』이나 『밀턴』 등 후기시는 블레이크 혹은 밀턴이 오류와의 대면과 시험을 통하여 깨달음에 도달하는 일종의 "영적 여행"(a spiritual journey)이라 할 수 있다(1978, 135). 그러나 그것이 바로 독자의 여행이기도 하다. 독자는 개인적으로 블레이크가 뜻하는 바를 '결정'하기 위하여 스스로 취사선택하는 노력을 해야 한다. 성경의 묵시록적 예언의 말씀처럼 의미는 일방적으로 주어지는 것이 아니라 독자와 작가가 협력하여 형성해 가는 것이다. 따라서 우리들 독자는 어떤 편견에 미리 사로잡혀 있어서도 안되며 그렇다고 막연한 수동적 자세를 견지해서도 안된다. 유연하되 강한 호기심 혹은 모험심을 가지고 적극적으로 임해야 하는 것이다.

이것이 바로 상상력을 통한 용서의 태도와 연결되는 점이다. 용서는 과거의 행위에 대한 반작용으로서의 피동적 행위가 아니다. 그것은 능동적이며 창조적인 행위이다. 블레이크가 예술작품 읽기에 요구하는 태도도 작품이 담고 있는 구체적 비전, 그 '세세한 개별자'를 볼 수 있는 열린 마음의 창조적 대응이다. 『예루살렘』이 갖추고 있는 정치한 듯 하면서도 쉽게 가닥을 추릴 수 없는 서술구조는 바로 이러한 독자들의 능동적 참여를 촉구하기 위한 것이라 할 수 있다. 로스가 앨비언이 용서의 참 의미를 깨달아 단죄의 오류라는 잠에서 깨어나기를 촉구하는 것은 독자들에게 풍부한 상상력을 갖추고 자신의 작품을 대해 주기를 바라는 블레이크의 염원 바로 그것이다. 이어손은 블레이크가 요구하는 독자의 태도를 다음과 같이 요약하고 있다.

> 예증과 연역을 동반한 이성적 방법으로 『예루살렘』에 접근을 하게 되면 독자는 체계에 예속되기 쉽다. 블레이크가 요구하는 접근 방식은 서문에서 하고 있는 격한 요구를 사실로 수용할 수 있는 능력에 근거한 귀납적 비상을 불가피하게 요청하는, 그러한 것이다. 영감이라는 열정적 고리를 이끌기 위해서 이성은 믿음과 사랑을 동반해야 하는 것이다. (1973, 320)

댐로쉬의 지적처럼 블레이크의 이러한 '해방적 글쓰기' 특성은 언어에 대한 그의 태도와 연관되어 있다. 그의 분석에 따르면 블레이크의 독특한 문체는 언어의 인습성에 대한 깨달음 및 이에 대한 항거의 산물이라는 것이다(326-59). 언어야말로 당대의 지배이데올로기가 가장 잘 녹아 있는 곳이다. 지배 담론의 틀을 유지하며 그 이데올로기의 극복을 꾀하는 것은 무망한 일일 것이다. 블레이크가 체계화가 동반하는 억압적 속성을 인식하면서도 자기 나름의 독특한 신화 창조를 고집한 것도 이러한 깨달음과 무관하지 않을 것이다.

크게 보아 용서의 윤리도 이러한 인습적 언어가 지니고 있는 억압적 성격과 관련된다고 할 수 있다. 윤리이건 율법이건 언어의 형태를 빌 수 밖에 없는데, 그렇게 되면 자연 지배이데올로기의 직접적, 간접적 간섭으로부터 벗어날 수가 없게 된다. 도덕률 폐기론은 윤리 자체를 거부하는 듯하지만 사실은 지배담론의 언어로 표기된 율법에 대한 저항일 뿐이다. 앞서 제기한 '부정의 윤리'라는 말도 이 전제에 대한 블레이크식의 내용을 요약한 것이다.

미는 이러한 언어관이 블레이크에게서만 독특하게 확인할 수 있는 것이 아님을 역사적으로 규명하고 있다. 그녀는 이것을 당시 급진적 지식인들 사이에 널리 사용되었던 급진주의 담론의 한 형태로 규정하고 있다. 이러한 글쓰기의 전략은 기본적으로 독자들의 "해석학적 참여"(hermeneutic engagement)를 유도하기 위한 것이다. 서술구조에 있어서의 불연속성, "전위"(dislocation) 등을 통하여 독자의 기대구조에 충격을 가함으로써 그들의 "인식론적, 지각적 저항중심"(epistemological and perceptual centers of resistance)을 해체시켜 독자들의 "정신적 거듭남" (spiritual regeneration)을 추동하기 위한 것이라는 것이다(1992, 23-7).

그녀는 '람베스 서'의 구체적인 시구절을 인용면서 블레이크 수사법의 특성을 정리하고 있는데, 로쓰(Robert Lowth)가 지적하는 『성경』의 예언서 문체와 연관지은 이 분석은 『예루살렘』과 같은 후기시에도 그대로 적용된다고 할 수 있다. 로스가 지적하는 예언서 글쓰기의 특성은 크게 "대구적 병렬법"(parallelism)과 "우화적 문체"(parabolic style)로 대별할 수 있다. 전자는 다시 구문구조의 반복을 뜻하는 "구문론적 혹은 구조적 병렬법" (Syntactic or Constructive Parallelism)과 일정한 아이디어를 반복하는 "동의어적 병렬법"(Synonymous Parallelism)으로 구분된다. 블레이크 작품에서 확인할 수 있는 "우화적 문체"의 예로는 광대한 시공간의 범위, "격렬하고 과장된 이미저리"(violent, hyperbolic imagery), "과감한 생략법" (bold ellipsis), "면밀한 축약법"(studied brevity) 등이 있다. 또한 사건의 연계성보다는 등장인물의 정체성을 중시하고 "연대기적 순서"(chronolog- ical order)보다는 일정한 논지를 세우기 위해 이질적인 사건도 결합시킬 수 있는 "수사적 순서"(oratorical ordering)를 강조하는 것도 그 중요한 특징의 하나로 덧붙일 수 있다는 것이다(1992, 23-5).

이 모두가 독자들의 지성, 감성, 상상력이 총동원된 적극적 참여를 유도하기 위한 것이다. 예언 자체를 위한 것이라기 보다는 설득을 위한 것이라 할 수 있다. 미의 지적처럼, 블레이크의 '불명료성 미학'의 의도는 "상상력의 노력에 의하여 이해를 부추기고, 지식에 대한 욕구를 자극하며, 주의를 계속하여 집중하게 하고, 천재성을 행사하게 하는 데"(whets the understanding, excites an appetite for knowledge, keeps alive the attention, and exercises the genius by the labour of imagination) 있는 것이다.[65]

블레이크는 이러한 급진 담론의 수사학을 원용하며 소기의 목적을 달성하고 있는가? 말하자면 『성경』의 예언서는 많은 독자를 확보하였는

65 Lowth, *Lectures ii* 168. Mee 27에서 재인용.

데, 비슷한 수사학에 근거한 그의 글쓰기는 어떠한 결과를 초래하였는가? 독자들의 상상력을 불러일으켰는가? 그들로부터 용서를 받았는가? 간단하게 답할 수 없는 문제이지만 대체적인 평자들의 답은 부정적이다. 블레이크 스스로도 이점은 예견하고 있었던 것 같다. 로스의 간단없는 노력에도 불구하고 앨비언의 완악함은 쉬 풀리지 않는다. 『예루살렘』 마지막 부분에서 앨비언은 물론 스스로의 잘못을 뉘우치고 자기 희생의 용서행위를 실천해 보인다. 그러나 여기에 이르기까지의 지난한 과정이나 로스가 지속적인 노력의 필요성을 거듭 강조하고 있는 점, 또 블레이크의 '최후의 심판'의 개념 등을 고려해 볼 때에도 긍정적인 답을 가정하기가 쉽지 않은 것이다.

당시 버쯔나 헤일리 등에게 보낸 편지에도 독자들로부터 호응 혹은 용서를 받지 못하는 자신의 불우한 처지에 대한 한탄을 쉽게 확인할 수 있으며, 『예루살렘』에서 예술가 로스가 독자 앨비언의 용서의 상상력을 간구하는 모습은 역설적으로 그것이 얼마나 어려운 것인가를 블레이크 자신이 절감했음을 유추할 수 있게 한다. 이브즈는 이와 관련하여, 블레이크가 항상 제한된 독자를 겨냥했으며 특별한 구매자를 염두에 두고 '채색본' 출판을 해왔기 때문에, 다수의 독자를 확보하지 못했다는 이유로 대중성 확보에 실패했다고 단정해서는 안된다고 주장한다(1980, 794). 그러나 비스코미(Joseph Viscomy)의 반박이 지니는 설득력도 만만치 않다. 그에 의하면, 블레이크는 항상 자신의 재고품 가운데서 작품 판매를 해왔으며 독자와 만나기 위해 가능한 모든 방법을 동원했다는 것이다(1989, 48-74). 『안내서』(*Prospectus*)에서 블레이크 스스로 밝히고 있는 것처럼, 자신의 채색인쇄방식이 독자에 다다를 수 있는 혁신적 방법임을 주장하고 있는 점을 감안하면 비스코미의 주장이 설득력을 얻는

87
Repelling weeping Enion blind & age-bent into the fourfold
Desarts. Los first broke silence & began to utter his love
O lovely Enitharmon: I behold thy graceful forms
Moving beside me till intoxicated with the woven labyrinth
Of beauty & perfection my wild fibres shoot in veins
Of blood thro all my nervous limbs. soon overgrown in roots
I shall be closed from thy sight. sieze therefore in thy hand
The small fibres as they shoot around me draw out in pity
And let them run on the winds of thy bosom: I will fix them
With pulsations. we will divide them into Sons & Daughters
To live in thy Bosoms translucence as in an eternal morning
Enitharmon answerd. No! I will sieze thy Fibres & weave
Them: not as thou wilt but as I will. for I will Create
A round Womb beneath my bosom lest I also be overwoven
With Love; be thou assured I never will be thy slave
Let Mans delight be Love; but Womans delight be Pride
In Eden our Loves were the same here they are opposite
I have Loves of my own I will weave them in Albions Spectre
Cast thou in Jerusalems shadows thy Loves! silk of liquid
Rubies Jacinths Crysolites: issuing from thy Furnaces. While
Jerusalem divides thy care: while thou carest for Jerusalem
Know that I never will be thine: also thou hidest Vala
From her these fibres shoot to shut me in a Grave.
You are Albions Victim, he has set his Daughter in your path

「예루살렘」 제87도판

듯하다. 이에 대한 블레이크 자신의 발언을 들어보자.

> 예술가와 시인, 그리고 음악가의 노력에 가난과 무명이 뒤따른다는 것은 널리 알려진 사실이다. 이는 대중의 잘못이 아니라 천재를 온전하게 몰입시킨 작품을 선전할 수 있는 수단을 구비하지 못했기 때문이다. 밀턴이나 셰익스피어조차 자신들의 작품을 출판할 수가 없었다.
> 이제 대중에게 제시할 다음 작품들의 저자는 이러한 어려움을 해소하였다. 그는 예전에 발견된 것보다 더 화려하고 균일하며 장대한 방식의 본문과 삽화의 인쇄 방법을 고안해냈다. 이 방법에 의하면 경비도 예전 것의 사분의 일 이하로 줄일 수 있다.
> 화가와 시인의 방법을 결합한 인쇄술의 발견이 일반 대중의 주의를 받을만한 사건이고, 또 그것이 예전의 것보다 고상함에서 뛰어나기에, 저자는 자신의 노력에 대한 보답을 확신하고 있는 것이다. (E692)

> The Labours of the Artist, the Poet, the Musician, have been proverbially attended by poverty and obscurity; this was never the fault of the Public, but was owing to a neglect of means to propagate such works as have wholly absorbed the Man of Genius. Even Milton and Shakespeare could not publish their own works.
> This difficulty has been obviated by the Author of the following productions now presented to the Public; who has invented a method of Printing both Letter-press and Engraving in a style more ornamental, uniform, and grand, than any before discovered, while it produces works at less than one fourth of the expense.
> If a method of Printing which combines the Painter and the Poet is a phenomenon worthy of public attention, provided that it exceeds in elegance

all former methods, the Author is sure of his reward.

결국 독자의 호응을 얻기 위해 최선의 노력을 다했지만 실패하고 말았다는 얘기가 된다. 당시 막 조성되기 시작한 새로운 독자층의 불안정성, '채색본' 사업의 급작스러운 성장과 쇠퇴, 영국 사회 및 경제의 혁명적인 변화, 프랑스와의 전쟁으로 인한 억압적 분위기 등, 상서롭지 못한 외부적 요건들을 그 원인으로 지목할 수 있겠지만 진정한 예언적 예술가는 이러한 상황적 조건을 자기 예술 창작의 토대로 삼아야 한다는 기본 전제를 고려해 볼 때 블레이크가 효율적으로 대처하지 못한 점을 부인할 수는 없을 것 같다. 커란의 지적대로 블레이크나 로스는 자신이 해야 할 일은 잘 알고 있으나 그것을 성취할 수단은 제대로 확보하고 있지 못한 비극적 존재라 할 수 있을 것이다(341).[66]

결과적으로 블레이크는, 독자의 상상력을 일깨우고 용서의 능력을 회복시켜 단죄의 오류로부터 벗어나게 하기 위해 불굴의 자기 희생적 노력을 경주하였지만 실패함으로써『예루살렘』에서 그리고 있는 '난세의 시인'으로의 비극적 모습을 몸소 예증해준 셈이 되었다.『예루살렘』의 세 번째 도판에서 독자와의 관계에 대하여 확신을 표명했던 부분을 지워버린 것도 이와 무관하지 않을 것이다. 이를 단순히 독자들에 대한 낙담과 분노의 증거라기보다는 스스로의 한계에 대한 겸허한 체념, 즉 일종의 용서의 행위로 간주하는 것이 타당할 듯싶다. 블레이크가 이러한

66 미도 블레이크의 종교적 "열정주의"(enthusiasm)가 좀 더 품위를 갖춘 합리주의적 급진주의자들뿐만 아니라 스스로 그 문화에 속하기를 바랐던 민중들의 문화를 변화시키기는 커녕 그것에 파고들지도 못한, 즉 자신의 문화권으로부터도 소외당했다고 할 수 있는, 비극적 상황에 주목하고 있다. 1992, 224 참조.

입장을 끝까지 견지한 것이 감동적이라는 평가도 이러한 차원에서 가능한 일이라 하겠다(Paley 1983, 6-7).

맺음말

용서와 상상력을 중심축으로 블레이크가 제시하고 있는 바람직한 삶과 구원에 대한 비전을 살피기 위한 이번 연구가 도출한 결론은 다음과 같이 요약할 수 있다.

우선 지적할 수 있는 것은, 블레이크가 후기시에서 개인적 차원의 구원이나 꿈꾸는 종교적 정적주의로 후퇴한 것이 아니라는 점이다. 그가 성경을 자주 인유하고 기독교적 비유를 사용하고 있다는 것을 부인할 수는 없다. 또 그가 제시하는 윤리의 근간이 되는 용서도 매우 종교적인 개념이다. 그 스스로도 자신이 예수의 '전사'(戰士)임을 강조하고 있다. 그러나 그에게 종교는 정치와 무관하지 않다. 그가 제시하는 용서의 행위를 통한 바람직한 인간관계의 구축도 개인적 차원에 의미가 국한되는 것은 아니다. 그것은 억압적 정치체제, 전쟁 등 소유와 지배를 그 기본 원리로 하는 사회의 제 모순과 깊이 연관되어 있다. 더욱 눈여겨 볼 것은 그것이 타락한 사회에서의 예술 및 예술가의 역할에 관한 블레이크의 사유와 밀접하게 연결되어 있다는 점이다.

아울러 인간해방 및 구원에 관한 그의 비전에 근본적인 변화가 있었다는 주장을 유보없이 수용하기는 어렵다는 점을 들 수 있겠다. 그는 시종일관 초월적 신의 개념을 거부하고 있다. 이 세상 너머의 천국이나 이상세계를 상정하고 있지도 않다. 그가 처음부터 염두에 두고 있었던 것은 타락한 이 세상에서 유한한 인간이 자신이 처한 왜곡된 상황을 어떻게 극복해나가느냐 하는 문제이다. 물론 그도 영원의 세계를 상정하고 있기는 하다. 그러나 그것은 기존 종교에서 내세우는 것과는 다른 차원의 것이다. 블레이크에게 영원은 우리가 처해있는 시간과 공간을 초월하여 따로 존재하는 세계가 아니다. 그것은 인습적 '국가종교'에서 주장하는 것처럼 미래의 어느 획기적 순간 이후에 도래할, 현실과 무관한 내세와 같은 것도 아니다. 그것은 지금 이 순간, 이 곳에서 오류에 빠져있는 우리들이 스스로의 잘못을 깨닫고 그것을 거부할 때 찾아오는 것이다.

블레이크가 이 세상을 극복의 대상으로 여기고 있었다는 점을 부인할 수는 없다. 그러나 그것을 매도하거나 '부정'한 것은 아니다. 그가 꿈꾸었던 것은 이 세상에서의 구원이요 거듭남이다. 처음에도 그러했고 후기시에서도 마찬가지이다. 초기에 정치 구조적 변혁을 위한 혁명에 관심을 기울였던 것은 사실이다. 그러나 이 때에도 그것을 궁극적 거듭남의 수단으로 여기지는 않았다. 이는 혁명정신을 대변하는 오르크를 이상적 존재로 그리지 않고 있는 점에서도 확인할 수 있다.

오르크의 의미는 그가 초월적 '천국'을 내세워 현실 세계에서의 제도 변혁의 무위성을 강조하며 개인적 차원의 구원이라는 허위의식을 강요하는 기득권층의 이데올로기에 온 몸으로 저항하고 있다는 점에 있다. 지배세력이 구조적 변혁의 무위성을 조장하는 한, 오르크의 분노는 역사적 정당성을 확보할 수 있다.

그러나 역으로 혁명세력에 대한 국가적 차원의 대응을 강조하며 이를 위하여 전쟁 등을 획책할 때 이에 대한 저항은 다른 형태를 띨 수 밖에 없다. 로스의 대응은 당시의 구체적 현실에 대한 블레이크의 이러한 역사적 혹은 변증법적 인식과 연결되어 있다.

이 책의 초점은 여기에 있다. 블레이크의 현실 인식이 이처럼 철저하게 역사적이고 변증법적이라는 점에 주목하는 것이다. 오르크나 로스는 블레이크가 파악하고 있던 당시의 현실에 대한 역사적 대응의 산물이다. 구조적 변혁(혁명)의 무위성이 강조되고 있는 상황에서는 그 당위적 의미를, 전 사회적 대응(전쟁)을 강압하는 상황에서는 그 파행적 역기능을 드러내고 강조하는 것이 예언적 선지자의 역할이다.

블레이크의 예술적 노력은 이러한 구체적인 역사적 상황의 변화에 대한 변증법적 대응과 연관되어 있다. 그러므로 현실에 대한 역동적인 인식 태도를 도외시한 논의나 주장은 문제점을 안고 있다고 할 수 있다. 내적 일관성의 결여에 관한 논의에서도 세심하게 다듬을 것을 제안하는 것도 이러한 의미에서이다.

이와 관련하여, 이 책에서는 먼저 블레이크의 초기 작품들에 함축적으로 내재되어 있는 변증법적 상상력이라는 주제에 주목하였다. 『순수와 경험의 노래』에서 이 주제를 목도할 수 있는 것은 참으로 아이러니하다. 이는 우리가 처한 오류의 세상을 매도하지 않고, 이를 바라보는 다양한 시각을 용인하는 그의 용서의 태도와 연관되어 있다.

『천국과 지옥의 결혼』이나 『앨비언 딸들의 비전』은 분노의 질타가 지니는 부정적 한계를 노정함으로써 용서의 주제를 함축하고 있다. 왜곡된 상황에서 이를 획책하는 무리에 대한 '정직한' 분노는 자연스러운 일이며 바람직한 대응이다. 왜곡이 극심할 때에는 분노의 혁신이 필요하다. 그러나 이 때 중요한 것은, 방향을 잘못 잡은 혁명이 그러한 것처럼,

그것이 파괴적 단죄의 형태로 치달아서는 안된다는 점이다. 왜곡의 상황은 분명 타기의 대상이지만 이를 단죄로 대응하면 '오르크의 순환'과 같은 잘못이 되풀이될 수 있기 때문이다. 아니 오히려 그 오류의 상태를 영원한 것으로 고착시켜 버릴 염려마저 있는 것이다.

'람베스 서'는 『천국과 지옥의 결혼』에서 블레이크가 약속한 바 있는 '지옥의 성경'이다. 그는 이들 '소 예언시'를 통하여 당시의 왜곡된 상태를 신화의 형태로 진단하고 있다. 그런데 이러한 진단에서 주조를 이루고 있는 것은 오류의 상태를 절망에 가까운 분노로 질타한 것이다. 그러므로 용서와 변증법적 상상력의 주제는 휴화산(休火山)의 상태로 잠재해 있다고 할 수 있다. 분노의 진단이 전면에 부각되어 있을 뿐 그에 대한 처방은 아직 구체적으로 제시되고 있지 않았다는 말이다.

블레이크가 처방의 제시에 주저했던 것은 그것이 정형화한 율법처럼 억압적 성격을 띠지 않을까 하는 염려에서이다. 가장 "숭엄한 우화"라 할 수 있는 성경조차, 그것도 밀턴과 같은 예언적 시인에 의해서까지, 교조적으로 해석될 수 있다는 데 주목한 그는 이러한 오류를 반복하지 않기 위해 고심했던 것이다.

블레이크 예언시에서 분노가 현실에 대한 진단과 관련이 있다면 용서와 상상력은 그 오류의 해소를 위한 처방과 연관된다고 할 수 있다. 물론 진정한 해결은 진단과 처방을 겸해야 한다. '람베스 서'가 분노의 진단에 주력하는 반면 상상력에 의한 용서의 처방은 후기시에서 본격적으로 제시되고 있는 셈이다. 혁명이라는 처방이 제기되었다고 할 수도 있겠지만, '람베스 서'나 『네 개의 조아들』에서 확인할 수 있는 것은 오히려 그것이 초래할 역작용에 관한 진단이 주조를 이루고 있는 것이다.

이런 비유를 확장시키자면, 『네 개의 조아들』 이후 작품들은 이러한 진단과 처방을 총체적으로 제시하기 위한 노력의 산물이라 할 수 있다. 그 중에서 『네 개의 조아들』이 진단에 더 비중을 두고 있다면 『밀턴』과 『예루살렘』은 오류의 진단 뿐만 아니라 그에 대한 처방도 적극적으로 제시하고 있다고 할 수 있다. 또 『밀턴』에서 제시하는 것이 조금은 개인적 차원의 비전이라면 『예루살렘』에서는 좀더 포괄적인 비전의 제시를 시도하고 있는 것이다.

『네개의 조아들』에서 제기하고 있는 처방은 바로 용서의 선행단계라 할 수 있는 '자기 죽임'의 과정이다. 분노한 오르크가 또 다른 사탄의 모습으로 변질되어가고 있는 오류의 극한 상황에서 로스로 하여금 자기 희생이라는 처방을 내놓게 하는 것이다. 이는 물론 오류의 고착을 예방하고 구원에의 가능성을 열어놓기 위해서이다. 자기 반성을 동반하지 않는 시시비비에의 집착이 또 다른 순환의 반복을 초래하기 십상이기 때문이다.

이때 블레이크가 염두에 두고 있었던 것이 희망이라는 명제다. '오르크의 순환'이라는 말이 함축하듯 잘못된 상황이 거듭되는 역사적 현실 속에서 더 나은 사회를 위한 변화의 가능성을 열어 놓기 위해 우선 절망의 나락에 빠지지 않는 일이 중요하다. 희망을 포기하는 것은 바로 그 가능성 자체를 차단시켜 버리기 때문이다.

『밀턴』에서 주목한 점도 바로 밀턴의 교조적 성경해석에 대한 블레이크 자신의 대응에 관한 것이다. 블레이크는 밀턴으로 하여금 자신의 잘못을 깨우치고 자기 희생과 용서의 모범을 보이게 함으로써, 그에 대한 단죄의 수렁에서 빠져나오고 있다. 그는 자신도 밀턴과 마찬가지로 오류의 상태에 처할 수 있음을 여실히 느끼고 있었던 것이다.

블레이크의 윤리는, 이처럼 스스로도 오류에 빠질 가능성이 있다는 반성적 인식에 근거하고 있다. 독선에서 벗어날 수 있는 것도 이와 연관된다. 우리가 살고 있는 한 세상은 타락한 상태에 있다. 이곳에 살고 있는 그 누구도 이 타락의 영향으로부터 온전히 자유로울 수 없다. 예수가 강조하는 끊임없는 용서라는 '복음'도 이러한 깨달음의 산물이라 할 수 있다. 독선에서 벗어나 인간이 처하게 마련인 '상태'가 아니라 인간 자체에 주목하라는 '상태론'이 끊임없는 용서의 근거가 되는 것은 이러한 이유에서이다.

유의할 점은 '상태'로서의 '오류'와 이러한 '상태'에 빠지는 과오로서의 '죄'를 구분하는 일이다. 블레이크에게 진리의 적인 오류는 분명 타기의 대상이다. 그러나 타락한 세상에서 오류의 상태가 완전하게 사라지기를 기대하는 것은 무망한 일이다. 유한한 인간이 오류의 상태에서 영원히 벗어나 있기를 기대하는 것도 역시 가망없는 일이다.

블레이크의 종말론은 이러한 현실 인식에 근거하고 있다. 그에게 종말은 개개인이 스스로의 오류를 깨닫고 이를 거부할 때 일어난다. 그러므로 그것은 최후의 일회적 사건이 아니라 매일 반복될 수 있고 반복되어야 하는 일이다. 이처럼 반복적인 거듭남을 위해서 우선 필요한 것이 단죄의 덫에서 벗어나는 일이다. 단죄는 독선의 산물이다. 그것은 상대방을 거듭남의 가능성으로부터 소외시킬 뿐만 아니라 스스로도 선과 악의 이분법적 단선 시각에서 헤어나지 못하게 하는 것이다.

『예루살렘』에서는 이러한 독선에 의한 단죄의 태도가 정상적인 인간관계를 방해하는 주된 인자로 그려지고 있다. 부모자식관계의 파행은 우선 경험적 우위를 기반으로 한 부모들의 독선의식에서 비롯한다. 이로 인해 자식을 지배나 소유의 대상으로 여기게 되고 획일적인 규범에 의해 그들을 다스리려 한다. 이에 순응하지 않는 자식들을 저주하게 되고 자식들 또한 부모들에 적대적인 관계를 고집하게 된다.

남녀관계의 어긋남은 분열이라는 오류에 대한 그릇된 대응에 기인한다. 분열은 타락의 산물이며 타락 그 자체라 할 수 있다. 이 타락의 상태는 분명 극복의 대상이다. 그러나 그 타락의 상태에 처해있는 남녀를 단죄하는 것은 극복의 가능성 자체를 파기하는 일이다. 중요한 것은 타락의 상태를 받아들이고 상대방의 정체성을 인정하는 태도를 견지하는 것이다. 이것이 상반성을 수용하는 변증법적 상상력이 필요한 것이다.

여기에서도 블레이크는 상대를 지배나 소유의 대상으로 여기는 부정(negation)의 자세를 정상적인 남녀관계를 방해하는 최대의 적으로 지목하고 있다. 그는 이것의 극적인 형태를 '여성의지'의 발호로 그린다. 이로 인해 인간 본연의 성적 욕망은 죄악시하게 되고 갖가지 금욕의 계명들이 나타나게 되는 것이다.

블레이크는 심지어 좌절된 성적 욕망을 전쟁의 원동력으로까지 그리고 있다. 전쟁은 독선에 의한 단죄의 사회적, 국가적 형태이다. 인간을 지배와 소유의 대상으로 간주할 경우 그 관계를 확실하게 해두지 않으면 결코 두려움에서 벗어날 수 없다. 전쟁은 이 지배와 소유의 종속적 관계를 견고하게 해두고 싶은 인간욕망의 산물이다. 그러나 어떠한 것으로도 이 비정상적인 관계를 확고하게 보장해 줄 수는 없다. 끊임없이 적에 대한 두려움에 시달려야 하고 그 두려움이 단죄의 분위기를 더욱 강화시킬 뿐이다. 적(敵)과 아(我), 선과 악의 이분법이 모든 사고를 지배하여 적개심과 앙심(怏心)만을 부추기게 된다. 악순환이 지속적으로 반복되는 것이다.

벗어나는 길은 상대의 존재를 인정해주는 것이다. 용서의 상상력에 근거한 형제애, 사해동포주의가 그것이다. 블레이크는 당시 프랑스 혁명세력이나 이에 동조하는 영국 내 진보 인사들에 대하여 단죄하는 사회적 분위기가 개개인의 삶을 얼마나 피폐케 하는가를 소위 '선동죄 재판'을 통하여 여실하게 느끼고 있었다. 또한 자기 스스로도 이러한 독선의식에서 온전히 자유롭지는 못하다는 것을 깨닫고 있었다. 그가 타락한 세상에서 유한한 인간이 유지할 수 있는 바람직한 인간관계를 위해 용서의 태도를 강조하게 된 것은 이러한 깨달음에 근거하고 있다.

블레이크의 용서의 윤리가 좀더 포괄적인 의미를 획득하는 것은 그것이 그의 상상력을 근거로 한 예술론과 밀접하게 연관되어 있기 때문이다. 용서는 현상 이면을 꿰뚫어볼 수 있는 능력의 산물이다. 상대방이 처한 구체적 상태에 대한 헤아림이 그에 대한 용서의 근거가 되는 것이다. 이처럼 상대가 처한 상태를 이해하고 또 거기에서 벗어날 수 있는 비전을 볼 수 있게 해주는 능력이 바로 상상력이다.

타락한 시대의 예술가인 로스의 주된 역할은 바로 이 잠들어 있는 상상력을 일깨우는 일이다. 그는 스스로 분열의 타락으로 인한 이분법적 사고의 한계를 상상력을 통하여 극복해감은 물론 앨비언으로 대변되는 예술 독자 혹은 일반 대중의 닫힌 시각을 교정하기 위해 노력하는 일을 자신의 '위대한 책무'로 여기고 있다. 이 때 그가 동원하는 것은 '교조적'인 것이 아니라 '예시적'인 방법이다. 스스로 모범을 보임으로써, 그리하여 독자의 '행동할 수 있는 능력'을 자극함으로써, 독자 스스로 깨치고 일어나도록 도와주는 것이다.

로스의 시범을 통하여 블레이크가 보여주려는 예술의 역할은 거듭남에 대한 희망을 포기하지 않도록, 또 그것을 위해 끊임없이 정진하도록 도와주는 데 있다. 간접적이고 소극적이라 할 수도 있는 이 방법이 오염된 현실 세계에서는 오히려 바람직한 길이라 할 수 있다. 강압하는 것은 억압의 율법에 의한 윤리가 그러한 것처럼 '오르크의 순환'을 결과할 뿐이기 때문이다.

예술 혹은 예술가 로스가 대변하는 예언적 지성의 한계와도 연관된 이러한 특성은 도덕률폐기론적인 용서의 윤리와 궤를 같이 한다. 적극적인 윤리를 강요하기 보다는 그러한 윤리가 초래할 수 있는 부작용을 고려하여 각자 나름의 개성에 충실한, 즉 삶의 신성함을 맘껏 발휘할 수 있는 여건을 조성해주는 것, 그것이 바로 타락한 현실 세계에서 예술이 할 수 있는 참다운 역할이다. 밀턴 식의 의욕과잉은 또 다른 억압의 체제를 양산할 수 있는 것이다.

이처럼 블레이크는 난세의 예술과 예술가의 역할에 대하여 철저한 자기반성적 고찰을 마다하지 않았다. 이 점이 예술지상주의자들이나 미학주의자들과 다른 현실주의적 예술가로서의 그의 풍모다. 그에게 예술은 현실을 대체하거나 그를 초월한 어떤 것이 아니다. 타락한 현실을 현실로 받아들이고 그러면서도 현 상황에 절망하지 않고 거듭남의 희망을 열어놓는 것이다. 타락의 힘에 의존하여 타락의 상황을 극복하려 하는, 그러나 그 타락의 상황에 처해있는 독자들의 무관심 혹은 적대감까지를 그 대가로 수용해야 하는 비극적 존재로서의 모습이 블레이크가 생각하고 또 스스로의 처지를 통하여 확인한 예술가의 상인 것이다.

블레이크는 예술의 신비화 혹은 신화화에 찬성하지 않는다. 그에게 예술은 타락한 현실의 산물이다. 또한 그것은 이러한 현실의 상황을 타개하기 위한 어쩔 수 없는 몸부림이기도 하다. 예언적 시인 로스가 하는 일은 이러한 현실의 왜곡된 상태가 결코 영원한 것이 아님을 일깨워주는 일이다. 그것은 왜곡된 현실 때문에 상실해버린 영원세계에 대한 비전을 간직해주는 일이다. 영원세계로의 변화에 대한 전망의 부재가 곧 절망으로 이어지는데, 이것이 변화의 가능성 자체를 차단하기 때문이다.

이를 위해 로스가 주목하는 것이 곧 '세세한 개별자'다. 이를 사상(捨象)한 추상적 일반화는 억압의 율법과 같다. '살아있는 모든 것은 신성하다'라는 블레이크의 유명한 선언은 바로 이러한 구체적 개별자의 중요성을 강조하기 위한 것이다. 참된 윤리는 이 '세세한 개별자'가 지니고 있는 원래의 신성함을 회복시키기 위한 것이다. 이는 일반적 추상화를 획책하는 이성이 아니라 구체적인 존재의 정체성을 중시하는 상상력을 통하여 가능하다. 명암보다 윤곽선을 강조하는 블레이크의 미학도 이 연장선상에 있다고 할 수 있다.

그러면 과연 블레이크는 이러한 자신의 미학과 예술론을 실제로 작품 『예루살렘』에서 어떻게 구현하고 있는가? 이는 그의 후기시가 공통으로 안고 있는 난해함과 연관되는 문제이기도 하다. 그는 과연 자신의 상상력의 미학 혹은 용서의 미학을 이 작품에서 얼마만큼 실현하고 있는가?

우선 주목할 것은 매우 정치한 외형적 구조와 내재적인 서술구조의 부재가 빚어내는 부조화다. 그런데 이러한 부조화가 매우 의도적일 수 있다. 외형적으로 치밀한 구조는 예술이 갖추어야 할 형식적 미학의 측면에서 당연한 것이라 할 수 있다. 흥미로운 것은 이와 전혀 다른 모습으로 등장하는 내적 서술구조다. 이것이 바로 블레이크의 '불명료성의 미학'과 연결되는 부분이다. 지나치게 명료한 것은 억압적인 것이 되기 쉽다. 독자의 상상력이 끼어들 수 있는 여지를 아예 차단하고 마는 것이다. 독자의 '행동할 수 있는 능력'을 진작시키기 위해서는 억압적인 명료성을 의도적으로라도 회피해야 한다. 중요한 것은 '세세한 개별자'의 신성성을 회복하는 것이지 율법과 같은 일반적 명제를 도출하기 위한 것이 아니기 때문이다. 이러한 의미에서 본다면 『예루살렘』은 블레이크가 의

도한 '불명료성의 미학'에 충실한 작품이라 할 수 있다.

이 때 대두되는 중요한 문제는 이 작품이 시인이 의도한 대로 과연 이러한 미학을 통해 독자의 상상력을 진작시키는 데 성공을 했느냐 하는 점이다. 이에 관련한 논의에서 이 책은 아직 문제 제기의 차원에 머무르고 있는 셈이다. 용서의 주제와 관련하여 이를 세밀하게 분석하는 것이 미해결의 과제로 제시된 셈이다. 예술 작품에서 실제 주장하고 있는 내용 그 자체만이 아니라 그것이 구체적으로 어떻게 실현되고 있는가 하는 점이 중요하다 할 때, 이 논의는『예루살렘』에 대한 이해나 평가에 있어 가장 중요한 부분을 차지할 것이기 때문이다.

이 밖에도 용서와 상상력의 주제를 당시의 정치 경제적 상황과 관련하여 좀더 치밀하게 분석하는 일과, 이 주제를 중심으로 〈람베스 서〉와『네 개의 조아들』을 꼼꼼하게 읽는 일 등이 앞으로의 주요 과제로 확인된 셈이다. 전자를 위해서는 어드만의 연구업적을 이들 주제와 좀더 적극적으로 매개하는 방안이 제안될 수 있을 것이다. 또한 후자의 문제는 블레이크의 '내적 일관성'에 관한 논의의 세련화에서 필수적인 과정이라 할 수 있다

이 책은 경외의 대상으로까지 치부되는 블레이크의 마지막 서사시의 복잡함에 대한 당혹스러움에서 비롯되었다. 그 '신비'의 베일을 벗기기 위한 '황금줄의 실마리'를 찾아보려는 욕구가 그 출발점이라는 말이다. 물론 그것이 무엇이건, 하나의 주제로 전체 작품을 아우르려는 것이 애초에 무모한 시도일 수 있다. 그러나 마냥 경외의 대상으로 신비화하는 것도 바람직한 읽기의 태도는 아닐 것이다.

신비화를 피하려다 도식적 읽기의 오류를 범하지 않았나 하는 염려가 없지 않지만, 블레이크의 작품연구에서 중요한 것은 '이제까지'가 아니

라 '이제부터'라는 점을 감안한다면, 이 책에서 범한 오류에 대한 용서를 구하는 수사를 굳이 부리지 않고도 홀가분한 마음으로 논의를 마무리 할 수 있을 것 같다.

참고문헌

1. 1차 자료(Primary Sources)

Blake, William. *William Blake's Illuminated Book: Songs of Innocence and of Experience*. Ed. W.H. Stevenson. London: Oxford UP, 1967.

______. *William Blake's Illustrations of the Book of Job*. Ed. S.F. Damon. New York: E.P. Dutton, 1969.

______. *Blake: Songs of Innocence and of Experience & Other Works*. Ed. R.B. Kennedy. Cambridge: Cambridge UP, 1970.

______. *Drawings of William Blake: 92 Pencil Studies*. Ed. Geoffrey Keynes. New York: Dover Publications, Inc., 1970.

______. *Blake: Complete Writings with Variant Readings. Ed*. Geoffrey Keynes. London: Oxford UP, 1972.

______. *The Illuminated Blake: William Blake's Complete Illuminated Works with a Plate-by-Plate Commentary*. Ed. David V. Erdman New York: Dover Publishers, Inc., 1974.

______. *William Blake: The Complete Poems*. Ed. A. Ostriker. London: Penguin Books, 1977.

______. *The Poems of William Blake*. Ed. W.H. Stevenson. New York: Longman, 1980.

______. *The Complete Poetry and Prose of William Blake*. Ed. David V. Erdman.

Newly Revised Edition. New York: Doubleday, 1988.

______. *Jerusalem: The Emanation of the Giant Albion*. Blake's Illuminated Books, Vol. 1. Ed. Morton D. Paley. .Princeton: Princeton UP, 1991.

______. *Songs of Innocence and of Experience*. Blake's Illuminated Books, Vol. 2. Ed. Andrew Lincoln. Princeton: Princeton UP, 1991.

______. *Milton a Poem and the Final Illuminated Works: The Ghost of Abel, On Homers Poetry [and] On Virgil, Laocoön*. Blake's Illuminated Books, Vol. 5. Eds. Robert Essick & Joshep Viscomi. Princeton: Princeton UP, 1993.

2. 2차 자료(Secondary Sources)

김종철. 『시와 역사적 상상력』. 서울: 문학과지성사, 1978.

김우창. 『궁핍한 시대의 시인: 현대문학과 사회에 대한 에세이』. 서울: 민음사, 1977.

서강목. 『윌리암 블레이크의 역사 다시쓰기: 『네 조아들』까지의 한 읽기』. 서울대학교 박사학위논문, 1995.

Abrams, M.H. *The Mirror and the Lamp: Romantic Theory and the Critical Tradition*. Oxford: Oxford UP, 1953.

______. *Natural Supernaturalism: Tradition and Revolution in Romantic Literature*. New York: W.W. Norton, 1971.

______, ed. *English Romantic Poets: Modern Essays in Criticism*. London: Oxford UP, 1975.

Ackroyd, Peter. *Blake*. New York: Alfred A. Knopf, 1996.

Adams, Hazard. *Blake and Yeats: The Contrary Vision*. New York: Russell & Russell, 1955.

______. *Antithetical Essays in Literary Criticism and Liberal Education*. Tallahassee: Florida State UP, 1990.

______, ed. *Critical Essays on William Blake*. Boston: G.K. Hall & Co., 1991.

______. "*Jerusalem's* Didactic and Mimetic-Narrative Experiment," *Studies in Romanticism*, 1993 Winter, Vol. 32: 627-54.

Aers, David and Jonathan Cook and David Punter. *Romanticism and Ideology: Studies in English Writing 1765--1830*. London: Routeldge & Kegan Paul, 1981.

______. "Sex, Society and Ideology." *Romanticism and Ideology: Studies in English Writing 1765-1830*. Eds. David Aers, Jonathan Cook and David Punter. London: Routeledge & Kegan Paul, 1981, 27-43.

Altizer, T.J.J. *The New Apocalypse: The Radical Christian Vision of William Blake*. Michigan: Michigan State UP, 1967.

Arendt, Hannah. *The Human Condition*. Chicago: The U of of Chicago P, 1958.

Arnold, Matthew. "The Function of Criticism at the Present Time." *Essays in Criticism*, First Series, III. New York: AMS P, 1970.

______. "Wordsworth." *Essays in Criticism*, Second Series, IV. New York: AMS P, 1970.

Aubrey, Bryan. *English Romantic Poetry: An Annotated Bibliography*. Englewood Cliffs, N. J.: Salem, 1990.

Ault, Donald D. *Visionary Physics: Blake's Response to Newton*. Chicago: U of Chicago P, 1974.

______. *Narrative Unbound: Revisioning William Blake's* The Four Zoas. Barrytown, NY: Station Hill P, 1987.

Baine, Rodney M. The Scattered Portions: *William Blake's Biological Symbolism*. Athens, GA: U of George P, 1986.

Beer, John. *Blake's Humanism*. New York: Barnes & Nobles, 1968.

______. *Blake's Visionary Universe*. New York: Barnes & Noble, 1969.

______, ed. *Questioning Romanticism*. Baltimore: The Johns Hopkins UP, 1995.

______. "William Blake." *British Writers*. Ed. Ian Scott-Kilvert. New York: Charles Scribner's Sons, 1980.

Behrendt, Stephen C., ed. *History & Myth: Essays on English Romantic Literature*. Detroit: Wayne State UP, 1990.

______. *Reading William Blake*. New York: St. Martin's P, 1992.

Bentley, G. E., Jr. *Blake Records*. Oxford: The Clarendon P, 1969.

______. *Blake Records Supplement*. Oxford: The Clarendon P, 1988.

Berevin, G. W. *The Darkening Green: Irony and Revisionism in Blake's Political*

Prophecies. Doctoral Dissertation. Washington State U, 1986.

Bertholf, Robert J. and Annette S. Levitt, eds. *William Blake and the Moderns*. Albany: State U of New York P., 1982.

Bindman, David. *Blake as an Artist*. Oxford: Phaidon, 1977

______. *William Blake: His Art and Times. London*: The Yale Center for British Art, 1982.

Blackstone, Bernard. *English Blake*. Cambridge: Cambridge UP, 1949.

Bloch, Ernst. "Something Missing," *The Utopian Function of Art and Literature: Selected Essays*. Eds. and Trans. Jack Zipers et al. Cambridge: The MIT P, 1988.

Bloom, Harold. *Blake's Apocalypse: A Study in Poetic Argument*. New York: Doubleday & Company, Inc., 1963.

______, ed. *Romanticism and Consciousness: Essays in Criticism*. New York: W.W.Norton & Company Inc.,1970.

______. *The Visionary Company: A Reading of English Romantic Poetry*, 2nd ed. Ithaca: Cornell UP, 1971.

______. *The Ringers in the Tower: Studies in Romantic Tradition*. Chicago: U of Chicago P, 1971.

______. *Poetry and Repression: Revisionism from Blake to Stevens*. New Haven: Yale UP, 1976.

______, ed. *William Blake's* Songs of Innocence and of Experience: *Modern Critical Interpretations*. New York: Chelsea House Publishers, 1987.

______, ed. *William Blake's* The Marriage of Heaven and Hell: *Modern Critical Interpretations*. New York: Chelsea House Publishers, 1987.

Bottral, M., ed. *William Blake*: Songs of Innocence and of Experience: *A Selection of Critical Essays*. London: Aurora, 1969.

Bowra, M. *The Romantic Imagination*. Oxford: Oxford UP, 1950.

Bracher, Mark. "The Metaphysical Grounds of Oppression in Blake's *Visions of the Daughters of Albion." Colby Library Quarterly*, 20:3 (Sept. 1984).

Brinkley, Robert & Keith Hanley, eds. *Romantic Revisions*. Cambridge: Cambridge UP, 1992.

Bronowski, J. *William Blake and the Age of Revolution*. London: Routeledge & Kegan Paul, 1977. .

Butler, Marilyn. *Romantics, Rebels and Reactionaries: English Literature and Its Background 1760-1830*. Oxford: Oxford UP, 1981.

______, ed. *Burke, Paine, Godwin, and the Revolution Controversy*. Cambridge: Cambridge UP, 1984.

Butlin, Martin. William Blake. London: Tate Gallery, 1978.

Butter, Peter. "Milton: The Final Plate." *Interpreting Blake*. Ed. Michael Phillips. Cambridge: Cambridge UP, 1978.

Cantor, Paul A. *Creature and Creator: Myth-making and English Romanticism*. Cambridge: Cambridge UP, 1984.

Carsarjian, Robin. *Forgiveness: A Choice for a Peaceful Heart*. New York: Bantam Books, 1992.

Caudwell, Christopher. "Bourgeois Illusion and English Romantic Poetry" *Romanticism: Points of View*. Eds. Robert F. Gleckner and Gerald E. Enscoe. Detroit: Wayne State UP, 1975, 108-124.

Chayes, Irene H. "The Marginal Design on *Jerusalem* 12." *Blake Studies* (1975), Vol.7, No.1: 51-77.

Clark, Steve & David Worrall, eds. *Historicizing Blake*. New York: St. Martin P Inc., 1994.

______ & Donald C. Goellnicht. *New Romanticisms: Theory and Critical Practice*. Toronto: U of Toronto P, 1994.

Clubbe, John & Ernest J. Lovell, Jr. *English Romanticism: The Grounds of Belief*. London: The Macmillan P Ltd., 1983.

Copley, Stephen & John Whale. eds. *Beyond Romanticism: New Approaches to Texts and Contexts 1780-1832*. London: Routledge, 1992.

Cox, Jeffrey N. and Larry J. Reynolds, eds. *New Historical Literary Study*. Princeton: Princeton UP, 1993.

Cox, Stephen. *Love and Logic: The Evolution of Blake's Thought*. Ann Arbor: U of Michigan P, 1992.

Crehan, Stewart. *Blake in Context*. Atlantic Highlands, NJ: Gill and Macmillan

Humanities P, 1984.

Curran, Stuart, ed. *The Cambridge Companion to British Romanticism*. Cambridge: Cambridge UP, 1993.

______. "'The Mental Pinnacle': *Paradise Regained* and the Romantic Four-Book Epic." *Calm of Mind*. Ed. Joshep Anthony Wittreich. Cleveland: Case Western Reserve U, 1971, 133-62.

______ & Joshep Anthony Wittreich, Jr., eds. *Blake's Sublime Allegory: Essays on* The Four Zoas, Milton, & Jerusalem. Wisconsin: The U of Wisconsin P, 1973.

Curry, H. Wilson. "William Blake: Poet of Divine Forgiveness." *The Expository Times*, 1969.

Damon, S.F. *A Blake Dictionary: The Ideas and Symbols of William Blake*. Providence: Brown UP, 1965.

Damrosch, Leopold Jr. *Symbol and Truth in Blake's Myth*. Princeton: Princeton UP, 1980.

Davis, J. G. *The Theology of William Blake*. 1948; rpt., Archon Books, 1966.

Davis, Michael. *William Blake: A New Kind of Man*. London: Paul Elek, 1977.

De Luca, Vincent Arthur, *Words of Eternity: Blake and the Poetics of the Sublime*. Princeton: Princeton UP, 1991.

Deen, Lenard W. *Conversing in Paradise: Poetic Genius and Identity-as-Commmunity in Blake's Los*. Columbia: U of Missouri P, 1983.

DiSalvo, Jackie. *War of Titans: Blake's Critique of Milton and the Politics of Religion*. Pittsburgh: U of Pittsburgh P, 1983.

______. "William Blake on the Holy Alliance--Satanic Freedom and Godly Repression in Liberal Society." *Wordsworth Circle* (1972).

Doskow, Minna. *William Blake's* Jerusalem: *Structure and Meaning in Poetry and Picture*. Rutherford: Fairleigh Dickinson P, 1982.

______. "The Humanized Universe of Blake and Marx." *William Blake and the Moderns*. Eds. Robert J. Bertholf and Annette S. Levitt. Albany: State U. of New York P., 1982, 225-40.

Easson, Roger R. "William Blake and His Reader. in *Jerusalem" Blake's Sublime Allegory* (1973), 309-28.

______ & Kay Parkhurst "Commentary." *William Blake: Milton*. Eds. Kay Parkhurst Easson & Roger R. Easson. New York: Random House, 1978.

Eaves, Morris. *William Blake's Theory of Art*. Princeton: Princeton U.P., 1982.

______ & Michael Fisher, eds. *Romanticism and Contemporary Criticism*. Ithaca: Cornell UP, 1986.

______. *The Counter-Arts Conspiracy: Art and Industry in the Age of Blake*. Ithaca: Cornell UP, 1992.

______. "Romantic Expressive Theory and Blake's Idea of the Audience." *PMLA* (October, 1980): 784-801.

______. "Inquiry into the Real and Imaginary Obstructions to the Acquisition of the Arts in England: The Comedy of the English School of Painting." *William Blake and His Circle: Papers Delivered at a Huntington Symposium*. Eds. Martin Butlin, D.W. Dorrbecker, Morris Eaves, David W. Lindsay and Morton D. Paley. San Marino: Henry E. Huntington Library and Art Gallery, 1989.

Eckstein, Barbara J. *The Language of Fiction in a World of Pain: Reading Politics as Paradox*. Philadelphia: U of Pennsylvania P, 1990.

Eliot, T.S. *The Sacred Wood: Essays on Poetry & Criticism*. London: Methuen & Co Ltd., 1950.

Erdman, D.V. *Blake: Prophet Against Empire*, 3rd ed. Princeton: Princeton UP, 1977.

______. "The Suppressed and Altered Passages in Blake's *Jerusalem.*" *Studies in Bibliography: Papers of the Bibliographical Society of the University of Virginia*. Ed. Fredson Bowers. Charlottesville: The U of Virginia P, 1964.

______. "'Terrible Blake in His Pride': An Essay on *The Everlasting Gospel.*" *From Sensibility to Romanticism: Essays Presented to Frederick A. Pottle*. Eds. Frederick W. Hilles and Harold Bloom. New York: Oxford UP, 1965: 331-56.

Essick, Robert N. and Donald Pearce, eds. *Blake in His Time*. Bloomington & London: Indiana UP, 1978.

______. *William Blake at Huntington*. New York: The Harry N. Abrams, Incorporated, 1994.

______. "William Blake, Thomas Paine, and Biblical Revolution," *Studies in Romanticism*, 1991 Summer, Vol. 30: 189-212.

Esterhammer, Angela. *Creating States: Studies in the Performative Language of John Milton and William Blake*. Toronto: U of Toronto P, 1994.

Farnel, Gary. "A 'Competition of Discourse' in the French Revolution." *Literature and History* (Second Series) (Autumn, 1991): 35-53.

Favret, Mary A. & Nicola J. Watson, eds. *At the Limits of Romanticism: Essays in Cultural, Feminist, and Materialist Criticism*. Indianapolis: Indiana UP, 1994.

Ferber, Michael. *The Social Vision of William Blake*. Princeton: Princeton UP, 1985.

Fisher, Peter F. "Blake and the Druids." *Journal of English and German Philosophy* (1959), Vol. 58, pp.589-612.

Ford, Boris, ed. *The Pelican Guide to English Literature: From Blake to Byron*. London: Penguin Books, 1957.

______. *The Valley of Vision: Blake as Prophet and Revolutionary*. Ed. Northrop Frye. Toronto: U of Toronto P, 1961.

Fox, Susan. *Poetic Form in Blake's Milton*. Princeton: Princeton UP, 1976.

Frye, Northrop. *Fearful Symmetry: A Study of William Blake*. Princeton: Princeton UP, 1947.

______, ed. *Blake: A Collection of Critical Essays*. Englewood Cliffs, NJ: Prentice Hall, 1966.

______. "Blake's Introduction to Experience." *Blake: A Collection of Critical Essays*. Ed. Northrop Frye. Englewood Cliffs, NJ: Prentice Hall, 1966.

Fuller, David. *Blake's Heroic Argument*. London: Croom Helm in association with Methuen, 1988.

Gallant, Christine. *Blake and the Assimilation of Chaos*. Princeton: Princeton UP, 1978.

Gardner, Stanley. *Blake's Innocence & Experience Retraced*. London: The Athlone P, 1986.

George, Diana Hume. *Blake and Freud*. Ithaca: Cornell UP, 1980.

Gilchrist, Alexander. *The Life of William Blake*. 2 vols. 1863; rpt., New York: Phaeton P, 1969.

Gillham, D.G. William Blake. Cambridge: Cambridge UP, 1973.

Gleckner, Robert F. *The Piper and the Bard: A Study of William Blake*. Detroit: Wayne State UP, 1959.

______ & Gerald E. Enscoe, eds. *Romanticism: Points of View*, 2nd ed. Detroit: Wayne State UP, 1975.

______. *Blake's Prelude*: Poetical Sketches. Baltimore: The Johns Hopkins UP, 1982.

______ & Mark L. Greenberg, eds. *Approaches to Teaching Blake's* Songs of Innocence and of Experience. New York: MLA, 1989.

______. "A Creed Not Outworn" *Studies in Romanticism*, 1982 Fall: 431-435.

Glen, Heather. *Vision and Disenchantment: Blake's "Songs" and Wordsworth's "Lyrical Ballads"*. New York: Cambridge UP, 1983.

______. "Blake's Criticism of Moral Thinking in *Songs of Innocence and of Experience.*" *Interpreting Blake*. Ed. Michael Phillip. Cambridge: Cambridge UP, 1978, 32-69.

Goldsmith, Steven. *Unbuilding Jerusalem: Apocalypse and Romantic Representation*. Ithaca: Cornell UP, 1984.

Goslee, Nancy Moore. *Uriel's Eye: Miltonic Stationing and Statuary in Blake, Keats, and Shelley*. Alabama: The U of Alabama P, 1985.

______. "Slavery and Sexual Character: Questioning the Master Trope in Blake's *Visions of the Daughters of Albion," English Literary History*, 57:1 (Spring 1990).

Grant, John M. "The Art and Argument of 'Tyger.'" *Discussion of William Blake*. Ed. John M. Grant. Boston: D.C. Heath, 1961.

Grimes, Ronald L. *The Divine Imagination: William Blake's Major Prophetic Visions*. Metuchen, NJ: The Scarecrow P, 1972.

Hagstrum, Jean H. *William Blake Poet and Painter: An Introduction to the Illuminated Verse*. Chicago: The U of Chicago P, 1978.

______. "'The Wrath of the Lamb': A Study of William Blake's Conversions." *From Sensibility to Romanticism: Essays Presented to Frederick A. Pottle*. Ed. Frederick W. Hilles and Harold Bloom. New York: Oxford UP, 1965, 311-330.

______. "William Blake Rejects Enlightenment" in *Critical Essays on William Blake*.

Ed. Adams.

Halsted, John B., ed. *Romanticism*. New York: Walker and Company, 1969.

Harper, George Mills. "The Odyssey of the Soul in Blake's *Jerusalem." Blake Studies* (1972), Vol.5, No.2: 65-80.

Hart, Sharon Alusow. *The Ethics of Relationship in Blake's* Jerusalem. Doctoral Dissertation, The U of Maryland, 1993.

Hauerwas, Stanley and Alasdair MacIntyre, eds. Revisions: *Changing Perspectives in Moral Philosophy*. Notre Dame: U of Notre Dame P, 1983.

Helms, Randel. "Blake at Felpham: A Study in the Psychology of Vision." *Literature and Psychology*, 1972, Vol. xxii: 57-66.

Heppner, Christopher. "The Woman Taken in Adultery: An Essay on Blake's 'Style of Designing.'" *Blake: An Illustrated Quarterly* (Fall, 1983).

Hill, John Spencer, ed., *The Romantic Imagination: A Selection of Critical Essays*. The Manmillan P., 1977.

Hilles. F. W. and Harold Bloom, eds. *From Sensibility to Romanticism: Essays Presented to Frederick A. Pottle*. Oxford: Oxford UP, 1965.

Hirsh, E.D. Jr. *Innocence and Experience: An Introduction to Blake*. Chicago: U of Chicago P, 1975.

Hoagwood, Ternce Allan. *Prophecy and the Philosophy of Mind: Traditions of Blake and Shelley*. Alabama: The U of Alabama P, 1985

Holloway, John. Blake: *The Lyric Poetry*. Southampton: The Camelot P, 1968.

Houtchens, C. W. & L. H. Houtchens, eds. *The English Romantic Poets and Essaysts: A Review of Research and Criticism*. New York: New Work UP, 1957.

Howard, John. *Blake's* Milton: *A Study of the Selfhood*. Cranbury, NJ: Associated UP, Inc., 1976.

Hughes, William R. *William Blake*: Jerusalem. New York: Barnes & Noble, Inc., 1964.

Janowitz, Anne. *England's Ruins: Poetic Purpose and the National Landscape*. Cambridge, MA: Blackwell, 1990.

John, Donald. "Blake and Forgiveness." *The Wordsworth Circle*, Vol.17 (1986)

Johnson, Mary Lynn. "William Blake." *The English Romantic Poets: A Review of*

Research and Criticism. Ed. Jordan, Frank. New York: MLA, 1985, 114-253.

Kazin, Alfred. *The Portable Blake*. New York: The Viking P, 1946.

Keynes, Sir Geoffrey, ed. Songs of Innocence and of Experience *with an Introduction and Commentary*. London: Oxford UP, 1970.

Kiralis, Karl. "The Theme and Structure of William Blake's *Jerusalem*." *The Divine Vision: Studies in the Poetry and Art of William Blake*. Ed. Vivian De Sola Pinto. London: Victor Gollancz Ltd., 1957, 141-62.

Kolnai, Aurel. *Ethics, Value, and Reality: Selected Papers of Aurel Kolnai*. Intro. Bernard Williams and David Wiggins. Indianapolis: Hackett Publishing Company, 1978.

Kroeber, Karl. "Delivering *Jerusalem*." *Blake's Sublime Allegory* (1973), 347-67.

Kumbier, William. "Blake's Epic Meter." *Studies in Romanticism* (Spring, 1978), Vol.17, No.2: 163-92.

Leader, Zachary. *Reading Blake's Songs*. Boston: Routeledge & Kegan Paul, 1981.

Leavis, F.R. "Justifying One's Valuation of Blake." *William Blake: Essays in Honor of Sir Geoffrey Keynes*. Eds. Morton D. Paley and Michael Phillips. Oxford: Clarendon P, 1973.

Lewis, Linda. *The Promethean Politics of Milton, Blake, and Shelley*. Columbia: U. of Missouri P, 1992.

Lindenberger, Hebert. *The History in Literature: On Value, Genre, Institutions*. New York: Columbia UP, 1990.

Lister, Raymond. *The Paintings of William Blake*. Cambridge: Cambridge UP, 1986.

Lockridge, Laurence S. *The Ethics of Romanticism*. Cambridge: Cambridge UP, 1989.

Lussier, Mark Stephen. *Vortex and Mirror: Blake and Lacan*. Doctoral Dissertation. Texas A&M U, 1989.

McArthur, Murray. *Stolen Writings: Blake's* Milton, *Joyce's Ulysses, and the Nature of Influence*. Ann Arbor: UMI Research P, 1988.

MacIntyre, Alasdair. *After Virtue: A Study of Moral Theory*. Notre Dame: U of Notre Dame P, 1984.

Marks, Mollyanne. "Self-Sacrifice: Theme and Image in Jerusalem." *Blake Studies* (1975), Vol.7, No.1: 27-50.

Marshall, Peter. *William Blake: Visionary Anarchist*. London: Freedom P, 1988.

McGann, Jerome J. *The Romantic Ideology: A Critical Investigation*. Chicago: The U. of Chicago P, 1983.

______. *Historical Studies and Literary Criticism*. Madison, Wis: U of Wisconsin P, 1985.

______. *Social Values and Poetic Acts: The Historical Judgment of Literary Work*. Cambridge, Mass: Harvard UP, 1988.

______. *Towards a Literature of Knowledge*. Chicago: U of Chicago P, 1989.

______. "The Aim of Blake's Prophecies and the Uses of Blake Criticism." *Blake's Sublime Allegory* (1973), 3-22.

Mee, Jon. *Dangerous Enthusiasm: William Blake and the Culture of Radicalism in the 1790s*. Oxford: Clarendon P, 1992.

______. "The Radical Enthusiasm of Blake's *The Marriage of Heaven and Hell.*" *British Journal for Eighteenth-Century Studies* 14 (1991): 51-60.

Mellor, Anne K. *Blake's Human Form Divine*. Berkeley: U of California P, 1974.

Miller, Dan and Mark Bracher and Donald Ault, eds. *Critical Paths: Blake and the Argument of Method*. Durham, NC: Duke UP, 1987.

______. "Contrary Revelation: *The Marriage of Heaven and Hell" Studies in Romanticism*, 1985 Winter: 491-509.

Mills, Alice. "The Spectral Bat in Blake's Illustrations to Jerusalem." *Blake Studies* (1980), Vol. 9, No. 2: 87-99.

Mitchell, W.F.T. *Blake's Composite Art*. Princeton: Princeton UP, 1978.

______. "Blake's Radical Comedy: Dramatic Structure as Meaning in *Milton." Blake's Sublime Allegory* (1973), 281-308.

______. "Dangerous Blake" *Studies in Romanticism*, 1982 Fall: 410-416.

______. "Visible Language: Blake's Wond'rous Art of Writing" *Romanticism and Contemporary Criticism*. Eds. Morris Eaves and Michael Fisher. Ithaca: Cornell UP, 1986, 46-95.

Morton, A.L. The Everlasting Gospel: *A Study in the Sources of William Blake*. London: Lawrence & Wishart, 1958.

Moskal, Jeanne. *Blake, Ethics, and Forgiveness*. Tuscaloosa, Alabama: The U of

Alabama P, 1994.

______. "Forgiveness, Love, and Pride in Blake's *The Everlasting Gospel." Religion and Literature*, 1988 Summer: 19-39.

______. "The Problem of Forgiveness in Blake's Annotations to Lavater" *in Studies in Philology*, Vol. 84 (Winter, 1989): 69-86.

Murray, E .B. "Jerusalem Revised" in *Blake Studies* (1975), Vol.7, No.1: 11-25.

Murray, Middleton. *William Blake*. New York: McGrow-Hill, 1964.

Natoli, Joshep P. *Twentieth-Century Blake Criticism: Northrop Frye to the Present*. New York: Garland Publishing, Inc., 1982.

Nelms, Ben F. "'Exemplars of Memory and of Intellect': *Jerusalem*, Plates 96-100." *Blake Studies* (1972), Vol.5, No.2: 81-91.

Nurmi, M. K. *William Blake*. 1975; rpt., Kent: The Kent YP, 1976.

O'Neill, Judith, ed. *Critics on Blake*. London: George Allen and Unwin, 1970.

Otto, A.G. Den. "True, Right, and Good: Blake's Arguments for Vision in *Jerusalem" in Philological Quarterly*, Winter 1993, Vol. 72: 73-96.

Otto, Peter. *Constructive Vision and Visionary Deconstruction: Los, Eternity, and the Productions of Time in the Later Poetry of William Blake*. Oxford: Clarendon P, 1991.

Paananen,Victor N. *William Blake*. Boston: Twayne Publishers, 1977.

Paley, M. D. *Energy and Imagination: A Study of the Development of Blake's Thought*. Oxford: Clarendon P, 1970.

______ & Michael Phillips (eds.). *William Blake: Essays in Honour of Sir Geoffrey Keynes*. Oxford: The Clarendon Press, 1973.

______. *William Blake*. New York: Phaidon, 1978.

______. *The Continuing City: William Blake's* Jerusalem. Oxford: Clarendon P, 1983.

Patridges, C.A. & Joshep Wittreich, eds. *The Apocalypse in English Renaissance Thought and Literature: Patterns, Antecedents and Repercussions*. Ithaca: Cornell UP, 1984.

Percival, M.D. *William Blake's Circle of Destiny*. 1938; rpt., New York: Octagon Books, 1977.

Phillips, Michael, ed. *Interpreting Blake*. Cambridge: Cambridge UP, 1978.

Phipps, William E. "Blake on Joshep's Dilemma" in *Theology Today* (July, 1971).

Pierce, John B.. Typological Narrative in Reuben Episode of "*Jerusalem" in Studies of English Literature*, Autumn 1993, Vol.33: 755-70.

Price, Martin. "Blake: Vision and Satire." *William Blake's* Songs of Innocence and of Experience. Ed. Harold Bloom. New York: Chelsea House, 1987.

Privateer, Paul Michael. *Romantic Voices: Identity and Ideology in British Poetry 1789-1850*. Athens: U of George P, 1991.

Punter, David. *Blake, Hegel, and Dialectic*. Amsterdam: Rodopi, 1982.

______. "Blake: Marxism, and Dialectic" in *Literature and History* (Autumn 1977)

______. "Creative Labour and Uncreative Labour" in *Studies in Romanticism* (Autumn 1977): 535-561.

______. "'Active Evil' and 'Passive Good.'" *Romanticism and Ideology: Studies in English Writing 1765-1830*. Eds. David Aers, Jonathan Cook and David Punter. London: Routeledge & Kegan Paul, 1981, 7-26.

______. "Blake: Social Relations of Poetic Form." *Literature and History* (Autumn 1982)

______. "The Sign of Blake." *Criticism* (1985, 6)

Raine, Kathleen. *Blake and the New Age*. London: George Allen & Unwin, 1979.

______. *Golgonooza, City of Imagination: Last Studies in William Blake*. Cambridge: Golgonooza P, 1991.

Rainsford, Dominic. Author, *Ethics and the Reader: Blake, Dickens, Joyce*. London: Macmillan P, 1997.

Rajan, Tilottama. *The Supplement of Reading*. Ithaca: Cornell UP, 1990.

Reiman, Donald H. "The Romantic Critical Tradition." *Encyclopedia of Literature and Criticism*. Ed. Martin Colye, Peter Garside, Malcolm Kelsall and John Peck. London: Routledge, 1990.

Richardson, Bruce Alan. *William Blake's Jerusalem as History Painting*. Doctoral Dissertation. U of California, Los Angeles, 1983.

Rieger, James. "'The Hem of Their Garments': The Bard's Song in Milton." *Blake's Sublime Allegory* (1973), 259-280.

Rose, E.J. "The Structure of Blake's *Jerusalem*." Bucknell Review, XI (1963), 35-54.

Rothenberg, Molly Anne. *Blake's Higher Criticism: Rhetoric and Re-vision in* Jerusalem. Doctoral Dissertation. U of California, Irvine, 1985.

______. *Rethinking Blake's Textuality*. Columbia: U of Missouri P, 1993.

Rudd, Margaret. *Organiz'd Innocence: The Story of Blake's Prophetic Books*. London: Routeledge & Kegan Paul, 1956.

Sabri-Tabrizi, G.R. *The 'Heaven' and 'Hell' of William Blake*. London: Lawrence and Wishart, 1973.

Schorer, Mark. *William Blake: The Politics of Vision*. 1946; rpt., Gloucester, Mass.: Peter Smith, 1975.

Siskin, Clifford. *The Historicity of Romantic Discourse*. New York & Oxford: Oxford UP, 1988.

Smith, Mark Trever. *William Blake's Transfiguraion of the Bible in* Jerusalem. Doctoral Dissertation. State U of New York at Stony Brook, 1982.

Sofield, Loughlan, Carroll Juliano & Rosine Hammett. *Design for Wholeness: Dealing with Anger, Learning to Forgive and Building Self-Esteem*. Notre Dame, Indian: Ave Maria P, 1990.

Stevenson, W.H. *"Blake's Jerusalem." Essays in Criticism*, IX (1959), 254-64.

Storch, Margaret. *Sons and Adversaries: Women in William Blake and D. H. Lawrence*. Knoxvill: U of Tennesse P, 1990.

Swearingen, James E. "William Blake's Figural Politics." *ELH* 59 (1992): 125-44.

Swedenborg, Emanuel: *The Universal Human and Soul-body Interaction*. Ed. & trans. George F. Dole with Introduction by Stephen Larsen and Preface by Robert H Kirven. New York: Paulist P, 1984.

Swinburne, A.C. *William Blake: A Critical Essay*. Ed. H.J. Luke. Lincoln: U of Nebraska P, 1970.

Tannenbaum, Leslie. *Biblical Tradition in Blake's Early Prophecies: The Great Code of Art*. Princeton: Princeton UP, 1982.

Thompson, E.P. *The Making of English Working Class*. 1963; rpt., Penguin Books, 1991.

______. *Witness Against the Beast: William Blake and the Moral Law*. New York: The New P, 1993.

Thorburn, David & Geoffrey Hartman. eds. *Romanticism: Vistas, Instances, Continuities*. Ithaca: Cornell UP, 1973.

Thorpe, Douglas. *A New Earth: The Labor of Language in Pearl, Herbert's "Temple", and Blake's* Jerusalem. Washington, DC: Catholic U of America P, 1991.

Van Lieshout, Jules. *Within and Without Eternity: The Dynamics of Interaction in William Blake's Myth and Poetry*. Amsterdam-Atlanta, GA: Rodopi, 1994.

Veeser, H. Aram. ed. *The New Historicism*. New York: Routledge, 1989.

______, ed. *The New Historicism Reader*. New York: Routledge, 1994.

Vine, Steven. *Blake's Poetry: Spectral Visions*. New York: St. Martin's P, 1993.

Viscomi, Joshep. *Blake and the Idea of the Book*. Princeton: Princeton UP, 1993.

______. "The Myth of Commisioned Illuminated Books." *Blake Illuminated Quarterly* 23 (1989), 48-74.

Vogler, Thomas. *A Prelude to Vision: The Epic Venture in Blake, Wordsworth, Keats, and Hart Crane. Bercley*: U of California P, 1971.

Wagenknecht, David. *Blake's Night: William Blake and the Adea of Pastoral*. Cambridge, Mass.: Harvard UP, 1973.

Ward, Aileen. "'Sr Joshua and Hia Gang': William Blake and the Royal Academy'" in *William Blake and His Circle: Papers Delivered at a Huntington Symposium*. Ed. Martin Butlin, D.W. Dorrbecker, Morris Eaves, David W. Lindsay and Morton D. Paley. San Marino: Henry E. Huntington Library and Art Gallery, 1989.

Warner, Janet A. *Blake and the Language of Art*. Kingston: McGill-Queen's UP, 1984.

Watson, J.R. *English Poetry of the Romantic Period 1789--1830*. London: Longman, 1985.

Wayne, Don E. "New Historicism." *Encyclopedia of Literature and Criticism*. Ed. Martin Colye, Peter Garside, Malcolm Kelsall and John Peck. London: Routledge, 1990.

Webster, Brenda S. *Blake's Prophetic Psychology*. Athens: The U of Georgia P, 1983.

Williams, Raymond. *Culture and Society 1780-1950*. New York: Columbia UP, 1958.

Williams, Nicholas Mark. *Blake's Cunning Utopia: Ideology and Utopia in the Poetry of*

William Blake. Doctoral Dissertation. Emory U, 1990.

Witke, Joanne. *William Blake's Epic: Imagination Unbound*. London: Croom Helm, 1986.

______. "*Jerusalem:* A Synoptic Poem." *Comparative Literature*. Vol. 22 (1970) Eugene, Oregon: The U of Oregon.

Wittreich, Joshep Anthony Jr. *Angel of Apocalypse: Blake's Idea of Milton*. Wisconsin: The U of Wisconsin P, 1975.

______. "Opening the Seals: Blake's Epics and the Milton Tradition." *Blake's Sublime Allegory* (1973), 23-58.

Woodring, Carl. *Politics in English Romantic Poetry*. Cambridge, Mass.: Harvard UP, 1970.

Worrall, David. *Radical Culture: Discourse, Resistance and Surveillance, 1790-1820*. Detroit: Wayne State UP, 1992.

______. and Steve Clark. eds. *Historicizing Blake*. New York: St. Martin's P, 1994.

Wright, D.G. *Popular Radicalism: The Working-class Experience, 1780-1880*. London: Longman, 1988.

Yoder, Richard Paul. *Significant Events: Language and Narrative in Blake's* Jerusalem. Doctoral Dissertation. Duke U, 1992.

Youngquist, Paul. *Madness and Blake's Myth*. University Park: The Pennsylvania State UP, 1989.

______. "Reading the Apocalypse: The Narrativity of Blake's Jerusalem," *Studies in Romanticism*, 1993 Winter, Vol.32: 601-26.

찾아보기

ㅁ

ㅂ

ㅅ

ㅇ

ㅈ

ㅊ

ㅋ

ㅌ

ㅍ

ㅎ

변증법적 상상력

윌리엄 블레이크의 작품세계

지은이 이종민
펴낸이 이남호
펴낸곳 전북대학교출판문화원

초판 1쇄 발행 2015. 9. 15
초판 2쇄 발행 2016. 8. 10

전북대학교출판문화원 전라북도 전주시 완산구 어진길 32 (풍남동2가)
기획 송덕호
디자인 이소형, 이진영
회계 · 행정 이진주
전화 (063) 219-5321~2
FAX (063) 219-5323
출판등록 2012년 8월 20일 제465-2012-000021호

값 35,000원

ISBN 978-89-98534-68-4 94840
ISBN 978-89-98534-66-0(세트) 94080

이 도서의 국립중앙도서관 출판예정도서목록(CIP)은 서지정보유통지원시스템 홈페이지(http://seoji.nl.go.kr)와 국가자료공동목록시스템(http://www.nl.go.kr/kolisnet)에서 이용하실 수 있습니다. (CIP제어번호 : CIP2015023473)